개 | 정 | 판

2015년 대법원 시행 인명용 한자 8,142자 수록

정통 성명학

자원오행사전

正統姓名學

字原伍行事典

개 | 정 | 판

2015년 대법원 시행 인명용 한자 8,142자 수록

정통 성명학

자원오행사전

正統姓名學

字原伍行事典

서소옥(徐小玉) 지음

이담
Books

서문

    '이름'을 불러주었을 때 비로소 꽃이 되었다는 김춘수 시인의 詩는 '이름'이 무엇인가를 잘 나타내주고 있다. 이름은 무엇을 부르는 '호칭'을 넘어 '무엇'을 '어떠함'이 되게 하는 힘을 가지고 있다.

    일찍이 동양학에서는 사람의 '이름'에 대해 매우 중요하게 여겼고 '이름'이 인생 전반에 영향을 미친다고 보았다. 때문에 '이름'을 짓는 것에 매우 신중하였고 음양오행의 원리를 기반으로 하여 '좋은 이름'을 짓기 위해 노력해왔으며, 이러한 속에서 성명학이 발전해 왔다.

    성명학은 음양오행의 원리를 기초로 한 동양술수학으로, 성명의 기운을 조정하여 인간의 운명에 개입하는 적극적인 운명 개척 방법이라 할 수 있다. 인간이 태어날 때 선천적으로 부여받은 명운(命運)의 부족한 부분을, 후천적으로 만들어진 성명(姓名)의 기운으로 보완함으로써 흉(凶)을 길(吉)로 바꾸는 것이 성명학의 역할이자 목표이다.

    좋은 이름을 지어서 부르고, 불리고, 쓰이는 과정을 통해서 인간의 운로(運路)를 길(吉)한 쪽으로 유도하게 되며, 개인의 심리정신적인 부분에서도 좋은 영향을 미치게 될 것이다. 이처럼 한 사람의 '이름'은 그 사람의 운명에 매우 중요하면서도 영향력 있는 기운(氣運)으로 작용하는데, 그러한 '이름'을 선택하고 결정하는 일이야말로 신중하고도 전문적인 지식을 바탕으로 행해져야 할 것이다.

    이 책은 성명학의 가장 보편적이고 정통적인 방법으로 누구나 손쉽게 작명할 수 있도록 하는 데에 초점을 두었다. 성명학의 가장 근저(根底)가 되는 정통 이론들과 다수의 성명학자들이 공용하고 있는 성명학 이론을 위주로 정리하였다. 논란이 많은 다양한 학설과 이론들은 간략히 소개하였고, 실제 작명 방식에서는 성명학의 다수 이론을 사용하도록 하였다.

또한, 이 책에서는 작명 과정에서 꼭 필요한 자원오행사전(인명용 한자사전)을 수록하였다. 성명 등록 시 반드시 필요한 [대법원 지정 인명용 한자]를 수록하였고, 작명 시에 필요한 한자의 음과 뜻, 그리고 발음오행과 자원오행을 찾아볼 수 있도록 하였으며, 성명에 사용하기 적합한지의 여부를 표시하여 작명에 편의를 도왔다.

이 책을 통하여 성명학적 지식이 없는 일반인이라 할지라도 어렵지 않게 성명학을 이해하고 작명 방식을 터득할 수 있을 것이며, 성명학 전문가들에게는 성명학의 근간을 파악하고 전통적인 작명이론을 다시금 정리해볼 수 있는 데 도움이 될 것이다.

누구나 좋은 이름을 가지고 행복한 미래를 누릴 수 있게 되기를 희망하는 마음 하나로, 부족한 실력으로 출간을 감행하는 무모함을 변명하고자 한다.

2023년 1월
황령산 자락에서
樂淸 徐小玉

목차

1장

성명학의 기원과 발전

1. 성명학(姓名學)이란 무엇인가

1) 성명학(姓名學)의 정의

성명학(姓名學)이란, 인간의 성(姓: 씨족의 혈통을 대표하는 상징)과 이름(名: 한 개인을 특정하는 호칭)을 통해 당사자의 길흉화복(吉凶禍福)을 판단하는 학문이다.

2) 성명학의 목적

성명학은 이름에도 길흉화복이 존재한다고 믿는 동양의 점복 신앙을 기반으로 하여 발달한 술수로, 개인의 운명에 좋은 영향을 미칠 수 있는 이름을 연구하는 것이 그 목적이라 할 수 있다. 이름의 吉凶(건강, 장수, 부귀, 명예, 성공 등)을 연구하여, 사람에게 해로운 이름은 피하고 이로운 이름을 제시하는 목적을 가진 학문으로, 인간의 운명 개선과 취길피흉(取吉避凶)에 적극적인 성격이 있다.

2. 성명학(姓名學)의 문화적 배경

성명의 중요성은 『예기(禮記)』, 『춘추(春秋)』와 같은 고전에 실려 있다. 『예기(禮記)』「曲禮上」을 보면 "아들의 이름을 지어줄 때는 나라 이름으로 짓지 않으며, 해와 달로 짓지 않으며 은질(隱疾)로 짓지 않으며, 산과 강의 이름으로 짓지 않는다"[1]고 이름 짓는 원칙을 기록해 놓았다.

또한, 『춘추(春秋)』에는 "높은 사람이나 부모님 그리고 현자의 성명으로 작명을 하지 못하며 부모의 이름을 함부로 부르지 못한다"라는 내용이 있다. 이것은 이름을 그 사람을 대표하는 분신으로 생각하였다는 것이다. 임금이나 부모의 함자를 함부로 부르지 못하던 중국의 풍습은 우리나라에까지 영향을 미쳤다.

우리나라 조선 시대의 성명학은 유교의 정명사상(正名思想) 영향을 많이 받았다. 공자는 "名正言順"이라 하여, 이름을 바르게 하면, 그 사람의 말과 행동이 바르게 된다고 주장하였다. 중국의 명가철학(名家哲學)은 여기서 한발 더 나아가 명(名)을 중요시하여 일상의 모든 명(名)으로서 잘못된 실(實)을 바로 잡으려고 하였다.[2] 이 원칙은 유교 사상으로 통치를 하던 조선의 성명학에 그대로 반영되었다.

조선의 선비들은, 어떠한 사람이 되기를 원하는 마음에서 뜻이 정갈하고 반듯하며 좋은 의미를 품은 한자의 뜻을 담아 작명을 하였다. 조선 초기의 재상인 하륜(河崙)은 자식의 이름을 작명하면서, "아들의 이름을 구(久)라고 한 이유는 이름을 돌아보고 뜻을 생각하여 방종한 행동을 삼가라는 뜻으로 작명을 하였다"라고 그 뜻을 밝혀놓기도 했다.

『조선왕조실록』을 보면 사람들은 성명을 매우 중요시한 것을 알 수 있다. 임금은 사랑하는 신하가 있으면 직접 이름을 하사하였으며, 하사받은 성명은 매우 귀중하게 여겼다. 태조 이성계가 배주에게 한복이라는 성명을 내려주었고, 정조는 본명이 김낙순이라는 사람에게 김조순이라는 이름을 하사하였다.

또 『조선왕조실록』에는 "태종은 일본 구주 절도사 원도진이 임금에게 상서를 하여 성명, 자호의 인신을 청했으나 허락하지 않았다"라는 기록이 있는데, 일본의 절도사가 임금에게 이름을 얻기 위해 상서까지 올린 것을 볼 수 있다.[3]

또한, 세종대의 기록에서는, "이발과 이수를 북경에 보내어 부고를 전하고 시호를 청하게 하였다"라는 기록과 함께, "은혜를 베풀고 시호를 내리는 것은 제왕의

---

1) 『禮記』「曲禮上」, 名字者 不以國 不以日月 不以隱疾 不以山川。

2) 이강수, 『중국고대철학의 이해』, 지식산업사, 1999.

3) 『조선왕조실록』「太宗 20卷, 10年(1410 庚寅)」 ○丙辰/日本九州節度使(原道鎭)〔源道鎭〕上書, 願賜姓名字號小印, 不許, 命刻一顆以賜之。議政府啓: "印章符節, 非侯國所得頒也。今賜道鎭, 似爲未便。" 乃止。

큰일을 하는 것이요, 이름을 바꾸어서 어버이를 나타내는 것은 실로 자식의 지극한 소원이다"라는 기록이 있는 것으로 보아, 백성들이 임금에게 이름을 하사받는 것을 가문에 큰 영광으로 삼았다는 것을 알 수 있다.[4]

3. 성명학(姓名學)의 역사(歷史)

1) 중국의 성명학 발전

성명학의 명칭은 시대에 따라 다르게 쓰였는데, 처음에는 측자(測字) 또는 탁자(柝字)라고 명칭 하였다가 현재 중국에서는 취명(取名) 혹은 기명(起命)이라고 하며, 한국과 일본에서는 성명(姓名)으로 통용된다.

성명학은 중국의 주나라 때 생성되어 파자(破字)로 명칭 하였다. 이후 한대(漢代)에는 점사가 상당히 발전하였는데 이것이 측자와 결합을 하게 되었다. 그래서 측자를 점술로 취급하기도 하였다. 점사를 위주로 길흉화복을 보는 측자술은 오늘날의 성명학과는 체계가 다르다. 측자의 고전을 보면 북송(北宋)시대의 장구만의 『이측자(以測字)』, 왕안석의 『자설(字說)』, 청나라 정성의 『측자밀첩(測字密牒)』 등이 있다.

오늘날의 성명학과 비슷한 체계가 정립된 것은 송나라 때의 소옹(邵雍)에 의해서이다. 송나라 때에는 성명을 상자(相字)라는 명칭을 사용하였다. 파자나 상자는 모두 자의(字意)를 기준으로 보았으므로 해석상에 큰 차이점은 없다. 그러나 파자는 점사에 기준을 둔 것이라면 상자법은 포괄적인 육친해석에 중점을 두었다.

성명학의 고전으로서 형식을 갖춘 것은 동한 시기의 반고가 쓴 『백호통의(白虎

---

4) 『조선왕조실록』「世宗 16卷, 4年(1422 壬寅)」○遣刑曹判書李潑、左軍同知摠制李隨, 奉表箋如京師, 告訃請諡, 仍齎大行王行狀以行。文武百官以白衣、烏紗帽、黑角帶拜表, 樂部陳而不作。訃告表曰: 緣臣薄祐, 遽罹咎殃。叩地呼天, 五內分裂。瞻望宸極, 禮謹告終。箋曰: 自緣薄祐, 遽失嚴顏。攀呼莫追, 哀痛罔極。瞻望儲禁, 式虔告終。請諡表曰: 節惠賜諡, 惟帝王之大公; 易名顯親, 實人子之至願。冒陳愚懇, 庸瀆聰聞。竊念, 臣父先臣, 邈處弊封, 幸逢熙運, 恪遵侯度, 常輸執壤之誠; 特荷聖慈, 屢霑自天之澤。何圖此日, 奄辭盛朝? 若稽成規, 宜請殊號。伏望敦勸忠之殿, 推恤孤之仁, 誕降德音, 以旌貞魄。 臣謹當夙興夜寐, 思切效於微勞; 地久天長, 祝倍勤於多壽。

通義)』와 송나라의 소옹이 쓴 『오행육신원결(五行六神員訣)』이 있다. 『백호통의(白虎通義)』는 점사가 아닌 윤리적인 시각으로 성명을 논하였으며, 『오행육신원결(五行六神員訣)』은 오행을 측자와 결합한 문헌으로, 즉 측자에 육신(六神)이나 팔괘(八卦) 등을 적용하여 성명을 논하였다.

이후 송나라 채구봉(蔡九峰)이 '81수원도(八十一數元圖)'를 만들었는데 한자(漢字)의 획수에 의한 길흉(吉凶)을 설명한 것으로 수리성명학(數理姓名學)의 시초(始初)가 된다. 성명을 분석할 때 가장 많이 사용하는 방법으로 성명 글자 중 획수를 조합하여 그 수의 의미를 밝혀낸 것이며, 그 이름 자체에 내포된 吉凶禍福(길흉화복)을 해석하는 것이다.

또한, 명대(明代)의 만육오(萬育吾)가 쓴 『삼명통회(三命通會)』에서 오음간명법(五音看命法)에 사람의 이름이 가지고 있는 소리, 즉 발음의 작용(作用)이 운세에 어떤 영향이 있는가가 적혀 있는데 이것이 발음성명학의 시초가 된다.

성명학은 『오행육신원결(五行六神員訣)』의 문헌과 같이 신살이나 괘상 등을 만든 원리도 있지만 『백호통의(白虎通義)』나 『삼명통회(三命通會)』를 보면 명리적인 논리가 성명에 유입되어 또 다른 성명학설이 만들어졌다는 것을 알 수 있다. 즉, 성명학은 탁자나 점사의 영향을 받은 측자에서부터 주역과 명리의 이론이 유입되면서 발전해 온 것임을 알 수 있다.

2) 우리나라의 성명학 발전

삼국사기나 삼국유사를 보면 성 없이 이름만을 사용하였다. 삼국시대 이전 이름은 순우리말로 되어 있으며, 일부 지배층에서만 성(姓)을 사용하였고 성씨 사용이 보편화되지 않았음을 알 수 있다. 그러다가 신라 시대 법흥왕, 진흥왕 대에 와서 한자식으로 이름을 바꾸면서 오늘날 우리가 사용하는 성명의 형태를 갖추기 시작했다. 통일신라 시대에는 중국문화의 영향을 받아 중국식으로 짓는 것이 보편화되었는데, 중국식이란 이름을 성씨와 함께 적는 것으로, 성씨 한 자에 이름 두 자를 적는 것을 기본으로 한다. 고려 초기부터는 귀족이나 관료계급은 모두 성을 사용하였고, 조선 시대에 와서는 양반 계층과 노비를 제외한 평민 계층에서도 한자식으로 이름을 짓는 방법이 보편화되었다.

조선 시대에는 '잡과'에 '음양과'가 있어 천문, 지리, 명과학의 세 분야로 나누어 역학술사를 채용했다. 그러나 이 음양과에 성명학의 기록이나 과목은 보이지 않는다. 성명학이 독립적인 술수로 자리 잡지 못하였거나, 궁중에서는 크게 사용되지 않았다고 볼 수 있다.

그러나 민간에서는 성명학이 사용되었던 것으로 볼 수 있다. 조선총독부에서 민간의 점복에 관해 조사하여 기록한 『조선의 점과 예언』을 보면, "……조선에는 역술인이 주역이나 관상을 위주로 보았으며 맹인이 주도한 것으로 보인다. 점술인을 더세분화하여 구분하면 관상, 성명판단을 전문으로 하는 자……"5)라는 기록이 있다.

조선 시대에는 성명판단을 전문으로 하여 성명으로 운명을 점쳤던 것을 알 수 있다. 오늘날에는 성명만으로 운명을 논하기보다는 사주명리학이나 기문, 자미두수 등을 전문으로 하면서 성명학을 겸하고 있는 술수가들이 많은 추세이다.

4. 성명학(姓名學)의 종류(種類)

중국의 성명학은 제갈공명작명법, 역리법, 음양법, 파자작명법 등이 있는데 자의선택식 작명법 외에 88제제수의 수리법, 수자작명법, 황국책정수법 등 여러 작명법들이 발달해 있고, 우리나라의 성명학은 곡획성명학, 괘상성명학, 신살성명학, 측자파자성명학, 수리성명학, 파동성명학, 기문성명학, 구성성명학, 풍수성명학 등이 있다. 근래 일부에서는 사주용신성명학, 사주격국성명학, 관상성명학, 구성용신성명학, 신성명학(神姓名學) 등으로 다시 분파되어 가고 있다.6)

---

5) 村山智順, 김복경 역, 『조선의 점과 예언』, 동문선.
6) 김백만, 『성명학의 발달』, 명문당, 1988.

1) 수리성명학(數理姓名學)

수리성명학(數理姓名學)은 송나라 채구봉(일명 西山) 선생이 81수원도(八十一數元圖)를 만들어 한자의 획수에 의한 길흉을 설명한 81수리를 기본으로 하며, 성명을 분석할 때 가장 많이 사용하는 방법으로 성명 글자 중 획수를 조합하여 그 수의 의미를 밝혀낸 것이며, 그 이름 자체에 내포된 길흉화복(吉凶禍福)을 해석하는 것이다.

성명 세 글자에서 각 획수를 조합하여 원(元), 형(亨), 이(利), 정(貞)의 사격(四格)을 구성하고, 이를 81수리(數理) 조견표에 비교하여 길흉을 판단하고 운명에 적용하는 방법이다.

수리성명학은 우리나라, 중국, 일본 등에서 공통으로 사용하고 있으며, 우리나라는 1930년 구마자키 켄오가 정리하여 발표한 81수를 받아들여, 우리나라 성명에 맞게 수용 발전시켜왔다.[7]

2) 음양성명학(陰陽姓名學)

음양성명학(陰陽姓名學)은 성명(姓名)의 획수(劃數)가 짝수인 2, 4, 6, 8, 10획은 음(陰)이고 1, 3, 5, 7, 9획은 양(陽)으로 보아, 성명 내에서 음양(陰陽)이 조화(調和)가 이루어지도록 작명하는 방법을 말한다.

3) 오행성명학(五行姓名學)

오행성명학(五行姓名學)은 성명(姓名)에서 오행을 추출하여 자원오행(字源五行)이나 발음오행(發音五行) 등을 가지고 오행(五行)의 상생(相生)과 상극(相剋), 비화(比和)의 원리(原理)를 통해 이름의 길흉을 살펴 가는 방법이다.

---

7) 백운학, 『표준작명 이름 짓는 법』, 동양서림, 1976; 남국상, 『한국인의 작명법』, 역학사, 1992; 남수원, 『성명학』, 명문당, 1992; 한중수, 『한자 이름 짓기 사전』, 동반인, 1995; 황국서, 『성명학 정설』, 명문당, 1999; 정도명, 『성명학 대전』, 테마북스, 2000; 김광일, 『한 권으로 완성하는 성명학』, 책 만드는 집, 2001.

4) 용신성명학(用神姓名學)

용신성명학(用神姓名學)은 타고난 사주팔자(四柱八字)에 필요한 오행(五行)을 찾아 이 필요한 오행(五行)을 자원오행(字原五行)이나 발음오행(發音五行)에 적용하여 작명(作名)하는 방법이다.

5) 육효성명학(六爻姓名學)

육효성명학(六爻姓名學)은 운명(運命)의 순간적인 점(占)을 치는 육효(六爻)인 청룡(青龍), 주작(朱雀), 구진(句陳), 등사(螣蛇), 백호(白虎), 현무(玄武) 등 여섯 가지의 육수를 가지고 작명(作名)하는 방법(方法)이다. 주역성명학과 함께 괘상성명학으로 분류하기도 한다.[8]

6) 주역성명학(周易姓名學)

주역(周易)의 육십사괘(六四卦)를 활용하여 성명(姓名)의 획수(劃數)를 주역(周易)의 팔괘(八卦)인 건(乾), 태(兌), 리(離), 진(震), 손(巽), 감(坎), 간(艮), 곤(坤)으로 바꾸고 이것을 64괘(六四卦)로 바꾸어 운명을 풀어가는 방법이다. 성의 수리는 계산하여 상괘로 두고, 이름은 하괘로 두어 이것을 합하여 8로 나누어서 괘를 낸 것을 가지고 길흉을 본다. 또 다른 방식으로, 성은 빼고 이름만으로 내괘, 외괘로 나누어 보는 방식도 있다.[9]

7) 측자파자성명학(測字破字姓名學)

측자파자성명학(測字破字姓名學)은 성명(姓名)의 글자 한 자 한 자를 측자(測字)하거나 파자(破字)해 나가면서 길흉(吉凶)을 판단해 나가는 방법이다. 성명 풀이에도 능하지만, 상대가 적어주는 글이나 부호를 해석하는 점사에도 능하여 묻는 것

---

8) 추송학, 『성명의 신비』, 생활문화사, 1982; 권세준, 『성명학 전서』, 동양서적, 1978.

9) 이상호, 『주역작명법』, 명문당, 1993; 정준, 『실증 성명학』, 동양서적, 1980.

에 답을 하지 못하는 것이 없었다고 한다. 50년대까지만 해도 행술가들이 있었으나 지금은 사라진 학문으로 거의 찾아보기 어렵다. 중국에서는 모든 작명법을 통틀어서 측자성명학이라고도 한다.[10]

8) 곡획성명학(乙字 4획파)

소옹 선생이 창안하였으나 지금은 사라져가는 성명학 중의 하나이다. 원리는 乙을 4획으로 보는 방식이며 글의 돌아가는 굴곡으로 글의 획수를 계산한다. 주역과 육효의 괘상에 사용하는 것이 정통한 방법이지만 근래에는 수리배열을 함께 사용한다.[11]

9) 자성성명학

자성성명학은 명리나 육임, 자미두수, 기문둔갑 등에 있는 육친이나 별을 사용한다. 글자는 하늘의 별자리와 연관이 있으며 길흉화복은 별로부터 받는 것이라고 믿는다. 조선 시대에 번창했던 자미두수처럼 자성성명도 전수되지 못하고 학문의 대가 끊겼다가 근래에 대만을 통해 다시 유입되었다. 이것은 동남아에서 번성하고 있으며 일본은 연구하는 성명학자가 소수가 있으나 한국은 거의 없다.[12]

10) 구성성명학

구성성명학은 구성학을 적용한 성명학이다.[13]

11) 신살성명학

신살성명학은 예로부터 내려오는 고유한 방법이나 체계적이지 못하고 잡다한 방법들이 섞여 있다. 명리에서 사용하는 신살이나 육효의 육수를 사용하여 길흉을

---

10) 민승만, 『측자파자성명학』, 문창성, 1998.
11) 조용학, 『실증 곡획작명법 운명을 바꾸는 이름 짓기』, 선영사, 1994.
12) 엄용문, 『작명학 대전』, 동양서적, 1994.
13) 정영배, 『작명법과 성명 감정』, 송원문화사, 1996.

판단한다.14)

12) 성격성명학(性格姓名學)

성격성명학(性格姓名學)은 사주학(四柱學)의 십신(十神)인 비견(比肩), 겁재(劫財), 식신(食神), 상관(傷官), 편재(偏財), 정재(正財), 편관(偏官), 정관(正官), 편인(偏印), 정인(正印)의 10가지 유형(類型)을 음양(陰陽)으로 나누어 20가지 유형(類型)의 운명을 분류하여 이에 따라 작명(作名)하는 방법이다.15)

13) 소리성명학(파동성명학, 음파성명학)

수리법의 음양오행에 한글을 붙여서 만든 한국식 성명학이다. 전통적인 방법은 2가지 학설이 있다. 타고난 띠와 성명을 대조해서 보는 것으로 띠를 위주로 하고 성명을 부차적으로 해서 성명에 육친을 붙이는 방법16)과, 성명을 위주로 해서 이름에 육친을 붙이는 방법17)이 있다.

근래에 한글 이름 붐이 일면서 한자 이름보다는 한글 이름에 높은 비중을 두고, 한글의 받침까지도 분석에 사용하기도 하며, 한글 이름 발음에 주역을 이용하는 방법도 있다.18)

이상 열거한 성명학 외에도 여러 가지 성명학 방식이 사용되고 있다. 그러나 현대 성명학자의 대다수는, 한자와 81수리에 중점을 두는 수리성명학을 사용하고 있으며, 사주의 모자라는 오행을 보충하거나, 용신이 되는 오행을 사용하여 한글 발음오행과 한자의 자원오행 등을 맞추어 작명하는 방식을 사용하며, 그 외에 자신이 선택한 이론을 덧붙이거나 하는 식으로 성명학을 실행하고 있다.

---

14) 민진우, 『한국인의 최신작명법』, 한국출판사, 1996; 조염엄, 『길흉화복은 이름에 달려 있다』, 토방, 1997.
15) 김동완, 성격성명학에 나타난 성격유형과 진로적성과의 상관관계연구, 동국대학교, 2000.
16) 정보국, 『작명대전』, 가람출판사, 1994.
17) 이우람, 『누가 이름을 함부로 짓는가』, 월드코리아, 1991.
18) 남시모, 『동자삼작명법』, 가림, 2000; 백재현, 『음파 메세지 성명학』, 삼한출판사, 2002.

2장

성명(姓名)의 역사(歷史)

1. 성(姓)의 역사

1) 성씨(姓氏)의 유래

성(姓)은 맨 처음 모계(母系) 사회(社會)로부터 시작되었다. 성(姓)이란 글자가 계집 여(女)와 '낳다, 탄생하다'의 의미인 생(生)의 합성어로 된 것만 보아도 유추할 수 있다. 계집 또는 여자는 어미를 상징했고 어미가 낳는다 하여 원래는 어미의 성(姓)을 의미하였다. 처음에는 어미의 성(姓)에서 출발한 것이 모계사회를 거쳐 씨족사회(氏族社會), 부족사회(部族社會)의 부계사회(父系社會)로 바뀌면서 아이가 아비의 성(姓)을 따르게 되었고 이것을 씨(氏)라고 불렀다. 이것이 후에 부계사회(父系社會)가 완벽하게 정착된 후에 성(姓)이나 씨(氏)나 모두 아비의 성(姓)을 상징하게 되었다.

2) 중국 성씨의 유래

동양의 성씨(姓氏)는 고대 중국의 한자문화권(漢字文化圈)에서 발원한다. 한족이 고대의 8대성이라 부르는 희(姬), 강(姜), 영(嬴), 원(嫄), 사(姒), 길(姞), 운(妘), 규(嬀) 씨 등은 모두 계집 여(女) 변으로 이루어졌는데, 이는 부족국가의 모계사회 전통에서 발생하였음을 알 수 있는 내용이다.

신농씨(神農氏)의 어머니는 강수(姜水)에서 살았기 때문에 강씨(姜氏)가 되었고, 황제(黃帝)의 어머니는 희수(姬水)에서 살았기 때문에 희씨(姬氏)가 되었다. 또한,

순(舜)의 어머니가 요허(姚虛)에 거주했기 때문에 성이 요씨(姚氏)가 된 것 등은 각 씨족들이 거주하는 지역이나 산, 강 등이 성씨와 관련되어 있음을 알 수가 있다.

또한, 중국의 성씨(姓氏)는 직업이 변화된 경우와 지명(地名)에 근거한 경우가 많다. 직업(職業)으로 성씨(姓氏)가 만들어진 경우는 복씨(卜氏), 윤씨(尹氏), 사씨(史氏)와 같은 경우이다. 복씨(卜氏)는 중국(中國)의 축씨(祝氏)와 무씨(巫氏)와 함께 원시시대(原始時代)에 제사(祭祀)를 주관(主管)했던 제사장(祭司長)이나 점복관(占卜官)들로 대대로 이어져 내려온 사람들의 성씨(姓氏)로 사용(使用)되었던 것이 현재에까지 내려오고 있다.

사씨(史氏), 윤씨(尹氏)는 역사(歷史)의 기록(記錄)을 담당하던 사관(史官) 관직을 맡던 사람들이 성씨(姓氏)로 사용하다가 현재에까지 내려오고 있다. 사마씨(司馬氏)는 말을 관리하던 직책이었고 궁씨(弓氏)는 활을 만들던 직업으로부터 성씨(姓氏)가 유래되었다. 정씨(鄭氏)나 곽씨(郭氏), 등씨(鄧氏)는 글자에 고을 읍(邑)이 상징하듯이 씨족(氏族)이 거주(居住)했던 지역(地域)의 이름이나 지역(地域)의 특징(特徵)을 따서 성씨(姓氏)가 탄생하고 유래되었다.

이렇게 발생한 성씨제도는 한족 사회에서 중대한 의미를 띠기 시작하였는데 원칙적으로는 일국일성(一國一姓) 제도로 하여 군주의 혈통을 표시함과 동시에, 동성불혼의 윤리적 제도도 발생하는 사회적 계기가 되었다. 성씨의 발생은 혈통 관계의 표시인 씨족명과, 혈통과는 전혀 관계가 없는 정치적 집단의 표식이나 지역의 표식에 불과한 씨족명 등 여러 형태로 발생하였는데 현재 중국에는 2,600여 종의 성씨가 있다고 한다.

3) 우리나라 성씨의 유래

『삼국사기(三國史記)』 신라본기(新羅本紀) 유리이사금조(儒理尼師今條)에, 신라의 3성 6부(三姓六部) 중 6부는 양산부(梁山部, 알천양산), 고허부(高墟部, 돌산고허), 대수부(大樹部, 무산대수), 간진부(干珍部, 자산진지), 가리부(加利部, 금산가리), 명활부(明活部, 명활산고야) 여섯 마을이 있었는데, 신라 유리왕 9년 봄에 여섯 마을의 이름을 고치고 성(姓)을 주었다고 한다.

"양산부(梁山部)는 양부(梁部)로 고치고 그 성을 이씨(李氏)로 하였으며, 고허부(高墟部)는 사량부(沙梁部)로 고치고 그 성을 최씨(崔氏)로 하였으며, 대수부(大樹部)는 점량부(漸梁部 또는 모부牟部)로 고치고 그 성을 손씨(孫氏)로 하였으며, 간진부(干珍部)는 본피부(本彼部)로 고치고 그 성을 정씨(鄭氏)로 하였으며, 가리부(加利部)는 한지부(漢祇部)로 고치고 그 성을 배씨(裵氏)로 하였으며, 명활부(明活部)는 습비부(習比部)로 고치고 그 성을 설씨(薛氏)라고 하였다"[19]라고 하여 최초로 임금이 이씨(李氏), 최씨(崔氏), 손씨(孫氏), 정씨(鄭氏), 배씨(裵氏), 설씨(薛氏)로 성(姓)을 내려주었다는 기록이 나온다. 이들 성씨가 우리나라 최초의 성씨가 되며, 우리나라에서 비교적 역사가 오래된 성씨들의 유래는 해당 성씨의 족보에서도 찾아볼 수 있다.

4) 우리나라 성씨의 변천

우리나라 성씨(姓氏)는 삼국시대부터 시작된 것으로 추정되며, 신라(新羅) 시대의 법흥왕, 진흥왕시대부터 활발하게 사용된 것으로 알려져 있다. 중국문화의 도입으로 한자의 사용과 함께 시작되어 변화되고 발달하였다. 본래 한국의 성씨는 성과 이름의 구별이 따로 없고, 상류 계급에서 사람을 부르는 대상으로만 성씨를 사용하였다. 간혹 서민계급들도 성이 있기는 하였으나 일반적으로는 이름만 있는 것이 원칙이었다.

성(姓) 외에 관(貫)이 있었으니, 이는 적(籍), 본(本), 본관(本貫), 향관(鄕貫)이라고도 하며, 신라 말기에 시작된 것이다. 대개의 성씨는 씨족의 근거가 되는 지명에서 취하여진 것으로 그 씨족의 우월성을 표시하고 인식시키고자 하여 발생한 것이라 본다. 그러므로 관이 같고 성이 같으면 원칙적으로 같은 씨족에 속하는 것이고, 그렇지 않으면 군주로부터 관, 성을 하사받는 경우도 있었고, 또는 다른 씨족의 관과 성을 모방하여 사용하는 경우도 있었다.

한국 성씨제도의 변천은 3가지로 나누어 볼 수 있다. 즉, 민족적 고유명칭의 사

---

19) "九年春, 改六部之名, 仍賜姓. 梁山部爲梁部, 姓李. 高墟部爲沙梁部. 姓崔. 大樹部爲漸梁部(一云牟部), 姓孫. 干珍部爲本彼部, 姓鄭. 加利部爲漢祇部, 姓裵. 明活部爲習比部, 姓薛. ……"

용기와 한자화의 시도기, 그리고 이의 완성기라고 할 수 있다. 민족적 고유명칭의 사용기는 대체로 8세기 후반전의 시기로 삼국사기나 삼국유사 등 고전에 나타나 있는 성명이 그것이다. 성명의 한자화 시도기는 대략 통일신라 시대까지 이르는 시기이며, 이의 완성시대는 신라통일 전후하여 그 후에 속하는 시기이다.

우리나라에서 성씨를 활발하게 사용한 시기를 신라의 법흥왕, 진흥왕 시대로 추정하는 것은 중국식 성씨를 사용하게 된 연원을 지칭한 것이며, 실제로는 그보다 훨씬 이전부터 우리나라 민족의 고유명칭으로 성씨를 사용한 것으로 볼 수 있다. 예를 들면 고대 부족국가인 진한은 해(解) 씨의 나라로 해모수, 해부루 등의 인물을 사례로 들 수 있다. 또 변한은 성이 기(箕)씨이고 기자의 자손이라 하며, 마한은 성이 한(韓) 씨이며 백제 왕족의 성씨는 부여(夫餘) 씨이다. 삼국사기와 삼국유사에 의하면 고(高) 씨는 고구려 건국의 시조 주몽이 국호를 고구려라 정했기 때문에 나온 성이라고 설명하고 있다.

이후 삼국시대에 들어서면서 중국의 영향으로 중국식 성씨를 사용하게 된다. 진(秦)이 멸망하자 그 유망민들은 한반도로 흘러들어왔고, 한(漢)은 한반도에 한사군(漢四郡)을 설치함으로써 양 민족의 접촉이 열렸던 결과 우리 민족은 한문화의 영향을 크게 받게 되었고 고유의 풍속이나 습관에도 많은 변화를 가져오게 되었다.

성명의 한자화 시도는 이와 같은 영향의 하나로 나타난 것이며, 이는 신라보다도 한문화에 가장 빠르게 접한 백제에서 먼저 시작되었다. 그러나 이것이 완성된 것은 삼국통일 이후 일인데, 신라는 한반도를 통일하고 최초의 통일국가를 건설하자, 당시 문화의 황금시대를 이룩한 당의 문물제도를 받아들이고 이를 소화하였던 까닭에, 성명도 당나라 사람들의 성명을 본떠 이를 보급시켰던 것이다. 성명은 원칙적으로 한족의 방식을 본뜬 것이나, 고려 중기 이후에는 몽골이나 여진의 영향을 받은 성명도 있었다.

5) 우리나라 성씨의 발전

한국의 성은 표면상으로는 중국의 성을 모방한 것 같으나 엄연히 다르다고 볼 수 있다. 그 기원은 씨족 또는 부족사회에서 시작한다. 씨족사회 때는 족장 또는 유력한 민족이 그들대로의 특유한 호칭을 사용하고, 고대국가의 왕족 등이 성을 가지고 있던 중 삼국시대에 중국 문화가 들어오자 자기 특유의 성을 한자로 차자하고 또는 그대로 모방하여 중국성이 혼입된 것이다. 성이 국가 발전에 따라 보편화되었으나 노비 계급은 제외되었고 모든 사람이 성을 가지게 된 것은 갑오경장 이후이다.

이후 성씨(姓氏)가 계속 생겨났고 조선 시대에는 대략 500여 개의 성씨(姓氏)가 생겨났다. 『세종실록지리지(世宗實錄地理志)』에는 265개의 성(姓)이 기록되어 있고, 조선 영조(英祖) 때는 도곡(陶谷) 이의현이 지은 『도곡총설(陶谷叢說)』에는 298개의 성이, 조선 정조 때의 실학자 이덕무(李德懋)가 쓴 『앙엽기(盎葉記)』에는 486개의 성이, 영조 46년에 편찬되어 정조 6년에 증보(增補)를 시작한 『증보문헌비고(增補文獻備考)』에는 조선 초에 무려 496개의 성이었던 것이 임진왜란과 병자호란을 겪으면서 289개의 성으로 줄어들었으며 다시 496개의 성으로 기록되어 있다. 이외에도 성씨에 관한 문헌으로는 『동국여지승람(東國與地勝覽)』과 양성지(梁誠之)의 『해동성씨록(海東姓氏錄)』, 조중운(趙仲耘)의 『씨족원류(氏族原流)』, 정시술(丁時述)의 『제성보(諸姓譜)』 등이 있다.

근래에 들어와서는 1930년 <총독부 국세조사>에는 250개의 성이 사용되는 것으로 조사되었고, 1934년 중추원에서 펴낸 <조선의 성명 씨족에 관한 연구조사>에는 326개의 성씨가 있는 것으로 나타났다. 1960년 국세조사에서는 미확인(未確認) 11성을 포함하여 259개의 성이 사용되는 것으로 조사되었고,[20] 1975년 국세조사에서는 249개의 성씨가 사용되고 있는 것으로 나타났다.

이처럼 시대별 또는 자료별 차이가 큰 것은 실제 조사에 의한 것이 아니고 옛 문헌에 산재해 있는 것을 조사하였기 때문이며, 가구 수와 호적별의 조사 차이에 기인한 것으로 볼 수 있다.

1985년 인구조사에 의한 성씨분포를 살펴보면 274개의 성씨와 3,435개의 본관이 사용되었고,[21] 2000년 인구주택총조사에 의하면 286개의 성씨와 4,179개의 본

---

20) 1968. 6. 8. 동아일보 기사 참고.
21) 1987. 12. 23. 매일경제 기사 참고.

관이 사용되고 있는 것으로 조사되었다. 또한, 외국인의 귀화가 증가하면서 귀화인의 성씨를 포함하면 442개 성씨가 사용되고 있는 것으로 나타났다. 2010년 인구주택총조사에서는 귀화 성씨를 제외하고 모두 274개의 성씨가 조사되었다.

성씨별로 사용 분포를 살펴보면, 가장 많은 인구가 사용하는 성씨는 김(金), 이(李), 박(朴), 최(崔), 정(鄭), 강(姜), 조(趙), 윤(尹), 장(張), 임(林) 등이며, 이 중 김씨가 전체인구의 21.7%, 이씨가 14.8%, 박씨가 8.5%, 최씨가 4.7%로 4대 성이 총인구의 반을 차지하고 있으며, 오(吳), 한(韓), 신(申), 서(徐), 권(權) 등 상위 20여개 성이 78.1%를 차지하고, 상위 100여 개 성이 전체의 99.1%를 차지하여, 실제로 우리나라에서는 약 269~333여 개 성 중에서 100여 개 성이 주로 사용되며, 나머지 160여 개 성은 총인구의 1%에도 미치지 못하는데, 인구 100명 이하의 성씨는 경(京), 빙(氷), 삼(杉), 소(肖), 예(乂), 우(宇), 원(苑), 즙(辻), 증(增), 증(曾) 등이며, 심지어 뇌(賴), 누(樓), 저(邸), 초(初), 춘(椿), 후(后), 흥(興) 등은 전국을 통하여 1가구밖에 되지 않는다.

2. 명(名)의 역사

이름 명(名) 자는, 저녁 석(夕)과 입구(口)가 합쳐져서 만들어진 글자로, 저녁에 어두워 보이지 않을 때는 상대를 찾으려 부르던 것이란 뜻으로 생겨났다. 사람의 이름(人名)은 한 개인에게 고유하게 주어지는 호칭으로, 단순히 한 개인을 지칭하는 수단을 넘어서 그 사람을 표현하는 함축적인 상징으로 사용되고 있다.

1) 예(禮)와 이름

옛 문헌들을 살펴보면 이름자에 쓸 수 있는 글자와 이름자에 쓸 수 없는 글자를 정하여 놓고 있다. 예를 들어 나라의 이름이나 관직 이름, 강이나 산 이름, 질병의 이름, 가축 이름, 그릇이나 물건의 이름들은 사용하지 않는다고 하였다. 이러한 내용들은 『춘추(春秋)』나 『예기(禮記)』에 쓰여 있는데, 옛사람들이 일찍부터 이름의 중요성을 인식했고 이름을 짓는 것에 매우 신중하였음을 알 수 있다.

『춘추좌씨전(春秋左氏傳)』「환공(桓公)」 편에는 다음과 같은 내용이 수록되어 있다.

노나라 환공 9월 丁卯일에 아들 同이 출생하니 태자출생에 대한 예를 거행하여 大牢의 예를 갖추어 夫人을 접견하고, 士중에 吉人을 점쳐서 선택하여 태자를 업게 하고, 그 士人의 처로 하여금 태자에게 젖을 먹이게 했으며, 환공이 부인 文姜 및 同宗의 부인과 함께 태자의 이름을 지었다. 환공이 大夫인 신수에게 이름에 관하여 묻자 대답하기를, "이름에는 다섯 종류가 있는데 信, 義, 象, 假, 類이니, 태어날 때의 특징을 사용하여 이름 짓는 것을 信이라 하고, 덕행을 나타내는 글자로 짓는 것을 義라 하고, 유사한 물체의 이름으로 짓는 것을 象이라 하고, 물건의 이름을 빌려서 짓는 것을 假라 하고, 부친과 관계되는 글자를 사용하여 짓는 것을 類라고 하는데, 國名을 사용하지 않으며, 官名을 사용하지 않으며, 山川의 이름을 사용하지 않으며, 질병의 이름을 사용하지 않으며, 축생의 이름을 사용하지 않으며, 기물과 폐백의 이름을 사용하지 않습니다. 주나라 사람들은 이름 부르기를 피하는 것으로써 조상을 섬기니, 생전의 이름은 죽은 뒤에는 그것을 휘(諱)하게 되므로, 국명으로 이름을 지으면 그 人名을 폐기하게 되고, 관직명으로 이름을 지으면 관직명을 폐기하게 되고, 산천의 명칭으로 이름을 지으면 산천의 이름을 고쳐야 하니 국가의 주인을 폐기하는 것이며, 축생의 이름으로 이름을 지으면, 그 축생으로 제사 지낼 수 없으니 제사를 폐기하게 되며, 기물과 폐백의 명칭으로 이름을 지으면, 그 기물과 폐백으로 예를 행할 수 없으니 예를 폐기하게 되는 것입니다. 진나라는 僖侯의 이름이 司徒였기 때문에 사도라는 官名을 폐기하고 中軍으로 고쳤고, 송나라는 무공의 이름이 司空이었기 때문에 사공이라는 官名을 폐기하고 司城으로 고쳤으며, 노나라는 先君인 헌공, 무공의 이름이 具와 敖였기 때문에 具山, 敖山의 이름을 폐기하고 그 고을 이름으로 고쳤으니 이 때문에 큰 사물의 명칭을 써서 이름 지어서는 안 되는 것입니다" 하였다. 그러자 환공은 "이 아이는 그 생일이 나와 같은 날이다" 하고, 이름을 同이라 하였다.[22]

옛날에는 아이의 출생에 관한 것은 매우 신성시했고 아이의 이름을 작명하는 데도 매우 신중하게 선택했다는 것을 알 수 있다. 이러한 내용은 중국의 예절에 관한

---

22) 『春秋左氏傳』「桓公」, (桓公六年 BC.706) 九月丁卯에 子同生하니 以太子生之禮擧之하여 接以大牢하고 卜士負之하고 士妻食之하며 公與文姜宗婦와 命之하다. 公問名於申繻한대 對曰 名有五하니 有信, 有義, 有象, 有假, 有類니이다. 以名生爲信이요 以德命爲義요 以類命爲象이요 取於物爲假요 取於父爲類라 不以國하며 不以官하며 不以山川하며 不以隱疾하며 不以畜牲하며 不以器幣하나니 周人以諱事神하니 名終將諱之라. 故以國則廢名하고 以官則廢職하고 以山川則廢主하고 以畜牲則廢祀하고 以器幣則廢禮라. 晋以僖侯廢司徒하고 宋以武公廢司空하고 先君獻武廢二山하니 是以로 大物不可以命이니이다. 公曰 是其生也가 與吾同物이라 하고 命之曰同이라 하다.

이야기를 적어놓은 고전인 『예기(禮記)』의 「내칙(內則)」에도 나타나 있다.

세자가 태어나면 임금은 목욕하고 조복 차림을 하며 부인도 그와 같이하고 두 사람이 모두 집의 동쪽 계단에서 서쪽을 향하여 서 있으면 世婦가 아이를 안고, 서쪽계단으로부터 올라오는 것이니 임금이 접견하고 이름을 지어주면 내려간다. 세자 이외의 적자나 서자들은 外寢에서 접견하는데, 그 머리를 쓰다듬으며 웃는 얼굴로 아이의 이름을 지어주되 예절은 세자의 경우와 같으나 말은 하지 않는다. 무릇 아들에게 이름을 지어줄 때에는 日, 月을 사용하지 않으며 나라 이름을 사용하지 않으며 질병의 이름을 사용하지 않으며 大夫나 士의 아들은 감히 세자와 이름을 같게 하지 않는다. 公의 서자가 출생할 때에는 측실에서 낳은 다음 3개월 뒤에 그 어미가 목욕하고 조복 차림으로 임금께 뵙는 것인데, 擯者(보모)가 그 아이를 안고 임금께 보이면 임금이 특별히 총애하여 은사(恩賜)한 일이 있는 경우에는 임금이 직접 이름을 지어주고, 그 밖에 衆妾의 아들들은 有司로 하여금 이름을 짓게 한다.[23]

이처럼 자식의 이름을 지을 때 피해야 할 글자들을 정해놓고 있는데, 자식의 이름을 지을 때 나라 이름, 관직 이름, 강이나 산 이름, 질병 이름, 가축 이름, 그릇이나 물건 이름 등은 사용하지 않는다고 서술하고 있다. 또한, 『춘추』에는 지위가 높은 사람, 부모의 이름, 덕행이 훌륭한 사람의 이름을 피한다고 밝혀두었다. 『예기』에는 나라 이름, 일월성신의 이름, 질병 이름, 강이나 산 이름 등은 이름자로 쓰지 않는다고 하였다. 이러한 이름들은 일상의 대화 중에 자주 오르내려서 좋지 않다고 여겼던 것으로, 이름을 소중히 여기는 관습을 알 수 있다.

또한, 일상생활에서도 부르는 상대마다 호칭이 다른 점을 알고 불러야 예의와 도에 어긋나지 않는다고 하였다. 『예기』에는 부모의 이름자는 귀로는 들어도 입으로는 함부로 부르지 못하도록 하고 있다(耳可得聞, 口不可得言). 두 자로 된 부모 이름의 이름자를 한 자씩 부를 수는 있다고는 하여, 부득이 남 앞에서 말해야 할 경우는 '모(某)자 모(某)자'로 말하는 것이 예의범절로 전해지게 되었다. 또 스승과 존장(尊長)에 대하여도 이름을 피하고 호(號)로써 대신하였다.

---

23) 『禮記』「內則」, 世子生커든 則君이 沐浴朝服하고 夫人이 亦如之하여 皆立于阼階하되 西鄕커든 世婦抱子하여 升自西階하나 君名之하여시든 乃降이니라 適子와 庶子는 見於外寢이어든 撫其首하고 咳而名之하되 禮帥初요 無辭니라. 凡名子를 不以日月하며 不以國하며 不以隱疾이요 大夫士之子는 不敢與世子와 同名이니라 公庶子生에 就側室이니 三月之末에 其母沐浴朝服하여 見於君이어든 擯者가 以其子로 見君하여든 所有賜는 君名之하고 衆子則使有司로 名之케하니라.

2) 선조들의 작명(作名)

(1) 경서의 문구를 따서 지은 이름

고려 시대의 학자 목은 이색은 세 아들의 이름을 지어달라는 통헌 김경선의 부탁을 받아 이름을 짓고, 그 이름자를 붙인 까닭을 다음과 같이 설명하고 있다.

맏아들의 이름을 이첨(爾瞻)이라 하고 자를 자구(子具)라고 한 것은 이름에서 첨(瞻)은 본다는 뜻이요, 자를 자구라고 한 것은 모든 사람이 본다는 뜻인데, 이는 『논어』에서 '보는 것을 소중히 하라' 하였고, 『시경』에도 '백성들이 모두 너를 보고 있다(民具爾瞻)'라고 하였으니 곧 밖으로 드러나는 동작과 태도를 통하여 내면을 볼 수 있기 때문이라고 설명하였다.

안성(安省, ?~1421)은 자를 일삼(日三)이라 지었는데, 이는 『논어』 「학이편」에 '나는 날마다 내 몸을 세 가지로 반성한다(吾日三省吾身)'에서 이름과 자를 딴 것이다.

김국광(金國光, 1415~1480)은 자를 관경(觀卿)이라 했는데, 『주역』에 나오는 '나라의 빛남을 본다(觀國之光)'를 본 따 이름과 자를 지었다고 한다.

이덕무(李德懋, 1741~1793)는 『서경』에 나오는 '덕이 높은 이에게는 높은 벼슬을 준다(德懋懋官)'에서 자구를 따서 이름을 지었고, 자도 무관(懋官)이라 지었다고 한다.

(2) 겉모습을 보고 지어준 이름

일생을 가난하게 지낸 신라의 음악가로서 방아타령을 작곡하였다고 전해지고 있지만 이름은 전하지 않는다. 단지 백결선생(百結先生)이라는 칭호만 남아 있다. 『삼국사기』 「열전」을 보면 집안이 극빈하여 옷을 여러 군데 기운 자국이 마치 메추리를 매달아 놓은 것 같아서 당시 사람들이 동리 백결선생이라고 불렀다고 전해진다. 백결이라는 말은 그 모습과 행색을 보고 당시 사람들이 지어 부른 이름이라고 할 수 있다.

(3) 절개를 지키기 위해 바꾼 이름

고려 시대 송산(松山) 조견은 자가 종견(從犬)으로 평양 사람이다. 처음 이름은 윤(胤)이었는데 고려가 망하자 이름과 자를 바꾸었다고 한다. 이름자 견(狷)은 절의를 지켜 뜻을 굽히지 아니한다는 뜻이고, 자인 종견은 개가 주인을 그리워하는 의리를 의미하는 것이다. 조견이 청계산에 은둔해 있을 때 태조가 친히 그를 만나러 그곳으로 오자 그는 다시 양주 송산으로 건너가 태조와 만나기를 피했다. 호를 송산으로 정한 것도 초록의 잎이 시들어 떨어지지 않는 소나무에서 따고, 산에서 옮겨지지 않는다는 뜻을 취하여 산을 붙였다고 전해진다.

(4) 임금이 하사한 이름

김조순(金祖淳)의 처음 이름은 낙순(洛淳)이었는데 문과에 급제하던 날 정조 임금은 그가 귀중한 인물임을 보고 조순이라는 이름을 하사하였는데 이는 조순의 조상인 청음 김상헌(金尙憲)을 계승할 사람으로 여기고 이름을 지은 것이라고 한다.

이언적(李彦迪)은 처음의 이름은 적(迪) 외자였으나 중종의 명으로 언(彦) 자를 더하였다고 한다.

류이좌(柳台佐)는 본명이 류태조인데 문과에 급제했을 때 정조가 '나를 도우라'라는 뜻으로 하사한 이름이다. 류이좌는 정조 16년 <사도세자 신원 만인소>를 주도한 인물로, 이름처럼 정조를 향한 충심을 간직한 인물이다.

(5) 꿈에서 지어진 이름

송시열이 태어날 즈음에 그의 아버지 송갑조(宋甲祚)는 마침 종가의 제사에 참석하기 위해 청산 땅에 가 있었는데 전날 밤 꿈에 공자가 제자를 거느리고 자기 집에 오는 꿈을 꾸어 이상하게 여겼다고 한다. 그런데 마침 그의 부인이 아들을 낳았다는 소식을 전해 듣게 된다. 집에 돌아온 그는 태어난 아이는 성인이 주신 것이라고 하여 성뢰(聖賚)라는 이름을 지어주었다고 한다.

(6) 출생의 특징에서 지어진 이름

성삼문(成三問)은 조선 전기 문신으로 사육신의 한 사람으로 세종을 도와 집현전에서 훈민정음 창제에 참여하기도 했고 단종 복위운동을 추진하다가 39세에 참형 당한 인물이다. 성삼문이 출생 시에 '세 번 물었다' 하여 삼문(三問)이라는 이름이 지어졌다는 일화가 전해진다.

이처럼 이름을 중요시한 조상들은 성인이 될 때 올리던 관례에서 자(字)를 지어 그것으로 이름을 대신하여 불렀다. 또한, 이름을 항렬자에 따라 지음으로써 씨족 간 항렬과 촌수를 쉽게 구별하여 서로 예를 지킬 수 있도록 하였으며, 아울러 이것으로 남의 보첩(譜牒)도 알아볼 수 있는 슬기를 발휘하였다. 이렇듯 동양에서 이름의 중요성이 강조되어왔고 이것이 성명학으로까지 발달하였다고 볼 수 있겠다.

3장

성명(姓名)의 영향력

1. 성명학과 사주

인간이 우주의 정기를 받아 태어나는 시점인 년, 월, 일, 시를 기준으로 하여 그 인간이 어떤 선천적인 기운을 받았는지를 연구하는 학문이 명학(命學, 명리학을 위시한 기타 술수학)인데 이 중 명리학(命理學)에서는 년, 월, 일, 시를 사주(四柱)라 칭하고 이 사주의 음양과 오행의 성질이 어떠한가를 파악하여 그 사람의 성격, 부귀의 정도 등의 운명을 찾아보는 분석 도구로 사용한다.

성명학은 이 분석 도구인 사주를 바탕으로 사주 속에 필요한 음양오행을 보충해 주고 순환시켜주는 데 목적을 두고 발음오행, 자원오행, 수리 등을 활용하는 방법이다. 예부터 한자(漢字)에는 영(靈)이 깃들어 있다고 하는데, 즉 이름을 부르거나 혹은 쓰거나 했을 때 영동(靈動) 하는 능력이나 주술적인 힘이 있다는 가정하에서 이 성명학은 출발한다고 볼 수 있다.

예를 들어 한 개인의 사주에서 水의 기운이 부족하다면 삼수변이 있는 한자나 水의 기운을 가지고 있는 한자를 채용하여 사주에 부족한 기운을 보충해주는 방법이 성명학에서 적용하는 기법이다.

이처럼 성명학은 한 개인의 사주에서 나타난 음양오행의 과부족을 분석하여 필요한 오행들을 성명학에 적용하여 여러 가지 방법으로 균형을 잡아주는 학문으로 이 학문을 통하여 인간의 불완전한 사주에 보다 나은 기운을 더해주는 학문이라 할 수 있다.

2. 성명학의 목적

인간이 타고난 운명을 사주를 통해서 분석하여 부족한 부분을, 후천적으로 만들어진 성명의 기운을 통하여 변동 조정함으로써 흉(凶)을 길(吉)로 바꾸는 데 성명학의 목적이 있다.

따라서 성명학은 음양오행의 원리를 기초로 한 동양 술수학이면서, 후천적으로 인간의 운명에 개입하는 기운을 조정하는 적극적인 운명 개척 방법이라고도 할 수 있겠다. 성명학은 인간의 선천 운명과 연관하여 좋은 이름을 지어서 부르고, 불리고, 쓰는 과정을 통해 인간의 운로(運路)를 길(吉)한 쪽으로 조정하는 데 그 목적이 있다.

그러므로 성명학을 하기 위해서는, 한 개인의 사주를 분석할 수 있는 능력과, 이름에 대한 성명학적 지식과 총체적인 역(易)에 대한 전문적인 지식체계가 갖추어져야 할 것이다.

3. 성명의 영향력

인간에게는 정신과 육체를 이어주는 힘이 있다. 즉, 영적 생명력이 있으므로 생존을 하는데 이 생명력은 정신과 육체적 활동의 중간에서 중계 작용을 하고 있다. 선천명에 의해서 일어나는 운기의 작용은 잠재적으로 육체를 통하여 생명력이 이어져 정신에 도달하고 다시 정신은 육체에 명을 내려 움직이게 함으로써 운기가 조성된다.

성명을 부르고 쓰고 하는 과정을 통해 개인의 정신에 영향을 미치게 되고 정신을 통하여 발생하는 생명력은 육체에 충격을 주고 육체적 에너지는 다시 정신에 도달하여 활동이 이루어지게 되므로 운기가 조성되는 것이다.

이처럼 성명은 육체에서 정신으로 유도 작용을 통하여 선천적인 운의 범위 내에서 어느 정도의 변화, 조절이 가능하게 되므로, 좋은 이름은 운을 좋게 유도하고 나쁜 이름은 운을 나쁘게 유도하게 된다.

소리, 음파(音波)가 식물, 동물에게 미치는 영향, 나아가서 사람에게 미치는 영향은 이미 잘 알려져 있고, 불리는 이름에서는 그 의미가 함께 전달되므로 이름의 의미, 함축적인 뜻은 분명 어떠한 기운을 전달하고 있으며, 이름의 주인공이나 그 이름을 부르는 사람에게 모두 정신적인 영향력을 미치게 된다.

또한, 성명은 부르는 소리의 영향뿐 아니라, 쓰이는 글자의 영향도 있는데, 이름에 쓰는 한자(漢字)는 상형(象形)문자로 시작하여 회의(會意)문자, 형성(形聲)문자 등의 발전과정을 거쳐 왔다. 그 한자 속에는 글자마다 고유한 영(靈)이 깃들어 있는데, 이를 부르고 쓰는 과정에서 영(靈)이 동(動)하여 우리 인간에게 어떠한 영향을 미친다고 본다. 이러한 이유로 성명학에서 한자의 뜻과 획수 등에 따라 후천적인 운에 영향을 주는 것이 달라진다고 보는 것이다.

1) 이름의 영향력에 관한 심리학적 연구

미국 미시간주 웨인 주립대학의 심리학 연구팀은 최근 아이 이름의 첫 글자가 수명과 인생진로에 큰 영향을 끼친다는 연구결과를 발표했다.

연구팀은 1875년에서 1930년 사이에 태어났던 프로 운동선수, 의사, 변호사 1만 명의 이름과 수명 사이의 관계를 고찰했다. 이들은 성적 평가의 상징이기도 한 A, B, C, D를 이름 첫 글자로 쓴 사람들에 주목했다. 알파벳 순서대로 성적이 매겨지듯 이름 첫 글자에 따라 인간 심리도 무의식적으로 우월감과 열등감을 느끼게 된다고 봤기 때문이다.

데이터 분석 결과 연구팀의 가설은 들어맞았다. D로 시작되는 이름을 가진 사람은 평균 수명이 다른 이들보다 짧았다. 특히 프로 운동선수의 경우 D로 시작되는 이름을 가진 이들은 평균 수명이 69.2세로 A(73.4세)나 E~Z(71.3세)로 시작하는 이름과 4년 이상 수명 차이가 났다. 농구선수의 경우 D로 시작되는 이름을 가진 이들이 A를 쓴 이들보다 9.5년이나 수명이 짧았다.

연구팀은 이름이 학교 성적과도 연관돼 있으며, A로 시작되는 이름을 가진 아이가 D로 시작되는 이름을 가진 아이보다 성적이 더 높을 가능성이 있다고 밝혔다. 연구팀은 또 D로 시작되는 이름을 가진 사람은 평생 낮은 자신감을 가지게 되며 병약한 상태로 지내게 된다고 덧붙였다.

맨체스터 메트로폴리탄 대학의 심리학 교수인 데이비드 홈즈 박사도 이 같은 의견을 지지했다. 그는 "일반적으로 알파벳 순서대로 (계급이나 성적을) 분류하는 인간의 습관이 이 같은 결과를 낳을 수 있다"라며 "이름 자체가 수명과 건강, 진로 등에 영향을 미칠 수 있다"라고 말했다.

이와 같은 이름과 인생이 깊은 연관을 맺고 있다는 연구결과가 잇따르고 있다. 로렌스(Lawrence)란 이름을 가진 이는 변호사(Lawyer·로이어)가 될 확률이 높고, 데니스(Dennises)란 이름을 가진 이는 치과의사(dentist·덴티스트)가 될 가능성이 커진다는 식이다.[24]

이상의 연구는 심리학 연구팀이 진행한 바와 같이, 이름이 인간의 심리에 얼마나 큰 영향을 미치는지를 잘 보여주고 있는 연구이다.

우리나라에서도 한 해 개명신청을 하는 사람들이 14만 명을 넘어서고 있다는 조사가 있다. 2005년 법률 개정 이후 개명 절차가 쉬워지면서 더욱 늘어난 추세인데, 주로 '범죄자 이름과 같다', '친구들의 놀림을 받는다' 등을 심리, 정신적인 이유로 개명신청을 하는 이가 늘어나고 있다는 것이다.

2) 이름의 영향에 관한 파동학적 연구[25]

『물은 답을 알고 있다』라는 책은 물이 말과 글씨, 음악 등에 따라 변화되는 것을 물 결정 사진으로 보여주고 있다. 이 책의 저자는 눈(雪)의 결정이 모두 다르다는 사실에 착안해 물을 얼려 결정 사진을 찍었다. 그랬더니 '사랑'이나 '감사'라는 말을 하면서 찍은 물 결정은 아름다운 육각형으로 나타났지만, '망할 놈', '바보' 등 부정적 표현에서 사진은 흉하게 일그러져 있었다.

---

24) 2010년 1월 15일 아시아경제 뉴스 참고.
25) 『물은 답을 알고 있다』 1권, 2권, 에모토 마사루, 더난출판사(2008).

저자는 8여 년의 연구 끝에 이 같은 현상을 발견하고서 물이 정보를 기억하기 때문에 가능한 일이라고 주장한다. 저자는 긍정적인 말과 부정적인 말에 따라 선명한 대비를 보여주는 사진을 책에 수록했다.

한쪽의 물에는 '너는 사랑스러워' 하는 칭찬의 말을 들려주고, 한쪽의 물에는 '너는 나빠'라는 부정적인 말을 계속해서 들려준 뒤, 일주일 뒤 촬영한 물 입자 사진은 극명한 차이를 보였다는 것이다.

칭찬을 들은 물은 완전한 육각형 다이아몬드 모양의 입자를 정확하게 띤 것에 비해, 부정적인 말을 들은 물의 입자는 형태가 일그러져 추한 모습을 띤 것을 발견하게 된다.

'사랑해', '천사', '고마워요' 등의 긍정적인 말들과 '악마', '짜증 나' 등의 부정적인 말들로 나누어 실험을 계속해도 마찬가지의 결과를 얻었다.

사람이 말할 때 나가는 소리의 파동과 함께 긍정, 부정의 의미가 에너지로 담긴다는 것을 알 수 있는 결과이다.

이 실험에서 특히 더욱 놀라운 부분은, 소리 내어 말하지 않고 글자를 보여주기만 해도 같은 결과를 나타내었다는 것이다.

유리병에 물을 넣고, 워드프로세서로 글을 친 종이를 핀으로 고정하여 물에 보여주었다. 일본어와 각국의 언어로 된 문자들로 긍정, 부정의 의미를 담은 글들이었다. 사람이 직접 쓴 글씨일 경우, 글씨를 쓴 사람의 에너지가 전달될 수도 있겠는데, 이 실험에서는 워드프로세서로 친 글씨를 사용함으로써 사람의 필체나 에너지가 전달되지 않도록 하였다.

'아름다운'이라는 글자는 보여주었을 때, 물은 수수하면서도 견고한 모습으로 아름다운 결정을 보여주었다. '천사'라는 글자를 보여주었을 때는 마치 작은 천사들이 모여 있는 듯한 느낌이 나는 작고 아름다운 물의 결정들의 모습을 보여주었다.

'사랑, 감사합니다'라는 글자를 보여주었을 때 가장 완벽한 다이아몬드형의 아름다운 물 결정체를 보여주었다. 신기한 것은, 일본어로 '사랑, 감사합니다'라고 보여주었을 때와, 독일어와 영어로 각각 '사랑, 감사합니다'라고 보여주었을 때의 결정체 사진이 놀랍도록 비슷한 모양이라는 것이다. 글자의 모양이 다른데도 그 글자에서 전해지는 에너지는 같았다고 볼 수 있다.

이 연구는 물이 소리와 글(문자)에 반응하여 변화하는 현상을 보여주고 있다. 소리와 문자에 어떤 에너지가 존재하고 있고, 물에 그 에너지가 전달된다는 것이다. 또한, 인간의 몸이 70% 이상 물, 혈액으로 구성되어 있다는 점을 생각해본다면 이 연구가 시사하는 바가 크다 하겠다.

이 연구에서는 우리가 좋은 의미로 사용하고 있는 소리와 문자에는 물이 긍정적인 변화를 보였고, 나쁜 의미로 사용하고 있는 소리와 문자에는 부정적인 변화를 보였다. 이러한 결과는, 소리와 문자에 서로 다른 에너지가 존재하며, 우리가 좋은 의미의 소리와 문자로 여기는 것에는 좋은 에너지가 담긴다는 것이다.

이것은 그대로 성명학의 영향력과 목적에 부합된다고 볼 수 있다. 좋은 의미의 소리와 문자로 만들어진 이름을 사용해야, 좋은 에너지가 발산되며, 그 좋은 에너지로 인해 사람의 운명에 길한 영향을 미치게 되는 것이다.

3) 좋은 이름의 조건

좋은 기운을 가진 이름이 되기 위해서는, 우선은 부르기 좋고 듣기 좋은 이름이어야 할 것이다. 발음하기에 편안하고 좋은 의미가 연상되는 이름이 좋은 이름이다. 예를 들어 '고생만'이라는 이름이 있다고 하자. 작명법에 맞추어 지었고, 한자도 좋은 한자를 썼다 해도, 우선은 그 이름을 들을 때 연상되는 이미지는 '고생만 할 것 같다'라는 것이다. '너는 고생만 하냐'라는 식의 놀림을 받을 수도 있고, 각종 '고생'과 연관된 이미지가 그 이름에 연결되므로, 그 이름의 주인공은 그러한 영향을 받지 않을 수 없을 것이다.

이름을 불렀을 때 어감이 좋고, 연상되는 이미지가 긍정적이고, 의미가 좋고 미래지향적인 이름이 좋은 이름일 것이다. 한글 발음을 통해서든 한자를 통해서든 좋은 이미지의 암시가 있어야 한다. 또한, 사회적으로나 시대적인 감각에 맞는 이름이어야 한다. 속해 있는 국가나 사회의 분위기나 문화적인 요인도 고려해볼 수 있어야 할 것이다.

그리고 음양과 오행이 이름 속에서 잘 조화되어야 할 것이다. 한글의 소리에 관련한 오행이나 한자 획수에 따른 오행, 한자의 뜻에 따른 오행 등 이름 속에는 오행의 에너지가 담길 수밖에 없는데 이 오행(五行)이 조화롭고 순조롭게 소통될 수 있어야 한다.

4. 성명과 음양오행의 조화

위에서 성명의 영향력에 대해 고찰해본 결과 이름에는 에너지, 즉 기(氣)가 담겨 있고 좋은 이름이란 좋은 기(氣)를 가진 이름이라는 것을 알 수 있다.

동양학에서는 기(氣)를 음양오행(陰陽五行)으로 설명하고 있으므로 좋은 이름이란 음양오행이 잘 조화된 이름이라 할 수 있다.

또한, 인간이 선천적으로 부여받아 가진 음양오행인 사주(四柱)와도 잘 조화를 이루는 이름이 좋은 이름이라 할 수 있으며, 역시 음양오행 기운으로 설명할 수 있는 인간의 신체(오장육부 등)와도 조화를 이룰 수 있는 이름이 좋은 이름이라 할 것이다.

인체는 각 기관별로 오행이 배속되는데 사주나 이름에서 충극을 당한 오행은 그 해당 오행 부위의 신체가 선천적으로 약하거나 제 기능을 발휘하지 못하는 결함이 생기게 된다.

이미 사주 내에서 金剋木의 현상이 생겨 있는데 거기에 金 기운이 강한 이름을 쓰게 된다면, 약한 木을 더욱 극하게 될 것이다. 이럴 경우 木과 관련된 간질환, 쓸개질환, 신경질환, 안면 마비 등의 질병이 발생할 수도 있을 것이다.

반대로 오행이 부조화된 사주에 이름의 오행으로 부조화를 개선할 수도 있을 것이다. 사주 내에서 水剋火가 극심하여 약한 火로 인한 심장질환, 소장질환 등이 염려되는 경우에, 부족한 火를 도와줄 수 있는 조합으로 이름을 짓는다면, 좋은 이름으로 인해 건강에 도움을 주게 될 것이다.

한 개인의 사주에서 오행의 상생과 상극으로 인해 발생하는 현상은 개인의 길흉화복과 건강은 물론 개인의 성격에도 크게 영향을 미친다. 음양오행의 기운을 가진 '이름'도 역시 개인의 성격에 영향을 준다고 할 수 있다. 따라서 사주와 조화를 이루는 음양오행으로 구성된 이름으로 개인의 성격을 더욱 원만하고 긍정적으로 변화시킬 수 있을 것이다.

4장

성명학과 음양오행론

1. 성명학과 음양

1) 성명학과 음양

동양학에서 모든 사물은 그 성질이 음과 양으로 양분되는데 이 음양론은 태초의 우주라 할 수 있는 태극이 음과 양으로 나누어져서 그 속에서 우주 만물이 생겨났다는 이론이다. 음과 양이 만나 조화를 이루면 새로운 변화가 일어난다. 차고 습한 공기가 더운 공기를 만나면 구름을 일으켜 비를 뿌리듯이 음양의 조화는 생명력의 기본이 되는 것이다.

성명학에서도 이렇듯 음과 양의 조화를 중요하게 여긴다. 음과 양이 적절하게 조화를 이루고 있어야 생명력 있고 새로운 변화를 일으킬 수 있는 이름이 되는 것으로 본다. 이름이 모두 양으로만 구성되면 하늘은 있는데 땅이 없는 것과 같고, 정신력은 강하고 활동적이나 차분하게 생각하는 면모가 부족하여 실패가 많으며 빈곤, 단명하는 이름으로 보기도 한다. 반대로 이름이 모두 음으로만 구성되면 추진력과 독립심이 부족하고 고독하거나 빈곤하며 질병이 많이 생겨 단명하기도 한다고 본다. 즉, 성명은 음양이 잘 배합되고 조화를 이루어야만 매사가 순조롭게 진행되고 성공하며 건강하고 행복하게 장수할 수 있다.

2) 음양의 구분과 적용

음양을 구분해 본다면, 하늘은 양이고 땅은 음이다. 태양은 양이며 달은 음이다.

남자는 양이고 여자는 음이다. 군주는 양이고 신하는 음이다. 적극적인 것은 양이고 소극적인 것은 음이다. 동적인 것은 양이고 정적인 것은 음이라 할 수 있다. 수로 나누어 본다면, 1, 3, 5, 7, 9는 양이고, 2, 4, 6, 8, 10은 음이다.

성명학에서 음양은 발음에서의 음양과 수리에서의 음양으로 적용해 볼 수 있다. 발음의 음양은 모음으로 보는데, 양성 모음은 양으로, 음성 모음은 음으로 보며, 중성으로 보는 모음도 있다.[26]

<모음의 음양>

양성모음	ㅏ ㅐ ㅑ ㅒ ㅗ ㅘ ㅙ ㅚ ㅛ
음성모음	ㅓ ㅔ ㅕ ㅖ ㅜ ㅝ ㅞ ㅟ ㅠ ㅡ ㅢ
중성모음	ㅣ [27]

이 음양의 적용법은 성명 내에서 음양이 조화를 이루게 하기 위한 방법론이 되는데, 이름 전부가 음이 된다든지 이름 전부가 양이 된다면 좋지 않은 음양의 배합이 되어 흉한 이름이 된다고 볼 수 있다.

예를 들어, '자양'이라는 이름은 'ㅏ'와 'ㅑ'로 양성 모음으로 구성되어 두 글자 모두 '양'으로만 구성된 이름이고, '겨울'이라는 이름은 'ㅕ'와 'ㅜ'로 음성 모음으로만 구성된 이름이 된다. 이렇게 되면 음양이 골고루 배합되지 않은 이름이 된다. 성(姓)이 포함되어 음양의 조화를 이루는지 살펴보아야 한다.

수리 음양은 이름자의 획수에 따라 구분을 하는데 글자의 획수가 짝수가 되면 음이 되고 홀수가 되면 양이 된다.[28]

<획수의 음양>

양의 획수	1, 3, 5, 7, 9, 11, 13, 15, 17, 19, 21, ……
음의 획수	2, 4, 6, 8, 10, 12, 14, 16, 18, 20, 22, ……

---

26) 현대의 성명학에서는 자음 위주로 발음오행을 보고, 모음의 음양은 보지 않는 추세이다.

27) 음성 모음으로 구분하기도 한다.

28) 주로 한자의 획수를 말하지만, 성명학파에 따라 한글의 필기 획수를 수리로 사용하기도 한다.

성(姓)을 포함하여 석 자의 이름 중에 음과 양의 배합이 2:1의 비율이면 길한 구성이 된다고 보며, 음이나 양 한 가지로만 세 글자가 모두 구성된 경우를 흉한 배합으로 본다.

예를 들어, 박수해(朴受亥)라는 이름의 경우, 한자의 획수는 6, 8, 6이 된다. 음양으로 나누면 음, 음, 음의 배합이 된다. 모두 음으로 되어 있어 음양의 배합이 균형을 이루지 못했다고 볼 수 있다.

<음양의 배열>

좋은 배열	양음양, 음양음, 양양음, 양음음, 음양양, 음음양
좋지 않은 배열	양양양, 음음음

그러나 이름에서의 음양 적용은 획수나 발음 이외에도 전체적인 뜻이나 글자의 의미 등 여러 가지 형상을 음양적인 측면에서 살펴보아야 할 것이다. 획수의 산술적인 계산에 그치지 않고, 그 글자의 의미나 발음 상태 등을 음양적인 측면에서 포괄적으로 살펴볼 수 있어야 할 것이다.

예를 들어, '태양'이라는 이름은 획수를 계산하기 이전에 이미 하늘에 떠 있는 태양을 연상시키므로 음양으로 나누어 본다면 '양'으로 구분될 수 있는 이름이다. 한자 획수가 짝수이므로 '음'이라고만 해석할 것이 아니라 그 이름에서 이미 '양'의 기운이 연상된다는 것을 살필 줄 아는 폭넓은 시각을 가져야 할 것이다.

2. 성명학과 오행

1) 오행(五行) 이론

오행(五行)은 木・火・土・金・水의 다섯 가지 요소를 말하고, 行(행)은 이 다섯 가지 요소들이 어떠한 질서(理)에 따라 서로 상호작용하고 변화한다는 의미를 지

니고 있다. 각각의 오행은 계절, 방위, 색상, 인체의 오장과 육부 등에서 구별되는
특성이 있다.

<오행의 특성>

五行	木	火	土	金	水
四季	春	夏	季末	秋	冬
五方	東	南	中央	西	北
天干	甲乙	丙丁	戊己	庚辛	壬癸
地支	寅卯	巳午	辰戌丑未	申酉	亥子
五色	靑	赤	黃	白	黑
五臟	肝	心	脾	肺	腎
五性	仁	禮	信	義	智
五音(음률)[29]	角	徵	宮	商	羽
五音(한글)	牙	舌	喉	齒	脣
발음	ㄱㅋ	ㄴㄷㄹㅌ	ㅇㅎ	ㅅㅈㅊ	ㅁㅂㅍ

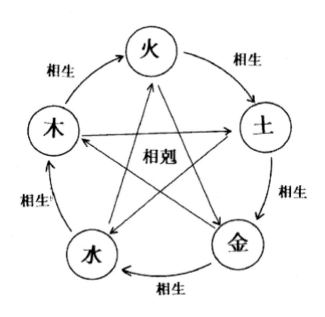

<오행의 상생과 상극>

---

29) 『呂氏春秋』「十二紀」의 五行配屬, 『淮南子』「時則訓」의 節氣와 五行, 『素問』의 五行配屬 참조.

성명학에서는 성명(姓名)의 각 오행이 서로 상생(相生)하는 관계를 추구한다. 오행의 상생 관계가 좋은 이름일수록 길한 영향력을 지닌 것으로 보며, 서로 상극(相剋)되는 오행의 구조를 지닌 이름은 흉한 이름으로 분류한다.

2) 성명학에서 오행의 배합

오행의 상생은 기의 순환이 부드럽고 오행의 싸움이 없는 구조라야 좋은 배합이라고 볼 수 있다. 그러나 그 안에서도 다시 오행의 균형을 생각해야 한다. 성명(姓名) 세 글자의 오행이 火火土나 木火火인 경우, 상생의 구조는 맞으나, 火가 너무 많아 조열한 기운을 조성하고 있다. 오행의 흐름은 적절하게 균형을 이루면서도 자연스럽게 흘러가는 구도가 좋으므로 火土金이나 木火土으로 유행(流行)시켜주는 조합이 더욱 좋은 구조라고 할 수 있다.

(1) 오행의 상생(相生) 관계

오행의 상생(相生)은 木・火・土・金・水가 순서대로 진행되는 변화를 말한다. 성명이 오행의 흐름에 맞는 배치로 구성되면 오행의 기운이 질서 있고, 순조롭게 흐르므로 편안하고 길한 기운이 발생한다고 본다. 오행의 상생(相生) 관계는 서로 돕고 보완하는 관계로 성씨와 이름 간에 상생 관계를 이루는 배치가 좋다.

<오행의 상생 배합>

오행	상생 배합 구조							
木	木火土	木火木	木火火	木木火	木水金	木水水	木木水	木水木
火	火土金	火木水	火火土	火土土	火木木	火火木	火土火	火木火
土	土金水	土火木	土土金	土金金	土火火	土土火	土金土	土火土
金	金水木	金土火	金金水	金水水	金土土	金金土	金土金	金水金
水	水木火	水木水	水水木	水木木	水金金	水水金	水金水	水金土

이처럼 성명(姓名)의 각 오행이 서로 상생(相生)하는 경우에는 그 이름을 쓰는 사람의 성격이 안정적이고 차분하며, 합리적이고 온건한 성품을 지닐 수 있으며 타인과의 협조성이 뛰어난 장점을 지닐 수 있으며, 단점으로는 지나치게 안전을 추구하는 소심함을 지니거나 개척정신이 부족하고 자기 위주의 개인적인 성향을 보일 수 있다.

(2) 오행의 상극(相剋)관계

오행의 상극(相剋)은 木·火·土·金·水가 순서대로 진행되지 않고 하나씩 건너뛰어 오행끼리 서로 극(剋)하는 것을 말한다. 성명에서 이러한 구조가 되면 오행이 서로 견제하고 대립하여 극하는 관계가 되므로 경쟁하거나 극하는 기운이 발생한다고 볼 수 있다.

<오행의 상극 배합>

오행	상극 배합 구조						
木	木土水	木金火	木木土	木土土	木金金	木木金	木土木	木金木
火	火金木	火水土	火火金	火金金	火水水	火火水	火金火	火水火
土	土水火	土木金	土土水	土水水	土木木	土土木	土水土	土木土
金	金木土	金火水	金金木	金木木	金火火	金金火	金木金	金火金
水	水火金	水土木	水水火	水火火	水土土	水水土	水火水	水土水

이처럼 성명(姓名)의 각 오행이 서로 상극(相剋)하는 경우에, 그 이름을 쓰는 사람의 성격이 다소 투쟁적이고 급하며, 도전적이고 개척성이 강하고 야당 기질이 있다고 볼 수 있다. 의협심이 강해서 불의를 참지 못하는 성격이라고 볼 수 있다. 그러나 너무 과격하여 범법행위를 저지를 수 있는 단점이 있으며, 사고나 수술수가 빈번하며 인생을 사는 데 투쟁과 대립이 계속되어 고초를 겪을 수도 있다.

(3) 오행의 상비(相比) 관계

오행의 상비(相比) 관계는 같은 오행끼리 만난 것으로 오랜 친구를 만난 것처럼 도움이 될 수도 있고, 경쟁자를 만난 것처럼 대립하고 경쟁하는 관계가 될 수도 있다. 예를 들어 水와 水가 만나면 더해져서 더 큰물로 합해질 수 있으므로 화합하는 기운으로 볼 수도 있고, 金과 金이 만나면 서로 부딪치고 융화되기 어려우므로 대립하고 경쟁하는 기운으로 볼 수 있다.

그러나 사주에서 水가 부족하지 않을 경우, 성명에서 水와 水가 만나는 구조는 불필요한 경쟁자를 만난 것과 같으므로 화합하는 구조로 보기 어렵고, 사주에서 金이 절실하게 필요한 경우에 성명에서 金과 金을 만났다면 부족한 金 기운을 보완해주므로 대립하는 기운으로 해석하기 어렵게 된다.

<오행의 상비 배합>

오행	상비 배합 구조
木	木木木
火	火火火
土	土土土
金	金金金
水	水水水

오행의 상비 관계는 근본적으로는 길한 관계라 하기 어렵다. 오행이 골고루 배치되고 잘 흐르는 구조로 배치되어야 하는 기본에 비추어본다면, 한 가지 오행으로 편중되어 오행의 균형이 흐트러질 수 있고, 자연스러운 유행(流行)도 어렵기 때문이다. 그러나 상황(사주)에 따라 길하게 작용할 수 있으므로 작명가의 판단력과 오행에 대한 이해가 더욱 필요하다 하겠다.

(4) 생극(生剋)이 혼합된 관계

오행의 관계에서 상생의 관계만으로 이루어지거나 상극의 관계만으로 이루어지지 않고 상생과 상극이 혼합된 경우가 된다. 성명이 석 자 이상인 경우 상생 배합의 오행이 둘이고 상극 배합의 오행이 하나면 길한 쪽으로 해석할 수 있으며, 상극 배합이 둘이면 약간 흉한 쪽으로 해석할 수 있겠다.

<오행의 혼합 배합>

오행	생극 혼합 배합 구조						
木	木土火	木火水	木金水	木水火	木火金	木土金	木金土	木水土
火	火金土	火土木	火水木	火木土	火土水	火金水	火水金	火木金
土	土水金	土金火	土木火	土火金	土金木	土水木	土木水	土火水
金	金木水	金水土	金火土	金土水	金水火	金木火	金火木	金土木
水	水火木	水木金	水土金	水金木	水金火	水木土	水火土	水土火

성명학에서는 이름의 삼대 구성요소인 소리(발음), 글자(문자), 뜻(의미)을 모두 이 오행으로 분석하게 된다. 즉, 발음(소리)오행, 수리(획수)오행, 자원오행이 된다. 발음오행은 발음하는 소리의 오행을 구분하고 그 생극 관계를 살펴보는 것이고, 수리오행은 겉으로 木火土金水 오행을 사용하지 않고 획수의 숫자를 보고 판단하게 되지만, 그 근본이 각 수의 오행에서 시작되었으므로 역시 오행으로 판단하는 것이라고 할 수 있다. 자원오행은 한자가 가지고 있는 의미를 파악하여 오행을 분류하고 그 오행의 조화를 살펴보는 것이다. 이렇듯 성명학에서는 음양과 더불어 오행이 서로 조화를 이루고 있는지를 판단하여 길흉을 나누어 보게 된다.

5장

발음오행론

1. 발음오행론

한글의 자음 발음의 오행을 기준으로 오행을 구분하여 발음오행을 사용한다. 이름에서 발음은 상대방이나 본인에게 소리로 표현되는 중요한 기운으로 나타나기 때문에 발음오행에 따른 성명학의 길흉이 큰 부분을 차지한다고 볼 수 있다.

1) 발음오행의 구분과 특성

<발음오행>

오행	자음	음성
木	ㄱ ㅋ	牙音(어금닛소리)
火	ㄴ ㄷ ㄹ ㅌ	舌音(혓소리)
土	ㅇ ㅎ	喉音(목구멍소리)
金	ㅅ ㅈ ㅊ	齒音(잇소리)
水	ㅁ ㅂ ㅍ	脣音(입술소리)

· 木(ㄱ ㅋ) 소리는 아음으로 어금닛소리이다. 목 부분에서 열리고 닫힐 때 나는 소리가 된다. 오행 기운으로는 木 기운을 지녔으므로 팽창과 솟아오르려는 기운이 있다. 견실하고 연구, 발전, 성취의 의미를 지니며, 건강 면에서는 간, 담, 신경, 정신질환 등의 병과 관련이 있다.

· 火(ㄴ ㄷ ㄹ ㅌ) 소리는 설음으로 혓소리이다. 혀의 운동에 의해 발생하는 소리이고, 오행의 기운으로는 火의 기운인 예의, 정열 또는 명랑, 성급, 변덕 등의 기운을 지니고, 건강으로는 심장, 혈액, 소장 등의 병과 관련이 있다.

· 土(ㅇ ㅎ) 소리는 후음으로 목구멍에서 나는 소리로 모든 음성의 모체가 된다. 오행 土의 기운으로 후중, 강건, 노력, 신용, 믿음의 기운을 지니고, 건강으로는 피부, 위장, 당뇨 등과 관련된다.

· 金(ㅅ ㅈ ㅊ) 소리는 치음으로 잇소리, 즉 앞니 사이를 통해 갈라지듯 나오는 소리이다. 오행은 金의 기운으로 결단, 개혁, 강건, 숙살의 기운을 지닌다. 건강 면에서는 폐, 대장, 치아, 치질, 뼈 계통의 질병과 관련된다.

· 水(ㅁ ㅂ ㅍ) 소리는 순음으로 입술소리이다. 오행 水의 특성으로 지혜, 적응력, 냉정함, 담백함 등의 기운을 지닌다. 건강 면에서는 신장, 방광, 생식기 관련의 질병과 관계된다.

2) 발음오행의 길흉 판단

(1) 발음오행의 상생(相生)은 길한 이름이 된다.

　　　木生火, 火生土, 土生金, 金生水, 水生木

예) 이 재 만(土 金 水) 土生金, 金生水로 발음오행이 상생하므로 길하다.

(2) 발음오행의 상극(相剋)은 흉한 이름이 된다.

　　　木剋土, 土剋水, 水剋火, 火剋金, 金剋木

예) 김 수 동(木 金 火) 金剋木, 火剋金으로 발음오행이 상극하므로 흉하다.

3) 발음오행의 길흉 분석

(1) 발음오행의 길(吉)한 배치

발음오행이 서로 상생하는 배치로 주인공의 성격이 밝고 긍정적이며 대인친화력이 좋고 지혜 총명하며 건강도 좋고 장수할 수 있으며, 하는 일에 성공 발전이 있다고 보아 좋은 이름으로 평가한다.

① 성과 상명자(이름의 첫 글자)가 상생의 발음오행이고,
  상명자와 하명자(이름의 두 번째(끝) 자)도 상생의 발음오행인 경우:
    木火木 木火土 木水木 木水金 火土火 火土金 火木火 火木水
    土金土 土金水 土火土 土火木 金水金 金水木 金土金 金土火
    水木水 水木火 水金水 水金土

② 성과 상명자가 같은 발음오행이고,
  상명자와 하명자가 상생의 발음오행인 경우:
    木木火 木木水 火火土 火火木 土土金 土土火
    金金水 金金土 水水木 水水金

③ 성과 상명자가 상생의 발음오행이고,
  상명자와 하명자가 같은 발음오행인 경우:
    木火火 木水水 火土土 火木木 土金金 土火火
    金水水 金土土 水木木 水金金

(2) 발음오행의 흉(凶)한 배치

발음오행이 서로 상극하는 배치로 주인공의 성격이 편벽된 결함이 있고 대인관계가 원만하지 않으며, 건강상으로 상극되는 오행에 해당하는 장기의 질병이 있을 수 있고, 성공 발전의 운이 약하고 실패와 좌절이 있는 흉한 배치이다.

① 성과 상명자가 상극의 발음오행이고,
  상명자와 하명자도 상극의 발음오행인 경우:
    木土木 木土水 木金木 木金火 火金火 火金木 火水火 火水土
    土水土 土水火 土木土 土木金 金木金 金木土 金火金 金火水
    水火水 水火金 水土水 水土木

② 성과 상명자가 같은 발음오행이고,

상명자와 하명자가 상극의 발음오행인 경우:

木木土　木木金　火火金　火火水　土土水　土土木

金金木　金金火　水水火　水水土

③ 성과 상명자가 상극의 발음오행이고,

상명자와 하명자가 같은 발음오행인 경우:

木土土　木金金　火金金　火水水　土水水　土木木

金木木　金火火　水火火　水土土

(3) 발음오행의 반흉반길(半凶半吉)한 배치

발음오행의 상생과 상극이 혼합되어 있는 배치로 길흉이 반반씩으로, 보통 정도
의 이름이 된다.

① 성과 상명자가 상생의 발음오행이고,

상명자와 하명자가 상극의 발음오행인 경우:

木火金　木火水　木水火　木水土　火土水　火土木　火木土　火木金

土金木　土金火　土火金　土火水　金水火　金水土　金土水　金土木

水木土　水木金　水金木　水金火

② 성과 상명자가 상극의 발음오행이고,

상명자와 하명자가 상생의 발음오행인 경우:

木土金　木土火　木金水　木金土　火金水　火金土　火水木　火水金

土水木　土水金　土木火　土木水　金木火　金木水　金火土　金火木

水火土　水火木　水土金　水土火

③ 성과 상명자, 하명자가 모두 동일한 발음오행으로 이루어진 경우:

木木木　火火火　土土土　金金金　水水水

2. 발음오행론의 적용 방법

발음오행을 성명에 적용할 때 두 가지 방법으로 나뉘는데, 초성만을 위주로 하는 방법과 초성과 종성 모두를 적용하는 방법이다.

박	ㅂ	첫소리(초성)
	ㅏ	가운데 소리(중성)
	ㄱ	끝소리(종성)

1) 첫소리(초성)만 적용하는 방법

[박]인 경우에 [ㅂ]만 적용하여 오행상 水로 보고 받침글자인 [ㄱ]은 오행을 적용하지 않고 바로 다음 이름글자의 초성의 오행을 연결하여 적용하는 방법이다. 즉, 받침은 제외하고 두음(초성)만 가지고 본다는 학설이다.

2) 첫소리(초성)와 받침(종성)을 연결하여 적용하는 방법

[김]인 경우에 [ㄱ]의 오행 木과 받침인 [ㅁ]의 오행 水를 모두 적용하는 방법이다. 다음으로 오는 글자도 마찬가지로 초성과 받침의 오행을 모두 연결하여 적용한다. 초성과 종성 모두 상생하는 관계를 가장 좋은 배합으로 보며, 초성끼리는 상극이 되더라도 종성에 의하여 상생이 된다면 길한 배합으로 볼 수 있다는 주장이다.

일반적으로 [김동길]이라는 이름이라면, 초성만 적용하는 방법으로는, 첫소리 김의 [ㄱ]과, 동의 [ㄷ], 길의 [ㄱ]만을 적용하여 [木火木]의 오행 배합으로 보고 해석하게 되고, 초성과 종성을 모두 적용하는 방법으로는, 김의 [ㄱㅁ], 동의 [ㄷㅇ], 길의 [ㄱㄹ]의 오행을 적용하므로 [木水 火土 木火]의 오행 배합으로 보고 해석하는 것이다.

성명학 분야에서는 두 가지 방법에 대한 비교 분석을 통해 명쾌한 가부가 결정된 것은 아니다. 대체로 초성만을 적용하는 방법이 정설처럼 여겨지며 대다수 사용하고 있으며, 초성과 종성을 모두 적용하는 방법에 대한 유용성을 주장하는 이도 많아지고 있는 추세이다.

여기에서 또 다른 발음오행론의 적용 방법을 생각해 볼 수 있다. 앞 글자의 받침으로 인하여 다음 초성의 발음에 영향을 주는 경우이다. 예를 들어 [김인우]라는 이름의 경우, 소리 나는 데로 발음하면 [기미누]가 된다. 이때 발음오행은 초성만 적용하는 방법으로는 [김인우 木土土]이나, 소리 나는 데로 오행을 적용하면 [기미누 木水火]가 된다. 발음오행은 실제 발음할때 발생하는 오행을 적용한 것이므로, 이름을 소리내어 부를 때 어떠한 오행이 발생하겠는가를 적용하는 것이 합당할 것으로 생각된다. 또 다른 예로 [옥택연 土火土]이라는 이름이라면, 소리 나는 데로 발음하면 [옥태견 土火木]이 된다. [옥]의 받침 [ㄱ]은 다음 초성 [ㅌ]에 영향을 주지 않고 [택]의 받침 [ㄱ]은 다음 초성 [ㅇ]에 영향을 주는 경우이다. 이처럼 이름을 소리 나는 데로 발음하여 그때에 발생하는 오행을 적용하는 방법은 필자의 주장으로, 성명학에서는 소수설에 해당하나 그 유용성을 살펴볼 만하다.

우리나라는 예부터 한자문화권이기 때문에 고전문헌에 나타나 있는 작명법을 보면 발음오행을 취급한 사례를 찾아보기 어렵다. 구한말 이전의 작명서는 자원오행을 가장 중요하게 취급하였으며, 또한 한자의 획수에 따른 수리오행을 중요시하였다. 이름을 지을 때 문중의 항렬자의 오행이나 간지를 사용하는 원칙을 범하지 말아야 하는 규칙 등을 통해서도 알 수 있듯이 이름의 글자(한자)가 담고 있는 자원오행과 원형이정에 따른 수리를 가장 중시하였다.

구한말 이후 일제강점기에는 작명에 관하여는 오히려 쇠퇴할 수밖에 없는 실정이었고 일본식 작명법이 국내에 도입되면서, 불리는 이름의 소리(한글)에 관한 연구가 활발해지기 시작되었다. 현대에는 한글전용 시대라 할 만큼, 일상생활에서 한자의 사용 빈도가 떨어지고 한글 위주의 이름을 사용하는 추세이므로, 작명에서도 한글의 발음(소리) 오행의 중요성을 간과할 수 없는 실정이다. 따라서 성명학에서 한글 발음오행의 원리에 대한 더욱 명확하고 체계적인 연구 분석이 요구

된다 하겠다.

3. 훈민정음 해례본의 발음오행

일반적으로 성명학에서의 발음오행은 앞의 분류를 따르고 있지만, 훈민정음 해례본[30]이 발견되면서 훈민정음 해례본에 설명된 발음오행과 성명학에서 사용되는 발음오행과의 상이점이 부각되게 되었다.

1) 훈민정음의 창제 원리

『훈민정음』 제자해에서 "하늘과 땅의 이치는 오직 음양오행뿐이다(天地之道, 一陰陽五行而已)"라는 말로 시작하는 것을 보면, 훈민정음의 철학적인 배경이 음양오행론이었음을 알 수 있다. 훈민정음을 만든 이치를 설명하는 데에도 이러한 역학의 개념을 바탕으로 하고 있다.

즉, 태극과 그의 작용인 음양과 오행을 천지 만물의 생성원리로 보고, 만물의 생성에 음양오행이 작용하듯이 발음기관에도 음양오행이 작용하는 데 착안하여, 구강 안의 음양과 오행의 방위에 해당하는 발음 형태를 그려내어 만들었다는 점을 말하고 있다.[31]

제자해의 첫머리에 태극과 음양의 이치를 전제한 다음에 정음 28자가 그 모양을 본떠서 만들어졌다는 해설을 다음과 같이 말하며 초성의 제자원리를 보여주고 있다.

"무릇 사람이 소리를 가짐은 오행에서 비롯된다. 그러므로 사계절에 맞추어도 어긋나지 않으며, 오음에 맞추어도 어긋나지 않는다. 목구멍은 깊

---

30) 훈민정음 해례본은 1446년 음력 9월 세종대왕이 훈민정음 창제 사실을 알린 뒤 정인지, 신숙주, 성삼문 등 집현전 학자들과 함께 창제 목적과 글자의 원리 등을 설명한 한문 해설서이다.

31) 『훈민정음』 제자해의 첫 부분: "天地之道, 一陰陽五行而已. 坤復之間爲太極, 而動靜之後爲陰陽. 凡有生類在天地之間者, 捨陰陽而何之. 故人之聲音, 皆有陰陽之理, 顧人不察耳. 今正音之作, 初非智營而力索, 但因其聲音而極其理而已. 理旣不二, 則何得不與天地鬼神同用也."(『훈민정음』, 한글학회, 1998).

숙하고 젖어 있으니 水다. 소리가 비고 막힘이 없음은 물이 투명함과 거침없는 흐름과 같다. 철로서는 겨울이요, 음으로는 우가 된다. …… 목구멍은 뒤에 있고 어금니는 그다음에 있으니 북과 동의 자리요, 혀와 이가 또 그다음에 있으니 남과 서의 자리이다. 입술은 끝에 있으니 땅은 방위가 없으나 네 철과 더불어 왕성함을 뜻한다. 이것은 곧 초성 속에 스스로 음양과 오행, 방위의 수가 있음을 말함이다."32)

이에 따르면, 초성에는 음양오행에서 말하는 오행의 원소와 사시(四時), 오음(五音), 그리고 방위(方位)의 이치가 있다는 것이다. 말소리의 근본이 오행에 있으므로 네 계절(四時)과 오음(음률)에 맞추어도 이치가 맞는다고 하면서, 첫째로 후(喉)의 예를 들었다.

후(목구멍)는 오행에서 수(水)이고, 계절로는 동(冬)이며, 음률로는 우(羽)이다. 위 옮긴 글에서 말을 줄인 부분은 아(어금니), 설(혀), 치(이), 순(입술) 등을 후와 같은 방법으로 설명한 것인데, 그 이치는 '아(木, 春, 角), 설(火, 夏, 徵), 치(金, 秋, 商), 순(土, 季夏,33) 宮)'과 같이 되어 있다.

다음에는 방위에 대하여 말하였는데, 후(목구멍)는 뒤에 있고 그다음에 아(어금니)가 있으니, 각각 북과 동이라는 것이다. 또 설(혀)과 치(이)가 또 그다음에 있으니 각각 남과 서라고 하였다. 그다음에 순(입술)이 끝에 있는 것은 토(흙)가 정한 자리 없이 네 철에 덧붙여서 왕성함을 의미한다는 것이다. 이렇게 해서 초성(첫소리) 속에 스스로 음양과 방위의 수가 있다는 것을 말하였다.

2) 훈민정음 초성의 오행

훈민정음 제자해에서는 초성 자음의 오행과 계절, 오음, 방위 등 각 음양오행적

---

32) "夫人之有聲本於五行. 故合諸四時而不悖, ㅁ之五音而不戾. 喉邃而潤, 水也. 聲虛而通. 如水虛明而流通也. 於時爲冬, 於音爲羽 …… 喉居後 而牙次之, 北東之位也. 舌齒又次之, 南西之位也. 脣居末, 土無定位 而奇旺四季之義也. 是則初聲之中, 自有陰陽五行方位之數也."(『훈민정음』, 한글학회, 1998).

33) 일 년 네 계절을 다섯으로 나누어, 일찍부터 오음(五音)과 대비(對比)시켰다고 하면서 사시는 춘(春)·하(夏)·계하(季夏)·추(秋)·동(冬)으로 나누는데, 하(夏)를 둘로 나눈 것은 계절이 긴 데도 연유하지마는 사시를 다섯으로 나누기 위한 방편이다. (『訓民正音譯註』, 유창균, 형설출판사, 1993).

성질을 다음과 같이 설명하고 있다.

<훈민정음 초성의 오행>[34]

초성 자리	오행	계절	오음	방위
후喉(목구멍)	水	동(冬)	우(羽)	북
아牙(어금니)	木	춘(春)	각(角)	동
설舌(혀)	火	하(夏)	치(徵)	남
치齒(이)	金	추(秋)	상(商)	서
순脣(입술)	土	계하(季夏)	궁(宮)	중앙

3) 한글 발음오행과 훈민정음의 오행과의 상이점

<발음오행과 훈민정음 오행의 비교>

자음	음성	발음오행	훈민정음 오행
ㄱ ㅋ	牙音(어금닛소리)	木	木
ㄴ ㄷ ㄹ ㅌ	舌音(혓소리)	火	火
ㅇ ㅎ	喉音(목구멍소리)	土	水
ㅅ ㅈ ㅊ	齒音(잇소리)	金	金
ㅁ ㅂ ㅍ	脣音(입술소리)	水	土

이상 살펴본 바와 같이, 훈민정음 해례본을 보면 입술소리는 宮音이며 오행은 土에 속하고 목구멍소리는 羽音이며 오행은 水에 속한다고 되어 있어 현재 사용하는 일반적인 한글 발음오행과 훈민정음 해례본의 발음오행은 土오행과 水오행에 해당하는 글자가 서로 바뀌어 있다.

훈민정음이 창제된 지 300여 년 후인 조선 영조 26년(1750년)에 학자 여암(旅庵) 신경준(1712~1781)이 과거에 급제하기 이전에 지은 개인의 연구논술집인 「훈

---

34) 제자해에서 초성의 소리 자리를 설명한 순서는 성대에서 가장 가까운 '후(목구멍)'에서부터 가장 먼 '순(입술)'까지(입의 가장 깊은 곳부터) 차례대로 되어 있다.

민정음운해(訓民正音韻解)」에 한글의 소리 오행 구분이 기록되어 있다. 여기에 소리 오행 중 후음(喉音)과 순음(脣音)의 오행을 훈민정음과는 다르게 분류하여 기술하고 있다. 이 부분이 현재 성명학에서 사용하는 발음오행 구분과 같다. 신경준이 기록에 착오를 낸 것인지, 아니면 책에 실린 그의 독창적인 이론들처럼 한글 오행의 자의적인 해석인지는 확실치 않다.

이후 일제강점기인 1937년 국어학자들에 의해 발행된 『한글지』에 「훈민정음운해」가 여과 없이 연재(1937년 3월호~1937년 12월호)되고, 이어 1938년 <조선어학회>에서는 한글음운의 원본인 「훈민정음 해례본」의 검증 없이 「훈민정음운해」가 단행본으로 발간되면서, 「훈민정음운해」가 한글 연구의 기본서가 되었고, 여기에 기록된 소리 오행 구분을 그대로 적용해서 성명학에 사용한 것으로 보인다.

1940년 오랫동안 자취를 감췄던 「훈민정음 해례본」이 경북 안동에서 발견되어 국보 70호로 지정되고 세계기록문화유산으로 유네스코에 등재되기도 하였으나, 정작 국내에서의 연구 활동은 활발하지 않았고, 성명학자들의 관심과 연구도 미진했다. 훈민정음 해례본의 오행 구분법은 글자를 만드는 데 사용되었던 오행 구분법이므로 발음오행으로 더 타당하다고 볼 수 있으나, 현재 대다수의 성명학자들은 취용하고 있지 않은 실정이다. 이 부분에 대한 더 상세한 연구와 분석이 필요하다 하겠다.

6장

자원오행론

1. 자원오행론

앞에서 발음을 통해 분류되는 발음오행을 살펴보았다. 발음오행이 글자에서 드러나는 오행 또는 소리 냄으로써 발현되는 오행의 영향력을 성명에 적용한 것이라면, 이 장에서 다룰 자원오행론은 한자가 가지고 있는 의미(意味)에 집중하여 그 글자가 가진 뜻(意)에 따라 오행을 분류하고 이 오행의 기운을 성명에 적용하는 것이다.

발음오행, 자원오행은 성명학에서 중요하게 다루는 부분인데, 사주를 분석하여 필요한 오행을 판단한 다음, 그 오행을 이름에 적용해주는 직접적인 방법이기 때문이다. 발음오행과 자원오행의 오행으로 사주의 오행을 보완할 수 있고, 이를 통해 좋은 이름으로 사주와 운로를 길한 방향으로 유도하려는 성명학의 목적에 부합할 수 있다.

1) 자원오행의 의미

자원오행이란 글자 자체가 지닌 의미로 오행을 구분하는 것을 말한다. 주로 글자의 부수나 그 글자가 담고 있는 뜻으로 구분하게 된다. 예를 들어 임(林), 근(根)과 같은 글자는 자원오행으로 木이 되고, 강(江), 법(法)과 같은 글자는 자원오행으로 水오행이 된다.

2) 자원오행의 역할

자원오행의 주요한 역할은 사주의 부족한 부분을 채워주는 데 있다고 할 수 있다. 자원오행은 한자의 본질적인 속성을 가장 잘 나타내는 것이고 오행론이 성명학에 도입된 근본적인 이유는 사주의 약점을 보완하자는 취지인 점을 본다면, 작명 시에 불완전한 사주의 오행을 채워주는 역할을 하는 것이 자원오행이라 할 수 있다.

3) 자원오행의 분류

(1) 부수에 따른 오행 분류
- 木오행: 걸(杰), 근(根), 동(東), 류(柳), 박(朴), 본(本), 이(李), 삼(杉), 재(材), 석(析), 식(植) 등
- 火오행: 렬(烈), 병(炳), 환(煥), 경(炅), 로(爐), 섭(燮), 소(炤), 현(炫) 등
- 土오행: 당(堂), 성(城), 준(埈), 곤(坤), 규(圭), 대(垈), 배(培) 등
- 金오행: 금(錦), 은(銀), 갑(鉀), 단(鍛), 록(錄), 현(鉉), 호(鎬) 등
- 水오행: 천(泉), 택(澤), 홍(泓), 감(減), 강(江), 락(洛), 동(洞), 수(洙) 등

(2) 글자의 의미에 따른 오행 분류
- 木오행: 건(建), 간(幹) 등
- 火오행: 견(見), 심(心) 등
- 土오행: 경(京), 봉(峯) 등
- 金오행: 상(尙), 현(現) 등
- 水오행: 길(吉), 범(凡) 등

4) 자원오행의 배치

발음오행이 성명 간의 상생 관계를 중요시하고 성명 내에서 오행의 길한 배치로 여기는 반면, 자원오행은 성명 내에서의 배치보다는 얼마나 사주를 보완하고 길운

으로 이끌 수 있는 오행인가 하는 것을 더 중요하게 여긴다.

발음오행과 마찬가지로 성명 간의 자원오행이 서로 상생 관계에 있는 것을 길한 배합으로 여기며, 상극관계에 있는 경우를 흉한 배합으로 여긴다. 그러나 그보다 먼저 사주에서 필요한 오행들로 구성된 경우를 길한 배합으로 여긴다.

발음오행의 경우 반드시 성(姓)과 명(名)을 연결하여 세 글자의 오행을 모두 산출하여 그 배합을 판단하였으나, 자원오행은 명(名), 이름자 두 글자의 오행을 산출하여 판단하게 된다. 물론 성씨의 자원오행도 찾아 이름과 함께 오행을 판단하여도 무방하나, 성씨를 제외하고 이름자의 자원오행을 찾아 판단하는 방식이 대표적이라 할 수 있다.

(1) 자원오행의 길(吉)한 배치

자원오행은 사주를 보완하고 길한 방향으로 이끌 수 있는 오행들로 구성된 경우를 길한 배합으로 여긴다. 또한, 그 오행들이 서로 상생 관계를 이룬다면 더욱 좋은 배합으로 여긴다. 그러나 오행의 관계가 상극을 이루더라도, 사주에 꼭 필요한 오행으로 판단된다면 길한 배합으로 여길 수 있다.

(2) 자원오행의 흉(凶)한 배치

자원오행이 사주를 보완하지 못하고 흉한 작용을 일으키는 경우, 자원오행의 배합이 좋지 않다고 볼 수 있다. 비록 그 오행들이 서로 상생 관계를 이룬다 할지라도 사주를 충극하거나 안 좋은 영향을 주는 오행이라면 좋은 배합이라 할 수 없다. 사주에 도움이 되지 않는 불필요한 오행이면서, 이름의 자원오행의 관계가 서로 상극하는 경우 더욱 흉한 배합이라 할 것이다.

(3) 자원오행의 반흉반길(半凶半吉)한 배치

자원오행이 사주를 보완하지는 못하지만, 사주의 오행과 충돌하여 흉한 기운을 발생하지는 않고, 사주에 무해무덕(無害無德)한 오행일 경우, 자원오행이 반흉반길한 배합이라고 할 수 있다. 이때 이름 내에서 자원오행이 상생 관계에 있을 때는 약간 길한 쪽으로 볼 수 있고, 이름 내에서 자원오행이 상극관계에 있다면 약간 흉한 쪽으로 볼 수 있다.

5) 자원오행의 적용

자원오행을 적용하기 위해서는 한자의 부수나 뜻을 미루어 그 오행을 찾아볼 수 있으나, 그 밖에 오행을 유추하기 어려운 한자들이 많아 자원오행을 다 헤아리기 어려운 점이 있다. 그러므로 각 글자의 자원오행은 성명학용 자전이나 자원오행사전 등을 참고하여 해당 글자의 배속된 오행을 찾아 사용하는 것이 바람직하겠다.

2. 삼원오행론

1) 한자 삼원오행(三元五行)

삼원오행론이란 성과 이름자의 획수를 오행으로 표시하여 천격, 인격, 지격으로 나누어 하늘과 사람과 땅(天地人)이 상생이 되도록 작명하는 이론이다.

크게 보면 수리오행의 일부라 할 수 있으며, 다시 두 가지로 분류할 수 있는데, 성씨 획수를 그대로 일원(一元)으로 보는 설과 성씨 획수에 1을 더해서 일원(一元)으로 삼는 설(삼재론)이 있다.

(1) 삼원오행론

먼저 한자 삼원오행론의 삼원(三元)에 대해 알아보면 다음과 같다.

<삼원(三元)>

일원(一元)	천격(하늘, 부모)	성씨의 획수
이원(二元)	인격(사람, 자신)	성씨의 획수+이름 첫 자 획수
삼원(三元)	지격(땅, 처, 자식)	이름 첫 자 획수+이름 끝 자의 획수

삼원오행 중 삼원(三元)이란 성씨의 획수를 일원(一元), 성씨와 이름의 첫 글자의 획수를 합한 것이 이원(二元), 이름 두 자의 획수를 합한 것이 삼원(三元)이 되는 것이다.

획수의 오행 분류는 글자의 획수가 1, 2이면 木, 3, 4이면 火, 5, 6이면 土, 7, 8이면 金, 9, 10이면 水로 분류한다. 10이 넘을 경우에는 10을 버리고 나머지를 쓴다.

<획수의 오행 구분>

획수	1, 2	3, 4	5, 6	7, 8	9, 10
오행	木	火	土	金	水

예를 들어 홍길동(洪吉童)이라는 이름의 경우, 삼원오행은 水土金이 된다.

洪(10획) 吉(6획) 童(12획)

一元(천격): 洪(10획)=10획/10이므로 오행 水

二元(인격): 洪(10획)+吉(6획)=16획/6이므로 오행 土

三元(지격): 吉(6획)+童(12획)=18획/8이므로 오행 金

이처럼 삼원오행 水土金을 구한 후, 오행의 관계가 서로 상생하는 구조로 되어 있으면 길한 이름으로 판단하고, 오행의 관계가 서로 상극하는 관계로 구성되어 있으면 흉한 이름으로 판단한다. 오행 구조의 길흉 판단은 앞 장에서 다룬 발음오행의 길흉 분석과 같다.

(2) 삼재론

성씨 획수에 1을 더해서 일원(一元)으로 삼는 방법을 삼재론이라고도 하는데, 여기서 삼재(三才)란 천격, 인격, 지격을 말한다. 천격은 성씨의 획수에 가수(假數) 1을 더한 것이고, 인격은 성씨와 이름 첫 글자의 획수를 합한 것이고, 지격은 이름 첫 자와 끝 자의 획수를 합한 것이다. 이 방식은 일본의 구마자키 겐오가 일본사람들의 이름을 분석하기 위해 만들어낸 방법으로 일본식 이름을 해석하기 위해 성씨에 1이란 가수를 더하여 새로운 격을 만든 것이다.

<삼재론의 삼원(三元)>

일원(一元)	천격(하늘, 부모)	성씨의 획수+1
이원(二元)	인격(사람, 자신)	성씨의 획수+이름 첫 자 획수
삼원(三元)	지격(땅, 처, 자식)	이름 첫 자 획수+이름 끝 자의 획수

이처럼 삼원의 오행을 도출하여 그 길흉은 오행의 상생상극으로 판단하는 것은 한자 삼원오행 이론과 같다. 그러나 이 방식은 현재 우리나라의 성명학에 적용하기에는 설명력이 부족하며, 현재 사용하는 성명학자도 소수에 불과하다.

2) 한자 획수오행

보통 획수오행이라고 하는 이 방법은 한자의 획수에 따라 오행을 구분하는 것을 말한다. 획수에 따라 오행을 구분하여 그 오행의 길흉을 논하는 방법으로, 삼원오행론과 혼용되기도 하고, 수리오행이라 칭하기도 한다.

<한자 획수의 오행 구분>

획수	1, 2	3, 4	5, 6	7, 8	9, 10
오행	木	火	土	金	水

한자 획수의 오행 구분은 앞서 다룬 삼원오행론의 오행 구분과 같다. 그러나 삼원오행론의 오행 구분은 삼원오행 계산방식에 따라 도출된 수의 오행 구분이라면, 한자 획수오행 이론에서는 한자의 획수 자체를 오행으로 구분한 것이다. 또한, 한자의 획수를 따질 때에는 성명학 방식에 따라 원획법을 따른다.

예를 들어 홍길동(洪吉童)이라는 이름의 경우, 원획법으로 계산하면 洪(10획) 吉(6획) 童(12획)이 되는데, 홍은 10획이니 10의 오행 水가 되고, 길은 6획이니 6의 오행 土가 되고, 동은 12획이니 10을 제하면 2가 되어 2의 오행 木이 되는 것이다. 그러므로 이 이름의 한자 획수오행은 水土木이 된다.

洪(10획) 吉(6획) 童(12획)

성: 洪(10획)=10이므로 오행 水

상명자: 吉(6획)=6이므로 오행 土

하명자: 童(12획)=12이므로 오행 木

　　이처럼 획수오행 水土木을 구한 후, 오행의 관계가 서로 상생하는 구조로 되어 있으면 길한 이름으로 판단하고, 오행의 관계가 서로 상극하는 관계로 구성되어 있으면 흉한 이름으로 판단한다. 오행 구조의 길흉 판단은 앞 장에서 다룬 발음오행의 길흉 분석과 같다.

3) 한글 획수오행

(1) 한글 획수오행

　　한글 획수오행 이론은 한자 획수오행과 같은 방법이나, 한글 이름자의 획수에 따라 오행을 구분하여 길흉을 판단하는 방법을 말한다. 일반적으로 한자 이름만 획수를 따져 오행을 논하지만, 한글 이름 역시 글자의 획수를 따져 오행을 구분하기도 한다.

<한글 획수>

자음	획수	자음	획수	모음	획수
ㄱ	1획	ㅋ	2획	ㅏ	2획
ㄴ	1획	ㅌ	3획	ㅑ	3획
ㄷ	2획	ㅍ	4획	ㅓ	2획
ㄹ	3획	ㅎ	3획	ㅕ	3획
ㅁ	3획	ㄲ	2획	ㅗ	2획
ㅂ	4획	ㄸ	4획	ㅛ	3획
ㅅ	2획	ㅃ	8획	ㅜ	2획
ㅇ	1획	ㅆ	4획	ㅠ	3획
ㅈ	2획	ㅉ	6획	ㅡ	1획
ㅊ	3획			ㅣ	1획

<한글 획수의 오행 구분>

획수	1, 2	3, 4	5, 6	7, 8	9, 10
오행	木	火	土	金	水

예를 들어 홍길동이라는 이름의 경우, 성씨인 홍은 6획이니 오행은 土가 되고 길은 5획이니 오행은 土, 동은 5획으로 오행은 土가 된다. 그러므로 한글 획수오행은 土土土가 된다. 이처럼 한글 획수오행을 구한 후, 오행의 관계가 서로 상생하는 구조로 되어 있으면 길한 이름으로 판단하고, 오행의 관계가 서로 상극하는 관계로 구성되어 있으면 흉한 이름으로 판단한다.

(2) 한글 획수음양

한글 획수오행에 덧붙여 한글 획수의 음양을 따져 그 구성의 조화와 길흉을 함께 고려하기도 한다. 앞서 다룬 한자 획수음양 판단법과 동일하며, 한자 대신 한글의 획수를 사용했다는 점에서 다르다.

<한글 획수의 음양 구분>

양의 획수	1, 3, 5, 7, 9, 11, 13, 15 ……
음의 획수	2, 4, 6, 8, 10, 12, 14, 16 ……

획수가 1, 3, 5, 7, 9와 같이 양수이면 양으로, 2, 4, 6, 8, 10과 같이 음수이면, 음으로 구분하여, 성명 내에서 음양이 조화를 이룬 것을 길한 이름으로 판단한다. 홍길동이라는 이름의 경우, 6획, 5획, 5획으로 음, 양, 양이 되어 음양의 조화를 이루었다고 본다.

이상 살펴본 삼원오행, 한자 획수오행, 한글 획수오행 등은 다수설은 아니지만, 성명학에서 쓰이고 있는 방식이기는 하다. 이러한 방식을 취용할 것인지는 성명학자의 선택에 달린 문제라 할 수 있겠고, 현재까지 어느 방식의 임상 적용 실태나 효과 검증 등이 연구, 발표된 것은 없는 실정이다.

역시 성명학의 다수설은 아니나 성명학의 한 부분으로 사용되고 있는 이론들을 계속해서 살펴보면 다음과 같다.

3. 기타 작명이론

1) 주역 작명론

주역을 사용하는 학자들이 성명학에 주역 괘상을 응용한 방법을 말한다. 주역의 논리를 응용하여 이름에서 괘상을 도출하고 그를 통해 이름의 길흉을 판단하고 인간의 길흉화복을 추정하는 작명론이라 할 수 있다. 이러한 주역 괘상 작명법은 다른 말로 역상표출법(易象表出法)이라고도 하는데, 성명수리를 이용한 작명법과 상충되는 부분이 많고 성명학의 주류로 사용되고 있지는 않다.

이름에서 주역괘를 도출하는 방법은 여러 가지가 사용되고 있는데, 크게 두 가지 방식으로 나누어진다. 첫 번째는 이름자에서 상괘와 하괘를 정하여 주역괘를 구성하는 방법이고, 두 번째는 이름자에서 상괘와 하괘, 그리고 동효를 정하여 본괘와 변괘를 구성하여 이름이 담고 있는 운세를 풀이하는 방법이다.

(1) 주역 괘상 작명법 - 본괘만 구성하는 방식

괘를 도출하는 방식은 성명에서 성을 제외한 이름자 두 자의 획수를 합해서 8로 나눈 나머지 수를 하괘로 삼고, 성과 이름자의 획수를 모두 합해서 8로 나눈 나머지 수를 상괘로 삼아 64괘를 작괘하게 된다.

<팔괘와 나머지 수>

乾 1, 兌 2, 離 3, 震 4, 巽 5, 坎 6, 艮 7, 坤 8

예를 들어 홍길동이라는 이름의 경우, 洪(10획) 吉(6획) 童(12획)이므로,

하괘: 吉(6획)+童(12획)=18/8=나머지 2

상괘: 洪(10획)+吉(6획)+童(12획)=28/8=나머지 4

상괘는 震, 하괘는 兌이므로, 주역괘는 뇌택귀매괘가 된다.

이처럼 괘를 만들고, 해당하는 괘의 주역괘 풀이를 참고하고 괘의 괘상과 괘사, 효사 등을 인용하여 성명을 해석하게 된다.

(2) 주역 괘상 작명법 – 본괘와 변괘를 구성하는 방식

성을 제외한 이름자 획수의 총합을 8로 나누어 남은 수로 하괘로 삼고, 성과 이름을 모두 합한 수를 8로 나누어 남은 수로 상괘로 삼는다. 그리고 이름자의 총합과 성을 포함한 이름의 총합 수를 모두 더하여 이 수를 6으로 나누어 남은 수를 변효로 하여 변괘로 삼는다.

또 다른 방식으로는 이름의 끝 글자의 획수를 8로 나눈 나머지 수를 하괘로, 이름의 첫 글자의 획수를 8로 나눈 나머지 수를 상괘로 삼고, 성과 이름의 획수를 모두 더한 후 6으로 나눈 나머지 수를 변효로 하여 변괘를 삼는 방식도 있다.

이처럼 괘를 만들고, 인생의 전반은 본괘로 판단하고 인생의 후반은 변괘로 판단한다. 본괘나 변괘가 사대난괘(四大難卦): 重坎水, 澤水困, 水雷屯, 水山蹇나 황천괘(黃泉卦): 天風姤, 地火明夷, 山地剝, 風天小畜, 火山旅, 雷澤歸妹, 팔흉괘(八凶卦): 天地否, 地水師, 山地剝, 火澤睽, 重坎水, 天澤履, 地火明夷, 雷澤歸妹에 들지 않으면 일단 무난한 이름이라고 할 수 있으며, 괘의 괘상과 괘사, 효사 등을 인용하여 성명을 해석하게 된다.

2) 파자(破字) 작명론

측자파자성명학이라 하여, 글자를 쪼개고 나누어서 그 상징성을 가지고 운명과 이름의 길흉을 풀이하는 작명법으로 성명 풀이에도 능하지만 어떤 글이나 부호를 해석하는 점사에도 이용되었다. 우리나라에서는 1950년대까지는 행술가들이 있었으나 지금은 거의 사라진 것으로 본다.

현재는 측자파자성명학을 사용하기보다는 여기서 파생된 방법으로, 글자가 파자

(破字)되는 경우를 살펴 이를 피하는 방법으로 작명에 참고하고 있다.

한자는 합성문자로 하나 이상의 글자가 결합하여 이루어진 경우가 많다. 예를 들어 희(姬)는 여(女)와 신(臣)이 합하여 이루어졌고, 림(林)은 木과 木이 합하여 이루어져 있다. 이렇듯 한자의 독특한 구조에서 비롯한 방법으로, 글자를 분리하여 분석하는 것을 말하며, 글자가 분리되는 경우를 파자(破字)라 한다.

파자가 되어 한 글자가 둘 이상으로 분리되는 것은 가족이나 부부 사이에 이별이나 사별을 암시한다고 보기 때문에 흉한 것으로 해석한다.

예를 들어 임병철(林炳喆)의 경우, 木 木, 火 丙, 吉 吉로 세 글자 모두 글자가 분리되는 것을 볼 수 있다. 이런 경우 파자가 되어 본인의 운이 반으로 줄어들어 불구자나 파산, 단명하기 쉽다고 해석한다.

그러나 대부분의 한자가 파자가 되므로 일일이 파자만 파악한다면 사용할 글자가 거의 없으므로 이름 석 자가 모두 파자로 이루어지지 않았는지 살펴서 작명 시에 참고하는 정도로 사용하게 된다.

7장

수리오행론(수리사격론)

1. 수리오행론(수리사격론)

수리오행론은 한자의 획수에 따른 수(數)에 따라 길흉의 기운이 존재한다는 전제하에 이를 성명에 적용한 것이다.

수리오행론은 수리사격론, 81수리법, 원형이정법, 수리성명학 등으로 통용되며, 이름자의 획수 그대로 오행을 적용하는 방법을 수리오행이라고 부르기도 하나, 여기서 다루는 수리오행론은 이름자의 획수를 계산하여 사격을 도출하고 그 각각의 수리의 길흉을 판단하는 수리사격 이론을 말한다.

발음오행과 자원오행이 글자에서 발생하는 오행을 성명에 직접 적용한 것이라면, 수리사격론에서는 수리의 획수를 적용하여 수리에 함유된 오행의 기운을 이름에 적용한 것이라 할 수 있다.

발음오행, 자원오행, 수리오행은 성명학에서 중요하게 다루는 부분인데, 이로써 한 글자에 담긴 소리(발음), 뜻(意), 수(數)를 모두 판단하여 한 글자의 영향력을 세밀히 분석, 적용할 수 있다. 현대 성명학에서는 다수의 학자들이 발음오행, 자원오행과 함께 원획법을 사용하여 사격식으로 수리오행을 배합하는 방법을 사용하고 있다.

1) 획수 계산 방법

한자의 획수를 계산하는 방법은 크게 3가지가 있는데 필획법, 원획법, 곡획법이다. 수리사격론에서 획수를 판단할 때는 원획법을 사용하게 된다. 성명학자에 따라 필획법을 사용한다는 주장도 있으나, 성명학에서는 원획법을 사용하는 것을 정설로 여기고 있으며, 소수는 필획법을 혼용하기도 한다.

(1) 필획법(筆劃法)

필획법(筆劃法)은 실제 글을 쓸 때 한 획 한 획 붓의 움직임을 근거로 해서 계산하는 방식으로 일반인들이 알고 있는 획수 그대로이며, 컴퓨터나 옥편에는 필획법을 적용한 획수가 표기되어 있다.

(2) 원획법(原劃法)

원획법(原劃法)은 글자를 실제 사용하는 글자의 형태로 보는 것이 아니라, 글자의 원형대로 획수를 계산하는 방식으로, 예를 들어 삼수변은 분명 붓의 움직임은 3번이니 3획이지만, 삼수변의 원형은 水(물 수)로 봐야 하므로 水의 획수인 4획으로 적용하는 것이다.

(3) 곡획법(曲劃法)

곡획법(曲劃法)은 붓의 구부러짐을 기준으로 하는 방법으로 붓이 구부러질 때마다 한 획이 추가되는 방식이다. 을(乙)은 4획이 되고 구(口)도 4획으로 계산한다.

<원획과 필획의 비교>

부수이름	필획	획수	원획	획수	원획법 적용 예
삼수변	氵	3획	水	4획	수(洙) 10획
심방변	忄	3획	心	4획	쾌(快) 8획
손수변	扌	3획	手	4획	타(打) 6획
구슬옥변	王	4획	玉	5획	주(珠) 11획
육달월	月	4획	肉	6획	각(脚) 13획
옷의변	衤	5획	衣	6획	유(裕) 13획
초두밑	艹	4획	艸	6획	영(英) 11획
그물망	罒	5획	网	6획	라(羅) 20획
늙을로밑	耂	4획	老	6획	자(者) 10획
책받침	辶	4획	辵	7획	연(連) 14획
우부방	阝	3획	邑	7획	랑(郞) 14획
좌부방	阝	3획	阜	8획	진(陳) 16획

성명에 쓰이는 한자의 획수는 단순히 그 형상에 표현된 획수만을 논하는 것이 아니고, 그 문자에 함축된 '수의 의미'로서 산출, 계산하는 것이다. 한자는 표음문자와는 다른 그 뜻(意)을 함유한 표의문자이므로, 문자의 형태나 획수에 고정되지 말고 그 문자가 가진 '수의 의미'를 함께 고려해야 할 것이다.

<수를 나타내는 문자의 획수>

一	二	三	四	五	六	七	八	九	十
1획	2획	3획	4획	5획	6획	7획	8획	9획	10획

百(6획), 千(3획), 萬, 億 등의 문자는 획수 그대로 계산함

2. 원형이정과 수리사격

1) 원형이정(元亨利貞)

주역(周易)의 원형이정(元亨利貞)의 원리를 성명학에 채용한 것이 수리사격론이다. 주역에서는 천지의 덕(德)과 만물이 운행하는 근본 원리, 이치를 원형이정의 사덕(四德)으로 설명하고 있다. 원형이정의 이치에 따라 사람의 인성과 성품이 자연의 순리에 따라 자연스럽게 길러져야 함을 강조하며, 인의예지(仁義禮智)의 4덕을 갖추고 동물과 구별되어 사람답게 살아가야 한다는 본질적인 도덕성이 담겨 있다.

원형이정은 이처럼 변치 않는 하늘의 도리이면서 사물의 근본 되는 원리가 되고, 만물이 처음 생겨나서 자라고 삶을 이루며 완성하는 과정을 표현하며, 이는 곧 인간 성품의 근본이 되는 인의예지가 되는 것이다. 계절로 비유하면 춘하추동과 같으며, 사람의 생애로 비유하자면 태어나서 성장하고 장성하여 성숙해진 후 삶을 마치는 과정으로 볼 수 있다.

이러한 원형이정의 원리가 성명학에 적용된 것이 수리사격론이다. 성명(姓名)의 내재된 영동력(靈動力)이 사격을 통해, 일생 전반에 걸쳐 영향력을 미치게 된다는

것이다. 성명의 글자들이 가지는 획수에서 수(數)를 도출하여 원형이정 사격을 구성하고 각 격의 길흉을 판단하여 한 사람의 일생에 걸친 길흉화복을 설명하고 있다.

2) 수리사격(數理四格)

> 원격(元格): 초년운을 지배하며 평생 운의 기초가 된다(초년운).
> 형격(亨格): 일생의 중심동력이 되며 성명에서 가장 중요한 부분이다(중년운).
> 이격(利格): 중장년운을 지배하며 자신의 건강과 가정의 안위를 의미한다(장년운).
> 정격(貞格): 일생의 총운과 후반운을 결정한다(말년운).

(1) 원격(元格)

성을 제외한 이름의 첫 글자 획수와 끝 글자 획수와의 합이 된다. 유년과 초년운 (1~20세)을 지배한다. 자신의 신상과 가정, 성장 환경 등에 영향력을 준다. 봄에 속하며 만물의 시초로서 인(仁)을 가리킨다. 사람과의 상관관계를 맺고 어진 도리를 기른다.

(2) 형격(亨格)

성 획수와 이름 첫 자 획수를 합한 것이다. 청년운(20~40세)을 지배하고 인격과 재물, 사업, 가정 등에 영향을 미친다. 중심운에 해당하므로 주운(主運)이라고도 한다. 청장년 시절의 직업이나 사업적인 성공, 사회생활의 발달 등과 관련되며, 그 영향력은 네 격 중에 가장 강하게 작용을 하고 일생 동안 광범위하게 영향을 준다고 할 수 있다. 여름에 속하며 만물이 자라나고 사람들과 상하좌우로 형통하고 협력하여 화목한 조화를 이루는 품성을 기르는 것을 말한다.

(3) 이격(利格)

성 획수와 이름 끝 자 획수를 합한 것으로 중년(40~60세)의 운을 지배한다. 형격을 도와주는 역할도 하므로 부운(扶運)이라고도 한다. 자신의 운기를 주로 맡고 있으나 그 작용력은 주위환경은 물론 대외적인 관계까지 파급된다. 주로 부부관계나 사회적 성공 여부 등과 관계된다. 가을에 속하며 만물이 이루어져 서로 협력과 조화 속에서 결실을 얻는다.

(4) 정격(貞格)

이름 자 획수 전체를 합한 것이고 중년 이후 말년(60세 이후)까지의 운을 지배한다. 인생의 후반부를 지배하므로 후반운에 해당하나, 일생 전반을 아우르는 전체운으로 보기도 한다. 인생의 결실을 보는 단계라 할 수 있으므로 일생의 전체적인 행(幸), 불행(不幸)을 나타낸다고도 할 수 있다. 겨울에 속하며 만물을 거두고 올바른 결실 속에서 아름답게 성숙이 되어야 함을 의미한다.

원격은 초년, 형격은 청장년, 이격은 장년, 정격은 말년으로 보기도 하나, 이들 사격이 일정한 시기에만 영향력을 행사하는 것이 아니고, 인생 전반에 걸쳐 포괄적으로 영향력을 행사한다고 보아야 할 것이다.

3. 수리사격의 구성

수리사격론에서 원형이정 사격의 수리를 도출하여 수리사격을 구성하는 방법은 다음과 같다. 성과 이름자의 글자수의 합하는 방식에 따라 네 가지 격이 구성되며, 성과 이름자의 글자 수에 따라 사격이 다르게 구성된다.

<수리사격의 구성 방법>

원격	상명자의 획수+하명자의 획수
형격	성의 획수+상명자의 획수
이격	성의 획수+하명자의 획수
정격	성의 획수+상명자의 획수+하명자의 획수

1) 성 1자+이름 2자인 경우

姜(9획)　玟(9획)　朱(6획)

원격: 玟(9획)+朱(6획)=15획 (吉 통솔격)

형격: 姜(9획)+玟(9획)=18획 (吉 발전격)

이격: 姜(9획)+朱(6획)=15획 (吉 통솔격)

정격: 姜(9획)+玟(9획)+朱(6획)=24획 (吉 입신격)

2) 성 1자+이름 1자인 경우[35]

金(8획)　正(5획)

원격: 正(5획)+○=5획 (吉 복덕격)

형격: 金(8획)+正(5획)=13획 (吉 명리격)

이격: 金(8획)+○=8획 (吉 건발격)

정격: 金(8획)+正(5획)=13획 (吉 명리격)

3) 성 2자+이름 2자인 경우

南(9획)　宮(10획)　玉(5획)　分(4획)

원격: 玉(5획)+分(4획)=9획 (凶 궁박격)

형격: 南(9획)+宮(10획)+玉(5획)=24획 (吉 입신격)

이격: 南(9획)+宮(10획)+分(4획)=23획 (吉 융창격)

정격: 南(9획)+宮(10획)+玉(5획)+分(4획)=28획 (凶 풍운격)

4) 성 2자+이름 1자인 경우[36]

皇(9획)　甫(7획)　官(8획)

원격: 官(8획)+○=8획 (吉 건발격)

형격: 皇(9획)+甫(7획)+官(8획)=24획 (吉 입신격)

이격: 皇(9획)+甫(7획)+○=16획 (吉 덕망격)

---

35) 다른 이론으로, 이격: 金(8획)+正(5획)=13획으로 계산하기도 한다.

36) 다른 이론으로, 이격: 皇(9획)+甫(7획)+官(8획)=24획으로 계산하기도 한다.

정격: 皇(9획)+甫(7획)+官(8획)=24획 (吉 입신격)

5) 성 1자+이름 3자인 경우

朴(6획) 麻(11획) 里(7획) 娥(10획)
원격: 麻(11획)+里(7획)+娥(10획)=28획 (凶 풍운격)
형격: 朴(6획)+麻(11획)=17획 (吉 건창격)
이격: 朴(6획)+娥(10획)=16획 (吉 덕망격)
정격: 朴(6획)+麻(11획)+里(7획)+娥(10획)=34획 (凶 변란격)

4. 수리사격의 해석

1) 수리사격과 81수리

수리사격론에서는 성과 이름자의 획수에서 원형이정 4격의 수리를 도출한 후, 그 수리가 가지고 있는 의미와 특성을 살펴보고, 그 길흉을 따져 좋지 않은 수리는 배제하고 좋은 수리로만 4격을 구성하는 것을 목적으로 한다. 4격 모두가 좋은 수리로 구성된 것을 좋은 성명으로 보는데, 이때 수리의 좋고 나쁨을 판단하는 기준이 되는 것이 81수리이다.

송(宋)나라의 채구봉(蔡九峰)이 쓴 '팔십일수원도(八十一數元圖)'가 수리에 따라 길흉을 설명한 81수리의 시작이 된다. 하도낙서(河圖洛書)에서 기원한 81수리(數理)는, 기본수 1에서 9까지의 수의(數意)를 성명학에 적용한 것이다. 기본수 9수의 자승수(自乘數), 즉 9X9=81의 81수로 구성되어 있으며, 이들 수의 교착수(交錯數)에 상대(相對), 조화(調和)되어 우주만유(宇宙萬有) 모두가 이 81수의 논리(論理)에 포함되어 있다고 보는 것이다.

때문에 인간에게도 마찬가지로 81수의 논리가 적용될 것이며, 이름에서 도출된 81수리의 길흉이 인간에게 영향을 미칠 것이라는 이론이다. 현대 성명학에서는 이 81수리 이론을 계승, 발전시켜 수리성명학으로 자리 잡고 있다.

2) 기본수(基本數)의 특성

81수리의 이해를 위해 기본수의 의미와 특성을 간략히게 살펴보기로 한다. 수(數)는 음과 양이 구분되는데 음수는 2, 4, 6, 8, 10이고 양수는 1, 3, 5, 7, 9가 된다.

- 一수의 특성: 홀수로 양의 성질이 있고, 시작, 조화, 출발, 독립, 남성적인 특성이 있다.
- 二수의 특성: 짝수로 음의 성질이 있고, 분리, 변동, 의존, 유약, 수동적, 여성적 특성이 있다.
- 三수의 특성: 홀수로 양의 성질이 있고, 一과 二가 합해져 비로소 음과 양이 배합되어 조화를 이루니 형성(形成)의 수라 한다. 안정, 완성, 성취, 발전, 풍족의 특성이 있다.
- 四수의 특성: 짝수로 음의 성질이 있고, 생명을 형성하기 위해 분파(分派) 작용을 하는 수이다. 분리, 분산, 파괴, 불화 등의 특성이 있다.
- 五수의 특성: 홀수로 양의 속성이 있는 수이고 중간수로 생성과 변화의 기본이 되며 생명 운동의 주가 되는 수로 본다. 안정, 성취 등의 의미를 가진다.
- 六수의 특성: 짝수로 음의 성질이 있고, 소극적이고 정적인 기운이 있다. 불안과 대칭, 겨루기 등의 기운이 있다. 불안정과 대립을 의미한다.
- 七수의 특성: 홀수이며 양수로, 강한 독립성이 있어서 정신력이 강하다고 본다. 자립, 독단, 투지, 건창의 특성이 있으며 번성과 출세의 기운이 있다.
- 八수의 특성: 짝수이고 음수로, 음기가 극에 달해서 양기로 변하면서 태동과 변혁의 움직임을 보이는 의미가 있다. 역경을 헤치고 나가는 자수성가를 암시한다. 인내와 개척 등의 기운이 있다.
- 九수의 특성: 홀수이고 양수이며, 3의 3배수로 양의 특성이 있으면서, 수의 끝을 의미하므로 완성과 도달의 특성을 가진다. 동시에 끝의 의미인 은퇴, 휴식 등을 의미하며, 정지, 종극의 암시가 있다.
- 十수의 특성: 짝수이고 음의 속성이 있다. 기본수가 극(極)에 이른 것으로

우주의 만물이 태어나 자라고 꽉 차게 되면, 다시 무(無)의 상태로 되돌아간 다는 기운을 담고 있어 공허, 허무를 의미한다. 무상, 종말 등을 의미하는 특성이 있다.

3) 81수리의 해석[37]

• 1수: 頭首格 - 君王玉座之象(두수격 - 군왕옥좌지상)

수리의 기본이 되는 으뜸 수로 만물(萬物) 창시의 근원이 되며 희망이 달성되고 매사가 생산적으로 발전하여 성공운을 유도하는 길수(吉數)이다. 활동적이고 매사에 솔선수범하며 하늘의 운기와 땅의 운기가 교감하듯 부귀영화 속에 대발전이 오며 소망을 성취하게 된다.

• 2수: 分散格 - 諸事分離之象(분산격 - 제사분리지상)

목마른 나무가 도리어 사막에 이양되듯 장래성이 부족하고 매사에 때를 만나지 못해 업무에 실패가 많으며 파란만장한 고충과 변고 속에 좌절을 거듭하고 뜬 구름처럼 방랑 생활 속에 주거와 직업이 안정되지 못해 일생을 통해 흉운(凶運)을 많이 겪으며 부부간에 풍파로 이별 수가 있고, 병약·파괴·단명의 수이다.

• 3수: 雄志格 - 萬物始旺之象(웅지격 - 만물시왕지상)

이지(理智)가 발달하여 판단력이 좋고 두뇌 회전이 비상하며 처세가 원만하여 융화력이 뛰어나고, 만인에게 이름이 알려지고 노력만큼의 보람을 얻을 수 있으며 명예(名譽), 재력(財力), 인덕(人德)의 순조로운 조화로 부귀영화를 누리며 가정운도 순탄하는 등 대내외적으로 입신양명한다.

---

37) 81수의 명칭과 의미, 해석에 대해서는 여러 성명학 서적에서 다루고 있으며, 부분적인 한자 표현과 용어의 차이는 있으나 대체로 대동소이한 내용이다. 『사주와 성명학』, 김우제, 명문당, 1973; 『좋은 이름 카운슬링』, 하현석, 하현길 공저, 도서출판 정해, 2007; 『표준이름 짓기 큰사전』, 양원준, 이재마 공저, 리빙북, 2009 등.

• **4수: 破壞格 – 敗家亡身之象(파양격 – 패가망신지상)**

의지가 박약하고 우유부단하며 융통성과 처세술의 문제가 야기되고, 메마른 대지에 초목이 시들어 죽는 형상으로 부모 형제 덕이 없고, 동서남북으로 분주하게 활동하나 성과가 없으며 실패와 고난 속에 스스로 자멸하며 부부간에 생리사별(生離死別)이 있게 되고 형액(刑厄), 변고 등이 신고(辛苦)가 많다.

• **5수: 福德格 – 成功順理之象(복덕격 – 성공순리지상)**

덕망이 있고 예의 바르며 온 후 독실하여 지덕(知德)이 겸비된 성품으로 승천하는 용이 여의주를 품듯 변화가 무궁하여, 하는 일마다 성공과 발전이 찾아들고 대외 활동이 강하여 만인에게 이름이 알려지고, 가정에 부부·자손이 화합되어 재록(財祿), 명예(名譽), 권세(權勢)가 겸비된 행운이 창조된다.

• **6수: 盛運格 – 豊富陰德之象(성운격 – 풍부음덕지상)**

맡은 바 임무에 책임성이 강하고 매사에 노력하는 타입으로 문학적 잠재능력과 임기응변에 센스가 빠르다. 꽃피고 열매 맺어 결실을 보듯 하는 일마다 보람의 성과로 재물이 늘어나고 명예와 인기가 사방으로 모여들어 사회적 지위가 부상되고 가정생활에 화합과 융화로 부부운이 길한 만복대길(萬福大吉)수이다.

• **7수: 成培格 – 剛健前進之象(성배격 – 강건전진지상)**

마음이 넓고 포용력이 있으며 용맹스럽고 강직한 성품에 독립심이 강한 특징 속에 모든 일이 순조롭게 진행되어 목적한 바를 관찰시켜 나가 능히 자수성가(自手成家)하며 부부 백년해로하고 자손마저 영달(榮達)하는 등 번영과 번창을 이루게 한다. 단, 고집이 세니 이 점만 주의하면 크게 대성할 수 있게 된다.

• **8수: 健發格 – 自取發展之象(건발격 – 자취발전지상)**

겉은 다정하고 온화하나 속은 강직한 외유내강의 성품으로 의지가 군고 전진하려는 진취력이 강해 매사 시작도 좋고 끝도 좋으며 목적 달성이 성취되어 부귀공명을 얻고 장수(長壽)한다. 미래가 확실하게 보장되어 있고 부부 해로 속에 자손마저 영특하게 되는 등 대내외적 활동에 많은 결실을 본다.

- **9수: 窮迫格 − 速成速敗之象**(궁박격 − 속성속패지상)

일시적인 성공은 있으나 매사가 수포로 돌아가 경제적 안정과 사회적 위치가 결핍되어 있고 인덕이 없으며, 부부운마저 불길해 생리사별(生離死別)을 겪게 되고 병약·관재·구설·조난·단명의 수이며 특히 여성은 극부수(尅夫數)로 첩꼴을 보거나 자손으로 인해 많은 근심을 겪게 되는 파란만장한 삶을 산다.

- **10수: 空虛格 − 虛亡短命之象**(공허격 − 허망단명지상)

포부와 이상은 원대하나 일에 일관성이 없어 좋은 계획을 세워 놓고도 흐지부지되고 소득이 없어 공허(空虛)하며 매사가 텅 비고 쇠망(衰亡)한 운이 유도되고 재물과 재산이 흩어진다. 부부간에도 이상의 차이로 이별수가 있고 형액(刑厄), 불구(不具), 질병(疾病), 단명(短命) 등 흉운(凶運)을 겪게 된다.

- **11수: 興家格 − 身旺財旺之象**(흥가격 − 신왕재왕지상)

이지적이고 사고력이 깊으며, 성실하고 사교적이며 자립심이 매우 강해 봄을 만나 만물에 꽃이 피는 형상으로 매사가 순조롭게 창성(昌盛)·발전하고 '가운만회흥가수(家運挽回興家數)'라 하여 가문을 일으켜 세우고 번창하게 하는 대길수(大吉數)로 부부 해로 하는 등 부귀안락(富貴安樂)하게 된다.

- **12수: 織弱格 − 薄弱孤獨之象**(직약격 − 박약고독지상)

사색적이고 매사에 신중한 면은 있으나 소극적이고 의지가 박약하며, 현실성이 부족한 일을 곧잘 생각하는 등 실속이 없으며 마치 뿌리를 깊이 내리지 못한 나약한 나무가 바람에 쓰러지듯 하는 일에 실패가 많아 파란 많은 생활이 영위되고 부부 이별수 속에 항시 고독하고 하천(下賤)하게 사는 운이 유도된다.

- **13수: 明理格 − 立身揚名之象**(명리격 − 입신양명지상)

두뇌가 명석하여 어려운 경지에 처해도 능히 해결하는 수단과 지략이 출중하며 개척정신이 풍부하다. 하현달이 보름달로 바뀌는 형상처럼 점진적 발전과 부흥이 오며 무(無)에서 유(有)가 창조되듯 복록(福祿)이 많게 되고 큰 뜻을 세워 부귀·행복을 누리며 가정·부부운마저 태평성대를 누릴 수 있는 운수이다.

· **14수: 難散格 - 波亂破懷之象**(난산격 - 파란파회지상)

매사에 꼼꼼하고 슬기롭고 의협심이 강하며 풍류적 기질도 있으나 일생을 통해 관재, 구설, 재물 풍파가 많고 가정운을 파(破)해 부부 애정이 불길하고 이별수가 있으며 고독, 번민, 병약, 불구, 자살 등 대흉수(大凶數)를 일으킨다. 매사가 천신만고(千辛萬苦)의 고통 속에 말년이 고독하고 흉하게 된다.

· **15수: 統率格 - 萬物統合之象**(통솔격 - 만물통합지상)

하늘로부터 복을 받는다는 수로 재복과 명성이 따르며 맡은 분야에 두각을 나타내 대내외적으로 출세를 할 수 있고 특히 남성은 문무(文武)를 겸비한 관운(官運)에 서광이 있으며 여성은 부덕(夫德)을 겸비한 현모양처로 가정운이 만복대길(萬福大吉)한 운세를 유도하게 한다.

· **16수: 德望格 - 天地合德之象**(덕망격 - 천지합덕지상)

인정이 많고 착실하며 매사에 노력형으로 두뇌가 명석하고 이지적인 면이 많다. 흉운을 피하게 하고 길운(吉運)만을 조장케 하는 수로 업무에 재수·발전하고 인기·명망이 있게 되며 부부 해로하고 부귀하는 운이 유도되며 특히 여성은 남편 덕을 볼 수 있고 남편을 출세하게 하는 길운이 창조된다.

· **17수: 健暢格 - 萬事通達之象**(건창격 - 만사통달지상)

활동적이며 의지가 굳어 어떠한 난관에도 굴하지 않는 불굴의 기상 속에 맡은 바 업무를 반드시 성취하고야 마는 끈기와 포용력이 넓은 장점이 있다. 특히 관록운(官祿運)이 강하고 해외운이 좋아 외국에서 명예·부(富)를 얻는 경우가 많으며, 여성은 고집은 강하나 품행이 우아하고 자태가 고상한 면이 있다.

· **18수: 發展格 - 開發進取之象**(발전격 - 개발진취지상)

두뇌 회전이 빠르고 고귀한 품격으로 처세가 원만하여 창의력과 진취력이 뛰어나고 예민한 감수성도 있다. 큰 뜻으로 계획을 세워 포부와 이상을 달성하고 만사가 순탄히 진행되어 공명(功名)하고 일신이 영달(榮達)하는 운세를 유도하며 고귀한 지위에 오르는 대길수(大吉數)이다.

· 19수: 苦難格 - 鳳凰傷翼之象(고난격 - 봉황상익지상)

때를 만나지 못한 영웅호걸처럼 하는 일마다 중도에 실패와 좌절이 많은 불운을 맞게 되어 부부간에 구설풍파(口舌風波)와 이별수를 겪게 되고 특히 돈을 벌어도 모이질 않고 흩어져 나가며 고독과 병액(病厄)을 유도하여 불안정한 생활을 하게 하고 형액, 객사(客死), 조난 등의 대흉수가 온다.

· 20수: 短壽格 - 萬事空亡之象(단수격 - 만사공망지상)

일시적인 성공은 있으나 매사가 수포로 돌아가 좋은 두뇌와 자질이 상실되고 부모덕을 없게 하고 가정운을 적막하게 하며 한시도 마음 편한 날이 없이 파란곡절이 교차하고, 일생을 곤고(困苦)하게 살게 되며 교통사고, 형액, 자녀 상실, 단명 등의 흉운과 여자는 과부수 등 고독한 생활을 하게 하는 운이 유도된다.

· 21수: 頭領格 - 萬事仰視之象(두령격 - 만사앙시지상)

솔직 담백하고 매사에 의욕적이고 진취적이며 자립으로 큰일을 일으켜 성공할 수 있는 지모와 덕망이 있다. 특히 리더십이 뛰어나 만인의 존경을 받으며 지도자적 인물이 된다. 단, 여성은 남편운을 극(剋)하거나 이별수로 홀로 되는 등 애정과 부부운에 최악의 경우를 겪게 되는 대흉(大凶)의 운이 유도된다.

· 22수: 中折格 - 秋草逢霜之象(중절격 - 추초봉상지상)

활동력은 왕성하나 무엇을 하든지 중도에 좌절과 실패를 하게 되는 쇠운(衰運)을 맞이하며 불우·불행한 환경 속에 부모 형제의 덕이 없고 가정도 적막하며, 부부 갈등, 이별 및 고독, 병약한 운이 유도된다. 학생의 경우 학업운이 중단되기 쉽고 마음의 방황을 많이 겪게 되는 등 전체운을 하락하게 한다.

· 23수: 隆昌格 - 功名幸福之象(융창격 - 공명행복지상)

지덕(知德)과 문무(文武)가 겸비된 성품에 아침에 떠오르는 태양과 같이 큰 뜻으로 대업을 이룩하여 부귀영화를 누리고 특히 선천적인 지도력이 있어 대중의 인기·명망이 높으며, 지위·명예·재산이 태산처럼 높게 된다. 단, 여성은 공방운(空房運)으로 남편과 생리사별(生離死別)이 있다.

•24수: 立身格 − 財星照門之象(입신격 − 재성조문지상)

온화하고 남과의 인화력이 두터워 주위에 신망(信望)을 얻으며 신념과 책임감이 강하다. 불굴(不屈)의 기상으로 매사가 전진·발전하여 부귀영달(富貴榮達)하게 되고 세상에 명성을 날리며, 여성은 남편운을 돕고 가운(家運)을 일으켜 세우며 덕망(德望)이 있는 현모양처(賢母良妻)가 된다.

•25수: 安會格 − 安康無難之象(안회격 − 안강무난지상)

마음에 도량이 넓고 지혜와 재치가 뛰어나며 초지일관으로 밀고 나가는 전진력 속에 인덕(人德)과 결혼운이 좋으며 매사가 부귀·안강(安康)하여 자수성가하고 권위(權威)와 위풍(威風)이 크고 재물복이 많게 되며, 노력만큼의 큰 대가로 발복(發福)하게 된다. 특히 자손복을 많이 받는다.

•26수: 是非格 − 波瀾萬丈之象(시비격 − 파란만장지상)

육친(六親)의 덕이 없어 홀로 고난의 길을 걸어야 하며 노력을 엄청나게 해도 돌아오는 공덕과 대가는 별로 없어 고생이 많고 특히 인간관계에 장애가 많고 좌절과 불운이 연속된다. 부부운 역시 풍파 속에 배우자와 자녀를 극(剋)하게 하고 고독, 형액(刑厄), 피살(被殺) 등의 악운(惡運)이 유도된다.

•27수: 中斷格 − 每事挫折之象(중단격 − 매사좌절지상)

영명투철(英明透徹)하고 재지(才智)가 있으면 강인한 정신력으로 매사에 전진하려 하나 모든 일이 자신의 마음대로 따라 주지 않고 시비·구설 속의 좌절과 실패가 반복되는 운이 유도된다. 가정운도 성격적 갈등 속에 이별수가 있어 고독하며 조난(遭難), 형액(刑厄), 불구(不具), 단명(短命) 등의 흉이 있다.

• **28수: 風雲格 - 亂世壯士之象**(풍운격 - 난세장사지상)

평온한 바다를 항해하던 배가 갑자기 사나운 풍랑을 만나 좌초·침몰하는 격으로 매사가 어려운 세파(世波)에 시달리게 되며 현실과 이상의 차이가 커 뜻대로 되는 일이 없으며 모든 것이 도로무공(徒勞無功)으로 제자리걸음 상태에 놓이게 되며 가정에 액운이 많고 일신이 항상 고달프게 된다.

• **29수: 成功格 - 泰功享福之象**(성공격 - 태공향복지상)

지혜롭고 처세술이 뛰어나며 뜻과 포부가 원대히 성취되어 권력(權力)과 재산운(財産運)을 한꺼번에 거머쥘 수 있는 대길한 운세 속에 특히 가정운이 좋아 가도(家道)가 번창하고 가산도 일취월장 발전하며 애정에 화기(和氣)가 가득하여 부부 백년해로하는 등 대내외적으로 흥왕(興旺)된 길수(吉數)이다.

• **30수: 浮沈格 - 浮夢沈沒之象**(부침격 - 부몽침몰지상)

두뇌는 명석하고 활동적이며 투지와 박력은 있으나, 성공과 실패가 여러 번 교차하여 결국엔 모든 것이 물거품이 되어 가고 의외의 큰 재난을 당하여 파경에 이르며 가정운도 박약해 부부 이별수, 자손 근심사가 발생하고 형액(刑厄), 객사(客死), 피살(被殺) 등의 불행한 운이 유도된다.

• **31수: 興盛格 - 自立大成之象**(흥성격 - 자립대성지상)

의지가 굳고 사물을 명확하게 판단하는 통찰력이 뛰어나며 지(智)·인(仁)·용(勇)의 삼덕(三德)을 구비하여 지도자적 자질이 있고, 미래도 발복(發福)·발전하게 만들어 부귀와 안락을 누리게 하며, 대외적으로 명성을 얻고 대내적으로 좋은 배필을 만나 다복한 가정을 이루게 한다.

• **32수: 岡寧格 - 意外享福之象**(강녕격 - 의외향복지상)

왕성한 활동력과 외유내강(外柔內剛)한 처세로 인덕(人德)을 볼 수 있으며, 뜻밖의 기회를 얻어 일약 성공해 만사가 형통하고 수복강령(壽福康寧) 하며 가정에 화합이 깃든다. 특히 여성은 배우자운이 길하며 남편운을 상조(相助)해주고 살림을 부흥케 하는 행복한 운이 유도된다.

- **33수: 旺盛格 - 登龍旺盛之象**(왕성격 - 등용왕성지상)

  자신감과 자존심이 강하고 재능과 지모가 출중하며 자립대성(自立大成)의 대망(大望)이 있어 명성과 권위를 차지하게 되며 타고난 복운(福運)으로 부귀·번창하고, 행복한 부부생활을 한다. 단, 여성은 삼부이별(三夫離別)이라 하여 결혼에 세 번 실패한다 할 정도로 평생 독신생활을 면키 어려운 흉수이다.

- **34수: 變亂格 - 災割續出之象**(변란격 - 재할속출지상)

  파괴와 파멸의 파란이 많은 대흉수(大凶數)로 불의의 재난이 속출하고 모든 일에 흉운(凶運)이 작용하여 이루어지는 일이 없고 실패가 거듭되는 신고(辛苦) 속에 가정운을 불화로 이끌어 부부간에 이별수나 극자(剋子) 등의 비애를 맛보게 하며 항시 불행이 끊이지 않는 극단의 악운을 초래한다.

- **35수: 平和格 - 安過太平之象**(평화격 - 안과태평지상)

  온순한 성품에 충직 성실(忠直誠實)하며 대인관계가 원만하여 주위 사람에게 신망(信望)을 얻으며 지능과 재기(才氣)가 뛰어나 업무에 크게 성공·발전할 수 있고, 가정생활에서도 부부운이 좋아 가세(家勢)가 화창(和昌)하고 자식운도 좋아 대내외적 안정이 이루어지며 학술·예능계에 큰 서광이 있다.

- **36수: 失敗格 - 骨肉相爭之象**(실패격 - 골육상쟁지상)

  명석한 두뇌와 뛰어난 활동력이 있어도 운이 따라 주질 않아 파란곡절 많은 삶을 영위하게 되고 특히 금전운이 너무 약해 노력을 해도 공과 덕이 없으며 항시 금전 때문에 근심·걱정이 떠나질 않으며 가정운도 쇠약(衰弱)하다. 특히 여성은 한 남성과 백년해로가 어렵고 2, 3차 실패하는 경향이 많다.

- **37수: 泰功格 - 有義有德之象**(태공격 - 유의유덕지상)

  지모·용기·재략(才略)이 출중하고 과단성이 있으며 주위에 신망(信望)을 얻어 인덕이 있고, 명성과 권위를 떨쳐 부귀공명(富貴功名) 하는 운세를 유도하고 부부간에 정(情)이 좋아 백년해로 속에 행복한 삶을 이루고 대지 대업(大志 大業)을 완성해 일신이 영화(榮華)롭게 된다.

• **38수: 福潤格 – 枯木生花之象**(복윤격 – 고목생화지상)

성품이 온화하고 처세가 방정하며 끈기 있는 노력으로 목적을 완수해 매사가 발전되며 먼저 진출할 수 있는 인물이 되어 사회적으로 출세하고 가정적으로 평안안태(平安安泰) 하는 행운이 유도되어 부부간 금슬이 좋다. 특히 부귀·장수하고 문무(文武)를 겸비한 지혜로 사회적 지명도와 인기가 태양과 같다.

• **39수: 泰極格 – 安樂多福之象**(태극격 – 안락다복지상)

고상한 성격에 위품(威品)이 있고, 대중을 통솔할 줄 아는 리더십이 있으며 위세와 명성을 천하에 떨쳐 세인(世人)의 존경을 받으며 투철한 재간으로 대내외적 성공을 거두어 번창하며 부부 해로 속에 자손 대대로 형통하다. 단, 여성은 가정운에 불운이 담겨 있어 과부수를 면하기 어렵게 된다.

• **40수: 無常格 – 徒夢無功之象**(무상격 – 도몽무공지상)

두뇌 회전이 빨라 임기응변에 능하고 매사에 이론적이나 운세가 변화무쌍하여 안정이 결여되어 있고, 인덕(人德) 부족과 금전운이 불안정하여, 하는 일마다 실패가 반복되어 좌절이 많고 매사 노력만큼의 대가가 없는 하락운 속에 부부 이별·불구·단명·횡액 등의 흉운이 유도되며 말년이 형언키 어렵게 고독하다.

• **41수: 高名格 – 乾坤中心之象**(고명격 – 건곤중심지상)

영명·준수하고 담력과 지모를 겸비했으며 지도자적 자질이 풍부하여 제도중생(濟度衆生)할 수 있고, 대망의 포부를 달성하여 사회적 명망과 인기로 만인의 중심인물이 될 수 있으며 가정적으로도 대부득달(大富得達)하여 재물이 흥왕(興旺)하고 부부지간에 정이 돈독해 백년해로 속에 영특한 자손도 얻을 수 있다.

• **42수: 失意格 - 進退苦孤之象**(실의격 - 진퇴고고지상)

완고한 성품에 지예다능(智藝多能) 하나 하는 일마다 항시 고난·고초가 겹쳐 생활에 안정성이 결여되게 되고 부부운마저 분파(奔波)되어 가족상별(家族相別), 부부 생리사별(生離死別)이 있고 질병·불구·객사·단명·조난 등의 흉운이 유도되어 한평생 모든 것이 불성(不成)되는 등 흉운(凶運)이 많다.

• **43수: 散財格 - 六親無德之象**(산재격 - 육친무덕지상)

겉보기엔 화려하고 실속 있게 보이나 내면은 속 빈 강정처럼 비어 있고, 금전이 항시 흩어져 나가 경제적 고충을 당하고 불의의 재앙으로 인해 고생에 고생을 거듭하는 대흉수(大凶數)로 특히 정신착란·노이로제 등으로 인해 방랑자적 생활을 하게 되고 부부 백년해로도 심히 불가능하다.

• **44수: 破滅格 - 百鬼畫出之象**(파멸격 - 백귀주출지상)

신경이 예민하고 기억력과 창의력은 대단하나 매사가 모래 위에 성(城)을 쌓듯 기초불안과 환경적 조건의 불성(不成)으로 일시에 패망(敗亡)하고, 가정적으로도 부부 이별, 가족 우환 등의 흉운 속에 병난·불구·피살·단명 및 돌발적 사고에 의하여 삶이 처참하게 끝나는 등 대단한 악운(惡運)을 겪게 한다.

• **45수: 顯達格 - 大智大貴之象**(현달격 - 대지대귀지상)

두뇌가 명석하고 지모(智謀)가 출중하며 합리적 사고방식으로 순풍에 돛을 달고 항해하는 배와 같이 만사가 나를 이롭게 하고 동서남북으로 귀인이 많으며, 완숙한 경영 수완으로 매사에 성공을 얻으며 능히 대지대업(大志大業)을 완수하는 운으로 배우자 덕과 자녀 덕으로 가세가 대길한 길조의 수이다.

• **46수: 悲哀格 - 困難辛苦之象**(비애격 - 곤란신고지상)

포부와 이상이 광대하고 유재유능(有才有能) 하나 의지가 박약하고 융통성이 없어 매사에 발전이 없고, 마치 깊은 밤에 홀로 수심에 찬 형상이니 심리적 갈등과 기초운이 불안정해, 하는 일마다 실패와 좌절을 겪게 되고 객지(客地)에서

전전긍긍하다 말년이 비참하게 되는 등 대내외적으로 흉운을 유도하게 한다.

• **47수: 得運格 - 天地合德之象**(득운격 - 천지합덕지상)

영웅호걸이 때를 만나 공명을 세우고 만인의 추앙을 받으며 민감한 기회 포착과 군건한 의지로 업무에 충실하니 순조로운 발전과 번영으로 권세와 명예를 떨치며, 가정적으로 훌륭한 배우자의 음덕(陰德)으로 가산이 늘어나고 부부 백년해로하며 태평성대가 자손만대까지 전해질 정도로 대길운을 유도하게 한다.

• **48수: 泰昌格 - 食祿有德之象**(태창격 - 식록유덕지상)

성실과 덕망이 있고 매사 진취적인 기상 속에 포용력과 리더십이 뛰어난 자질로 명리영달(名利榮達)을 누리게 되며, 뜻하는 일마다 성공을 거두어 재물이 흥왕하고, 가정적으로 화합, 융화 속에 부부 자손마저 태평하며 대내외적 위망(威望)이 사방에 알려져 부귀영화(富貴榮華) 속에 만인의 부러움을 받는다.

• **49수: 凶妄格 - 變化成敗之象**(흉망격 - 변화성패지상)

비상한 재지(才智)와 수완은 능하나 운세는 상반되어 성공 뒤에 실패하고 실패 뒤에 성공하는 등 길흉(吉凶)이 항상 교차되어 안정이 전혀 도모되지 않고, 항시 주거 불안·직업 변동 등으로 불안한 생활을 하며 가정적으로도 부부간에 냉감이 흘러 갈등 속에 이별수를 겪게 되는 등 많은 시련이 오는 흉한 수이다.

• **50수: 不幸格 - 未來昏迷之象**(불신격 - 미래혼미지상)

의지가 박약하고 자립정신이 없으며 어떠한 일을 하든지 운이 따르지 않아 미래가 불투명하고 항시 경제적 고충과 주위환경 불안으로 일사불성(一事不成)되며 가족지간에 흩어져 살고 부부 애정마저 박약하여 이별수가 있으며 특히 여성은 직업이 미천하게 되고 항시 고독해 독신생활을 하는 수가 많다.

• **51수: 晩成格 - 魚龍得水之象**(만성격 - 어용득수지상)

처음엔 아무리 노력을 하여도 큰 효과가 없으나 점차 중반부터 성운(盛運)이 감돌아 뜻한 바대로 일이 진행되고 가정적으로도 깊은 부부애로 화합이 도모되며 자손마저 귀자(貴子)를 얻어 안과태평(安過太平)한 운이 유도된다. 특히 자손이 큰 명예(名譽)를 얻어 전도양양(前道洋洋)하게 되는 수이다.

• **52수: 躍進格 − 萬事通達之象**(약진격 − 만사통달지상)

앞을 내다보는 탁월한 선견지명(先見之明)이 있으며, 활동적이고 진취적인 성품에 경영하는 업무가 날로 발전하고 소득도 크게 보아 재물상에 이득이 많으며, 명성도 얻을 수 있는 운이 유도되며 특히 여성은 온순한 성품과 부덕(婦德)으로 가운(家運)을 일으켜 세우고 남편의 내조를 잘하는 수이다.

• **53수: 內虛格 − 不和爭論之象**(내허격 − 부화쟁론지상)

육친무덕(六親無德)하고 삶에 굴곡이 많아 진퇴(進退)가 확실치 않으며, 많은 악운(惡運) 속에 부부 생리사별(生離死別)・횡액(橫厄)・수술(手術)・조난(遭難) 등을 당하기 쉽다. 특히 겉과 속이 판이하게 다른 생활로 내면에 허실이 가득 차 있으며 평생 금전 한 푼 못 모아 두는 등 재물과 인연이 전혀 없다.

• **54수: 無功格 − 泰山難越之象**(무공격 − 태산난월지상)

모든 추진하는 일에 마가 끼어 불화와 쟁투(爭鬪)가 많고 신액(身厄)마저 겹쳐 공(功)을 이루지 못하며 근심, 고난이 끊일 사이 없이 계속되니 가세(家勢)가 패망(敗亡)되고 부부 인연마저 흉해 이별수가 있는 등 형액・단명・불구・폐질(廢疾)의 대흉수(大凶數)만이 유도되는 수이다.

• **55수: 不安格 − 萬事不成之象**(불안격 − 만사불성지상)

인내력이 부족하고 급한 성품에 실수가 많아 모든 일을 계획하고 진행하는 과정에 판단 착오와 경제적 고충으로 중도에 좌절과 포기가 와 업무에 성공을 기대하기 어렵다. 파산(破産)・병고(病苦)・재화(災禍)가 엄습하며 가정적으로도 부부간에 이별의 비애가 있어 말년이 고독한 흉한 운이 유도된다.

• **56수: 恨難格 − 不足不振之象**(한난격 − 부족부진지상)

용기와 진취성(進就性)이 결핍되어 무엇을 하고자 하는 의욕이 없으며 자연적으로 무미건조한 생활 속에 금전적 고충을 당하며 재액(災厄), 손실(損失) 그리고 불행이 겹쳐 허무한 인생살이를 한다. 모든 일이 불성(不成)되고 출세가 불능(不能)하는 운세 속에서 하늘과 땅을 보고 탄식하는 수이다.

• **57수: 努力格 － 就成大起之象(노력격 － 취성대기지상)**

끈기와 저력 있는 노력으로 매사에 임하니 기회 포착을 잘해 성공이 기약되고 원만한 처세술로 주변에 원조자가 많아 나를 도와주니 손대는 일마다 재물이 터지고 뜻하는 일마다 달성하여 만사형통 되고 가정운도 부부 유정(有情)하니 만복(萬福)이 깃들고 자손까지 영화를 누릴 수 있는 대길운이 유도된다.

• **58수: 後福格 － 兩後香花之象(후복격 － 양후향화지상)**

처음엔 곤고하나 인내와 노력으로 결국 자립 대성하여 번창·번영하고 처음과 끝이 한결같아 업무에 영달(榮達)이 오며 말년(末年)까지 행복을 누리게 되는 길수(吉數)로서 특히 여성은 자태가 고울 뿐 아니라 심성마저 유덕(有德)해 가정과 남편과 자손을 창성(昌盛)하게 만드는 대길수의 운이다.

• **59수: 不遇格 － 密雲不雨之象(불우격 － 밀운불우지상)**

의지가 약하고 인내력과 용기가 없어 모든 일이 불성(不成)되고 재화(災禍)가 속출하며 업무에 손실·파산(破産) 등 액난(厄難)이 겹쳐 일생을 슬프고 무의미하게 지내게 되는 대흉수(大凶數)이다. 특히 여자는 첫 결혼에 실패하기 쉬우며, 남녀 모두 배우자 덕이 없어 고독하고 병난(病難)이 있게 된다.

• **60수: 災禍格 － 上下動搖之象(재화격 － 상하동요지상)**

물에 술 탄 듯 술에 물 탄 듯 주관이 확실치 않고 마음에 변덕이 많아 한 가지 일도 끝장을 보지 못하는 성격에 금전운마저 박약(薄弱)하여 일신상에 곤욕과 고초가 심하며 부부간에 서로 원수가 되어 등을 돌리는 격이니 이별수가 있으며 자녀운마저 쇠약하여 효행을 바랄 수 없는 대흉(大凶)을 일으키는 수이다.

- **61수: 財利格 – 丹桂可折之象**(재리격 – 단계가절지상)

심신이 강인하고 재능(才能)이 출중하며 어떠한 경우라도 자신의 신념을 굽히지 않고 밀고 나가는 저력으로 매사에 임하니 자연적으로 업무에 발전이 오고 사회적으로 능률을 인정받아 일평생 길상(吉祥)을 누리며 가정적으로도 부부 화합 속에 자녀의 큰 효행으로 부귀영화가 말년까지 지속되는 수이다.

- **62수: 寞寞格 – 孤獨貧賤之象**(막막격 – 고독빈천지상)

분수 밖의 일을 자주 도모하여 실속 없는 환경을 만들고, 자기 꾀에 자기 자신이 넘어가는 식으로 너무 기교를 부리다 업무를 망쳐 내외(內外)가 불화(不和)하며, 항시 경제적 고충으로 편안한 날이 없으며 부부간에 불화와 불만으로 이별을 겪게 되고 재난(災難)·병고(病苦)·단명(短命) 운을 유도한다.

- **63수: 吉祥格 – 曉光浮海之象**(길상격 – 효광부해지상)

주도면밀한 성품에 두뇌 회전이 명석하고 포용력과 처세술의 장점이 있어 동서남북으로 귀인의 협조를 얻을 수 있으며 하는 일마다 형통(亨通)되어 재물과 명리(名利)를 얻게 되고 가정적으로 가도(家道)가 중흥(中興)되며 부부 애정마저 각별해 대내외적으로 무궁한 발전이 추구될 수 있는 수이다.

- **64수: 苦行格 – 千里滿雲之象**(고행격 – 천리만운지상)

두뇌는 명석하나 그 재능을 써먹지 못하고 하는 일마다 불황과 침체가 거듭되어 재산상의 손해와 명예의 손실을 겪게 되고 가정에 냉감이 감돌아 배우자와 자녀를 극(剋)해 불화냉전(不和冷戰)이 심화되며 신체손상·병난·조난·단명 등 흉운이 유도되며 특히 여성은 거의 독신생활 하는 자가 많게 된다.

- **65수: 完美格 – 順風擧帆之象**(완미격 – 순풍거범지상)

매사에 합리적이고 공사(公私)를 분명히 하는 성품 속에 목적한 바는 반드시 성취하려는 노력형으로 부귀와 명예가 따르며 부부 다정하고 자손이 번창하는 대길운 속에 금(金)과 옥(玉)이 집에 가득하고 사회적으로 상당한 지위에 올라

매사가 순풍에 항해하듯 전도양양(前道洋洋)한 미래가 펼쳐지는 수이다.

• **66수: 茫茫格 – 進退兩難之象**(망망격 – 진퇴양난지상)

천성은 영민(英敏)하고 업무처리 능력이 능숙하며 재지다모(才智多謀) 하나 내우외환(內憂外患)이 교대로 닥쳐와 재능을 펴보지도 못하고 비운(悲運)을 맞게 되며 부부간에 성격과 이상의 차이로 갈등이 심화되고 매사가 진퇴양난 속에 항시 번민하며 수난(水難)과 색난(色難)이 있는 흉수이다.

• **67수: 成長格 – 海天一碧之象**(성장격 – 해천일벽지상)

강직함과 온화함이 겸비된 성품에 박력과 업무 추진력이 강해 모든 일이 막힘 없이 순조로이 진행되어 나가 대업(大業)을 성취할 수 있으며, 가운(家運)이 번창하고 부부운도 길상(吉祥)을 이루어 평생 동안 행운과 행복을 누릴 수 있는 대길수로 특히 기업을 운영하면 다재다입(多財多入)하게 된다.

• **68수: 發明格 – 靜觀自得之象**(발명격 – 정관자득지상)

근면하고 성실하며 주관이 뚜렷한 성품에 매사가 전진하여 발전되고, 꾀하고 도모하는 일에 성공을 보며 대지대업(大志大業)을 완수해 만인의 신망을 얻고 부귀를 누리며 그 공명(功名)이 하늘까지 올라가니 대외적으로 출세하고 가정적으로 화평(和平)한 부부애로 자손마저 귀(貴)히 되는 수이다.

• **69수: 窮迫格 – 枯木風雪之象**(궁박격 – 고목풍설지상)

시작은 그럴듯하나 점차 운(運)이 쇠퇴(衰退)하여 모든 일이 불안전하고 파란이 돌출하며 상하좌우에 인덕이 없어 의지할 대상이 없으며 가정적으로 가족이 뿔뿔이 흩어져 사는 등 부부융화와 가족이 화합되지 못해 고독하게 되고 병약·고난·자살·단명 등 악운 중의 악운을 유도하는 수이다.

• **70수: 暗難格 – 沒落滅亡之象**(암난격 – 몰락멸망지상)

암울한 성품에 매사에 자신감이 결여되어 있고 주변에 항시 근심, 걱정거리가 생겨 모든 일이 쇠퇴해지며 비애(悲哀)에 빠지는 곤경을 당하고 부부운마저 악인연을 만나 서로 원수처럼 생각하고 자식을 극(剋)하는 등 형액(亨厄)·불구(不具)·횡사(橫死)·단명(短命)의 비참한 운세를 유도하게 하는 수이다.

•71수: 堅實格 - 貴人隱山之象(견실격 - 귀인은산지상)

초년에는 어려움이 있으나, 견실한 자세로 자수성가하는 수이다. 매사 착실한 성품에 용모가 준수하고 사교적이며 언행이 일치하는 신의(信義)로 하는 일마다 길조(吉兆)가 내포되어 장래성이 밝으며 사회적으로 덕망과 능력을 인정받아 출세하고, 가정적으로 모범적인 배우자상이 되어 다복하고 부부애로 가득차 있어 대내외적 안정을 이루게 하는 수이다.

•72수: 後困格 - 吉凶相半之象(후곤격 - 길흉상반지상)

처음엔 뜻한 바대로 업무가 원활히 진행되어 순탄한 삶을 영위하나 중반부터 돌발적 사고와 재난으로 그동안 쌓아 올린 공든 탑이 일시에 무너져 버려 매사에 신고(辛苦)를 겪고 가정마저 붕괴되는, 전반은 행복하나 후반이 불행해지는 선부후곤(先富後困)의 운을 유도하는 수로 말년이 허망하게 된다.

•73수: 亨通格 - 幸福吉祥之象(형통격 - 행복길상지상)

실천력과 인내력이 뛰어나고 품격이 고매하며 지혜로운 성격에 끊임없는 노력과 자아성취(自我成就)로 매사에 안정과 발전이 도모되며 부귀와 명예를 얻고 행복한 가정을 꾸미게 된다. 특히 여성은 살림에 알뜰하고 남편의 덕을 많이 받으며 자손이 훌륭하게 되는 행복한 운을 유도하게 하는 수이다.

•74수: 愚昧格 - 晝中火燭之象(우매격 - 주중화촉지상)

다방면으로 재주는 풍부하나 부침(浮沈)과 동요(動搖)가 많아 재능이 사멸되고 모든 일을 행함에 실패가 많으며 뜻하지 않는 불의의 재액(災厄)과 사고로 웅지(雄志)를 펴볼 수도 없는 운이 야기되며 한평생을 무위도식(無爲徒食)하게 되는 등 변란·변고·횡액·조난·불구 등을 유도하게 하는 수이다.

• **75수: 安吉格 — 開門福來之象**(안길격 — 개문복래지상)

온유유덕(溫柔有德)하고 순진하며 이지적 사고력이 겸비된 심성으로 모든 일에 능소능대(能小能大)하여 자립 대성하고 만인의 신망을 얻어 사회적으로 안정된 기반을 구축할 수 있으며 가정적으로도 다정다감한 부부애로 백년해로 할 수 있고 자손이 귀(貴)히 되는 등 매사가 완전 결실이 추구되는 수이다.

• **76수: 後吉格 — 大器晚成之象**(후길격 — 대기만성지상)

육친(六親)이 무덕(無德)하고 가진 것 하나 없는 빈손에서 끈기 있는 노력과 성실성으로 점차 생활의 기초가 확립되어 추진하는 업무도 발전하고 서서히 금전운도 상승 발전하여 중년부터 대내외적 안정 속에 복록을 누리게 되며 가세(家勢)도 흥왕(興旺)하고 부부 해로하는 선흉후길(先凶後吉)의 수이다.

• **77수: 前後格 — 吉凶交叉之象**(전후격 — 길흉교차지상)

처음에는 윗사람 덕택으로 행복을 누릴 수 있으나 나중에는 점점 운이 기울어 불행을 면하기 어렵다. 초년에는 비교적 풍족한 생활을 하나 노년으로 갈수록 재난과 실패가 많고 길흉이 교차하여 성공하기 어려운 수이다. 간혹 처음에 고전하다가 나중에 좋아지는 경우도 있으나 계속해서 길흉이 교차하는 어려움이 있는 수이다.

• **78수: 無力格 — 自然退步之象**(무력격 — 자연퇴보지상)

재치와 수완에 능하고 섬세한 성품으로 실천력이 부족하여 목적 달성이 용이하지 않고 점차 운세를 쇠퇴하게 하여 금전적 고충을 겪고 인간적 갈등을 일으키게 한다. 가정적으로 이별수는 없으나 부부간에 언쟁이 심하고 자손 덕도 적다. 항시 퇴보하는 운을 겪으니 자연적으로 말년에 고초와 고난이 있다.

• **79수: 不信格 — 臨終遺言之象**(불신격 — 임종유언지상)

정신이 혼미하고 자립이 불능(不能)하며 병란(病亂)과 신고(辛苦)가 겹쳐 활동을 제대로 못 하는 형상이 되니 자연적으로 매사가 퇴보하고 경제적 고충을

겪게 되며 부부운마저 불길해 생리사별이 있게 되고, 교통사고·횡액(橫厄)·
조난(遭難)·단명(短命) 등 흉운을 유도해 비참한 말로를 겪게 한다.

•80수: 終末格 - 妄動多敗之象(종말격 - 망동다패지상)

생각하는 면이 협소하고 고집이 세어 대인과 융화하기 어려우며 운세마저 밝
은 태양에 먹구름이 끼는 형상이니 뜻하는 일이 제대로 성사됨이 없어 흐지부
지 끝나고 인덕과 금전복이 전혀 없으며 부부가 같이 한집에 산다고 해도 남
남과 같은 형상이 되어 갈등이 속출하는 등 고난·고초가 많은 수이다.

•81수: 還喜格 - 靑龍登天之象(환희격 - 청룡등천지상)

최극수(最極數)에서 다시 1이 환원(還元)되는 수로 9, 9, 81의 최극수이고 천
지개벽(天地開闢) 후 원소(元素)가 1로 환원하는 일도광명(一道光明)의 수이니
운기력(運氣力)이 왕성하여 매사에 길경사(吉慶事)가 발생하고 대자연의 영동
력(靈動力)이 강해 대행복(大幸福)이 초래되는 운을 유도한다.

4) 81수리의 길흉[38]

(1) 길한 수리

1수 두수격(頭首格) 3수 웅지격(雄志格) 5수 복덕격(福德格) 6수 성운격(盛運格)

7수 성배격(成培格) 8수 건발격(健發格) 11수 흥가격(興家格) 13수 명리격(明理格)

15수 통솔격(統率格) 16수 덕망격(德望格) 17수 건창격(健暢格) 18수 발전격(發展格)

21수 두령격(頭領格) 23수 융창격(隆昌格) 24수 입신격(立身格) 25수 안회격(安會格)

29수 성공격(成功格) 31수 흥성격(興盛格) 32수 강녕격(岡寧格) 33수 왕성격(旺盛格)

35수 평화격(平和格) 37수 태공격(泰功格) 38수 복윤격(福潤格) 39수 태극격(泰極格)

41수 고명격(高名格) 45수 현달격(顯達格) 47수 득운격(得運格) 48수 태창격(泰昌格)

52수 약진격(躍進格) 57수 노력격(努力格) 61수 재리격(財利格) 63수 길상격(吉祥格)

---

38) 성명학자마다 길흉 판단이 다르거나 해석 내용상 길흉이 반반인 경우는 그 수리의 길흉을 보통 정도
에 해당한다고 판단하면 된다. 동일한 수리에 대해서 부분적인 한자 표현과 용어가 다른 경우가 있으
나 그 의미는 같다.

65수 완미격(完美格) 67수 성장격(成長格) 68수 발명격(發明格) 73수 형통격(亨通格)

75수 안길격(安吉格) 81수 환희격(還喜格)

(2) 흉한 수리

2수 분산격(分散格) 4수 파양격(破壞格) 9수 궁박격(窮迫格) 10수 공허격(空虛格)

12수 직약격(織弱格) 14수 난산격(難散格) 19수 고난격(苦難格) 20수 단수격(短壽格)

22수 중절격(中折格) 26수 시비격(是非格) 27수 중단격(中斷格) 28수 풍운격(風雲格)

30수 부침격(浮沈格) 34수 변란격(變亂格) 36수 실패격(失敗格) 40수 무상격(無常格)

42수 실의격(失意格) 43수 산재격(散財格) 44수 파멸격(破滅格) 46수 비애격(悲哀格)

49수 흉망격(凶妄格) 50수 불신격(不辛格) 53수 내허격(內虛格) 54수 무공격(無功格)

55수 불안격(不安格) 56수 한난격(恨難格) 59수 불우격(不遇格) 60수 재화격(災禍格)

62수 막막격(寞寞格) 64수 고행격(苦行格) 66수 망망격(茫茫格) 69수 궁박격(窮迫格)

70수 암난격(暗難格) 72수 후곤격(後困格) 74수 우매격(愚昧格) 77수 전후격(前後格)

78수 무력격(無力格) 79수 불신격(不信格) 80수 종말격(終末格)

(3) 반흉반길한 수리

51수 만성격(晩成格) 58수 후복격(後福格) 71수 견실격(堅實格) 76수 후길격(後吉格)

(4) 여성에게만 흉한 수리

21수 두령격(頭領格) 23수 융창격(隆昌格) 33수 왕성격(旺盛格) 39수 태극격(泰極格)

81수리 중 길한 획수는 38개, 흉한 획수는 39개, 반흉반길한 획수는 4개로 구분할 수 있다. 반흉반길한 획수는 초반에는 흉하나 후반에 길하게 되어 말년이 좋은 경우의 수리들이다. 그러나 적극적으로 취길피흉 하려는 성명학의 목적으로 본다면, 반흉반길한 수리도 흉함이 들어 있으므로 작명에 이용하지 않는 것이 좋겠다.

여성에게만 흉한 수리는 모두 4개로, 그 수리의 내용이 길하고 좋으나, 다만 여성의 경우 고독, 이별 등 부부운의 불운을 초래하여 여성에게만 흉한 경우의 수리이다. 이것은 과거 남존여비의 사상이 들어 있는 해석으로 현대 사회의 통념과는 맞지 않을 수 있다. 성명학계에서는 여성도 사회 활동을 활발히 하고 자기 성취에 목적을 두는 현대 사회에서는 여성에게 흉한 수리를 고려하지 않아도 된다는 주장들이 많은 편이다. 그러나 무엇보다 그 이름을 사용할 당사자에게 맞는 최고의 선택이 될 수 있도록 작명가의 현명한 판단이 필요한 부분이라 하겠다.

8장

작명의 요건

1. 작명의 과정

앞에서 작명에 쓰이는 주요 이론들을 살펴보았다. 이름을 지을 때는 먼저 이름과 사주의 조화론에 중점을 두고 사주에 부족한 기운에 음양의 밸런스를 맞추고, 발음오행, 자원오행, 수리오행 등을 사주에 맞게 적용하게 된다.

작명하기 위해서는 무엇보다 먼저 그 이름을 사용할 당사자에 관한 분석과 파악이 필요한 것이다. 여기서 분석이란 이름을 사용할 당사자의 사주를 분석하는 것을 말한다. 사주를 분석하고 사주를 보완할 오행을 선택해야 하고, 그와 더불어 건강운, 학업운, 진로적성, 평생 운로 등에 대해서 파악하여 이름을 사용할 당사자에게 도움이 되는 기운이 무엇일지, 어떤 이름이 어울릴지를 판단해 작명에 적용할 수 있어야 할 것이다.

또한, 작명가는 어떤 작명이론을 사용하여 작명할 것인지를 결정해야 하고, 작명이론의 적용 순서를 정해두어야 한다.

정해진 작명이론에 따라 작명을 실행한 후에는 작명된 사항을 점검하고 부족한 부분은 없는지 살펴보아야 한다. 작명을 의뢰한 사람이 특별히 요구한 사항이 있거나 작명 시 주안점을 둔 부분에 대해서 다시 한번 살펴보고, 작명이론 이외에 작명 시 고려할 여러 가지 사항들을 점검하여 작명의 완성도를 높여야 할 것이다.

2. 작명 전에 파악해두어야 할 정보

1) 정확한 생년월일시와 성별
2) 성씨(한자, 본관)
3) 부모, 형제의 이름(한자), 가깝게 지내는 친척 이름
4) 형제의 서열(장자, 차자)
5) 항렬자 또는 돌림자(한자)
6) 부모가 희망하는 이름
7) 기타(종교, 장래희망직업, 국외거주 등)

3. 작명 시 고려할 사항

작명이론들을 사용하여 작명하되 추가로 고려해야 하는 사항들이 있다. 이것은 작명이론을 사용해 대략적인 이름을 선택한 뒤 추가로 점검해보는 체크포인트가 될 수 있다.

1) 발음하는 어감이 이상하여 놀림이 될 수 있는 이름은 피해야 한다

작명이론들을 완벽하게 충족시키는 이름이라 하더라도 발음상에 느낌이 나쁘거나 부정적인 이미지를 연상시키는 이름 등은 좋은 이름이라고 할 수 없다. 특히 신생아의 이름을 선택할 때에는 학교생활 동안 친구들의 놀림감이 될 만한 이름은 아닌지를 검토해야 보아야 한다. 놀림자가 되거나 불길하게 연상되는 이름은 당사자에게 정신적인 스트레스를 주게 되며 심하면 자신감이 위축되거나 자신의 능력을 백분 발휘하지 못할 수 있다.

예를 들어 '김치국(金治國)', '임신중(林信中)', '변태성(卞泰聖)', '김창녀(金昌女)' 등의 이름은 한자의 뜻은 좋으나 연상되는 이미지가 있어 놀림감이 될 수 있는 이

름이다.

2) 이름은 인생의 모든 시기에 어울리는 이름이어야 한다

이름은 어린 시절뿐 아니라 장성하여 어른이 되어서도 사용하기에 적합한 이름이 되어야 한다. 최근 한글 이름 짓기가 유행하면서 귀엽고 예쁜 이름들이 많지만, 아동기에는 어울리는 이름이었으나 성인이 되어 사용하기에는 어울리지 않은 이름들도 있다.

특히 남자의 경우, 학창시절을 거쳐 군대에서도 이름이 자주 사용되고, 사회생활에서는 취업 시나 직장생활 중에 이름을 사용하는 빈도가 높고 중요도가 크다고 할 수 있다.

예를 들어 '박초롱'이라는 이름의 경우, 초등학교 시절에는 외모와 어울리고 귀여운 느낌을 주는 이름이어서 사용하기에 무리가 없다고 할 수 있으나, 성인이 된후 군대에서 사용하기에는 거북함이 있고, 직장에서 사용하기에도 거북함이 있다고 볼 수 있다.

3) 자녀의 서열에 맞는 한자를 사용해야 한다

첫째, 둘째 자녀에게 구분하여 서열에 맞는 한자를 사용해야 한다. 아이가 맏이라면 장(長), 선(先), 태(太), 동(東) 등을 쓸 수 있지만 이런 글자를 차남에게 쓰면 어울리지 않게 된다. 동생이 큰 대(大)를 사용하게 되면 동생의 이름은 좋을 수 있으나, 동생이 첫째를 앞질러서 첫째가 상대적으로 뒤처진다는 이론이다. 따라서 자녀의 이름을 지을 때는 자녀 간의 서열에 따른 적합한 한자를 써야 한다는 것이다.

(1) 첫째 자녀에 적합한 한자

으뜸 원(元), 높을 고(高), 먼저 선(先), 클 태(太), 동녘 동(東), 한 일(一, 壹), 어른 장(長), 비로소 시(始), 맏 맹(孟), 맏 백(伯), 갑옷 갑(甲), 하늘 천(天) 등

(2) 둘째 자녀와 그 이하 자녀에 적합한 한자

작을 소(小), 적을 소(少), 아우 제(弟), 아래 하(下), 뒤 후(後), 가운데 중(中), 막내 계(季), 버금 중(仲), 버금 차(次), 두 재(再) 등

4) 동자이음어는 사용에 주의한다

동자이음어는 하나의 한자에 두 가지 발음이 되는 것을 말하는데, 발음상에 혼돈을 주기 때문에 주의해서 선택해야 한다.

인명용 한자 중 동자이음어는 樂(즐길 락, 좋아할 요), 奈(어찌 내, 나), 易(바꿀 역, 이), 率(거느릴 솔, 장수 수), 度(법도 도, 헤아릴 탁), 車(수레 거, 차) 등이 있다.

5) 불용(不用) 문자

불용(不用) 문자는 이름에 쓰지 말아야 할 한자를 말하는 것으로, 뜻이 나쁘고 흉해서 이름에 피해야 하는 경우와 한자가 나쁘지는 않지만, 이름자에 넣어서 사용하면 흉한 작용이 생긴다는 이론 때문에 불용(不用)으로 취급된 한자가 있다.

예로부터 이름에 쓰면 해로울 수 있는 글자를 불용문자로 정하여 사용하지 말도록 하고 있다. 그러나 불용 한자라 해서 그 이름을 가진 사람이 모두 다 불길해지고 사회적 문제를 일으킨다고 보기는 어렵다. 불용문자라도 그 사주에서 필요한 기운을 가진 한자라면 좋은 작용을 하는 것으로 볼 수도 있을 것이다.

그러나 이름에 쓰면 좋지 않다는 불용문자는 되도록 사용하지 않는 것이 좋을 것이며, 작명 시에 반드시 필요하다고 판단된다면 주의해서 사용해야 할 것이다.

(1) 자의(字意)가 너무 원대하고 거창한 문자는 피한다

빈약한 사주팔자에 너무 거창하고 화려한 이름을 사용하면 격과 틀이 맞지 않아 좋지 않은 작명이 된다. 타고난 사주의 기운과 이름이 잘 어울려서 서로의 기운이 잘 소통하는 것이 가장 좋은 작명의 원칙이므로, 이름만 원대하고 화려하게 지으려

고 할 것이 아니라, 이름을 사용할 당사자에게 어울리는 이름을 선택해야 할 것이다.

복(福) 자의 경우, 타고난 운명에 복이 많을 때는 무방하나 그렇지 않을 때는 오히려 복을 해친다고 본다. 수(壽)의 경우, 글자의 의미와 반대로 단명할 암시가 있다고 한다. 수(秀)는 원래 빼어나다는 뜻이지만 성명에서는 중간에 꺾이는 운이라 하여 가급적 피하는 것이 좋다고 한다.

(2) 10수로 가득 차는 수의 글자는 피한다

十, 百, 千, 萬, 億, 兆 등

(3) 짐승이나 식물을 뜻하는 글자는 피한다

개 견(犬), 두루미 학(鶴), 돼지 돈(豚), 뱀 사(蛇), 용 용(龍), 거북 귀(龜), 소나무 송(松), 매화나무 매(梅), 난초 란(蘭), 국화 국(菊), 대나무 죽(竹) 등

(4) 불길한 의미를 연상시킬 수 있는 글자는 피한다

이슬 로(露), 서리 상(霜) 등의 글자는 이슬과 서리와 같이 존재하는 시간이 매우 짧기 때문에 꺼린다.

(5) 정신세계의 높은 경지를 의미하는 글자는 피한다

佛, 神, 尊 등의 글자는 피한다.

(6) 뜻이 불길한 문자는 피한다

오줌 뇨(尿), 독 독(毒), 더러울 오(汚), 죽을 사(死), 병 병(病), 약할 약(弱), 슬플 애(哀), 망할 망(亡), 깨뜨릴 패(敗), 깨질 파(破), 범할 간(奸) 등

(7) 양쪽으로 갈라지는 글자는 피하는 것이 좋다

林, 順, 好, 任 등

(8) 천간 지지에 해당하는 글자는 피한다

십천간 甲乙丙丁戊己庚辛壬癸와 십이지지 子丑寅卯辰巳午未申酉戌亥 등은 사용하지 않는데, 이 글자는 귀신이 붙어 다니는 글자라 하여 영동(靈動)하는 위력이 대단하여 함부로 사용하지 말아야 한다는 것이다.

(9) 사주의 일주에 따라 피해야 하는 한자

일주(日柱)의 지지와 충극(沖剋)을 일으키는 한자는 가급적 피하는 것이 좋다. 물론 사주 구성을 자세히 살펴 고려해야 할 것이다.

- 사주의 일지(日支) 子인 경우, 午, 旿, 吾 등은 子午沖의 영향이 미치므로 사용하지 않는 것이 좋다. 마찬가지로 일지가 丑인 경우, 未, 美, 味 등을 피해야 하고, 일지가 寅인 경우, 申, 信, 愼 등을 피해야 한다.
- 일지가 卯일 경우는 酉, 由, 幼 등을 피해야 하고, 일지가 辰일 경우는 戌, 術, 述 등을 피해야 하고, 일지가 巳일 경우는 亥, 海, 諧 등을 피해야 하고, 일지가 午일 경우는 子, 者, 字 등을 피해야 하고 일지가 未일 경우는 丑, 畜, 祝 등을 피해야 한다.
- 일지가 申일 경우는 寅, 仁, 引 등을 피해야 하고, 일지가 酉일 경우는 卯, 妙, 苗 등을 피해야 하고, 일지가 戌일 경우는 辰, 眞, 鎭 등을 피해야 하고, 일지가 亥일 경우는 巳, 士, 師 등을 피해야 한다.

(10) 이름에 사용하면 불운한 의미를 가지는 한자

· 하늘 건(乾) 하늘, 임금의 글자, 하천해진다.
· 경사 경(慶) 허례를 좋아하고 배우자복이 박하다.
· 땅 곤(坤) 좌절과 실패가 많다.
· 빛 광(光) 배우자의 복이 없고 형제 부모의 덕도 없다.
· 쇳돌 광(鑛) 막힘이 많고 고난의 운을 유도한다.
· 오랠 구(久) 실패와 요절의 운을 유도한다.
· 거북 구(龜) 신체허약하고 단명한다.

- 나라 국(國) 정신과 육체가 허약하고 실패운을 부른다.
- 국화 국(菊) 고독하고 무덕하다.
- 귀할 귀(貴) 재산의 손실이 있고 변덕이 심하다.
- 다할 극(極) 부모덕이 없고 가난하다.
- 비단 금(錦) 고생과 고독을 암시한다.
- 길할 길(吉) 천한 인품으로 유도될 수 있다.
- 사내 남(男) 배우자덕이 없으며 가정불화가 잦다.
- 남쪽 남(南) 배우자의 복이 없고 허영심이 강하다.
- 계집 녀(女) 천하고 고독하고 부모 형제의 덕과 배우자복이 없다.
- 클 대(大) 실패, 병약의 운이 있고 동생이 쓰면 형을 극한다.
- 큰 덕(德) 말년 고독, 부부 생리사별 잦은 근심이 있다.
- 복숭아 도(桃) 배신을 당하고 배우자의 덕이 박하다.
- 돋울 도(挑) 배우자의 복이 없고 배신을 자주 당한다.
- 돼지 돈(豚) 가난하고 질병에 시달리며 하천해진다.
- 이름 돌(乭) 천한 느낌을 주며 단명의 암시가 있다.
- 겨울 동(冬) 관재, 구설, 파직, 이성 문제가 발생한다.
- 아이 동(童) 도모하는 일이 잘 이루어지지 않는다.
- 동쪽 동(東) 실패, 좌절의 운이 유도된다.
- 말 두(斗) 신체허약, 병고에 시달린다.
- 떨어질 락(落) 실패, 좌절, 사고의 운을 초래한다.
- 난초 란(蘭) 부부운이 흉하고 고독하다.
- 어질 량(良) 일에 결실이 없고 실패, 단절운을 초래한다.
- 마칠 료(了) 끝낸다는 의미로 사물의 종말을 뜻한다.
- 머무를 류(留) 일이 이루어지지 않고 부진하다.
- 말 마(馬) 짐승처럼 비천함을 내포한다.
- 찰 만(滿) 먼저는 부유하나 후에 빈곤하게 된다.
- 끝 말(末) 신고, 고독, 무덕을 초래하기 쉽고 부부운이 박약하다.

- 매화나무 매(梅) 과부 또는 화류계 여성이 되기 쉽다.

- 목숨 명(命) 재액이 따르며 고독하다.

- 밝을 명(明) 질병이 있고 인덕이 없으며 구설이 따른다.

- 글월 문(文) 부부운이 흉하고 박복하고 괴로움이 많다.

- 아닐 미(未) 종말을 상징하는 글자로 흉하다.

- 아름다울 미(美) 형액하고 부모의 덕이 없으며 사업에 실패한다.

- 민첩할 민(敏) 성질이 날카로워 불화를 초래한다.

- 법 법(法) 고지식하고 재해와 재난을 겪는다.

- 복 복(福) 가난하고 하천한 운을 유도한다.

- 봉황새 봉(鳳) 독수공방하고 가정불화하는 운이 있다.

- 부자 부(富) 가난하고 하천한 운이 유도된다.

- 북쪽 북(北) 일에 실패가 많고 좌절하는 운을 유도한다.

- 나눌 분(分) 과부가 될 흉한 암시가 있다.

- 향기로운 분(芬) 부부운이 흉하고 화류계 인연이 있다.

- 날 비(飛) 신체허약하고 단명한다.

- 넉 사(四) 단명, 조난의 암시가 있다.

- 실 사(絲) 자존심이 강하고 인정이 없으며 재물복이 박하다.

- 뫼 산(山) 성격이 고지식하며 슬픔이 끊일 사이가 없다.

- 죽일 살(殺) 허무한 종말을 맞는다.

- 윗 상(上) 진실한 성격이나 윗사람을 극한다.

- 서쪽 서(西) 실패와 좌절이 많다.

- 돌 석(石) 천격으로 중도좌절의 암시가 있다.

- 신선 선(仙) 재물복이 없고 가정의 평화도 어렵다.

- 눈 설(雪) 배신을 당하고 외롭고 고독한 글자이다.

- 별 성(星) 단명, 배우자와 연이 약하고 고독하다.

- 이룰 성(成) 일에 실패, 좌절이 따른다.

- 성할 성(盛) 일에 실패가 많고 신체 허약하다.

- 웃을 소(笑) 불의의 재난을 뜻한다.
- 작을 소(小) 가난하고 여자는 후처의 운이 있다.
- 소나무 송(松) 실패가 많고 금전의 손실이 많다.
- 목숨 수(壽) 부부운이 흉하고 파재, 단명한다.
- 순할 순(順) 실패와 좌절이 많고 부부 이별운이 있다.
- 이길 승(勝) 조그마한 어려움에도 좌절을 잘 한다.
- 때 시(時) 고독하고 병고에 시달리거나 재난을 만난다.
- 새 신(新) 고뇌가 많고 병약하거나 단명한다
- 열매 실(實) 배우자를 극하는 암시가 있다.
- 큰산 악(岳) 신체장애, 사고, 고난이 초래된다.
- 바위 암(岩) 불운하고 사고, 질병을 초래한다.
- 사랑 애(愛) 비애에 빠지는 신세가 되기 쉽고 부부운이 흉하다.
- 영화 영(榮) 궁핍하고 고난이 있다.
- 예절 예(禮) 부부의 운이 좋지 못하고 고생을 한다.
- 구슬 옥(玉) 총명, 성공하는 암시도 있으나 단명할 수 있다.
- 용 용(龍) 허망한 일이 자주 발생한다.
- 완전할 완(完) 맏이가 쓰는 것은 무방하나 차자가 쓰면 형을 극한다.
- 모퉁이 우(隅) 부부 이별, 부모덕이 없고 재난을 겪는다.
- 구름 운(雲) 형제간의 우애가 없고 재물이 흩어진다.
- 수컷 웅(雄) 애정운이 불길하고 병약하다.
- 으뜸 원(元) 맏이가 쓰면 무방하나 차자가 쓰면 불길하다.
- 달 월(月) 고독함을 내포한다.
- 은 은(銀) 마음은 착하나 인덕이 없고 기복이 심하다.
- 옳을 의(義) 고독하고 인간 배신이 따른다.
- 저 이(伊) 고독하고 천한 의미를 지닌다.
- 어질 인(仁) 융통성이 부족하고 금전의 손실을 자주 본다.
- 날 일(日) 부모덕 없고 매사가 막힌다.

- 아들 자(子) 가정운과 재물운이 불리하다.
- 길 장(長) 동생이 쓰면 형이 망하고 자신도 좋지 않다.
- 점 점(點) 고독하고 실패의 운이 유도된다.
- 곧을 정(貞) 관재나 구설이 있고 가정도 온전하지 못하다.
- 끝 종(終) 성공이 늦고 형제와 우애가 없다.
- 대 죽(竹) 실패, 좌절이 많고 고독하다.
- 버금 중(仲) 중도좌절이 있고 실패, 고난이 따른다.
- 땅 지(地) 기초가 약하여 매사에 재액이 따른다.
- 가지 지(枝) 가정불화, 재난이 따른다.
- 보배 진(珍) 일에 실패가 많고 고독한 명이다.
- 참 진(眞) 모든 일이 허로 돌아가는 암시가 있다.
- 하늘 천(天) 배우자 인연이 없고 고독한 명이다.
- 일천 천(千) 육친무덕하고 타향살이하게 된다.
- 내 천(川) 재복이 없고 관재가 따르며 변덕도 심하다.
- 쇠 철(鐵) 고독하고 가난하며 남의 업신여김을 받는 흉을 암시한다.
- 처음 초(初) 이성 문제가 있고 구설, 관재가 따른다.
- 풀 초(草) 인덕이 없고 배신을 당하며 허영심이 크다.
- 가을 추(秋) 흥하고 망함이 교차하고 인덕이 없다.
- 봄 춘(春) 성공을 이루기 어렵고 허영심으로 실패한다.
- 날 출(出) 고집이 세고 허영심이 많다.
- 충성 충(忠) 조난이나 단명의 글자이다.
- 다스릴 치(治) 실패가 많고 고난이 따른다.
- 클 태(泰) 장자는 무방하나 동생이 쓰면 형에게 좋지 않다.
- 바람 풍(風) 재산을 날려버리는 흉한 암시가 있다.
- 풍성할 풍(豊) 재산손실이 발생할 암시가 있다.
- 평평할 평(平) 잔병이 많고 삶의 역경이 심하다.
- 여름 하(夏) 파란이 많아 노력에 비해 이루어지는 것이 적다.

· 학 학(鶴) 질병으로 고생하고 유산을 지키지 못한다.

· 나라 한(韓) 박복하고 파란곡절이 많다.

· 바다 해(海) 인생 항로에 파란곡절이 많다.

· 다행 행(幸) 융통성이 부족하여 실패가 많다.

· 향기 향(香) 부부운이 불리하고 가난하다.

· 검을 현(玄) 변덕이 심하고 육친무덕하며 불화한다.

· 범 호(虎) 가난하고 단명하는 사람이 많다.

· 좋을 호(好) 고뇌와 좌절이 많고 결실이 없다.

· 붉을 홍(紅) 하는 일이 지연되고 수명이 짧다.

· 효도 효(孝) 조실부모하거나 육친덕이 없고 불효한다.

· 꽃 화(花) 부부의 운이 흉하고 화류계 인연이 있다.

· 불 화(火) 신체허약하고 구설, 관재운이 따른다.

· 임금 황(皇) 육친무덕하고 고생한다.

· 빛날 휘(輝) 성품이 강하여 모든 일에 실수가 많다.

· 기쁠 희(喜) 비애, 고독, 파재의 암시가 있다.

· 계집 희(姬) 고생이 많고 불운한 명이며 희생이 따른다.

이상의 글자들은 여러 가지 이유로 인하여 예로부터 이름에 사용하지 말도록 한 글자이지만, 사주와의 조화를 이루고 성명의 구성에서 꼭 필요한 경우이거나 성명의 조합이 매우 길하여 흉조를 상쇄시킬 수 있다고 판단된다면, 작명가의 판단하에 주의하여 사용할 수도 있을 것이다.

6) 항렬자 사용

항렬자란 같은 대에 태어난 사람들이 똑같은 글자를 쓰는 것을 말하는데 이것은 그 집안의 몇 대 자손인가를 알려주는 것으로 서로 같은 조상의 뿌리임을 알고 서로 일체감이나 핏줄임을 이름을 통하여 표시한 것이다.

현대에는 항렬자의 쓰임이 줄어든 추세이지만, 여전히 항렬자를 중요하게 여기고 작명 시에 주요 부분으로 고려해야 할 때가 많다.

항렬의 원리는 오행(五行)이나 천간지지, 숫자 등을 사용하는데 가문이나 성씨에 따라 각각의 기준을 정하여 사용하고 있다.

그중 木, 火, 土, 金, 水의 다섯 가지 오행을 순서에 따라 변으로 사용하는 경우가 가장 많은데, 자신의 할아버지 대가 木오행을 부수로 하는 글자를 사용했다면, 아버지 대의 항렬자는 木오행과 상생이 되는 火오행을 부수로 하는 한자를 넣어서 사용하게 된다. 이처럼 오행의 상생 순서대로 항렬자의 부수를 정하여 사용한다.

또는 항렬자를 십천간으로 정한 경우에는 甲, 乙, 丙, 丁, 戊, 己, 庚, 辛, 壬, 癸의 글자와 변을 순서대로 사용하고 십이지지로 정한 경우에는 子, 丑, 寅, 卯, 辰, 巳, 午, 未, 申, 酉, 戌, 亥 등의 순서에 따라 이름에 쓰게 된다.

항렬자는 아버지 대에서 이름의 중간에 항렬을 사용했다면 아들 대에서는 이름의 끝 글자에 항렬자를 쓰고 그다음 대는 다시 이름의 중간에 항렬을 사용하는 방식으로 사용한다.

항렬자의 순서는 부모가 자식을 생(生)해 주는 관계를 바람직한 것으로 보며, 만일 아버지 대의 이름에 木을 상징하는 甲, 寅, 乙, 卯 등의 글자나 부수를 사용하였는데, 자식의 이름에 庚, 辛, 申, 酉, 鐵 등 金을 상징하는 글자를 쓰면, 金剋木의 의미는 자식이 부모를 극하여 불효한다는 뜻으로 해석하여 대단히 흉한 이름으로 보게 된다.

이처럼 항렬자는 정해져 있으므로 작명이론에 근거한 기법들을 사용할 수 없게 되며, 심지어는 작명이론에 위배되는 흉한 글자로 분류되기도 한다. 이러한 경우에 자원오행상에라도 필요한 오행 기운을 넣어주며 항렬자와의 관계에서 최대한 길한 배합을 선택해야 한다.

간혹 항렬자를 넣은 이름은 호적에 올리는 이름으로 사용하고, 집에서 부르는 이름을 따로 지어 사용하는 방법을 쓰기도 한다.

4. 작명의 요건

작명할 때, 작명의 이론이나 요건 모두를 완벽하게 맞추기란 쉽지 않다. 작명가의 학문적인 판단에 따라 좀 더 비중을 두는 작명이론이나 필수적으로 갖추어야 할 조건 몇 가지를 정해두고, 우선순위에 따라 작명의 요건을 맞춰가는 것이 필요할 것이다.

작명할 때에는 앞에서 살펴본 바와 같이 여러 가지 조건을 갖추어야 하겠지만, 가장 중요한 것은 우선 부르기 좋고 뜻이 좋아야 할 것이며, 수리오행이 맞아야 하고, 사주에서 부족한 오행을 발음오행이나 자원오행을 통해 채워줄 수 있어야 하며, 발음오행이 성과 이름 간에 상생 구조로 이어져야 한다.

그 밖에 삼원오행이나 주역 괘상법 등 다른 조건들도 모두 갖춰진다면 더할 바가 없겠으나 작명법에 나오는 모든 이론을 다 따르다 보면, 어느 한쪽이 맞으면 다른 한쪽이 맞지 않게 되어 좋은 이름을 선택하기가 어렵게 되며, 실제로 선택할 수 있는 이름이 다양하지 않아 효율적인 작명이 되기 어려워진다.

때문에 가장 일반적이고 다수가 쓰고 있는 작명이론(발음오행, 자원오행, 수리사격)을 기본으로 하고, 그 외에 더 추가해서 작명이론이나 조건을 첨가해 보면 좋을 것이다.

9장

작명의 실행

1. 작명의 순서

성명학의 기본이 되는 음양과 발음오행, 자원오행, 수리사격 등 작명의 기본적인 방법과 기타 고려해야 할 사항 등을 살펴보았다. 작명은 단순한 작업이 아님을 알 수 있으며, 또 학자들에 따라 적용 이론에 각자 상이한 견해와 중요 포인트의 차이점은 작명에서의 한계점이 되기도 하며 작명가들의 어려운 점이 되기도 한다.

학자마다 적용 이론이 다르고 그 비중을 달리하더라도, 먼저 사주를 분석하여 사주 내의 부족한 오행 기운을 첨가하고 발음을 상생시키고 누구나 들어서 세련되고 미래지향적인 이름이 되면 훌륭한 작명이 되었다 판단하면 틀리지 않을 것이다. 이번 장에서는 작명의 실전을 통하여 올바른 작명법은 어떠한 순서를 거쳐 이루어지는지 살펴보기로 한다.

1) 이름을 사용할 사람의 사주를 분석한다

이름을 사용할 사람의 사주 명식을 작성하여 음양오행의 생극제화를 분석하여 오행의 역학관계에 따라 필요한 오행을 찾는다.

여러 가지 운명예측학(사주명리학, 기문둔갑, 육임, 자미두수 등)을 이용하여 운세의 흐름을 파악하고 대략의 진로와 적성을 파악하고, 부모와의 관계, 전반적인 운세의 흐름과 성쇠 여부를 판단하여 선택할 이름자의 동정(動靜)을 살핀다.

2) 이름에 사용할 오행(五行)을 선택한다

작명은 사주에서 부족한 오행을 이름자로 보강하는 것이 기본이 된다. 일간을 기준으로 하여 목화토금수의 오행의 강약, 과부족을 판단하여 보충해야 할 오행을 선택한다.

사주에 필요한 오행을 채워주는 형식이 가장 일반적이며, 필요(성공 위주, 건강 위주)에 따라 오행의 비중을 달리 선택하기도 한다. 또 다른 방법으로 사주의 격국(格局)을 판단하여 용신을 정하여 용신(用神)에 해당하는 오행을 선택하기도 한다.

사주를 분석한 후 어떤 오행을 선택하느냐의 방법론적인 문제는 학자의 선택과 사주 분석의 능력에 따라 달라질 수 있는 부분이다. 그러나 어떠한 방식을 사용하든 사주에 도움을 주는 오행을 고려하여 선택해야 할 것이다.

3) 발음오행을 배열한다

앞서 성명에서 사용할 오행을 선택하였다면 이를 적용해 발음오행을 구성한다. 사주를 보완하는 오행이면서 성명의 오행 관계가 길한 구조가 되도록 발음오행을 구성하고, 해당하는 한글 이름자를 정한다.

4) 한글 이름자의 발음을 점검한다

한글 이름자는 발음되는 소리가 부르기 좋고 정확한 발음을 선택하는 것이 좋다. 발음이 부드럽게 연결되며 소리 나는 이름이 좋으며, 너무 센 발음, 받침의 연속, 발음하기 어려운 글자 등은 피하는 것이 좋다. 또한, 세련되고 예쁜 이름으로 평생 사용해도 어색하지 않으며 싫증이 나지 않는 이름으로 선택한다.

성씨와 연결하여서도 발음해보고, 이름만 따로 발음해보기도 하여, 발음하기가 어려운지, 놀림감이 될 만한 연상이 떠오르지 않는지를 검토해본다.

5) 한글 이름자에 맞추어 한자를 선정한다

한글 이름자에 해당하는 한자를 선정한다. 한자의 뜻과 의미가 좋고, 두 글자를 연결했을 때에도 좋은 의미를 산출하는 한자를 선택하는 것이 좋다. 이후 자원오행과 획수를 고려하여 다시 선별해야 하므로, 여러 개의 한자를 골라놓는 것이 좋다.

6) 자원오행을 배열한다

발음오행을 정하였으면 사주 구성에 도움이 되는 한자의 자원오행을 고려하여 선택한다. 발음오행의 선택에 따라 정해진 한글 이름자에 맞는 한자 중에서, 그 한자가 가지고 있는 자원오행을 살펴, 필요한 자원오행을 가진 한자들을 선택한다.

7) 수리오행(수리사격)을 배열한다

앞에서 선택한 한자의 획수를 원획법으로 계산하고, 원형이정 4격 모두가 길한 수리 배합이 나오도록 구성한다.

8) 적절한 구성이 될 때까지 위의 과정을 반복해서 실행한다

수리사격 수리가 모두 길한 수리가 나오지 않는다면, 앞에서 정한 한자 중에 다른 획수를 가진 한자를 선택하여 다시 수리사격을 구성해본다. 이렇게 해도 좋은 구성이 되지 않는다면 한글 발음을 선택하고 한글 이름자를 선택하는 과정부터 다시 시작할 수도 있다.

발음오행, 자원오행, 수리사격을 모두 만족시키는 구성이 될 때까지 앞의 과정 3)~7)을 반복해서 실행해본다.

9) 기타 작명법을 추가로 적용한다

삼원오행이나 주역 괘상작명법 등 기타 작명이론을 작명가의 선택에 따라 추가로 적용해볼 수 있다. 그러나 다수의 성명학자들은 발음오행, 자원오행, 수리사격을 길한 구성으로 작명하는 것을 기본으로 한다.

10) 작명 시 고려할 사항을 검토한다

앞 장에서 살펴본 작명 시 고려할 사항들을 추가로 검토해본다. 뜻이 불길한 한자는 피해야 하고, 맏이와 차자의 한자 사용에 유의한다. 성과 이름 석 자 모두가 분리되는 글자인지 살펴보고, 발음상의 불편함이나 놀림감이 될 만한 발음인지를 주의하고, 동자이음어를 주의한다. 부모 형제의 이름과 가까운 친척들의 이름과 중복되는 이름인지도 확인해볼 필요가 있으며, 대법원에서 정한 인명용 한자에 포함되는지, 불용 한자에 속한 자는 없는지 등등 기타 작명 시 고려할 사항들을 점검해본다.

2. 작명의 실행

1) 사주 분석과 오행 판단

예를 들어, 사주가 癸未년 庚申월 丙辰일 乙未시(남자)인 경우, 먼저 사주를 분석하고 필요한 오행을 찾는다. 사주의 분석은 작명가의 명리적 해석에 따라 달라질 수 있으며, 이 장에서는 명리적 해석 부분은 자세히 다루지 않겠다. 사주를 분석한 결과, 申월의 丙火일간을 도와주는 기운을 써야 할 것으로 판단하여, 이름에서 보충해주어야 할 오행으로 [木 火]를 선택하였다.

2) 성씨에 대한 오행과 획수를 판단한다

성씨가 김 씨라면,
발음오행: 김의 [ㄱ]은 木에 해당하므로, 발음오행은 木이 된다.
자원오행: 金은 쇠 금 자로 자원오행은 金이 된다.

획수: 한자는 金이고 획수는 8획이 된다.

3) 발음오행을 상생하게 선택한다

김 씨의 경우 상생하는 이름자의 발음오행은, 木火土 木水金 木木火 木火火 木火木 木木水 木水木 등의 배열이 된다. 이들 발음오행의 배열로 가능한 이름들을 구성해본다. 김도경(木火木), 김근태(木木火), 김명균(木水木) 등. 이 중에서 [김도경]을 선택할 수 있다. 발음오행이 서로 木火木으로 상생이 되고 사주에 필요한 오행인 木火로 구성되어 있기 때문이다.

위 작업에서 발음오행과 자원오행이 사주에 필요한 木火로 맞추어지지 않는 경우에는 발음오행은 성과 이름을 상생시키는 오행으로 만들고, 자원오행에서 사주에 필요한 기운의 오행을 맞춰주어도 된다.

4) 자원오행을 배열한다

성씨인 金은 자원오행이 金에 해당하므로, 이름자의 자원오행을 木火로 구성할 경우, 金剋木, 火剋金의 관계가 되어 서로 상생하는 구조의 오행 배열을 갖추기가 어려워진다.

이럴 경우 木火 기운을 강화하면서 상생하는 구조의 오행 배열인 [金 土 火] 또는 [金 水 木] 등의 구성을 고려해볼 수 있다.

또 다른 방법으로는, 오행의 상생 구조는 앞에서 발음오행의 배열에서 맞추어주었으므로, 자원오행에서는 성씨와 이름의 상생 구조는 맞추지 않고, 필요한 오행 木火를 넣어주는 방식으로 구성해볼 수 있다.

앞에서 [김도경]이라는 이름을 선택했으므로, [도경]이라는 이름의 한자를 살펴 해당하는 자원오행 중에 木 火를 찾아본다.

[도]의 한자 중에 법도 도(度)는 자원오행이 木이고, [경]의 한자 중 빛날 경(炅)은 자원오행이 火가 된다. 성씨와의 상생 구조는 아니지만, 사주에 필요한 오행을 채워주는 木火로 구성된다.

5) 한자 획수의 음양

[도]는 법도 도(度)로 획수는 9획이고, [경]의 빛날 경(炅)은 8획이 된다. 성씨인 金이 8획이므로, [金度炅]의 획수는 8획, 9획, 8획으로 구성된다. 획수를 음양으로 구분해 보면, 陰 陽 陰으로 구성되어 음양이 조화를 이루게 된다.

6) 수리오행(수리사격)

[김도경(金度炅)]의 수리사격인 원, 형, 이, 정격을 구분하면 다음과 같다.

원격 17획: 건창격 吉
형격 17획: 건창격 吉
이격 16획: 덕망격 吉
정격 25획: 안회격 吉

81수리의 길흉을 살펴보고 각 격이 가지고 있는 뜻을 살펴 흉한 것은 없는지, 흉한 수리로 구성되는 부분은 없는지 살핀다.

7) 작명 점검

한글	김	도	경
한자	金	度	炅
발음오행	木	火	木
자원오행	金	木	火
획수	8획	9획	8획
음양	음	양	음
수리	원격 형격 이격 정격	17획 17획 16획 25획	건창격 吉 건창격 吉 덕망격 吉 안회격 吉

사주에 필요한 木火 기운을 넣어주고 발음이 상생 되어서 길하며, 한자 획수의 음양 조화도 길하며, 수리사격의 구성도 모두 길한 수리로 구성되어 좋은 이름이라 할 수 있다.

끝으로, 부모 형제의 이름과 가까운 친척들의 이름과 중복되는 이름인지도 확인해볼 필요가 있으며, 대법원에서 정한 인명용 한자에 포함되는지, 불용 한자에 속한 자는 없는지, 파자(분리) 되는 한자가 있는지 등등 기타 작명 시 고려할 사항들을 점검해본다.

3. 작명 사례

1) 작명 사례 1

(1) 사주 분석과 오행 판단

작명할 대상자는 2007년 6월 29일 丑시생(여자)이다. 사주는 丁亥년 戊申월 丁丑일 辛丑시가 된다. 申월의 丁火로 신약하며 木火의 도움이 필요한 사주로 해석할 수 있다(자세한 명리적 해석은 생략하기로 한다). 따라서 이름에서 보충해주어야 할 오행으로 [木火]를 선택하는 것이 좋다.

(2) 성씨에 대한 오행과 획수를 판단한다

발음오행: 천의 [ㅊ]은 金에 해당하므로, 발음오행은 金이 된다.

자원오행: 千은 자원오행은 水가 된다.

획수: 한자는 千이고 획수는 3획이 된다.

(3) 발음오행을 상생하게 선택한다

천 씨의 경우 상생하는 이름자의 발음오행은, 金水金 金金土 金水木 등의 배열이 되므로, 이름자의 초성이 ㅁㅂ, ㅅㅈㅊ 등으로 구성되면 좋다. [천승연]의 경우 발음오행의 구성은, [金金土]가 되어 상생하는 배열로 구성된 좋은 배합이라 할 수 있다. 그러나 사주에 필요한 木火 기운이 들어가 있지 않은 구성이므로, 이런 경우 자원오행에서는 반드시 사주에 필요한 기운인 木火 기운을 넣어주는 것이 필요하다.

(4) 자원오행을 배열한다

성씨인 천은 자원오행이 水에 해당하므로, 이름자의 자원오행을 木火로 구성해 볼 수 있겠다. [천승연]이라는 이름에서, [승(承)]은 자원오행으로 木이 되고, [연(煉)]은 자원오행이 火가 되므로, 자원오행의 구성은 [水木火]가 된다. 사주에서 필요한 木火 기운을 충족시켜주면서 상생 배열이 좋은 배합이 된다.

(5) 한자 획수의 음양

[천]은 千으로 획수는 3획이고, [승(承)]은 8획이고, [연(煉)]은 13획이 된다.
획수를 음양으로 구분해 보면, 陽 陰 陽으로 구성되어 음양이 조화를 이루게 된다.

(6) 수리오행(수리사격)

[천승연(千承煉)]의 수리사격인 원, 형, 이, 정격을 구분하면 다음과 같다.
원격 21획: 두령격 吉
형격 11획: 흥가격 吉
이격 16획: 덕망격 吉
정격 24획: 입신격 吉
수리오행은 모두 길격으로 형성되어 있다.

(7) 작명 점검

한글	천	승	연
한자	千	承	煉
발음오행	金	金	土
자원오행	水	木	火

획수	3획	8획	13획
음양	양	음	양
수리	원격 형격 이격 정격	21획 11획 16획 24획	두령격 吉 홍가격 吉 덕망격 吉 입신격 吉

사주에 필요한 木火 기운을 자원오행을 통해 넣어주고, 한자 획수의 음양 조화도 길하며, 수리사격의 구성도 모두 길한 수리로 구성된 이름으로 좋은 작명이라 할 수 있다.

2) 작명 사례 2

(1) 사주 분석과 오행 판단

작명할 대상자는 2002년 음력 5월 7일 巳시생(여자)이고, 사주는 壬午년 丙午월 丙辰일 癸巳시가 된다.

丙火일간이 한여름에 출생하고 사주에 火氣가 너무 강한 면이 있다. 火氣를 土로 설기하거나 水를 보충해주는 것이 시급해 보인다. 辰土의 癸水가 있기는 하나 세력이 미약하니 金水로 도와주는 것도 한 방법이겠다. 따라서 이름에서 보충해주어야 할 오행으로 [水]를 선택하고 보조적으로 土와 金으로 보완해줄 수 있겠다.

(2) 성씨에 대한 오행과 획수를 판단한다

발음오행: 손의 [ㅅ]은 金에 해당하므로, 발음오행은 金이 된다.

자원오행: 손(孫)은 자원오행은 水가 된다.

획수: 획수는 10획이 된다.

(3) 발음오행을 상생하게 선택한다

손씨의 경우 상생하는 이름자의 발음오행은 金水金 金金土 金土金 등의 배열이 되므로, 이름자의 초성이 ㅇㅎ, ㅅㅈㅊ로 구성되면 좋다.

[손지영]의 경우 발음오행의 구성은 [金金土]가 되어 오행이 상생하는 좋은 구성이다. 그러나 필요한 水오행이 포함되지 않았으므로 자원오행에서 필요한 기운인 水 기운을 넣어주는 것이 중요하다.

(4) 자원오행을 배열한다

성씨인 손은 자원오행이 水에 해당하므로, 이름자의 자원오행을 金水나 水金으로 구성해볼 수 있겠다. [손지영]이라는 이름에서 [지(池)]는 자원오행으로 水가 되고, [영(瑛)]은 자원오행이 金이 되므로, 자원오행의 구성은 [水水金]이 된다. 사주에서 필요한 水 기운을 충족시켜주는 배합이 된다.

(5) 한자 획수의 음양

[손(孫)]의 획수는 10획이고, [지(池)]는 7획이고, [영(瑛)]은 14획이다.

획수를 음양으로 구분해 보면, 陰 陽 陰으로 구성되어 음양이 조화를 이루게 된다.

(6) 수리오행(수리사격)

[손지영(孫池瑛)]의 수리사격인 원, 형, 이, 정격을 구분하면 다음과 같다.

원격 21획: 두령격 吉

형격 17획: 건창격 吉

이격 24획: 입신격 吉

정격 31획: 흥성격 吉

수리오행은 모두 길격으로 형성되어 있다.

(7) 작명 점검

한글	손	지	영
한자	孫	池	瑛
발음오행	金	金	土
자원오행	水	水	金
획수	10획	7획	14획

음양	음	양	음
수리	원격	21획	두령격 吉
	형격	17획	건창격 吉
	이격	24획	입신격 吉
	정격	31획	흥성격 吉

4. 작명서 작성

1) 작명서

작명한 후, 작명에 관한 내용을 문서로 작성한 것을 작명서라 한다. 작명서(作名書) 또는 찬명서(撰名書), 찬명장(撰名狀) 등으로 표기한다.

작명서에는 작명된 이름을 주된 내용으로 표기하고, 이름을 쓸 사람의 정보를 함께 기록한다. 사용한 작명이론에 근거한 길흉을 표시해주고, 이름의 뜻과 의미를 설명한 내용을 기록할 수 있다.

작명가에 따라, 성명과 획수의 길흉 등 간단한 정보만 최대한 간략하게 기록하기도 하고, 성명의 작명 내용과 길흉의 자세한 해설을 상세히 기록하기도 한다.

성명학을 잘 알지 못하는 일반인에게 제공하는 것이므로 일상적인 문장으로 누구나 쉽게 이해할 수 있도록 작성하는 것이 좋으며, 전문적인 용어는 간단한 설명을 첨가하는 것이 좋다.

작명서는 특정한 형식이나 정해진 문서 양식이 있는 것은 아니고, 작명가에 따라 자유롭게 작성하여 사용하고 있다. 과거 작명서는 증서 형태로 간단하게 이름만을 적어주는 형태였으나, 최근에는 이름의 뜻과 길흉의 설명을 기록한 '작명서'를 제공하거나 이름을 기록한 '작명증서'와 이름을 자세하게 설명한 '작명해설서'를 같이 제공하는 경우도 있다.

어떠한 형식의 작명서를 만들 것인가는 작명가의 선택에 따라 자유로울 수 있으나 이름의 사용자가 그 이름에 대해 충분히 이해하고 그 길한 의미를 상세히 알수록, 이름의 길한 영향력이 더 잘 작용할 것이므로, 이 점을 작명서에 충분히 반영하는 것이 필요하다.

2) 작명서 기재 내용

① 작명된 이름을 사용할 사람의 성별과 생년월일을 정확히 표기한다.

② 이름을 사용할 사람의 사주를 표기한다. 대운을 함께 표기할 수도 있다.

③ 작명된 이름의 한글 이름자와 한자를 정확히 표기한다.

④ 한자의 뜻을 표기한다. 한자의 여러 뜻 중에 이름에 적용한 뜻을 표기한다.

⑤ 이름의 전체적인 뜻과 의미를 기술한다.

⑥ 한자의 획수(원획)와 음양, 발음오행, 자원오행, 수리사격 등 작명에 사용한 이론요건을 표기한다. 작명증서에는 간략한 표기만 하고 작명해설서에 상세한 길흉 설명을 기재할 수도 있다.

⑦ 작명한 일시를 표기한다.

⑧ 작명가의 소속과 성명을 표기한다.

작 명 서

出生	2007년 8월 11일 01:00	四柱	庚 丁 戊 丁
性別	女		子 丑 申 亥
姓名	천(千)　　　예(藝 재주 예)　　　원(愿 정성 원)		

총평	* 재주를 빛내 만인에게 사랑받을 수 있는 명으로, 예능계통의 한 가지 재주를 익히고 발휘한다면 예능인으로서 성공과 명예를 얻을 수 있는 사주입니다. * '예원'은 사주의 특성을 그대로 전달하는 이름으로 예술가로 성공하기에 가장 좋은 이름이며 언론이나 방송계통에 진출하기에도 좋은 이름입니다. * 사주에서 일간의 기운이 부족한 면이 있으므로, 사주 기운을 강하게 해 주는 인성운(木)과 비겁운(火)을 보충하였고, 식상운(土)을 보강하여 일간의 활동력을 높일 수 있도록 구성하였습니다.

발음오행	천(金) 예(土) 원(土)	* 오행 土는 활동력을 좋게 하는 기운으로, 재물을 얻는 데 도움이 되며 직업에서 재능 발휘와 원만한 성취를 이루도록 도와주는 역할을 합니다.
자원오행	천(水) 예(木) 원(火)	* 오행 木과 火는 목적한 일의 실행력에 힘을 실어주는 작용력이 있으며, 사주의 기운을 조절하여 원만한 소원성취를 돕는 역할을 합니다.
수리획수	3획 21획 14획	획수의 음양이 양양음으로 조화를 이룹니다.

수리사격	35수리 (초년운)	좋음	평화격-안과태평지상
	24수리 (중년운)	좋음	입신격-재성조문지상
	17수리 (말년운)	좋음	건창격-만사통달지상
	38수리 (총운)	좋음	복윤격-고목생화지상

불용문자	해당 없음	좋음	불용문자에 해당하지 않는 글자로 구성하였습니다.
부모성명	해당 없음	좋음	부모 이름자와 동일한 한자를 사용하지 않는 것이 좋습니다.
작명일시	2007년 9월 10일		
작명자	○○성명연구소 소장 ○○○		

5. 성명의 등록

1) 성명의 등록

한 사람의 출생과 맞추어 지어진 이름은 법적인 등록 절차를 거쳐야 비로소 한 개인의 고유한 이름으로 사용할 수 있게 된다. 신생아의 이름은 출생신고 절차를 거쳐 법적으로 유효한 이름이 된다.

2) 인명용 한자

출생신고 시 이름을 등록하기 위해서는 반드시 대법원에서 지정한 인명용 한자를 사용해야 한다. 인명용 한자 이외의 한자로는 출생신고를 할 수 없는데 이런 경우에는 한글로만 기재하여야 출생신고가 가능하다. 단 성(姓)은 인명용 한자의 제한을 받지 않는다.

3) 대법원 출생신고 고지사항

① 출생자의 이름을 한자로 기재하는 때에는 법률 제44조 제3항에 따라 가족관계의 등록 등에 관한 규칙 제37조 제1항이 정하는 인명용 한자를 사용하여야 한다.

② 출생자에 대한 부와 모의 가족관계증명서에 드러나는 사람과 동일한 이름을 기재한 출생신고는 이름을 특정하기 곤란한 것이므로 이를 수리하여서는 안 된다.

③ 이름은 그 사람을 특정해주는 공식적인 호칭으로서 다른 사람과의 관계에서도 상당한 이해관계를 갖게 되므로 이름자가 5자(성은 포함되지 아니함)를 초과하는 문자를 기재한 출생신고는 이를 수리하여서는 안 된다.

4) 출생신고 절차

① 신고지는 호적지 또는 주소지의 읍, 면, 동사무소

② 출생신고는 30일 이내에 신고해야 한다.

③ 신고할 수 있는 성명에 제한 사항이 있으니 주의해야 한다.

    - 대법원 인명용 한자 8,142자 내에서 신고해야 한다.[39]

    - 성명의 글자 수는 성(姓)을 제외한 5자를 초과할 수 없다.[40]

④ 출생신고서는 읍, 면, 동사무소에 비치된 행정 양식에 기재한다.

⑤ 신고서는 2부 작성 제출하며 도장 또는 서명을 해야 한다.

⑥ 출생신고서에는 의사, 조산사, 기타 출산에 관여한 사람의 출생 증명서를 첨부한다.

---

[39] 대법원 인명용 한자는 2018년 12월 28일 대법원 추가한자 137자가 추가되었고, 2022년 2월 14일 40자가 추가되어 총 8,319자이다.

[40] <이름의 기재문자와 관련된 호적 사무처리 지침>, 1993년 대법원 지침.

10장

성명의 분석

1. 성명의 분석

　기존의 이름을 바꾸고 싶어 개명을 의뢰하는 경우, 기존의 이름을 성명학적으로 분석하여 그 길흉을 판단하고, 개선하고 보충해야 할 부분을 파악하여야 한다. 개명 의뢰인에게 기존 이름의 부족한 부분과 그에 따른 길흉을 설명하고, 새롭게 작명된 이름의 개선된 부분과 길흉을 설명하여, 개명 의뢰인이 새롭게 작명된 이름의 길한 영향력을 잘 이해할 수 있을 때 더욱 분명한 개명의 효과가 나타날 것이다.

　이미 지어진 성명을 분석할 때에도 앞에서 다룬 작명이론과 순서, 요건들을 그대로 적용하면 된다. 작명의 실행과정에 따라 이름을 분석해나가면 된다.

1) 성명 분석 사례 1

(1) 사주 분석과 오행 판단

　성명을 분석해볼 대상자는 2002년 음력 5월 29일 申시생(남자)으로 이름은 김상현(金尙泫)이다. 사주는, 壬午년 丁未월 戊寅일 庚申시가 된다.

　戊土일간이 한여름에 출생하고 寅未午가 모여 火局을 형성하는데, 년간 壬은 丁壬합으로 제 역할을 하기 어려워져 있다. 산천초목이 메말라 있는 형상으로 대지를 촉촉하게 적셔줄 水氣가 시급하다고 보인다. 시주에 庚申이 있고 대운에서도 40대 이후 金水운이 들어오기는 하나, 이름에서라도 水氣가 유통되도록 충족시켜서 작명해야 사주가 윤택해질 수 있을 것으로 판단된다.

따라서 이름에서 보충해주어야 할 오행으로 [金 水]를 선택하는 것이 좋다.

(2) 성씨에 대한 오행과 획수를 판단한다

발음오행: 김의 [ㄱ]은 木에 해당하므로, 발음오행은 木이 된다.

자원오행: 金은 쇠 금 자로 자원오행은 金이 된다.

획수: 한자는 金이고 획수는 8획이 된다.

(3) 발음오행을 상생하게 선택한다

김 씨의 경우 상생하는 이름자의 발음오행은, 木水金 木水水 등의 배열이 되므로, 이름자의 초성이 ㅁㅂ, ㅅㅈㅊ로 구성되면 좋다. 이들 발음오행의 배열로 가능한 이름들을 구성해보면, 김민수, 김범준, 김명찬 등을 생각해볼 수 있다.

[김상현]의 경우 발음오행의 구성은, [木 金 土]가 되어 金剋木되는 부분이 있으니 좋은 구성이라고 하기 어렵다. 또한, 필요한 金水오행도 충분히 들어가 있지 않은 구성이다. 이런 경우 자원오행에서는 반드시 사주에 필요한 기운인 水 기운을 넣어주는 것이 필요하다.

(4) 자원오행을 배열한다

성씨인 金은 자원오행이 金에 해당하므로, 이름자의 자원오행을 金水나 水水로 구성해볼 수 있겠다.

[김상현]이라는 이름에서, [상(尙)]은 자원오행으로 金이 되고, [현(泫)]은 자원오행이 水가 되므로, 자원오행의 구성은 [金金水]가 된다. 사주에서 필요한 金水 기운을 충족시켜주는 배합이 된다.

(5) 한자 획수의 음양

[김]은 金으로 획수는 8획이고, [상(尙)]은 8획이 되고, [현(泫)]은 9획이다. 획수를 음양으로 구분해 보면, 陰 陰 陽으로 구성되어 음양이 조화를 이루었다.

(6) 수리오행(수리사격)

[김상현(金尚泫)]의 수리사격인 원, 형, 이, 정격을 구분하면 다음과 같다.

원격 17획: 건창격 吉

형격 16획: 덕망격 吉

이격 17획: 건창격 吉

정격 25획: 안회격 吉

수리오행은 모두 길격으로 형성되어 있다.

(7) 작명 점검

한글	김	상	현
한자	金	尚	泫
발음오행	木	金	土
자원오행	金	金	水
획수	8획	8획	9획
음양	음	음	양
수리	원격 형격 이격 정격	17획 16획 17획 25획	건창격 吉 덕망격 吉 건창격 吉 안회격 吉

사주에 필요한 金水 기운을 자원오행을 통해 넣어주고, 한자 획수의 음양 조화도 길하며, 수리사격의 구성도 모두 길한 수리로 구성된 점은 좋으나, 발음오행이 상생하는 배합이 아니므로, 발음오행 상생 구조에서 부족한 이름이 된다.

작명 시 모든 부분을 완벽하게 충족하기 어려운 경우에, 성명학자에 따라 더 비중을 두는 부분에 중점을 두고 다른 부분의 부족함을 고려하는 경우가 있다.

특히 발음오행의 경우 성과 이름 첫 자의 상생 관계만을 고려한다면, 김 씨의 경우 이름의 첫 자에 ㅅㅈㅊ(金)이나 ㅇㅎ(土)는 쓸 수 없는 한계가 생긴다. 되도록이면 발음오행이 상생하는 배합이 좋겠으나, 작명 시에 다른 조건들에서 부족한 오행을 충족시켜주고 길한 수리 배합이 된다면, 발음오행이 상생하지 않는다 하여 흉한 이름이라 단정할 수는 없다. 발음오행 요건이 충족되지 않아 부족한 부분이 있는 정도로 판단하면 되겠다.

2) 성명 분석 사례 2

(1) 사주 분석과 오행 판단

성명을 분석해볼 대상자는 2001년 음력 10월 21일 子시생(남자)으로 이름은 주영훈(朱英燻)이다. 사주는, 辛巳년 己亥월 壬寅일 庚子시가 된다.

壬水일간이 亥에 출생하여 水 기운이 왕한 사주인데, 상대적으로 木火 기운이 부족하니 작명에서 木火 기운을 보충해주면 차가운 사주를 훈훈하게 할 수 있을 것이고 오행의 균형도 맞을 것으로 판단할 수 있다. 따라서 이름에서 보충해주어야 할 오행으로 [木火]를 선택하는 것이 좋다.

(2) 성씨에 대한 오행과 획수를 판단한다

발음오행: 주의 [ㅈ]은 金에 해당하므로, 발음오행은 金이 된다.

자원오행: 주(朱)는 나무 목 변으로 자원오행은 木이 된다.

획수: 획수는 6획이 된다.

(3) 발음오행을 상생하게 선택한다

주 씨의 경우 상생하는 이름자의 발음오행은, 金水金 金金土 金土金 등의 배열이 되므로, 이름자의 초성이 ㅇㅎ, ㅅㅈㅊ로 구성되면 좋다.

[주영훈]의 경우 발음오행의 구성은, [金土土]가 되어 발음오행이 상생하는 관계인 좋은 구성이다. 그러나 필요한 木火오행이 포함되지 않았으므로, 자원오행에서 필요한 기운인 木火 기운을 넣어주는 것이 중요하다.

(4) 자원오행을 배열한다

성씨인 주는 자원오행이 木에 해당하므로, 이름자의 자원오행을 木火나 火木으로 구성해볼 수 있겠다. [주영훈]이라는 이름에서, [영(英)]은 자원오행으로 木이 되고, [훈(燻)]은 자원오행이 火가 되므로, 자원오행의 구성은 [木木火]가 된다. 사주에서 필요한 木火 기운을 충족시켜주는 배합이 된다.

(5) 한자 획수의 음양

[주(朱)]의 획수는 6획이고, [영(英)]은 11획이고, [훈(燻)]은 18획이다.

획수를 음양으로 구분해 보면, 陰 陽 陰으로 구성되어 음양이 조화를 이루었다.

(6) 수리오행(수리사격)

[주영훈(朱英燻)]의 수리사격인 원, 형, 이, 정격을 구분하면 다음과 같다.

원격 29획: 성공격 吉

형격 17획: 건창격 吉

이격 24획: 입신격 吉

정격 35획: 평화격 吉

수리오행은 모두 길격으로 형성되어 있다.

(7) 작명 점검

한글	주	영	훈
한자	朱	英	燻
발음오행	金	土	土
자원오행	木	木	火
획수	6획	11획	18획
음양	음	양	음
수리	원격 형격 이격 정격	29획 17획 24획 35획	성공격 吉 건창격 吉 입신격 吉 평화격 吉

발음오행이 상생하는 배합이며 사주에 필요한 木火 기운을 자원오행을 통해 넣어주고, 한자 획수의 음양 조화도 길하며, 수리사격의 구성도 모두 길한 수리로 구성된 점이 좋은 이름이라 할 수 있다.

그러나 한자의 뜻을 살펴보면, 훈(燻) 자의 경우 연기 낄 훈 자로, '연기가 자욱하게 낀 상태, 질식하다'라는 뜻도 들어 있는 글자이다. 불 화(火) 변이 보여 火오행의 글자로 선택하였으나, 그 뜻이 사람의 이름에 쓰기에는 좋지 않은 글자라 할수 있다. 이처럼 한자의 선택에 있어 그 상세한 뜻을 살펴서, 흉한 의미나 암시의 한자는 사용하지 않는 것이 좋겠다.

3) 성명 분석 사례 3

2001년 음력 11월 26일생으로, 사주는 辛巳년 辛丑월 丁丑일 丁未시이고 여자인 경우의 작명 실례를 살펴보자.

작명자는 먼저 사주를 살펴보아 丁火일간이 丑월에 태어나 신약한 일간을 돕는 것이 시급하므로, 木으로 火를 도와 약한 丁火를 왕성하도록 도와주어야 한다고 판단하였다. 이름에 따뜻한 火 기운을 넣어주어야 한다고 판단하였고, 발음오행이나 자원오행에 木火를 넣어 구성하고자 하였다.

성씨는 임(任) 씨로, 발음오행상 상생 구조는, [임]의 土와 상생하는 金과 土로 구성하였다.

발음오행으로 [土金土]가 되는 구조는 발음으로 [ㅇㅈㅎ]이 되므로, 발음오행에 맞는 이름으로 [임주현]을 선택하였다.

사주에서 木火가 필요하므로 자원오행에서는 木火로 구성하였다. 먼저 성씨인 임(任)은 사람인(人)변의 한자로 자원오행은 火가 된다. 이름 중 [주]에 해당하는 한자로는 기둥 주(柱)자가 있는데 부수가 木으로 자원오행은 木이 된다. 그리고 [현]은 밝을 현(炫)을 선택하였는데 火를 부수로 하므로 자원오행이 火가 되는 글자이다.

한자 획수는 [任(6획) 柱(9획) 炫(9획)]으로 [음 양 양]의 구성으로 음양의 조화가 길하며, 수리사격은 원격 18수(발전격), 형격 15수(통솔격), 이격 15수(통솔격), 정격 24수(입신격)로 모두 길격으로 구성되었다.

정리하면, 사주에서 필요한 오행을 木火로 판단했으며, 발음오행에서는 성씨의 오행인 土와 상생 구조를 만들기 위해 木火를 쓰지 못하고, [土金土]의 배합으로 구성하였으며, 자원오행에서 [火木火]의 배합으로 구성하였다. 그리고 수리사격도 모두 길한 수리로 구성하여 길한 이름이라고 볼 수 있다.

그러나 한자로 볼 때 [任 柱 炷]은 세 글자 모두 양쪽으로 분리되는 파자가 된다. 성명 중 한 글자 정도는 파자가 되어도 무방하나 세 글자 모두가 분리되는 경우는 피하는 것이 좋으므로, 한자 선택에 주의할 필요가 있다.

4) 성명 분석 사례 4

한글	김	예	숙
한자	金	刈	淑
발음오행	木	土	金
자원오행	金	金	水
획수	8획	4획	12획
음양	음	음	음
수리	원격 형격 이격 정격	16획 12획 20획 24획	덕망격 吉 직약격 凶 단수격 凶 입신격 吉

위의 이름은 발음오행에서 극하는 부분이 있으므로 상생 구조가 충족되지 않았고, 획수의 음양도 모두 음으로 좋은 구성이 아니며, 수리사격의 구성도 두 개의 격이 흉격으로 좋지 않은 구성이 되므로, 좋은 이름이라 평가하기 어려운 이름이다.

보통 사주와 비교하여 사주에 적합한 이름인가, 필요한 오행을 사용하였는가를 판단해야 한지만, 이 경우에는 이름의 구성에서 흉함이 있으므로 사주와의 적합 여부를 따져보는 것이 무의미하다 할 수 있겠다.

이 이름에서 가장 흉한 부분은 한자의 뜻 부분인데, 예(刈) 자는 '칼로 베다, 자르다'의 뜻을 가진 글자이다. 이 글자는 사람의 이름자로 쓰기에 흉하며, 사용할 경우 심각한 건강상의 폐해를 예상할 수 있는 글자이다.

　간혹 예쁜 발음의 이름자를 선택하는 것에 급급하여 한자의 뜻을 무시하고 발음만으로 선택하는 경우가 있는데, 작명에 있어 가장 주의해야 할 부분이다.

2. 최근 선호하는 이름의 경향

1) 발음하기 쉬운 이름, 받침이 없는 이름: 서우, 지우, 세아 등
2) 중성적인 이름, 남녀 모두 사용할 수 있는 이름: 연수, 지후 등
3) 한글 이름 같은 한자 이름: 대솔, 해찬, 여울, 신비 등
4) 종교적 의미를 지닌 이름: 요한, 예찬, 찬양, 복음, 찬미 등
5) 임신 중에 부르는 이름인 태명(胎命)을 사용하는 이름: 사랑, 희망 등
6) 부모의 이름자에서 한 글자씩 따서 짓는 이름: 아빠 이름이 '김하준', 엄마 이름이 '정인서'인 경우 자녀 이름을 '김준서' 또는 '김인하'
7) 순 한글 이름: 한자 없이 쓰는 순우리말로 된 이름과, 한글 이름을 먼저 짓고 한자는 소리에 맞추어 뜻을 생각하지 않고 무작위로 선택하는 이름. 슬기, 나라, 하나, 두나, 세나, 한별, 봄, 가을, 보리, 아라, 아름, 보람

<최근 선호하는 신생아 이름>[41]

	2013년		2014년		2015년	
	남	여	남	여	남	여
1위	민준	서연	민준	서윤	민준	서윤
2위	서준	서윤	서준	서연	서준	서연
3위	주원	지우	주원	민서	하준	지우
4위	예준	서현	하준	서현	도윤	지유
5위	시우	민서	예준	지민	주원	하윤
6위	준서	윤서	준우	하은	예준	민서
7위	도윤	채원	도윤	하윤	준우	서현
8위	현우	하윤	지후	지유	준서	하은
9위	건우	지아	준서	지우	지후	지아
10위	지훈	은서	지호	지아	지호	지민

최근 선호하는 이름의 경향을 보면 발음하기 쉽고 부드럽게 발음되는 받침이 없는 글자를 선호하며, 예스럽지 않은 한글 발음을 선호하는 경향이 두드러진다. 이 때문에 한자의 뜻보다는 한글 발음을 우선하여 이름을 선택하면서 상대적으로 한자의 잘못된 사용으로 성명학적으로 볼 때 불길한 이름이 되는 경우가 발생하고 있다.

대법원 가족관계등록업무 통계자료를 통해 본 신생아 이름의 선호 경향을 보면, 비슷한 이름들이 순위권을 차지하고 있다. 남자 이름 민준, 여자 이름 서연은 2005년부터 계속해서 1, 2위를 다투고 있는 이름이다. 이름이라는 것이 타인과 구분되는 한 사람만의 고유한 것이어야 함을 고려한다면, 비슷한 이름이 계속해서 유행하는 것은 바람직한 현상은 아닐 것이다. 이에 작명가는 고객의 선호에 맞추어 이름을 짓는 것도 중요하지만, 한 사람만의 고유하고 개별적인 특징을 나타낼 수 있는 이름을 짓는 것에 노력해야 할 것이다.

또한, 젊은 부모들이 자신이 직접 아이의 이름을 지어주고자 하여, 성명학 실용서나 인터넷 작명 사이트 등을 통해 이름을 짓는 경우가 많아지고 있는데, 부모의 이름과 같은 글자를 사용하거나, 자녀 서열에 맞지 않는 글자를 사용하는 등 성명학적 요건이 충족되지 않는 이름들을 사용하는 예가 많아지고 있다.

성명학이 일반화되고 누구나 쉽게 성명학에 접근하여 이름에 관한 관심을 가지는 것은 좋으나, 신중하고 전문적이어야 할 작명 과정이 컴퓨터프로그램에 의존하여 쉽게 다루어지는 것은 우려하지 않을 수 없는 부분이다.

누구나 쉽게 작명 과정을 따라 해 보고 자신이 선호하는 이름을 짓는 것은 좋으나, 평생 사용할 중요한 이름이니만큼 체계적이고 학문적인 성명학 연구와 실전 경험을 겸비한 성명학 전문가의 도움을 받는 것이 바람직할 것이다.

---

41) 대법원 가족관계등록업무 통계자료 참고.

11장

작명의 활용

1. 호(號), 예명(藝名)

1) 호(號)

호(號)는 이름 외에 누구나 허물없이 부를 수 있도록 지은 호칭이다. 이황(李滉)보다는 이퇴계(李退溪), 이이(李珥)보다는 이율곡(李栗谷), 정약용(丁若鏞)보다는 정다산(丁茶山)으로 더 많이 기억하고 있다. 본명보다 호가 더 자주 쓰이고 주로 사용되었기 때문이다.

어떤 사람의 이름만을 부르거나 기록하는 것을 결례로 알았으므로 호가 없는 사람은 관직명을 붙여 부르거나, 시호를 붙여서 불렀고, 시호나 관직도 없는 사람은 선생이라는 칭호를 붙여서 불렀다. 이를 통해서도 우리의 옛 선인들이 이름을 얼마나 소중히 여겼는가를 알 수 있다.

본인도 자신의 명(名)이나 자(字) 대신 호(號)를 사용하였고, 타인도 이름 대신 불러주는 것이 일반적인 통례였다.

호(號)는 구한말까지는 양반 가문에서는 남자라면 모두가 이름 대신 사용하였다. 이름은 함부로 부르는 것이 아니라는 관념이 있었기 때문에 이름을 대신하여 자(字)나 호(號)를 사용하였다.

원효의 호는 소성거사(小性居士), 낭산(狼山) 아래 살았다던 한 음악가의 호는 백결선생(百結先生)이라 하였다는 기록이 있는 것으로 보아 우리나라에 있어 호는 삼국시대부터 나타나기 시작하였음을 알 수 있다.

조선 시대까지는 호를 대개 한자로 지었으나, 한말 이후부터는 우리말(한글)로 호를 지은 사람도 많이 나왔다. 유명한 시조 작가 이병기의 호는 '가람'이며 최현배의 '외솔'이나 전영택의 '늘봄' 같은 호도 우리 귀에 낯설지 않은 한글 호이다.

현대에는 호의 사용이 일반적이지는 않으나, 아직도 서예가나 화가들이 자기의 작품에 이름 대신 호를 색인하는 전통을 지켜오고 있으며, 관리들이나 유명인사, 또는 특별한 직종에 종사하는 사람들뿐 아니라 일반인들도 다양한 분야에서 호를 사용하고 있다.

호를 부를 때는, 이름 대신 호만 부르거나, 성명(姓名) 앞에 붙여 성명과 함께 부르기도 한다. 또는 성씨에 붙여 성명처럼 부르기도 한다.

2) 호(號)의 종류

(1) 아호(雅號)

아호(雅號)라 함은 글자 그대로 이름을 대신하여 우아하게 나를 지칭한다는 뜻이다. 자신의 명(名)이나 자(字) 대신 사용하였다. 타인도 이름 대신 불러주는 것이 일반적인 통례였다. 호는 웃어른 또는 선생이 지어주지만, 스스로 지을 수도 있다는 것이 특징이다.

당호(堂號)는 본래 집의 이름을 뜻하나, 그 집의 주인을 일컫게도 되어 아호와 같이 쓰이기도 한다. 이외에 그 사람의 특징을 나타내는 별칭으로 별호(別號)를 쓰기도 했다.

그 밖에 승명(僧名)이나 기명(妓名) 같은 직업적 전용명도 있다. 근래에 와서 불교 신자나 천주교 신자 등 종교를 가진 사람들은 법명(法名)이나 본명(本名, 천주교의 세례명)을 갖기도 한다.

아명(兒名)은 어릴 때 부르는 이름으로 부친이 주로 짓게 되고, 태몽을 반영하거나 액땜하는 의미에서 일부러 천한 이름으로 짓기도 하였다. 관명(冠名)은 어른의 이름으로 관례(冠禮) 후부터 부르는 이름이었다.

(2) 자(字)

자(字)는 관례 때 집에서 부르는 이름 외에 붙여주는 이름이다.

『예기(禮記)』의 「곡례(曲禮)」上편에 의하면, "남자는 20세에 관례를 행하여 성인이 되면 자를 짓고, 여자는 15세에 결혼하게 되어 비녀를 꽂으면 자를 짓는다"라고 했다.

자(字)는 이름을 잘 부르지 않는 사상에서 나온 것으로 관명 대신에 부르기 위해 만들었던 것으로 친구끼리 서로 자를 지어주기도 하였고,[42] 스승이 제자의 자를 지어주는 경우도 있었다.

자가 붙은 후로는 임금이나 부모, 존장 등 윗사람에 대해서는 자신의 본명을 말하지만, 동년배 이하의 사람들에게는 자를 썼다. 또 다른 사람을 부를 때에도 자를 사용하나, 손아랫사람인 경우 특히 부모나 스승이 그 아들이나 제자를 부를 때에는 본명을 사용했다.

(3) 시호(諡號)

생전 이외에 사후(死後)에 붙여지는 호(號)도 있는데, 시호(諡號), 묘호(廟號), 휘호(徽號) 등이다. 시호(諡號)는 왕 또는 사대부들이 죽은 뒤 그의 공덕을 찬양하여 추증하는 호를 말하며, 묘호(廟號)는 왕이 죽은 뒤 종묘에 신위를 모실 때 붙이는 호다. 또 휘호(徽號)는 왕비가 죽은 후 내려주는 존호를 말한다. 그밖에 휘(諱)라 하여, 돌아가신 어른의 생전의 이름자를 가리키는 것인데, 휘자(諱字)를 사용하지 않는 피휘(避諱) 관습이 있다.

3) 호의 쓰임

(1) 기운을 보충해주는 개운(開運)의 쓰임

호는 일반인도 누구나 가질 수 있는 것으로, 이름처럼 호도 사주를 분석하여 본

---

42) 權近의 陽村集 義民字說, 7-210: "어려서 명을 짓고 관례를 하고 자를 짓는다. 字라는 것은 친구 사이에 서로 지어서 불러주는 것이다."

인의 부족한 기운을 보충해줄 수 있는 것이 좋다. 사주 분석을 통하지 않더라도, 한자의 뜻이나 이름에 포함된 오행으로 자신에게 필요한 기운을 보충해주고 운로(運路)에 도움을 주도록 할 수 있다.

(2) 자신의 이미지를 표현

소설가나 시인, 서예가, 학자들이 작품을 집필하거나 발표할 때에는 별도로 이름을 사용하는데 이를 필명(筆名)이라 한다. 예술가들은 필명을 사용하여 자신의 정신세계나 작품세계를 표현하고, 일반인들도 자신이 추구하는 정신적인 세계나 표현하고자 하는 이미지를 표현하는 데 호를 사용하기도 한다.

(3) 개명의 대안으로 사용

이름이 좋지 않을 경우 길한 이름으로 바꾸기 위하여 개명허가신청을 하더라도 법원의 판단에 따라 허가가 나지 않는 경우가 있다. 그에 대한 대안으로 아호 또는 예명을 사용할 수 있겠다. 성명학적으로 이름이 좋지 않은 경우에 예명이나 아호를 써서 좋은 기운이 흐르도록 한다면 좋지 않은 이름으로 인한 흉운을 보완할 수가 있을 것이다. 물론 자신의 이름이 나쁘지 않더라도 얼마든지 좋은 예명 또는 아호를 가질 수 있다.

4) 예명(藝名)

연예인들은 주로 예명을 많이 사용하는데, 예명은 음악, 미술, 연극, 영화 등 주로 예능인들이 직업과 분위기에 맞추어서 사용하는 이름이다. 그러나 요즘은 일반인들도 직업상, 사업상 또는 자신의 이미지 부각이나 품위 등 여러 가지 이유로 예명을 사용하는 사람들이 증가하고 있는 추세이다.

예명은 호와 달리 성명(姓名)의 형태로 되어 있어, 본명처럼 사용하게 되고, 성(姓)은 바꾸지 않고 명(名)만 바꾸는 경우가 많고, 성명(姓名)을 모두 바꾸기도 한다. 자신의 직업이나 부각하고자 하는 이미지 등을 고려하여 예명을 지은 사례들을 살펴보면 다음과 같다.

(1) 이름이 촌스럽거나 직업상 추구하는 이미지와 맞지 않아 예명을 사용하는 경우

강수지(조문례), 금보라(손미자), 김보연(김복순), 송승헌(송승복), 심혜진(심상군), 안소영(안귀자), 황신혜(황정만), 주현(주일춘), 윤정희(손미자), 앙드레김(김복남), 패티김(김혜자)

(2) 독특한 느낌이나 개성 있는 이미지를 부각하기 위한 경우

강산에(강영걸), 방실이(방영순), 남보원(김덕용), 리아(김재원), 이영자(이유미), 이원승(이성규), 조PD(조중훈), MC몽(신동현), 하하(하동훈), 김C(김대원), 양파(이은진), 비(정지훈)

(3) 평범한 이름이어서 예명을 쓰는 경우

서문탁(이수진), 소찬휘(김경희), 심수봉(심민경), 채리나(백현주), 남궁원(홍경일), 진도희(김은영), 현진영(허현석), 허참(이상용), 하지원(전해림), 장혁(정용준), 현빈(김태평)

그 밖에도 상당히 많은 연예인들이 예명을 사용하고 있으며 각계각층에서 예명과 아호를 사용하여 자신의 이미지를 부각하고 예명, 아호의 길한 부운을 타는 경우가 많이 있다.

5) 호의 작명

이름은 주로 부모가 짓거나 선택하여 쓰게 되므로 본인이 선택하기 어렵지만, 아호나 예명은 이름과 달리 본인이 스스로 지향하는 바와 선호하는 내용을 고려하여 선택할 수 있다는 점에서 큰 차이가 있다.

이름은 무엇보다도 본인 스스로 만족할 수 있어야 할 것이다. 이름이 끼치는 영향 중 중요한 한 가지는 바로 이름으로 인한 심리적 작용이다. 따라서 본인 스스로 마음에 드는 이름을 선택한다는 것은 중요한 의미가 있다.

이름(본명)을 지을 때는 인명용 한자, 가족의 이름, 돌림자 등 여러 가지 사항들을 고려해야 하지만, 아호나 예명의 경우에는 그러한 제한이 없으며, 본인의 취향에 잘 맞는 이름을 자유롭게 선택할 수 있다.

이규보의 동국이상국집(東國李相國集) 백운거사어록(白雲居士語錄)에는 '백운거사'라는 호의 작명에 대해 밝히면서, 호의 작명 방식 몇 가지를 설명하고 있다. 所居(거처하는 지명이나 장소), 所畜(기르는 초목이나 소유하고 있는 사물), 所得之實(깨달은 이치나 진리와 관계되는 개념어), 所慕(지향하는 바의 목표)에 따라 호를 짓는다고 하였는데, 현대에도 호를 지을 때 적용해볼 수 있는 방법들이다.

이외에 호의 작명 방법에 대해 정리해보면 다음과 같다.

(1) 한자의 선택은 자유롭게 할 수 있다

본명과 달리 인명용 한자, 불용문자의 제약을 받지 않는다. 그러나 뜻이 매우 흉한 한자나 획수가 너무 많아 사용에 어려움이 있는 한자 등은 사용하지 않는 것이 좋다.

(2) 작명이론에서 자유롭다

호를 작명할 때에도 작명이론에 따라 오행과 수리를 맞추어 지으면 좋은 이름이 된다. 그러나 본명과 달리 호를 지을 때는 작명이론에 구애받지 않고 자유롭게 지을 수 있다.

(3) 이름의 뜻과 이미지에 중점을 둔다

자신이 추구하는 이미지를 표현할 수 있는 뜻의 글자를 선택할 수 있다. 자신이 지향하는 성공과 정서, 추억, 취미, 직업 등 중요한 의미를 부여할 수 있다.

(4) 출생 지역이나, 인생의 추억과 관련한 글자를 선택하여 작명할 수 있다

(5) 좌우명, 좋아하는 글귀 등에서 기원하는 뜻을 취한다

(6) 개운(開運)을 목적으로 작명할 수 있다

자신에게 필요한 기운을 이름을 통해 발산시켜 운을 개선하는 데 목적을 두고 호를 작명할 수 있다. 이때에는 사주에 필요한 오행의 한자나 뜻을 취하고 작명이론에 따라 길한 이름을 작명하게 된다. 또는 작명이론을 벗어나 자신에게 도움이 되는 기운이 발산되는 한글, 한자를 선택할 수도 있다.

아호의 예를 들어보면 다음과 같다.

고산(高山): 사회적 성공을 이루면서 자신의 고향지명을 딴 아호

대산(大山): 정치를 하며 큰 산처럼 우뚝하고 흔들림 없기를 바란 아호

단원(旦原): 아침 단, 근원 원, 아침의 태양과 같아지라는 의미

소양(素暘): 흴 소, 해돋이 양, 희고 깨끗한 신념으로 세상의 빛이 되라는 의미

연하(研河): 갈 연, 강 이름 하, 먹을 갈아 마르지 않는 강물처럼 학문에 임하라는 의미

6) 호의 사용

요즘과 같이 인터넷에 일반화된 매스미디어 시대에는 본명을 직접 사용하는 것을 지양하고 대부분 닉네임을 사용하고 있다. 그러나 닉네임, 아호, 예명이라 하더라도 단순히 호감 가는 이름이라고 하여 함부로 사용하는 것은 바람직하다고 할 수 없다. 자신을 대외적으로 표시하는 이름, 아호, 예명은 사용하면서 그 기운이 흐름을 타게 되며 운에 영향을 미치기 때문에 아호, 예명이라 하더라도 그 기운이 본인의 사주에 맞고 작명법에도 맞는 이름이라면 더욱 좋은 이름이 될 것이다.

성인이 되어 개명이 어려운 경우나, 직업상 이름을 통해 자신의 이미지를 부각해야 할 경우, 또는 처하는 상황에 맞추어 자신을 나타내고 싶은 이름이 필요할 때 등 여러 경우에 이름 대신 아호나 예명을 사용할 수 있을 것이다. 이때 아호나 예명으로 본인의 기운을 보완하여 그 운의 흐름을 길하게 한다면 더욱 성취, 발전의 길로 향하게 할 수 있을 것이다.

2. 상호, 상품명

사람의 성명(姓名) 이외에 상호나 회사명, 상표, 제품명 등 작명의 다양한 쓰임에 대해서 살펴본다.

1) 상호, 상품명의 작명

상호, 회사명이나 상품명을 작명하는 방법도 기본적으로 일반 이름 작명과 동일한 기법을 사용한다.

상호나 회사명을 작명할 때에는 성명학에 입각한 작명이론뿐 아니라, 다양한 경제 관련 상식과 상품이나 기업의 이미지에 대한 정보, 마케팅적인 지식 등 다양한 분야의 정보를 활용할 수 있어야 한다.

외국을 주로 상대하는 기업이라면 국제적인 감각과 세련미를 겸비한 회사명으로 한번 들으면 쉽게 잊히지 않는 상호가 되어야 좋다.

상품 역시 잘 팔려야 가치가 높은 제품이 되는데 아무리 훌륭한 제품이 되더라도 팔리지 않고 소비자의 호응을 얻지 못한다면 아무런 의미가 없게 된다.

그러므로 상품명은 소비자들의 구매 욕구를 최대한 살려야 하며 어감이 좋고 세련된 이미지와 상품 가치를 높일 수 있는 상품명으로 정해야 할 것이다.

상품명이나 제품명은 회사명보다 소비자에게 더욱 친근하게 다가서는 작용을 하므로 상품이 좋은 이름을 얻었을 때 비로소 그 자신의 기가 발산되어 상품의 가치가 한층 높아질 것이다.

2) 상호 작명의 요건

상호는 대표자의 사주를 분석하여 필요한 오행을 찾는 것이 중요하다. 업체의 운용에 대표자의 운이 작용하는 것을 고려하여, 대표자의 사주와 잘 어울려 상호를 통해 더욱 길한 기운을 발생할 수 있도록 해야 한다.

상호의 발음오행은 상생하도록 구성하고, 자원오행으로 부족한 오행 기운을 더해주는 작명법을 사용하는 것이 좋고 길한 수리를 구성하는 한자를 선택하는 것이 좋다. 또한, 상호의 뜻과 발음이 소비자에게 쉽게 전달되도록 작명하는 것이 중요하다. 좋은 기운을 가지고 있는 상호라 할지라도 소비자에게 기억되지 못하고 외면당한다면 소용없을 것이다. 누구나 쉽게 상호를 읽고 발음하고, 또 기억하기 쉬운 상호가 좋은 상호가 된다.

더불어 상호에 업종의 이미지가 표출되는 것도 좋으며, 업체가 지향하는 목표나 이미지가 표출되도록 작명하는 것도 좋다.

3) 상호의 예

인테리어 사업을 하는 모 씨의 경우, 경상도 출신으로 구수한 경상도 사투리로 인하여 주변 사람들에게 인상을 깊게 심어주는 스타일로 '경상도 촌놈'이라는 애칭으로 이러한 이미지를 살릴 수 있는 작명을 원한다고 했다. 모 씨의 사주에 필요한 오행은 木火로, 木火 기운을 보충해주면서 경상도라는 특징을 살릴 수 있는 상호를 구성해보았다.

경사 경(慶)에 남녘 남(南)을 써서 [경남(慶南)]으로 하였는데, 발음오행으로 [경남]은 [木火]가 되고, 자원오행으로는 [火火]가 된다. 두 글자의 획수를 합한 총획수는 24획으로 [입신격(立身格)]에 해당하는 길수이다. 이 이름은 항상 경사가 생기고 따뜻함을 느끼는 가게라는 의미가 있다.

4) 상호의 종류

법인 상호나 일반 상호에서 작명할 때 가장 먼저 생각해야 할 것은 어느 문자를 선택하느냐 하는 문제이다. 영문 등을 이용한 외국어 상호도 있고, 한자(한문) 상호도 있으며, 순우리말 상호도 있다. 업종에 따라서 외국어나 한자를 많이 선택하는 경우도 있고 순우리말 상호로 짓는 경우도 있다. 상호는 문자로 표시되고 발음될 수 있어야 하고, 외국문자로 된 경우 그 발음을 한자 또는 한글로 표시하는 경우 등기할 수 있다.

(1) 외국어 상호

외국어로 된 외국문자 상호를 말하며, 주로 영문과 한글을 병용하여 표기한다. 업종(업체)에 따라서는 프랑스어나 독일어, 스페인어, 일본어 등을 이용하는 경우도 있는데, 각 언어 분야에 어느 정도 능통한 사람이 언어를 선택해야 할 필요가 있다. 외국어의 뜻이 업종(업체)과 맞아야 하며, 일반인들이 외국어의 뜻을 상세히 모르더라도 발음상 이미지가 좋아야 한다. 요즘에는 우리말 상호처럼 들리면서도 외국어 상호가 되는 이름을 선호하는 경향이 많다. 또한, 일본 초밥 전문점 '스시로', '스시아라', '스시인스시' 등 '스시'라는 단어는 일본어이지만, 우리나라 사람들도 그 뜻을 익히 알고 대중적으로 사용하고 있는 단어들을 상호에 그대로 사용하는 경우도 많다.

* 뚜레쥬르(Tous Les Jours): '매일매일'을 의미하는 프랑스어로 매일매일 신선한 빵을 제공하겠다는 의미가 담겨 있다.
* 파리바게트(Paris baguette): 바게트빵으로 유명한 파리를 연상시켜 전문적인 제빵업체임을 알리는 의미가 있다.
* 브레댄코(bread&co.DAILY-NEW): 빵과 coffee가 매일 새롭게 만들어진다는 뜻을 가지고 있는 제과 브랜드이다.
* 보시엘드파리(BEAU CIEL DE PARIS): 아름다운 하늘이라는 뜻의 프랑스어로 대중에게 개방된 공간을 구현한다는 의미를 담고 있는 제과점 브랜드이다.
* 라비두스(LA VIE DOUCE): 프랑스어로 달콤한 인생이라는 뜻을 가진 초콜릿 전문 브랜드이다.

(2) 한자(한문) 상호

너무 지나치게 어려운 한자가 아닌 것이 좋고, 음감(音感)이 좋은 이름으로 작명을 해야 한다. 또한, 상호로 들어간 각 글자의 뜻이 좋아야 하며, 너무 외우기 어려운 이름은 피하는 것이 좋다. 예를 들어 2000년 삼성물산이 만든 아파트 전문 브랜드 '래미안'의 경우 한자로 '來美安'이라 하며, '미래지향적이며(來), 아름답고(美),

편안한(安) 아파트'라는 의미를 브랜드명으로 사용하였다. 또 빙수 디저트 카페 브랜드인 '설빙(雪氷)'의 경우 주상품인 빙수를 표현하는 글자로 된 상호이고, 상호만 들어도 판매하는 제품을 알 수 있는 이름으로, 그 특성을 잘 나타낸 상호라고 할 수 있다.

(3) 우리말 상호

신세대에 잘 어울리는 이름으로, 순우리말이 가진 뜻과 발음 등을 고려해 신선한 느낌을 줄 수 있는 장점이 있다. '하나은행', '우리은행'이나 '한솔제지' 등의 우리말 이름은 뜻도 전달되면서 어감도 좋은 이름이다. '푸르지오'처럼 외래어 비슷하게 들리면서도 우리말인 이름을 짓는 것도 요즘에 많이 나타나는 현상이다.

* '시루': 퓨전 떡 카페, 시루는 떡을 찌는 질그릇
* '질경이': 개량 한복 전문점, 질경이는 우리나라 잡초의 이름
* '윤슬': 개량 한복 전문점, 햇빛이나 달빛을 받아 반짝이는 잔물결
* '달보드레': 음료 카페, 달달하고 부드럽다는 뜻
* '시나브로': 한식 전문점, 카페, 모르는 사이에 조금씩이라는 뜻
* '안다미로': 한식 전문점, '그릇에 넘치도록 많이'라는 뜻
* '너나들이': 캠핑장, 펜션, 서로 너나 하며 터놓고 편하게 부르는 사이라는 뜻

5) 상호를 지을 때 고려할 사항

(1) 사업체의 규모를 살핀다

사업체의 종업원이 어느 정도인지, 혼자서도 운영할 수 있는 자영업체인지를 먼저 판단한다. 업체가 개인 단위나 소수의 종업원으로 운영되는 업체라면 사업체의 대표가 모든 사항을 결정하며 판단하기 때문에 대표의 영향력이 크다고 할 수 있다. 이럴 경우에는 사업체 대표의 사주를 분석하여, 선택한 업종과 대표의 사주와 상호가 조화를 잘 이룰 수 있도록 상호를 구성해야 한다.

만일 100명 이상의 종업원이 필요한 업체라면 여러 사람에 의해 업체가 유지되

므로 그만큼 사업체 대표의 영향력은 줄어든다. 따라서 회사명이나 상호를 지을 때 일반적이며 전체적인 함축성을 지닌 이미지를 만들어야 성공한다. 큰 규모의 사업체일수록 대표 한 사람의 사주가 영향을 미친다고 보기 어려우나, 삼성의 이건희 하는 식으로 기업 이미지와 오너가 바로 연결되는 경우에는, 대표의 사주가 영향을 미친다고 볼 수 있다.

(2) 업체의 특성을 고려한다

일반 제조업체인 경우에는 대표의 사주와 업종의 특성을 고려하여 상호를 짓는다. 상호의 영향이 가장 많이 미치는 분야는 서비스 등의 유통 분야이다. 회사명이나 상호는 많은 사람의 입에서 입으로 번지는 특성이 있으므로 제조업체보다는 서비스 분야가 상호의 영향을 더 많이 받는다고 볼 수 있다.

유통업, 서비스업, 음식이나 식료품을 다루는 업종은 업종의 특성을 나타내는 오행(수산물, 음료수 등은 水오행)도 함께 고려해보아야 한다. 업종의 특성을 나타내는 오행과 그 이름과 서로 잘 상생, 보완하는 관계가 되어야 할 것이다.

예를 들어 '삼성'의 경우 발음오행으로는 '金金'에 해당하는데, 金에 해당하는 전자제품 등 첨단산업, 쇠의 기운을 가진 업종과 잘 맞는 이름으로 볼 수 있다. '현대'의 경우 발음오행은 土火로 흙(土)의 기운인 토건, 건설업과 자동차(火) 산업 등과 잘 맞는 이름으로 볼 수 있다.

(3) 대표의 사주와 상생이 되어야 한다

사업체 대표의 사주와 상생이 잘 되는 상호가 좋은 상호이다. 상생의 원리에 의해 회사명이나 상호를 지으면 대인관계나 비즈니스가 원만하게 잘 이루어지고 자금이 잘 흘러 사업이 크게 발전할 수 있는 좋은 운을 기대할 수 있기 때문이다.

(4) 발음상 좋은 이미지가 연상되어야 한다

상호의 뜻도 중요하지만, 무엇보다 중요한 것은 발음상 나쁜 이미지가 연상되지 않아야 하고 한번 들어도 기억될 수 있는 쉬운 발음이어야 한다.

회사의 지명이나 사람의 실명 등은 너무 일반적인 의미이므로 업체의 특성과 이미지를 잘 대표하지 못할 수 있으므로 사용에 주의해야 한다.

(5) 외국어 사용 시에도 발음에 주의한다

외국어를 사용할 때에도 발음되는 오행을 살펴 좋은 배합으로 구성해야 하고, 무엇보다 일반인들에게 쉽게 다가갈 수 있는 단어를 선택해야 한다. 뜻도 의미도 애매한 단어를 선택하면 의미전달이 제대로 되지도 않고 여기다 발음까지 어렵다면 역효과만 생길 것이다. 또한, 외국어라 하더라도 한글 발음상으로 부정적인 이미지가 떠오르는 경우에는 좋은 상호가 되지 못한다.

(6) 흔한 회사명이나 상호는 피한다

너무 흔한 회사명이나 상호는 피하는 것이 좋다. 상호가 중복되거나 일반적이어서 특별한 이미지를 심어줄 수 없고, 다른 회사와 차별화되기 어렵기 때문이다.

또한, 다른 사람이 하던 사업을 인수하는 경우에는, 회사명이나 상호를 그대로 사용하지 말고 자신의 특성과 지향하는 이미지를 살려, 새로운 회사명이나 상호를 짓는 것이 좋다.

3. 순 한글 이름

한글 이름 하면 가장 대표적으로 떠오르는 이름이 '금난새'라는 이름이다. 지휘자 금난새의 아들과 딸의 이름도 화제가 되고 있는데, 금난새는 자신의 이름에 대해 "하늘을 나는 새"라는 뜻이라고 밝히고 우리나라 최초 한글 이름이라고 말했다. 이어 아버지 금수현 씨가 5형제의 이름을 'ㄴ' 돌림자로 써 나라, 난새, 내리, 누리, 노상으로 지었다고 설명했다.

금난새는 "우리가 2대니까 자식 세대에는 'ㄷ' 돌림자로 지어서 이름의 첫 자음만 보면 몇 대인 줄 금방 알게 만들었다"라고 밝혔다. 금난새는 "아들 이름은 '금다다', 딸 이름은 '금다냐'로 지으려 했다"라면서 "출생 30분 전 떠오른 이름으로, 딸이 나오면 '아들이면 다냐?' 해서 '다냐'로, 아들이 나오면 '아들이면 다다!'라고 해서 '다다'로 지으려 했다"라고 말했다.[43] 금난새의 두 아들 이름은 '금다다', '금드무니'이다.

차범근도 자녀의 이름을 한글 이름으로 지은 경우인데, 첫째 딸은 '차하나', 둘째 아들은 '차두리', 셋째 아들은 '차세찌'이다.

1) 한글 이름의 의의

한글 이름은 무엇보다 아름다운 한글의 우수성을 느낄 수 있다는 점이 가장 큰 의의라 할 수 있다. 순우리말을 사용한 이름은 순수한 우리 민족의 정서를 담고 있어서 친근함이 느껴진다.

특히 성씨와 잘 어울리게 지어진 한글 이름은 발음이 부드럽고 아름다우며 한글로 된 이름의 글자체가 고와서 예쁘고 좋은 이미지를 가진 이름이 된다.

예를 들면 강버들, 고운님, 민들레, 박꽃별, 배꽃송이, 연보라, 온누리, 이슬, 정다와, 한결, 한송이, 황새나래 등으로 한글학회에서 펴낸 『우리 토박이말 사전』이나 김정섭의 『아름다운 우리말 찾아 쓰기 사전』 등을 참고하면 고운 한글 이름을 짓는 데 도움이 될 것이다.

2) 한글 이름의 문제점

한자(漢字)는 표의문자로 뜻을 전달하는 문자이다. 반면에 한글은 표음문자로 말의 소리를 기호로 나타낸 글자이므로, 뜻을 전달하기에 부족함이 있다.

물론 한글 이름에도 연상되는 이미지가 있고 뜻이 포함되기도 하지만, 같은 이름의 경우 구별되지 못하는 단점이 있다. 한자 이름의 경우 같은 발음이 되는 이름이라도 여러 가지 한자를 동원해 다양한 뜻을 가진 이름을 만들어낼 수 있다.

---

43) MBC <무릎팍도사> 출연 내용, 2010. 5. 20.

또한, 한글 이름은 한자 이름에 비해 가벼워 보인다거나 아이들한테는 적합하지만 어른에게는 어울리지 않는다는 평을 받기 쉽다.

한글 이름의 경우 두 글자 이름을 벗어나 이름의 글자 수를 세 글자나 네 글자로 늘리는 등 여러 유형의 이름이 있다. 그러나 대법원에서는 업무 불편을 이유로 '이름의 기재 글자와 관련된 호적사무처리지침(1993. 2. 25)'에서 이름이 다섯 글자를 넘지 않도록 하고 있다. 너무 긴 이름은 부르기 힘들 뿐 아니라 전산화나 출석부 작성 등에 많은 불편을 가져오기 때문이다.

아직은 대다수의 사람들이 전통적인 한자 이름을 사용하고 있으므로, 한글 이름을 지을 때는 한자 이름들 속에서 사용되는 것에 있어 불편함을 느끼지 않도록 고려해야 한다.

3) 한글 이름과 성명학의 적용

(1) 음양

한글 이름에서 음양을 볼 때는 한자의 경우처럼 획수를 세어서 음양을 구분하는 방식보다는, 이름자 자체의 뜻과 이미지를 통해 음양을 구분하는 것이 좋다. 예를 들어 '태양', '찬돌', '샘바위' 등의 이름은 양(陽)의 기운이 느껴진다고 할 수 있고, 상대적으로 '버들', '꽃별'과 같은 이름은 여성스럽고 음(陰)의 기운이 느껴진다고 구분할 수 있다. 이름과 그 이름을 사용하는 사람과의 음양의 조화도 중요하므로, 남자에게는 양(陽)의 기운이 느껴지는 이름을, 여자에게는 음(陰)의 기운이 느껴지는 이름을 주는 것이 음양의 조화를 이루었다고 할 수 있다.

그러나 이름에서 음양의 구분이 쉽지 않은 중성적인 이름인 경우, 한글의 모음에서 음양을 구분해 볼 수 있었으므로, 모음의 조합이 음양의 균형을 이루었는지는 살펴볼 수 있다.

(2) 오행

한글은 소리글자이기 때문에 한글 이름은 발음오행을 가지고 있다. 한글 이름에서 발음오행을 구분해 보고 한글 이름이 가진 오행으로 이름의 길흉을 판단해보는 방법은 유효하다. 다만 한글 이름에서 오행을 판단하는 방법에서는 작명가 간에 견해 차이를 보인다.

① 한자식 작명이론에서와 같이 한글 이름의 발음오행을 구분하고 판단한다.

한자식 작명이론에서와 같이 이름글자의 각 발음오행을 구분하고, 사주에 필요한 오행인지 판단하고, 그 오행 구조가 서로 상생하는 관계인지를 판단한다.

② 한글 이름의 발음오행을 구분하여 판단하되, 이름 첫 글자의 오행만을 가지고 판단한다.

한글 이름에서는 아무리 긴 이름이라고 해도 첫 글자의 소리가 핵을 이루기 때문이다. 성씨를 제외하고 이름 첫 글자만 가지고 발음오행이 'ㄱ'이면 木이고, 'ㄴ'이면 火에 해당하는 식으로 오행을 구별하고, 이 오행이 사주에서 필요한 오행이면 좋은 이름에 해당한다고 판단한다.

③ 한글 이름의 뜻이 가진 오행을 판단한다.

이름이 가진 뜻을 보아 그 뜻에 맞게 오행을 구분한다. 예를 들어 이름이 '버들'이면 木오행에 해당하고, '빛나라'는 火에 속하고, '찬돌'이라면 金에 해당한다는 식이다.

④ 한글 이름의 경우에는 성명 글자의 오행을 따져 상생과 상극을 문제 삼을 필요가 없다.

(3) 수리오행(81수리) 이론

수리사격(81수리) 이론은 한자 이름의 구성방식에서 나온 이론으로, 한글 이름에 적용하는 것에는 무리가 따른다. 일부 성명학자의 경우, 한글 이름도 글자가 쓰이는 획수를 세어서 음양오행을 적용한다는 관점에서 수리사격을 구성하고 81수리를 적용한다는 주장도 있으나 소수의 사용이고 그 적용에 있어 연구, 검증이 필요할 것으로 보인다.

4) 한글 이름의 작명 방법

(1) 좋은 뜻이 담겨 있고 밝은 소리가 나는 순우리말을 적극 활용한다.

(2) 이름자가 두 글자를 벗어나는 것은 좋으나 다섯 글자 이상의 너무 긴 이름은 피한다.

(3) 성씨와 이름자가 어울려 한 이름처럼 구성되면 좋다. 이때 성씨를 빼고 이름만 발음하여도 무리가 없어야 한다.

(4) 성인이 되어서 사용하여도 어울릴 수 있는 이름, 어떤 직업을 가지고 있더라도 어색하지 않을 이름이어야 한다.

(5) 한자 이름을 지을 때 사용하는 작명이론에 얽매일 필요는 없다.

5) 한글 이름의 예

(1) 금난새, 금내리, 금노리, 금노상, 이따사롬, 이슬기롬, 김나래, 김나리, 한이랑, 한사랑, 권시내, 권한솔, 유한별, 이사랑, 금초슬, 채별바래, 김가람, 정시내, 이하얀, 진달래, 고그리나, 유아름, 허단비, 허봄비, 허꽃비, 옥찬돌, 채운들, 박꽃바위, 박샘바위, 한바다, 한마음, 정빛나 등: 서울대 <고운 이름 자랑하기 대회> 수상작

(2) 손모아, 김별다미, 김해마루, 송빛다운, 정샘터, 김한솔, 김슬기로, 오다함, 오다해, 조든든, 최소슬, 정되난들, 정샘이찬, 홍해내리, 이새롬, 이푸름, 이맑음, 김고운, 김하늘, 최샘이나, 정가득, 이피어나, 강미덥, 배꽃하얀, 배잎푸른, 배한여름 등: 한글학회 <한글 이름 한마당 대회> 수상작

(3) 해울, 슬아, 하랑, 대솔, 다예, 초롱, 누리큰빛, 솔이, 별보미, 별보라, 너나울, 해듬, 애솔, 늘휘, 솔빛나래, 보늬, 하늬, 무늬: 연세대 <한글 물결 한글 이름 온누리에 대회> 수상작

4. 영어 이름

영어의 필요성이 증가하면서 영어 이름을 쓰는 사례가 부쩍 늘고 있다. 조기교육의 열풍으로 영어회화 교육을 받는 어린이들이 하나씩 자신의 영어 이름을 가지고 있기도 하고, 일반인의 경우에도 인터넷 아이디나 이메일 주소 등 영어로 된 이름을 사용하게 된다.

또한, 업무상 외국인과 접하는 일이 많은 직장인들은 원활한 대인관계 및 업무 처리를 위해 영어 이름을 쓰고 있으며, LG전자 구자홍 부회장은 'John', SK 최태원 회장은 'Anthony' 등 주요 기업의 경영진도 영어 이름을 가진 경우가 많다.

많은 사람들이 손쉽게 생각하는 영어 이름을 짓는 방법은 한국 이름을 발음 그대로 알파벳으로 표기하는 것이다. 하지만 이 경우 외국인이 제대로 발음하지 못하거나 기억하기 어렵다는 단점이 있고 영어로 하면 우스꽝스럽거나 황당한 의미와 연결되는 문제점이 생긴다.

'석규'나 '순범' 같은 이름의 경우, '석규'는 발음 그대로 영어로 옮기면 입에 담기 민망한 욕을 연상시키게 된다. '석'이 '핥다'라는 뜻을 가진 영어단어 'suck'과 발음이 비슷하기 때문이다. 또 '순범'이라는 이름의 범은 영어로 bum이 되는데 속어로 건달이라는 뜻이 있다. '순범'을 'Soon Bum'으로 표기하면 '곧 건달이 된다'라는 의미로 이해할 가능성이 크게 된다.

이처럼 소리 나는 데로 영어로 옮길 경우 좋지 않은 의미로 오인될 소지가 있다면 새롭게 영어 이름을 짓는 것이 좋겠다.

1) 영어 이름 작명 방법

(1) 자신의 이름과 유사하게 발음되는 이름을 사용한다

자신의 이름과 발음이 유사한 영어 이름을 연관 지어서 짓는 방법이다. '강예나'는 '애나 강(Anna Kang)', '김영미'는 '에이미 김(Amy Kim)' 등으로 짓는 것이다.

하지만 단순히 비슷한 발음이나 어감이 좋다는 이유로 이름을 짓다 보면 성별 구분이 잘 안 되는 경우가 생길 수 있으니 주의해야 한다. 우리가 여자 이름으로 주로 쓰는 '유리(Yuri)'나 '유진(Eugene)'은 서양에서는 남자 이름이기 때문이다.

(2) 외국의 유명인 이름을 그대로 본떠 사용한다

영어 이름을 짓는 또 다른 방법으로는 인기 있는 외국 배우나 유명인사, 영화나 소설의 주인공 이름을 그대로 본떠 사용하는 것이다. 그들의 이름을 통해 사람들에게 잘 알려진 특정 이미지를 활용하는 장점이 있다.

'재클린(Jacqueline)' 또는 '재키(Jackie)'에서 미국 대통령 케네디의 부인이었던 재클린 케네디 오아시스의 세련됨과 부유함, 우아한 분위기를 떠올리거나, '엘튼(Elton)', '엘비스(Elvis)'에서 가수, 혹은 유쾌한 분위기를 떠올리게 되는 경우이다.

(3) 영어 이름의 어원을 살펴 자신의 특징을 나타내는 이름을 사용한다

영어 이름의 어원과 분위기를 알아보고 자신의 가치관 또는 인생관을 나타내거나 자신의 특징을 잘 표현해주는 이름을 고르는 방법이다. 영어 이름은 각기 독특한 어원이나 유래가 있다. 이것을 잘 파악하여 자신에게 잘 어울리는 이름을 선택하는 것이 좋다.

여자 이름인 '앤젤라(Angela)'는 '천사, 신의 메신저'라는 그리스어 어원을 가지고 있으며 다정하고 기품 있는 여성을 연상시킨다. 또 가장 인기 있는 이름 중에 하나로 손꼽히는 '에밀리(Emily)'는 '근면한'이라는 어원을 가지고 있어 지적이면서도 사랑스러운 매력을 가진 여자라는 느낌을 준다.

남자 이름의 경우, '잭(Jack)'은 '사나이 중 사나이'라는 의미로 영국과 호주 등지에서는 인기 있는 신생아 이름으로 손꼽히고 있다. '앤드루(Andrew)'나 그 애칭 '앤디(Andy)'는 '강하고 남자다운, 용감한'이란 의미이고, '에릭(Eric)'은 '강력한 통치자, 남성'의 어원을 가지고 있다.

(4) 피해야 할 영어 이름

우리에게 익숙한 영어 이름이지만 실제로는 부정적인 속뜻을 가진 경우도 있다.

대표적인 예가 '클로드(Claude)'로 영어권 나라에서는 조금은 바보 같다는 느낌을 주는 이름이다.

'알렉산더(Alexander)'는 '인류의 협력자'라는 의미로 애칭인 '알렉(Alec)'은 지적인 부유층의 느낌을 주지만 다소 건달 같은 이미지도 가지고 있다.

'롤리타(Lolita)'는 미국 작가 나보코프의 장편 소설에 등장하는 인물인 롤리타의 '성적으로 조숙하고 난잡하거나 행실이 바르지 못한' 이미지와 중첩된다.

'베시(Bessie)'나 '키키(Kiki)', '퀴니(Queenie)'는 동물에게 어울리는 분위기의 이름들이고, '딕(Dick)'은 남성의 특정 부위를 지칭하는 비어로 쓰이기도 한다.

(5) 최근에 유행하는 영어 이름을 선택해야 한다

영어 이름을 지을 때 참고해야 할 것으로, 영어 이름도 유행을 탄다는 것이다. 유행에 뒤처진 이름은 아무래도 촌스러운 느낌을 준다. 예를 들어 '메리(Mary)', '존(John)', '진(Jean)' 등은 1900년대에 가장 인기 있던 신생아 이름으로 지금은 나이 든 사람들이 주로 사용하고 있다. 우리식으로 하면 '순자', '영자'에 가까운 셈이므로 피하는 것이 좋다.

2010년 5월의 한 외신에 따르면, 영화 <트와일라잇> 시리즈의 인기로 배우들의 극중 이름이 나란히 '가장 인기 있는 신생아 이름'으로 낙점됐다고 보도했다. 외신에 따르면 영화 <트와일라잇> 시리즈 여주인공 크리스틴 스튜어트와 남자배우 테일러 로트너의 극중 이름인 '이사벨라(벨라)'와 '제이콥'이 각각 여아 남아 가장 인기 있는 신생아 이름으로 꼽혔다.

하지만 이 같은 결과는 꼭 영화 <트와일라잇> 때문이라고 볼 수는 없다. '제이콥'의 경우 지난 11년간 가장 인기 있는 남아 이름이었으며 '이사벨라'의 경우 2005년 이후 꾸준히 높은 순위를 차지했었다. 가장 인기 있는 여아 이름 톱 5위 안에는 이사벨라에 이어 엠마, 올리비아, 소피아, 아바가 차지했다. 남아의 경우 제이콥에 이어 에단, 마이클, 알렉산더, 윌리엄이 나란히 올랐다. 한편 영화 <트와일라잇>과 <뉴문>의 주인공 로버트 패틴슨의 극중 이름 '에드워드'는 신생아 이름 137위를 차지했다.

영어 이름의 의미나 유래, 연도별 외국의 유행 이름을 알고 싶으면 베이비네임 즈닷컴(www.babynames.com)이나 비하인드더네임(www.behindthename.com) 등의 사이트에 들어가서 알아보는 것도 좋은 방법이다.

(6) 영어 이름을 지을 때 몇 번씩 반복 발음해보아 친근한 발음으로 짧게 짓는다

(7) 특정 도시 이름이나 지명은 피한다

(8) 영어 이름에는 종교적인 성격이나 전통적인 요소가 있으므로 이를 고려한다

(9) 귀여운 이름일 경우 어른이 된 후의 사용도 고려한다

2) 영어권 국가에서 인기 있는 이름

<남자 이름>

남자 이름	어원적 의미	이미지
Anthony	매우 귀중한	키가 크고 피부가 검은 이탈리아 남자, 똑똑하고 강인함
Benjamin	가장 믿을 수 있는 아들	건장하지만 귀여운 남성, 영리하고 창의력이 뛰어남
Daniel	하느님은 나의 심판자	용감, 친절하며 다정함, 낙천적 보이스카우트의 이미지
Ethan	단단한, 강한	강한 남성
Joseph	그가 증축시킬 것이다	창조적, 이해심이 많고 예의 바름, 조용함, 강인함
Joshua	여호와가 구원하시다	수줍음, 총명함, 돈독한 신앙심
Matthew	하느님의 선물	외향적인 성격의 젊은 개인주의자, 말썽꾸러기
Michael	신과 같은	잘 생기고 명랑함, 영리하고 성실함
Oliver	올리브 나무	친절하고 자애로움, 장난꾸러기 소년이자 공붓벌레
Ryan	어린 왕	강한 지도력을 갖춘 활기 있는 사람
Samuel	신에게 부름 받은	강인하고 유능하지만, 내성적인 사람
Thomas	쌍둥이	지적이며 침착함, 재치 있는 고학력자
William	단호한, 보호자	성공한 전문직 종사자, 지적이지만 다소 지루함

<여자 이름>

여자 이름	어원적 의미	이미지
Ashley	물푸레나무, 초원	수줍음이 많고 예술적 취향이 있는 건전한 가치관의 소유자
Charlotte	작고 여성스러운	통통한 미국 남부 여성, 어머니의 느낌
Chloe	어린 잔디	조용하고 민감함, 부유한 귀족 여성
Ellie	꼬마 요정	Ella의 애칭, 다정하고 귀여움
Elizabeth	신의 맹세, 신의 숭배자	당당한 미인, 어리광이 있지만, 예의 바름
Emma	보편적인	Emily의 애칭, 가정적이며 신뢰를 주는 인물
Isabella	신에게 바친	태평스러우면서도 정열적인 미인
Jessica	부유한	제멋대로이지만 다정하고 인기 많은 미인, 강한 선구자
Katie	청순한	Catherine의 애칭, 순수하고 친절한 어머니
Lucy	빛, 빛을 가져오는 자	쾌활하고 익살맞은 빨간 머리의 여성
Madison	좋은	성공한 여성 사업가, 화려하고 부유한 도시 여성의 분위기
Samantha	주의 깊게 듣는 사람	생기가 넘치는 매혹적 미인
Sarah	공주	작은 키의 친절한 곱슬머리 소녀
Sophie	영특한 지혜	수다쟁이, 체격 좋은 구식 흑인 여성

3) 영어 이름과 성명학 적용

영어 이름은 발음하기 쉽고, 뜻과 이미지가 좋고, 사용하는 사람과 어울리는 이름이면 좋은 이름이라고 볼 수 있다.

영어 이름을 짓는 데 성명학의 작명이론을 적용하기는 어렵고 그 근거도 미약하다. 그러나 영어 이름에서도 오행의 원리를 적용해야 한다고 보는 학자도 있다.

순 한글 이름과 영어 이름을 거의 같은 원리로 분석하는데, 소리 나는 발음에는 木火土金水 오행이 분류되므로 사주상 필요한 오행에 해당하거나 오행의 구조가 상생 구조이면 좋은 이름이 된다는 주장이다.

영어의 발음도 한글의 발음과 같이 그 소리로 오행을 구분하여, 이름자 속에서 오행의 상생상극 구조를 따져볼 수 있고, 이름자 내에서 또는 이름자 간에 오행의 구성이 상생 구조일 경우 길하고 좋은 이름으로 판단한다.

참고로 영어 알파벳의 발음오행을 살펴보면 다음과 같다.

<영어 알파벳의 발음오행 분류>

오행	한글	영어
木	ㄱ, ㅋ	C, G, K, Q
火	ㄴ, ㄷ, ㄹ, ㅌ	D, L, N, R, T
土	ㅇ, ㅎ	A, E, H, F, I, O, U, W, X, Y
金	ㅅ, ㅈ, ㅊ	C, G, J, S, X, Z, CH
水	ㅁ, ㅂ, ㅍ	B, F, M, P, V

예를 들어, 벤저민(Benjamin)이라는 이름이라면, Benjamin의 B, J, M(벤, 저, 민)을 오행으로 살펴보면 水, 金, 水에 해당한다. 水와 金은 상생 관계이므로 이름의 오행 구성이 길한 구성으로 되어 있어 좋은 이름이라 할 수 있다. 이처럼 알파벳의 발음에 해당하는 오행으로 영어 이름의 길흉을 판단해보는 것이다.

그러나 영어 발음이 한글 발음과 정확히 일치하지 않는 경우 등 오행 분류가 확실치 않은 경우도 있을 수 있으므로 영어 발음의 오행 분류와 적용에는 주의가 필요하다.

12장

개명(改名)

1. 개명(改名)

1) 개명(改名)

개명의 경우 과거에는 특별한 사유가 있지 않은 이상 법원에서 개명 허가를 잘 내주지 않았으나 2005년 11월 23일 대법원 판례에서 개명을 원하는 것도 국민의 기본권에 해당하기 때문에 당사자가 개명을 적극적으로 원하는 경우 개명을 허가 하라고 하급법원에 사건을 송치한 경우가 있다. 이와 같은 대법원의 판례로 인해 개명하기가 한층 쉬워져서 누구나 자기가 갖고 싶은 이름이 있다면 자유롭게 개명 할 수 있게 되었다.

2015년 대법원에 따르면 개명신청을 위해 법원을 찾는 사람이 매년 16만 명에 이르고 하루 평균 430여 명에 달한다고 한다.

1990년대는 1만여 명, 2000년대 초까지만 해도 5만 명이 채 안 되었던 개명신 청이 2005년 11월 대법원에서 개명을 폭넓게 허용해야 한다는 취지의 판결을 내 놓으면서부터 급격히 증가하였다.

대법원은 당시 범죄를 은폐하거나 법령상 제한을 피하려는 불순한 의도가 아니라 면 원칙적으로 개명을 허용해야 한다고 판결했다. 이후 개명신청이 크게 늘었다.

2005년 한 해 7만 2천833건이 접수됐던 개명신청은 이듬해 10만 9천567건을 기록했고, 2007년 12만 6천364건, 2008년 14만 6천773건, 2009년 17만 4천902건 으로 해마다 신청자가 몰렸다.

2010년에도 16만 5천924건, 2011년 16만 777건, 2012년 15만 8천960건, 2013년 16만 2천867건을 기록했고, 2014년에도 15만 7천965건으로 해마다 이름을 바꾸려는 사람이 16만여 명에 달하고 있다. 2015년 상반기에도 8만 1천540명이 이름을 바꿔 달라고 신청했다.

개명 허가율도 1990년대만 해도 70% 안팎에 불과했지만 2005년 대법원 판례 이후 꾸준히 증가해 2015년에는 신청자의 95%가량이 새로운 이름을 얻고 있다.

2002년부터 2014년까지 13년간 2차례 이상 개명한 사람도 1만 6천577명이나 됐다. 2차례 이상 개명한 사람은 10대 이하가 4천424명으로 가장 많았다. 이어 30대가 3천513명, 20대가 3천439명이었다. 90대 이상도 1명이 있었고 80대는 5명, 70대는 68명이었다.

개명신청은 남자보다 여자가, 또 나이가 많은 사람보다 젊은 사람들이 더 많은 개명을 하고 있다. 개명을 원하는 남녀의 성비를 보면 남성이 32%, 여성이 68%로 여성이 남성의 2배를 넘는다고 한다. 또한, 개명을 원하는 연령별 비율은 어린이 (취학 전)가 22%, 초등생이 15%, 중고교생이 8%, 대학생층(결혼 전)이 30%, 결혼한 성인이 25%가 된다고 한다.

개명할 때 선호하는 이름으로는 남자는 민준이 가장 인기가 많았고 그다음 현우, 정우, 서준, 도현 순으로 인기가 많았고, 여자는 수연이 가장 인기 많았고, 이어 지원, 서연, 서영, 서윤 순으로 나타났다.[44]

2) 개명 전 참고사항

① 개명은 신중히 결정해야 한다. 이름을 바꾸면 자신이 가지고 있던 모든 이미지마저 바뀌게 된다. 또한, 법적인 이름 사용도 모두 달라지게 되므로 분명한 개명 사유를 가지고 신중하게 결정해야 한다.

② 개명은 반드시 법원의 판결로 허가한다. 호적법상 모든 행정 절차에 따라 개명된 이름으로 효력은 발생한다. 사용하는 통장, 자격증, 신분증 등 공적인

---

44) 연합뉴스, '개명 허용 확대 10년…… 매일 430명 이름 바꾸겠다……', 2015. 8. 16일 자 참고.

모든 서류를 바꿔야 하는 번거로움을 감수해야 한다.

③ 개명 허가 여부는 판사의 판단이므로 개명신청이 모두 받아들여진다는 보장은 없다. 비슷한 사례인데도 어느 법원에서는 허가가 나고 어느 법원에서는 허가가 나지 않는 경우도 있다.

④ 초, 중, 고생 이하 유아, 어린이에 대한 개명 허가율은 높은 편이나 성인들의 경우 다소 허가율이 낮은 편이다.

3) 개명 사유

개명하려는 이유 중 가장 큰 부분을 차지하는 것은 놀림감이 되는 이름이기 때문이다. '말녀'라는 이름을 가진 여성이 놀림감이 되는 이름이라는 이유와, 실제로는 '민경'이라는 이름을 쓰고 있다는 이유를 들어 개명신청을 하였고 법원에서 받아들여졌다.

문동이, 박아지, 조총연, 강도년, 김치국, 망아지처럼 이름이 놀림의 대상이 되거나 실제 부르는 이름과 달라 개명하려는 사람부터 출생신고서에 이름이 잘못 기재됐거나, 강호순처럼 흉악범과 이름이 같아 개명하려는 사례도 있었다. 이름의 의미가 좋지 않다거나 발음이 힘든 경우, 한글 이름을 한자로 바꾸려는 사례도 있었다.

개명하려는 여러 가지 이유들을 정리해보면 다음과 같다.

- 한자가 잘못 기재되어 이름이 다르게 된 경우
- 실제 사용하고 있는 이름과 호적상의 이름이 다른 경우
- 놀림감이 되거나 사회 활동에 불리한 영향을 주는 경우
- 남자가 여자 이름이거나 여자가 남자 이름이라서 성별이 혼동되는 경우
- 대한민국에 귀화한 외국인이 한국 이름을 사용하고자 하는 경우
- 촌스럽거나 천박한 이름을 가진 경우
- 발음이 불편하거나 한자가 너무 어렵거나 혼동되는 이름
- 범법자나 사회적 인식이 좋지 않은 이름(신창원, 장영자 등)

- 성과 이름이 조화를 못 이룬 경우(여인숙, 고리라, 주길례, 조진녀 등)

- 친척 중에 동명이인이 있는 경우

- 한자 이름을 한글로 바꾸거나, 한글 이름을 한자 이름으로 바꾸려는 경우

4) 개명허가신청서에 명시된 신청 이유

개명허가신청서에 신청 이유들이 제시되어 있고 이 중 해당하는 항목에 체크하고 소명자료를 첨부하도록 하고 있다.

- 성명학적 의미가 좋지 않음
- 가족관계등록부상 이름과 실제 사용하는 이름이 상이함
- 이름을 부르기 힘들고, 잘못 부르기 쉬움
- 어감이 유치하거나 수치감을 느끼게 함
- 성별에 적합하지 아니함
- 성명이 악명 높은 사람의 이름과 같거나 비슷함
- 한글 이름을 한자 이름으로 바꾸고자 함
- 한자 이름을 한글 이름으로 바꾸고자 함
- 외국식 이름을 한국식 이름으로 바꾸고자 함
- 친족 중 이름이 같은 사람이 있음
- 족보상의 항렬자로 이름을 바꾸려 함
- 기타사항(구체적 기재)

2. 개명 절차

1) 개명 허가 신청

- 개명 신청자의 주소지 관할 가정법원에 개명 허가를 신청한다.

- 개명 허가에 관한 판단은 서류 심사를 통해 법원에서 판단한다.
- 개명 허가 신청 시 구비 서류

  개명허가신청서(가정법원 비치)

  기본증명서, 가족관계증명서, 주민등록등본, 소명자료(개명소견서 등)
- 개명허가신청서와 첨부 서류를 준비하여, 인지, 송달료를 납부한 후 개명접수 창구에 접수한다.
- 개명 대상자가 20세 미만의 미성년자일 경우 부모가 법정 대리인이 되어 신청할 수 있다.
- 판결 결과 통보

  제출된 서류를 법관이 서류 심사하여 개명 여부를 판단하는데 보통의 경우 30일 이내에서 길게는 4개월 정도 소요되며, 등기로 결과가 통지된다.

2) 개명 허가

① 결정문에 '허가한다'라고 판결문이 송달되면 허가됨 - 허가 신고
② 법원의 개명 허가 결정문을 받은 후 1개월 이내에 결정문 원본을 가지고 개명 당사자 등록기준지 또는 주소지의 시, 구청, 읍, 면사무소에 방문하여 개명신고서를 작성, 제출하면 가족관계부가 정리된다.
③ 허가 결정문을 송부받은 날로부터 1개월 이내에 신고하지 않으면 과태료가 부가된다.
④ 개명신고서가 접수되면 주민등록등본은 행정망을 통하여 자동으로 변경된다.
⑤ 개명된 새 기본증명서나 새 주민등록초본을 발급받아 주소지 읍, 면, 동사무소에 제출해 주민등록표의 기재 내용을 변경하고, 주민등록증, 면허증, 의료보험 등 각종 증명서를 재발급받으면 모든 절차가 완료된다.
⑥ 개명 후에 졸업장, 자격증, 예금통장, 등기문서 같은 것들을 새 이름으로 정리하고 싶으면 이름이 새로 고쳐졌음을 알 수 있는 새 주민등록초본을 가지고 발행관청에 가서 신고하면 된다.

3) 개명 기각

① 결정문에 '기각한다'라고 기재 - 개명 불허
② 기각 후 1개월 이내에 항고할 수 있다.
③ 주소를 변경하고 다른 관할 법원에 재신청할 수 있다.
④ 동일 법원이라도 개명 소명자료를 보완하면 재신청할 수 있다.

3. 개명의 효과

개명을 한 후 스스로 만족감을 느끼고 실제로 하는 일이 잘 풀리는 것처럼 인식하는 것이 개명의 가장 큰 효과라 할 것이다.

일반인뿐 아니라 연예인, 스포츠인 등 다양한 계층에서 개명한 후 개명의 효과를 보았다는 주장을 들을 수 있는데, 축구선수 이정협의 경우, 한 인터뷰에서 자신의 이름을 바꾼 후 태극마크를 달고 중요 경기에서 결승골을 넣는 등 최고의 날을 보내고 있다며, "이름을 바꾼 뒤 술술 잘 풀려 신기할 뿐이다. 개명 효과가 있다고 생각한다"라고 말했다(LA 중앙일보 2015. 1. 20일 자). 국내 4대 프로스포츠(야구·축구·농구·배구)에서 이름을 바꾼 선수는 50명이 넘는다. 이름을 바꾸면 일이 잘 풀릴 거라는 믿음에서 개명을 한 경우가 가장 많다.

개명에 관한 연구를 살펴보면 개명 후에 스트레스가 줄고, 자신감, 만족감 등이 높아져 개명의 효과가 있는 것을 알 수 있다.

'개명의 동기와 개명 후 자기지각척도에 관한 연구'에서는 전국을 대상으로 161명에게 설문조사를 실시한 결과, 개명하기 전보다 개명 후에 성공척도, 정서 척도, 성격 척도가 높게 나타났으며, 자신이 개명하고자 원했던 자는 개명한 후 이름에 대한 자기지각척도가 유의미하게 높아진 것으로 파악되었다. 개명 동기가 '좋은 이름을 갖고 싶어서'로 가장 많고, 개명 후에 가장 큰 변화로 '자신감', '만족감' 등이 자기지각척도를 높였다는 것을 알 수 있었다.[45]

또 다른 개명의 효과에 관한 연구 '개명 전후 이름이 스트레스와 자존감에 미치는 영향'에 의하면, 개명 후 6개월 된 자를 표집해서 개명 후 비교조사를 실시한 결과, 이름에 대한 스트레스가 개명 전보다 개명 후에 낮아졌다는 결과를 얻었고, 자존감이 개명 전보다 개명 후에 높아진 것을 알 수 있다.[46]

---

45) 신상춘·조성제, 개명의 동기와 자기지각척도에 관한 연구, 한국산학기술학회논문지 제14권 제9호, 2013.
46) 신상춘·조성제, 개명 전후 이름이 스트레스와 자존감에 미치는 영향, 한국산학기술학회논문지 제15권 제5호, 2014.

부록 1

자원오행사전

(인명용 한자 8,142자)

◆ 보기 ◆

　　2015년 시행 대법원 인명용 한자로 지정된 8,142자를 수록하였다.

· 각 자(字)의 음(音)과 뜻풀이(訓)를 수록하였다.
· 획수는 성명학에서 사용하는 원획으로 표시하였다.
· 발음오행과 자원오행을 구별하여 표시하였다.
· 사용적합란에는 세 가지로 나누어 사용 적합 여부를 표시하였는데, 사용하기에 적합(좋음)한 경우는 ○로, 사용하기에 보통인 경우는 △로, 사용하기에 좋지 않거나 주의해서 사용해야 할 경우는 ×로 표시하였다.
· 첫소리가 'ㄴ' 또는 'ㄹ'인 한자는 각각 소리 나는 바에 따라 'ㅇ' 또는 'ㄴ'으로 사용할 수 있다.
· 인명용 한자로 지정되었다 해도 성명학상 사용하기 어려운 글자들이 많으니 주의해서 사용해야 한다.

자원오행사전

한자	뜻	원획	자원오행	사용적합	한자	뜻	원획	자원오행	사용적합
음(발음오행)	가 (木)				袈	가사, 승려의 옷	11	木	×
可	옳을, 허락할	5	水	○	舸	배, 큰 배	11	木	△
加	더할, 처할, 있을	5	水	○	笳	갈잎 피리	11	木	△
伽	절, 가지	7	火	×	耞	도리깨	11	金	△
佳	아름다울, 좋을	8	火	○	迦	막을, 차단할	12	土	×
呵	꾸짖을, 껄껄 웃을	8	水	×	訶	꾸짖을, 야단할, 책망할	12	金	×
坷	평탄하지 않을	8	土	×	軻	굴대, 일이 뜻대로 되지 않을	12	火	×
架	시렁, 물건을 걸어두는 기구, 횃대	9	木	△	跏	책상다리하여 앉을	12	土	△
柯	가지, 줄기, 도낏자루	9	木	×	街	거리, 시가, 한길, 네거리	12	火	△
枷	도리깨, 칼을 쓸, 칼을 씌우는 형벌	9	木	×	斝	술잔, 복을 빌	12	火	△
哥	노래할	10	水	△	暇	겨를, 틈, 여유 있게 지낼	13	火	△
珂	흰 옥돌, 조개 이름	10	金	△	賈	값, 장사, 상인	13	金	△
家	집, 건물, 지아비	10	木	△	嫁	시집갈, 떠넘길	13	土	△
痂	부스럼, 헌데 딱지, 옴	10	水	×	歌	노래, 노래할	14	金	△
哿	좋을, 훌륭할	10	水	○	嘉	아름다울, 뛰어날, 기쁠, 훌륭할	14	水	○
珈	떨잠, 머리꾸미개	10	金	△	嘏	클, 복이 클	14	水	○
苛	매울, 사나울, 번거로울	11	木	×	榎	개오동나무	14	木	△
假	거짓, 임시적, 빌	11	火	×	稼	심을, 농사, 곡식	15	木	○
茄	연줄기, 연, 절	11	木	△	價	값, 가치	15	火	△

한자	뜻	원획	자원오행	사용적합	한자	뜻	원획	자원오행	사용적합
駕	멍에, 타다, 수레	15	火	×	擱	놓을, 버릴, 좌초할	18	木	×
葭	갈대, 갈잎 피리	15	木	×	覺	깨달을, 터득할	20	火	△
檟	개오동나무	17	木	△	\multicolumn{간 (木)				
謌	노래, 노래할, 칭송할	17	金	○	干	방패, 범할, 막을, 천간	3	木	○
\multicolumn{각 (木)					刊	책을 펴낼, 깎을, 새길	5	金	△
各	각각, 각기, 여러	6	水	×	艮	괘 이름, 그칠, 어긋날	6	土	△
角	뿔, 짐승의 뿔, 구석, 한 모퉁이	7	木	×	奸	범할, 간통할, 간사할	6	土	×
却	물리칠, 그칠, 쉴	7	火	×	杆	나무 이름, 박달나무, 방패	7	木	△
刻	새길, 벗길	8	金	○	忓	방해할, 어지럽힐	7	火	×
卻	물리칠, 물러날	9	火	×	玕	옥돌	8	金	△
咯	토할, 트림	9	水	×	侃	강직할, 굳셀, 화락할	8	火	○
珏	쌍옥	10	金	△	砃	산돌	8	金	○
恪	삼갈, 법, 표준	10	火	△	秆	볏짚	8	木	△
埆	메마를, 가파를	10	土	×	竿	장대, 죽순, 범할	9	木	△
桷	서까래	11	木	△	看	볼, 지킬	9	木	○
殼	껍질, 씨, 내리칠	12	金	×	肝	간, 간장, 정성, 충정	9	水	×
脚	다리, 정강이, 바탕, 기슭, 밟을	13	水	×	姦	간사할, 옳지 않을, 나쁠, 간음할	9	土	×
閣	문설주, 세울, 멈출	14	木	△	柬	가릴, 분간할, 편지	9	木	△
摧	칠, 때릴, 두드릴	14	木	△	衎	즐길, 기뻐할	9	火	○
慤	성실할	14	火	○	栞	도표, 나무를 벨	10	木	△
愨	성실할	15	火	○	趕	쫓을, 뒤따를, 탑승할	10	火	△

한자	뜻	원획	자원오행	사용적합
迁	구할, 요구할, 나아갈	10	土	△
桿	몽둥이, 난간, 나무 이름	11	木	△
偘	굳셀, 강직할	11	火	○
稈	볏짚	12	木	△
間	사이, 틈	12	土	×
菺	독초, 미나리아재비	12	木	×
揀	가릴, 구별할	13	木	△
幹	줄기, 기둥, 뼈대, 맡을, 능할	13	木	○
榦	줄기, 몸, 체구	14	木	○
慳	아낄, 인색할	15	火	×
澗	계곡의 시내, 간수	16	水	△
墾	개간할, 다스릴, 밭 갈	16	土	△
諫	간할, 충고할	16	金	△
懇	간절할, 노력할, 정성스러울	17	火	○
磵	계곡의 시내, 간수	17	金	○
艱	어려울, 괴로워할	17	土	×
癎	간질, 경기, 경풍	17	水	×
癇	간질, 경기, 경풍	17	水	×
簡	대쪽, 책, 편지	18	木	○
齦	물, 깨물	21	金	×

한자	뜻	원획	자원오행	사용적합
갈 (木)				
圿	땅 이름	6	木	△
曷	어찌, 언제, 누가	9	火	×
秸	볏짚, 벗길, 뻐꾸기	11	木	△
喝	꾸짖을, 외칠, 부를	12	水	×
渴	목마를, 갈증, 서두를	13	水	×
楬	푯말	13	木	△
碣	비석, 돌을 세울	14	金	×
竭	다할, 물이 마를	14	土	×
褐	털옷, 베옷	15	木	△
葛	칡, 덩굴, 갈포, 거친 베	15	木	△
蝎	나무좀, 나무굼벵이, 전갈	15	水	×
羯	거세한 양, 오랑캐	15	土	×
噶	다짐할, 맹세할	16	水	△
鞨	말갈, 오랑캐 이름, 가죽신	18	金	×
蠍	전갈	19	水	×
감 (木)				
甘	달, 맛이 좋을, 상쾌할	5	土	○
坎	구덩이, 험할, 괘 이름	7	土	×
坩	도가니	8	土	△
柑	감자나무, 재갈 물릴, 입을 다물	9	木	△

한자	뜻	원획	자원오행	사용적합	한자	뜻	원획	자원오행	사용적합
弇	덮을, 좁은 길	9	土	△	澉	싱거울, 맛없을	16	水	△
泔	뜨물, 찰	9	水	△	瞰	볼, 멀리 볼, 내려다볼	17	木	○
玪	옥 이름, 옥돌	9	金	○	憾	서운해할, 근심할	17	火	×
疳	감질, 감병, 감창	10	水	×	撼	흔들, 움직일	17	木	△
紺	감색, 야청빛, 연보라	11	木	△	歛	줄, 바랄, 탐할	17	金	△
勘	헤아릴, 조사할, 따져 물을	11	土	○	轗	가기 힘들	20	火	×
埳	구덩이	11	土	×	鹻	소금기, 간수	21	水	△
嵌	산이 깊을, 골짜기, 굴	12	土	△	鑑	거울, 비추어볼, 살필, 성찰할, 생각할	22	金	○
堪	견딜, 뛰어날	12	土	○	鑒	거울	22	金	○
敢	감히, 감행할, 용맹스러울, 굳셀	12	金	○	龕	감실, 절의 탑, 그릇	22	土	×
邯	땅 이름, 강 이름	12	土	△	矙	엿볼	25	木	△
嵁	험준할, 울퉁불퉁할	12	土	×	**갑** (木)				
欿	시름겨울, 서운할	12	金	×	甲	으뜸, 갑옷, 천간 거북의 등딱지	5	木	△
淦	물 이름, 배에 괸 물	12	水	×	匣	갑, 작은 상자, 궤	7	木	△
酣	흥겨울, 술에 취할	12	金	△	岬	곶, 산허리, 산골짜기	8	土	○
戡	칠, 평정할, 죽일	13	金	×	胛	어깨뼈	11	水	△
減	덜, 수량을 적게 할	13	水	△	鉀	갑옷	13	金	○
感	느낄, 마음을 움직일, 고맙게 여길	13	火	○	閘	수문, 닫을, 여닫을	13	木	△
監	볼, 살필	14	金	○	**강** (木)				
橄	감람나무	16	木	△	杠	깃대, 다리	7	木	○
憨	어리석을	16	火	△	江	강, 물(이름)	7	水	△

한자	뜻	원획	자원오행	사용적합	한자	뜻	원획	자원오행	사용적합
扛	마주 들, 짐을 멜	7	木	△	跭	우뚝 설, 세울	13	土	○
岡	언덕, 산등성이	8	土	○	降	내릴, 하사할	14	土	△
羌	오랑캐, 종족 이름, 탄식 소리	8	土	×	綱	벼리, 사물의 주가 됨	14	木	○
忼	강개할, 고상할	8	火	○	腔	속이 빌, 빈 속, 가락	14	水	×
矼	징검다리	8	金	△	嫝	편안할, 여자 이름	14	土	○
玒	옥 이름	8	金	○	羫	양 갈빗대	14	土	×
舡	배, 선박, 술잔	9	木	△	慷	슬플, 강개할	15	火	×
姜	강할, 생강	9	土	○	僵	넘어뜨릴	15	火	×
剛	굳셀, 억셀	10	金	○	彊	굳셀, 힘쓸, 강할	16	金	○
豇	광저기 콩	10	水	△	鋼	강철, 단단한 쇠	16	金	○
崗	언덕, 산등성이	11	土	○	壃	지경, 두둑	16	土	○
康	편안할, 즐거울	11	木	○	穅	쌀겨, 매우 작은 것	16	木	×
堈	언덕, 둑	11	土	○	橿	굳셀, 박달나무	17	木	△
強	강할, 굳셀	11	金	○	糠	쌀겨, 매우 작은 것	17	木	×
罡	별 이름, 북두칠성	11	木	○	講	익힐, 강론할, 외울	17	金	○
强	강할, 굳셀, 힘쓸	12	金	○	殭	굳어질, 말라 죽을	17	水	×
絳	진홍(색), 깊게 붉을	12	木	○	襁	포대기, 띠	17	木	△
傋	어리석을	12	火	△	襁	포대기, 등에 업을	18	木	△
悾	정성, 진심, 어리석을	12	火	△	鏹	강철, 굳셀, 강할	18	金	○
茳	천궁 모종, 향초 이름	12	木	△	疆	지경, 끝, 한계, 경계 삼을	19	土	△
畺	지경, 밭 사이의 경계	13	土	△	薑	생강	19	木	△

한자	뜻	원획	자원오행	사용적합	한자	뜻	원획	자원오행	사용적합
顝	밝을, 바를, 고울	19	火	○	愷	편안할, 즐거울	14	火	△
鎎	돈, 돈꿰미	19	金	△	愾	성낼, 한탄할	14	火	×
韁	고삐, 말고삐, 굴레	22	金	×	箇	낱, 이것, 어떤	14	木	△
鱊	아귀, 물고기	22	水	×	漑	물 댈, 씻을	15	水	△
개 (木)					槩	대개, 대강	15	木	○
介	끼일, 소개할, 도울	4	火	△	慨	슬퍼할, 분노할	15	火	×
匃	빌, 구걸할	5	金	×	槩	평미레, 풍채, 절개	15	木	○
价	클, 착할	6	火	○	磕	돌 부딪치는 소리	15	金	△
改	고칠	7	金	○	蓋	덮을, 덮개, 뚜껑	16	木	△
玠	(큰)홀, 큰 서옥	9	金	○	鎧	갑옷, 무장할	18	金	×
疥	옴, 학질	9	水	×	闓	열, 개방될, 기뻐할	18	木	○
皆	다, 모두, 함께, 같을	9	火	○	객 (木)				
芥	겨자, 티끌	10	木	×	客	손, 나그네	9	木	△
個	낱낱, 하나	10	火	△	喀	토할, 기침할	12	水	×
豈	어찌, 싸움 이긴 노래	10	水	×	갱 (木)				
盖	덮을, 숭상할, 해칠	11	木	△	更	다시, 더욱	7	金	×
開	열, 펼, 깨우칠, 개척할	12	火	○	坑	묻을, 구덩이	7	土	×
凱	개선할, 화할, 이길	12	木	○	硜	돌소리, 주변머리 없을	12	金	×
剴	알맞을, 낫	12	金	△	粳	메벼	13	木	×
塏	높은 땅	13	土	○	賡	이을, 갚을, 계속할	15	金	△
揩	문지를, 닦을	13	木	○	羹	국, 삶을, 끓일	19	土	×

한자	뜻	원획	자원오행	사용적합	한자	뜻	원획	자원오행	사용적합
鏗	금옥 소리, 기침 소리 거문고 소리	19	金	×	鉅	클, 강할	13	金	○
갹 (木)					筥	둥구미, 광주리, 볏단	13	木	△
醵	추렴할, 술잔치	20	金	×	莒	감자	13	木	×
거 (木)					腒	날짐승 포, 말린 새고기	14	水	×
巨	클, 많을	5	火	○	裾	옷자락, 거만할, 뻣뻣할	14	木	×
去	갈	5	水	△	駏	버새	15	火	×
車	수레	7	火	△	踞	걸터앉을, 웅크릴	15	土	×
居	살, 있을	8	木	△	鋸	톱, 켤	16	金	×
呿	벌릴, 하품할	8	水	×	據	의거할, 웅거할	17	木	△
炬	햇불, 태울	9	火	△	舉	들, 일으킬	18	木	○
拒	막을, 방어할, 겨룰	9	木	×	蘧	연꽃, 토란	18	木	×
昛	밝을	9	火	○	遽	역말, 급할, 갑자기	20	土	×
祛	떨어 없앨, 물리칠	10	木	×	籧	대자리, 새가슴	23	木	×
倨	거만할	10	火	×	蘧	패랭이꽃	23	木	×
秬	검은 기장	10	木	×	**건** (木)				
胠	겨드랑이, 열	11	水	△	巾	수건	3	木	×
苣	상추, 참깨, 햇불	11	木	△	件	사건, 물건, 가지, 조건	6	火	×
袪	옷소매, 떠날	11	木	×	建	세울, 일으킬	9	木	○
距	떨어질, 상거할, 지낼	12	土	×	虔	정성, 삼갈, 공경할, 빼앗을, 죽일	10	火	×
据	일할, 의거할, 의지할	12	木	△	健	굳셀, 건강할	11	火	○
渠	개천, 도랑, 클, 우두머리	13	水	△	乾	하늘, 마를, 임금, 괘 이름	11	金	△

한자	뜻	원획	자원오행	사용적합	한자	뜻	원획	자원오행	사용적합
愆	허물, 어그러질	13	火	×	桀	하왕 이름, 사나울, 교활할	10	木	×
漧	물 이름	13	水	○	傑	뛰어날, 호걸, 준걸	12	火	○
楗	문빗장, 문지방	13	木	△	朅	갈, 떠나갈	14	火	×
揵	멜, 들, 막을	13	木	△	榤	홰, 말뚝	14	木	△
犍	불친소	13	土	×	검 (木)				
建	세울, 걸어가는 모양	13	土	△	芡	가시연꽃	10	木	×
睷	눈으로 셀, 헤아릴, 눈대중, 눈짐작	14	木	△	鈐	비녀장	12	金	×
搴	빼낼, 뽑아낼, 들어낼	14	木	△	劍	칼, 검	15	金	×
漧	하늘	15	水	△	儉	검소할	15	火	○
腱	힘줄	15	水	△	黔	검을	16	水	×
褰	걷어 올릴, 펼칠, 열	16	木	△	劒	칼, 찌를	16	金	×
蹇	밟을, 가는 모양	16	土	△	檢	검사할, 살필	17	木	○
鍵	자물쇠, 열쇠	17	金	△	撿	검사할, 단속할	17	木	○
蹇	절뚝발이	17	土	×	瞼	눈꺼풀, 눈시울	18	木	×
謇	떠듬거릴, 어려울	17	金	×	겁 (木)				
韃	동개, 묶을	18	金	△	劫	위협할, 겁탈할	7	水	×
騫	이지러질	20	火	×	刼	위협할, 강도	7	金	×
걸 (木)					刦	위협할, 강도	7	金	×
乞	빌, 구할, 거지	3	木	×	怯	겁낼, 무서워할	9	火	×
乬	걸, 걸어둘, 매달	6	木	△	迲	자래 생선, 갈	12	土	×
杰	뛰어날, 호걸, 준걸	8	木	○					

한자	뜻	원획	자원오행	사용적합	한자	뜻	원획	자원오행	사용적합
					畎	밭도랑	9	土	△
게 (木)					肩	어깨, 이겨낼	10	水	×
偈	쉴, 불시	11	火	×	牽	이끌, 끌	11	土	○
揭	높이 들, 걸	13	木	△	堅	굳을, 굳셀, 강할	11	土	○
憩	쉴	16	火	×	狷	성급할, 견개할	11	土	△
격 (木)					絹	비단, 명주	13	木	△
格	격식, 지위, 인품	10	木	○	筧	대나무 이름, 대 홈통	13	木	△
挌	칠, 두드릴	10	木	△	甄	질그릇, 살필, 가르칠, 밝을	14	土	○
鬲	막을	10	土	△	遣	보낼, 버릴	17	土	×
轂	부딪칠, 털, 애쓸	14	金	△	縳	명주, 흴	17	木	△
覡	박수, 남자 무당	14	火	×	鵑	두견새, 뻐꾹새	18	火	△
鴃	때까치, 백로	15	火	×	繭	누에고치	19	木	×
膈	가슴, 흉격, 명치, 칸막이	16	土	×	罥	올무, 그물	19	木	×
骼	뼈, 해골, 넓적다리뼈	16	金	×	繾	곡진할, 정성스러울	20	木	△
擊	부딪칠, 칠, 죽일	17	木	×	譴	꾸짖을	21	金	×
激	격할, 과격할, 격돌할, 분발할	17	水	×	鰹	가물치	22	水	×
檄	격서, 격문, 편지, 빼어날	17	木	△	蠲	밝을, 조촐할	23	水	△
闃	고요할, 조용할	17	木	△	**결 (木)**				
隔	막힐, 막을, 가슴 사이가 뜰	18	土	×	決	결단할, 결정할, 판단할	8	水	△
견 (木)					抉	도려낼, 긁을	8	木	×
犬	개	4	土	×	契	맑을, 깨끗할	9	土	○
見	볼, 견해	7	火	△					

한자	뜻	원획	자원오행	사용적합
玦	패옥	9	金	○
缺	이지러질, 빌, 모자랄	10	土	×
訣	이별할, 헤어질	11	金	×
焆	불빛	11	火	△
觖	서운해할, 들출, 바랄	11	木	△
結	맺을, 마칠	12	木	△
趏	뛸	13	土	△
潔	깨끗할, 품행이 바를	14	水	○
潔	깨끗할, 맑을	16	水	○
鍥	새길, 자를, 조각할	17	金	×
闋	문 닫을, 끝날	17	木	×

겸 (木)

한자	뜻	원획	자원오행	사용적합
岭	산이 작고 높을	7	土	△
拑	입 다물, 재갈 물릴	9	木	×
兼	겸할, 쌓을, 모을	10	金	○
傔	시중들, 하인	12	火	×
鉗	칼, 낫, 재갈	13	金	×
嗛	겸손할, 싫어할, 모자랄	13	金	△
慊	마음에 차지 않을, 한탄할	14	火	×
箝	재갈 먹일, 끼울	14	木	×
槏	문설주, 단속할	14	木	△

한자	뜻	원획	자원오행	사용적합
歉	흉년 들	14	金	×
縑	합사 비단, 명주	16	木	△
蒹	갈대, 물억새	16	木	×
黔	얕은 금향빛, 검은	17	水	△
謙	겸손할, 사양할	17	金	○
鎌	낫, 모서리	18	金	×
鼸	도마뱀, 두더지	23	水	×

경 (木)

한자	뜻	원획	자원오행	사용적합
冂	멀	2	火	×
更	고칠, 바꿀	7	水	△
冏	빛날, 창문이 밝을	7	火	△
囧	빛날, 창문이 밝을	7	火	△
巠	물줄기, 지하수	7	水	△
坰	들, 교외	8	土	△
炅	빛날, 밝을	8	火	○
庚	별, 나이, 천간	8	金	×
京	서울, 클, 높을	8	土	△
勁	굳셀, 강할	9	金	○
俓	지름길, 곧을	9	火	○
涇	통할, 곧을	9	水	△
剄	목 벨	9	金	×

한자	뜻	원획	자원오행	사용적합	한자	뜻	원획	자원오행	사용적합
扃	문빗장	9	木	△	莖	줄기	13	木	△
畊	밭 갈, 노력할	9	土	△	脛	정강이, 종아리	13	水	×
京	서울, 언덕	9	土	△	經	글, 경서, 다스릴	13	木	○
勍	셀, 강할	10	金	○	敬	공경할, 삼갈	13	金	○
耕	밭 갈, 농사	10	土	△	傾	기울, 기울어질	13	火	×
倞	굳셀, 강할	10	火	○	惸	근심할, 독신자	13	火	×
耿	빛날, 비칠, 밝을, 깨끗할	10	火	○	煢	외로울, 근심할	13	火	×
徑	지름길, 길, 빠를, 곧을	10	火	○	綆	두레박줄	13	木	△
哽	목멜, 더듬거릴, 막힐	10	水	×	逕	좁은 길	14	土	△
竟	다할, 마침내, 끝낼	11	金	×	輕	가벼울	14	火	×
烱	불꽃 오를	11	火	○	境	지경, 형편	14	土	○
涇	통할, 흐를, 강 이름	11	水	△	慶	경사, 하례할, 축하할, 즐거울	15	火	△
頃	이랑, 잠깐, 기울, 요즈음	11	火	×	儆	경계할	15	火	×
梗	대개, 대강, 줄기, 굳셀, 곧을	11	木	△	熲	빛날, 불빛	15	火	○
絅	잡아당길, 바짝 죌, 홑옷	11	木	×	駉	살찔, 굳셀, 준마	15	火	○
硬	굳을, 막힐, 단단할, 강할	12	金	△	頸	목덜미	16	火	△
卿	벼슬, 밝힐, 향할, 귀공, 스승	12	木	△	磬	경쇠, 기침	16	金	×
卿	벼슬, 밝힐, 향할, 귀공, 스승	12	木	△	暻	밝을	16	火	○
痙	경련할, 심줄 당길	12	水	×	憬	깨달을, 동경할, 그리워할	16	火	△
景	볕, 경치, 클, 우러러볼	12	火	○	燢	밝을, 빛	16	火	○
惸	근심할, 외로울	12	火	×	褧	홑옷	16	木	△

한자	뜻	원획	자원오행	사용적합	한자	뜻	원획	자원오행	사용적합
璄	옥빛, 옥 광채	16	金	○	계 (木)				
檠	도지개, 등잔걸이, 등불, 바로잡을	17	木	○	系	이을, 실마리, 혈통	7	木	△
璟	옥빛, 옥 광채	17	金	△	戒	경계할, 타이를	7	金	△
擎	받들, 들어 올릴, 높이 들	17	木	○	届	이를, 다다를	8	木	○
檄	등잔대	17	木	△	季	철, 계절, 끝, 막내	8	水	△
憼	공경할, 대비할	17	火	○	契	맺을, 계약할, 애쓸, 약속	9	木	△
曒	밝을, 마를	17	火	△	係	걸릴, 이을, 맬	9	火	△
磬	빌, 공허할	17	金	×	界	지경, 경계	9	土	△
褧	홑옷, 느슨할	17	木	△	計	셀, 꾀할, 셈	9	金	△
璿	옥 이름, 경옥, 아름다운 옥	18	金	○	癸	북방, 천간	9	水	△
謦	기침	18	金	×	桂	계수나무	10	木	△
鯁	생선 뼈	18	水	×	烓	화덕, 밝을	10	火	○
鯨	고래	19	水	×	械	기계, 형틀	11	木	×
鶊	꾀꼬리	19	火	×	啓	열, 밝힐, 일깨울	11	水	○
鏡	거울, 살필	19	金	○	堺	지경, 경계	12	土	△
競	다툴, 겨룰	20	金	×	悸	두근거릴, 늘어질, 두려워할	12	火	×
瓊	붉은 옥, 구슬	20	金	△	棨	나무 창	12	木	△
警	경계할, 깨우칠, 깨달을	20	金	△	堦	섬돌, 사다리	12	土	△
黥	자자할, 묵형	20	水	×	溪	시내	14	水	△
競	다툴, 겨룰	22	金	×	誡	경계할	14	金	△
驚	놀랄	23	火	×	瘈	미칠, 경풍	14	水	×

한자	뜻	원획	자원오행	사용적합	한자	뜻	원획	자원오행	사용적합
禊	계제사	14	木	×	固	굳을, 단단할, 진실로	8	水	△
縠	발 고운 비단	14	木	△	呱	울, 아이 우는 소리	8	水	×
稽	상고할, 헤아릴, 논의할	15	木	△	杲	밝을, 높을, 해 돋을	8	木	○
磎	시내	15	金	○	孤	외로움, 홀로	8	水	×
緱	맬, 죄수	16	木	×	考	헤아릴, 상고할, 살필	8	土	△
髻	상투	16	火	×	姑	시어머니	8	土	×
階	계단, 섬돌, 차례	17	土	△	刳	가를, 쪼갤	8	金	×
谿	시냇물	17	水	○	枯	마를	9	木	×
雞	닭	18	火	×	故	연고, 까닭, 옛	9	金	×
䨻	어망, 융단	18	木	△	沽	팔, 살	9	水	△
繫	맬, 죄수	19	木	△	牯	암소	9	土	×
薊	삽주, 엉겅퀴	19	木	×	股	넓적다리, 정강이	10	水	×
繼	이을	20	木	○	高	높을, 위, 고상할	10	火	△
鷄	닭	21	火	×	羔	새끼 양, 흑양	10	土	×
고 (木)					拷	칠, 두드릴	10	木	×
古	옛, 비롯할	5	水	×	庫	곳집, 창고	10	木	△
尻	꽁무니, 밑바닥, 자리 잡을	5	水	×	凅	얼, 엉길	10	水	×
叩	두드릴, 조아릴, 끌어당길	5	水	△	栲	붉나무	10	木	×
攷	생각할, 살펴볼	6	金	○	羖	검은 암양	10	土	×
告	알릴, 고할, 아뢸	7	水	△	皋	언덕, 못	10	水	△
估	값, 상인	7	火	△	茖	줄	11	木	△

한자	뜻	원획	자원오행	사용적합	한자	뜻	원획	자원오행	사용적합
皐	언덕, 못, 늪, 부르는 소리	11	水	△	睾	불알, 못	14	木	×
苦	쓸, 괴로울	11	木	×	槀	마를, 여윌	14	木	×
罟	그물	11	木	×	箍	테, 둘레	14	木	△
袴	바지	12	木	×	郜	나라 이름, 고을 이름	14	土	△
雇	품팔	12	火	×	稿	볏짚, 원고	15	木	△
辜	허물, 막을	12	金	×	靠	기댈, 의지할	15	水	△
稁	볏짚	12	木	×	膏	기름질, 살찔	16	水	△
胯	사타구니	12	木	×	錮	막을, 맬, 땜질할	16	金	×
觚	술잔	12	木	×	篙	상앗대, 배 저을	16	木	△
詁	주낼, 훈고	12	金	△	糕	떡, 가루떡, 경단	16	木	×
酤	계명주	12	金	×	鴣	자고, 구욕새	16	火	×
賈	장사, 살	13	金	△	鹽	소금밭, 굵은소금	18	水	×
痼	고질병	13	水	×	瞽	소경, 장님	18	木	×
鼓	북 칠	13	金	△	翶	날, 비상할	18	火	△
鼔	북 칠	13	金	△	櫜	활집, 갑옷 전대	19	木	△
鈷	다리미, 제기	13	金	△	藁	짚, 마를	20	木	×
誥	고할	14	金	△	顧	돌아볼	21	火	△
敲	두드릴	14	金	△	蠱	배 속 벌레, 회충 벌레	23	水	×
菰	줄풀, 향초, 외로울	14	木	×	鵓	작은 비둘기	23	火	×
槁	마를, 여윌	14	木	×		곡 (木)			
暠	횔, 밝고 흰 모양	14	火	○	曲	굽을, 자세할	6	土	×

한자	뜻	원획	자원오행	사용적합	한자	뜻	원획	자원오행	사용적합
谷	골, 골짜기	7	水	×	悃	정성, 간곡할	11	火	○
哭	울	10	水	×	捆	두드릴, 단단히 할	11	木	△
梏	수갑, 어지럽힐, 묶을, 쇠고랑	11	木	×	棍	몽둥이, 곤장	12	木	×
斛	휘, (열)말 들이	11	火	×	琨	구슬, 옥돌, 패옥	13	金	○
穀	곡식, 길할, 기를	15	木	△	裍	걷어 올릴, 이룰	13	木	○
槲	떡갈나무	15	木	△	髡	머리 깎을, 승려	13	火	×
縠	주름 비단	16	木	△	緄	띠, 노끈	14	木	×
觳	뿔잔, 말, 살전대	17	木	△	滾	흐를, 샘솟을	15	水	△
轂	바퀴통, 수레바퀴	17	火	△	褌	잠방이, 속옷	15	木	×
鵠	고니	18	火	×	閫	문지방, 왕후의 거처	15	木	△
嚳	고할, 급히 아뢸	20	水	△	錕	붉은 쇠, 붉은 금	16	金	○
곤 (木)					鯤	곤이, 물고기알	19	水	×
困	괴로울, 곤할	7	水	×	鵾	댓닭, 고니	19	火	×
坤	땅, 따, 괘 이름	8	土	△	鶤	봉황	20	火	×
昆	맏, 형, 많을, 자손	8	火	△	齫	이 솟을, 이 빠질	22	金	×
袞	곤룡포	10	木	△	골 (木)				
裷	곤룡포	11	木	△	汩	골몰할, 빠질	8	水	×
崑	산 이름	11	土	○	骨	뼈	10	金	×
梱	문지방, 칠	11	木	△	滑	익살스러울, 어지러울, 흐릴	14	水	×
堃	땅, 괘 이름, 왕후	11	土	△	搰	팔, 흐리게 할, 힘쓸	14	木	△
崐	산 이름	11	土	△	榾	등걸, 나무줄기	14	木	×

한자	뜻	원획	자원오행	사용적합	한자	뜻	원획	자원오행	사용적합
鶻	송골매	21	火	×	蚣	메뚜기	12	水	×
공 (木)					蛬	귀뚜라미	12	水	×
工	장인	3	火	△	跫	발자국 소리	13	土	×
公	귀, 공변될, 공평할, 여러	4	金	○	箜	공후, 바구니	14	木	×
孔	구멍, 클, 매우	4	水	△	槓	지렛대	14	木	△
功	공, 공로, 일할	5	木	○	鞏	굳을, 묶을	15	金	×
共	함께, 한가지, 이바지할, 공경할	6	金	○	龔	공손할, 받들	22	土	○
攻	칠, 닦을, 다스릴	7	金	×	贛	줄, 하사할	24	金	○
空	빌, 하늘, 공간	8	水	×	곶 (木)				
供	이바지할, 바칠, 갖추어질	8	火	○	串	땅 이름, 곶	7	金	×
恭	공손할	10	火	○	과 (木)				
貢	바칠, 천거할	10	金	△	戈	창, 싸움, 전쟁	4	金	×
拱	팔짱 낄, 두 손 맞잡을, 껴안을	10	木	×	瓜	오이	5	木	×
恐	두려울, 두려워할	10	火	×	夸	자랑할, 뽐냄	6	木	△
蚣	지네	10	水	×	侉	자랑할, 자만할, 뽐냄	8	火	△
倥	어리석을, 바쁠	10	火	×	果	과실, 열매, 실과	8	木	△
栱	두공, 말뚝	10	木	△	科	과목, 품등, 조목, 법률, 과정	9	木	△
珙	큰 옥	11	金	○	堝	도가니	12	土	×
崆	산 이름	11	土	△	猓	긴꼬리원숭이, 오랑캐	12	土	×
釭	화살촉, 등잔	11	金	×	誇	자랑할, 자만할, 뽐냄	13	金	△
控	당길, 끌, 고할	12	木	△	跨	넘을, 건너갈	13	土	×

한자	뜻	원획	자원오행	사용적합	한자	뜻	원획	자원오행	사용적합
稞	보리, 알곡식	13	木	×	鞹	가죽	20	金	×
窠	보금자리	13	水	△	癨	곽란 질병	21	水	×
寡	적을, 과부, 홀어미	14	木	×	藿	콩잎, 미역, 향초	22	木	×
菓	과일, 과자	14	木	×		관 (木)			
稞	쌀	14	木	×	卝	쌍상투, 총각	5	木	△
銙	대구, 띠쇠	14	金	△	串	꿸, 버릇, 익힐, 습관	7	金	△
夥	많을, 넉넉할, 모일	14	水	○	官	벼슬, 마을, 관청	8	木	○
課	시험할, 부과할, 과정, 공부할, 매길	15	金	△	冠	갓, 어른, 으뜸	9	木	○
蝌	올챙이	15	水	×	貫	꿸, 버릇	11	金	△
踝	복사뼈, 뒤꿈치	15	土	×	梡	도마	11	木	×
過	지날, 잘못할	16	土	×	款	정성스러울, 항목, 사랑할	12	金	○
鍋	노구솥, 냄비	17	金	×	棺	널, 입관	12	木	×
顆	낱알, 흙덩이	17	火	×	涫	끓을, 대야	12	水	×
撾	칠, 북채	17	木	×	琯	옥피리, 옥저	13	金	△
騍	암말	18	火	×	祼	강신제, 내림굿	13	木	×
	곽 (木)				筦	다스릴, 피리	13	木	△
椁	덧널, 관 담는 궤	12	木	×	管	주관할, 관리할, 피리, 대롱	14	木	△
廓	외성, 클, 둘레, 넓을	14	木	△	菅	골풀, 등골나무, 난초	14	木	×
郭	외성, 둘레, 성곽, 바깥	15	土	△	綰	얽을, 꿰뚫을	14	木	×
槨	외관, 덧널	15	木	×	寬	너그러울, 넓을	14	木	○
霍	빠를, 사라질, 눈멀	16	水	×	寬	너그러울, 넓을	15	木	○

한자	뜻	원획	자원오행	사용적합	한자	뜻	원획	자원오행	사용적합
慣	익숙할, 버릇	15	火	△	括	묶을, 헤아릴, 맺을, 담을, 쌀	10	木	△
輨	줏대, 중요한 곳	15	火	△	恝	근심 없을, 소홀히 할	10	火	×
錧	보습, 비녀장, 쟁기	16	金	△	栝	노송나무	10	木	×
舘	집, 객사	16	水	△	筶	오늬, 풀 이름	12	木	×
盥	대야, 씻을	16	水	×	聒	떠들썩할, 어리석을	12	火	×
館	객사, 집, 공공건물, 별관	17	水	△	适	빠를, 신속할	13	土	△
窾	빌, 공허할	17	水	×	髺	머리 묶을, 비뚤어질	16	火	×
雚	황새	18	火	×	鴰	재두루미	17	火	×
關	빗장, 관계할, 기관	19	木	△	**광** (木)				
灌	물 댈, 따를	22	水	○	広	넓을	5	木	○
爟	봉화, 햇불	22	火	○	光	빛, 빛날, 영광, 클	6	火	△
瓘	옥 이름, 옥, 서옥	23	金	○	匡	바를, 바로잡을, 구원할	6	土	○
罐	두레박, 항아리	24	土	△	狂	미칠, 사나울	8	土	×
觀	볼, 보일, 관점, 생각	25	火	○	昤	비칠, 밝을, 햇빛 뜨거울	8	火	○
髖	허리뼈	25	金	×	炛	빛, 빛날	8	火	○
鑵	두레박	26	金	×	侊	클, 성찬	8	火	○
顴	광대뼈	27	土	×	洸	물 솟을, 성낼, 굳셀, 깊을	10	水	△
鸛	황새	29	火	×	桄	광랑나무, 베틀	10	木	△
괄 (木)					恇	겁낼, 두려워할	10	火	×
刮	깎을, 긁을, 비빌, 갈	8	金	×	框	문테	10	木	×
佸	이를, 다다를	8	火	○	珖	옥피리, 옥 이름	11	金	△

한자	뜻	원획	자원오행	사용적합	한자	뜻	원획	자원오행	사용적합
筐	광주리	12	木	△	罫	줄	14	木	△
胱	방광, 오줌통	12	水	×	**괴** (木)				
絖	솜, 솜옷	12	木	△	乖	어그러질, 떨어질, 이지러질	8	火	×
茪	결명차	12	木	×	拐	속일, 후릴, 꾀일, 유인할	9	木	×
誆	속일	13	金	×	怪	괴이할, 기이할	9	火	×
誑	속일, 기만할	14	金	×	傀	허수아비, 꼭두각시, 괴뢰, 클	12	火	×
廣	넓을, 널리	15	木	○	塊	흙덩이, 덩어리	13	土	×
礦	쇳돌, 원석	17	金	×	媿	부끄러울	13	土	×
壙	광, 뫼 구덩이	18	土	×	魁	괴수, 우두머리, 으뜸	14	火	×
曠	밝을, 빌, 멀, 오랠, 넓을	19	火	△	槐	회화나무, 홰나무, 느티나무	14	木	△
爌	불빛 환할	19	火	△	愧	부끄러울	14	火	×
獷	사나울	19	土	×	瑰	구슬, 옥, 클	15	金	△
纊	솜, 솜옷, 누에고치	21	木	△	廥	곳간, 창고, 저장할	16	木	△
鑛	쇳덩이, 쇳돌, 광물	23	金	△	膭	기름새, 땅 이름	16	木	×
괘 (木)					瓌	구슬, 옥, 클	17	金	○
卦	괘, 걸, 점칠	8	木	×	壞	무너질	19	土	×
咼	입 비뚤어질	9	水	×	襘	띠 매듭, 옷고름	19	木	×
挂	걸, 입을, 걸칠	10	木	△	**괵** (木)				
掛	걸릴, 이을, 맬	12	木	△	馘	귀 벨, 뺨, 볼	17	水	×
罣	걸, 매달	12	木	×	**굉** (木)				
詿	그르칠, 속일	13	金	×	宏	클, 성찬, 넓을	7	木	○

한자	뜻	원획	자원오행	사용적합
訇	큰소리, 속일	9	金	×
紘	끈, 밧줄, 갓끈	10	木	△
肱	팔뚝, 팔	10	水	×
浤	용솟음할, 빨리 흐를	11	水	△
閎	문, 마을 문	12	木	△
觥	뿔잔, 강직할, 클	13	木	△
轟	울릴, 수레 소리	21	火	△

교 (木)

한자	뜻	원획	자원오행	사용적합
巧	공교할, 공교로울, 재주, 꾸밀	5	火	○
交	사귈, 바뀔, 섞일	6	火	△
佼	예쁠, 교활할, 어지러울	8	火	△
姣	예쁠, 요염할, 아름다울	9	土	○
咬	물, 새소리, 깨물, 음란할, 새 지저귈	9	水	×
狡	교활할, 간교할	10	土	×
校	학교, 바로잡을, 교정할, 장교, 본받을	10	木	△
晈	흴, 밝을, 깨끗할, 햇빛, 달빛	10	火	○
皎	흴, 밝을, 깨끗할, 햇빛, 달빛	11	金	○
教	가르칠, 알릴, 훈계할, 본받을	11	金	○
敎	가르칠, 알릴, 훈계할, 본받을	11	金	○
蛟	교룡, 상어, 도롱뇽	12	水	×
絞	목맬, 급할	12	木	×

한자	뜻	원획	자원오행	사용적합
喬	높을, 큰 나무, 솟을	12	水	○
窖	움, 구멍, 깊을	12	水	×
郊	교외, 들, 시골	13	土	△
較	비교할, 견줄	13	火	△
僑	객지에 살, 더부살이, 높을	14	火	△
嘐	닭이 울, 과장할	14	水	×
噭	웃는 소리	14	水	△
暞	밝을, 깨끗이 나뉠	14	火	△
榷	외나무다리	14	木	×
鉸	가위, 재단할	14	金	×
嬌	아리따울, 아름다울	15	土	○
嶠	산 쭈뼛할, 산길, 뾰족하게 높을	15	土	△
餃	경단, 엿	15	水	△
橋	다리	16	木	○
噭	부르짖을, 울, 외칠	16	水	×
憍	교만할, 거만할	16	火	×
骹	발회목, 정강이	16	金	×
撟	들, 안마할	16	木	△
膠	아교, 굳을	17	水	×
矯	바로잡을	17	金	△
鮫	상어	17	水	×

한자	뜻	원획	자원오행	사용적합	한자	뜻	원획	자원오행	사용적합
鄐	산 이름, 땅 이름	17	土	△	臼	절구	6	土	×
磽	메마른 땅, 단단할	17	金	△	求	구할, 찾을, 바랄, 구걸할, 탐낼	6	水	○
鴝	해오라기	17	火	×	灸	뜸, 구울	7	水	×
嚙	깨물	18	水	×	究	궁구할, 연구할, 상고할	7	水	○
翹	뛰어날, 꼬리, 날개, 빼어날	18	火	△	劬	수고로울, 애쓸	7	水	△
蕎	메밀	18	木	△	扣	두드릴, 당길	7	木	△
轎	가마, 수레	19	火	△	佝	꼽추	7	火	×
趫	재빠를, 용감할	19	火	○	咎	재앙, 허물	8	水	×
蹻	발돋움할, 교만할	19	土	△	具	갖출, 함께	8	金	○
齩	깨물, 씹을	21	金	×	坵	언덕, 무덤	8	土	×
驕	교만할, 무례할	22	火	×	玖	옥돌, 검은 돌	8	金	△
攪	어지러울, 흔들, 손 놀릴	24	木	×	坷	때, 수치	8	土	×

구 (木)

한자	뜻	원획	자원오행	사용적합	한자	뜻	원획	자원오행	사용적합
口	입, 인구	3	水	×	岣	산꼭대기	8	土	△
久	오랠, 기다릴	3	水	×	疚	고질병	8	水	×
仇	원수, 원망할, 짝	4	火	×	拘	잡을, 거리낄	9	木	×
勾	굽을, 갈고리, 올가미	4	水	×	垢	때, 티끌	9	土	×
厹	세모창, 기승부릴	4	水	×	柩	널, 관	9	木	×
句	글	5	水	△	枸	구기자, 헛개나무	9	木	×
丘	언덕, 못, 부르는 소리	5	土	△	狗	개, 강아지	9	土	×
叴	소리 높일	5	水	△	九	아홉	9	水	△
					俅	공손할, 정중할	9	火	○

한자	뜻	원획	자원오행	사용적합	한자	뜻	원획	자원오행	사용적합
姤	만날, 아름다울	9	土	△	鳩	비둘기, 모을	13	火	×
昫	따뜻할, 현명	9	火	○	鉤	갈고리, 낫	13	金	×
韭	부추	9	木	×	捄	급할, 구할, 급박할	13	木	×
珣	옥돌, 옥 이름	10	金	△	舅	시아버지, 외삼촌, 장인	13	土	×
俱	함께, 갖출	10	火	○	傴	구부릴, 허리를 굽힐	13	火	×
矩	법도, 모날, 곱자, 법, 법칙	10	金	△	媾	화친할, 겹혼인	13	土	△
冓	짤, 쌓을	10	木	△	彀	당길, 화살을 쏠	13	金	×
疴	곱사등이	10	水	×	裘	갖옷	13	木	△
區	구역, 구분할, 나눌	11	土	△	詬	꾸짖을, 욕보일	13	金	×
救	구원할, 도울, 구할	11	金	○	逑	짝, 모을	14	土	△
苟	진실로, 경우, 구차할	11	木	△	嶇	험할, 가파를, 산 험준할	14	土	×
耇	늙을, 오래 살, 명 길	11	土	△	廐	마구간	14	木	×
耈	늙을, 오래 살, 명 길	11	土	△	廏	마구간	14	木	×
毬	공, 제기	11	木	×	嘔	개울, 토할, 노래할	14	水	×
寇	도둑, 도적, 원수	11	木	×	構	얽을, 닥나무, 맺을, 이룰, 지을	14	木	△
捄	담을, 길, 건질	11	木	△	溝	도랑, 개천	14	水	×
胊	포, 굽을	11	水	×	嫗	할머니	14	土	×
蚯	지렁이	11	水	×	搆	얽을, 지을	14	木	△
釦	금테 두를	11	金	△	榘	모날, 새길, 곱자	14	木	×
邱	언덕, 땅 이름	12	土	△	駒	망아지, 젊은이	15	火	×
球	공, 옥경쇠, 옥, 구슬	12	金	△	歐	토할, 게워낼	15	火	×

한자	뜻	원획	자원 오행	사용 적합
毆	때릴, 칠	15	金	×
銶	끌	15	金	△
摳	추어올릴, 던질	15	木	△
漚	담글, 향기 짙을, 거품	15	水	△
龜	땅 이름, 거북	16	水	×
蒟	구장	16	木	×
璆	옥, 옥경쇠	16	金	△
甌	사발	16	土	×
窶	가난할	16	水	×
篝	배롱	16	木	×
糗	볶은 쌀	16	木	×
購	살, 구할	17	金	○
遘	만날	17	土	△
颶	구풍	17	木	×
屨	신, 짚신	17	木	×
覯	만날, 합칠	17	火	○
軀	몸, 신체	18	土	×
舊	옛, 오랠	18	土	×
謳	노래할, 읊조릴	18	金	△
瞿	놀랄, 놀라서 볼	18	木	×
龜	땅 이름, 거북	18	水	×

한자	뜻	원획	자원 오행	사용 적합
韝	깍지	19	金	×
匶	널, 옛날	20	木	×
鷇	새 새끼, 기를	21	火	×
驅	몰, 몰아낼, 쫓을, 달릴	21	土	×
鷗	갈매기	22	火	×
懼	두려워할, 으를	22	火	×
戵	창	22	金	×
癯	여윌	23	水	×
衢	네거리, 길	24	火	×
鬮	제비, 추첨	26	金	×
鸜	구관조	29	火	×

국 (木)

한자	뜻	원획	자원 오행	사용 적합
局	판, 사태	7	木	○
匊	움킬	8	木	△
国	나라, 서울, 고향	8	木	△
國	나라, 서울, 고향	11	水	△
掬	움킬, 움켜쥘	12	木	△
菊	국화, 대	14	木	×
跼	구부릴, 굽힐	14	土	×
菊	대나무 뿌리	14	木	×
鞠	공, 국화, 궁할, 굽힐	17	金	×

한자	뜻	원획	자원오행	사용적합
麴	누룩, 효모	17	木	×
鞫	국문할, 문초 받을	18	金	×
麴	누룩, 술	19	木	×
군 (木)				
君	임금, 남편, 자네	7	水	△
軍	군사, 진칠	9	火	△
捃	주울, 주워 가질	11	木	△
桾	고욤나무	11	木	×
窘	군색할, 괴로울, 막힐	12	水	×
群	무리, 많을	13	土	△
裙	치마, 속옷	13	木	×
郡	고을	14	土	△
皸	살이 틀	14	金	×
굴 (木)				
屈	굽을, 굽힐, 다할	8	土	×
倔	고집 셀	10	火	△
崛	우뚝 솟을	11	土	△
堀	굴뚝, 땅 팔	11	土	×
掘	팔, 파낼, 우뚝할	12	木	×
淈	흐릴, 어지러워질	12	水	×
詘	굽힐, 막힐	12	金	×

한자	뜻	원획	자원오행	사용적합
窟	굴, 움집	13	水	×
궁 (木)				
弓	활, 궁형	3	火	×
穹	하늘, 막다른, 궁형	8	水	×
芎	궁궁이, 천궁	9	木	×
宮	집, 대궐	10	木	△
躬	몸, 신체, 자기 자신	10	水	△
躳	몸, 신체, 자기 자신	14	水	△
窮	궁할, 다할, 막힐, 궁구할	15	水	×
권 (木)				
卷	책, 정성, 아리따울, 갈피	8	木	△
券	문서, 계약	8	金	△
拳	주먹, 권법	10	木	△
倦	게으를, 피로할	10	火	×
勌	게으를, 피로할	10	土	×
眷	돌아볼, 돌볼	11	木	○
圈	짐승 우리, 감방, 둘레	11	水	×
捲	거둘, 말, 힘쓸, 주먹 쥘, 걷을	12	木	△
淃	물 돌아 흐를	12	水	△
惓	삼갈, 정성스러울	12	火	△
棬	나무 그릇	12	木	×

한자	뜻	원획	자원오행	사용적합
眷	돌볼, 베풀	13	木	△
綣	정다울	14	木	△
蜷	구부릴	14	水	×
權	권세, 권력, 권한	15	木	△
勸	권할, 도울, 가르칠, 힘쓸	20	土	○
權	권세, 저울	22	木	○

궐 (木)

한자	뜻	원획	자원오행	사용적합
厥	그, 그것, 나라 이름	12	土	△
獗	날뛸	16	土	×
蕨	고사리, 고비	18	木	△
闕	대궐	18	木	△
蹶	넘어질, 일어설, 미끄러질, 쓰러질	19	土	×

궤 (木)

한자	뜻	원획	자원오행	사용적합
几	안석, 제기	2	水	×
机	책상, 느티나무, 궤나무, 굴대	6	木	△
氿	샘, 물가	6	水	△
佹	괴이할, 속일	8	火	×
軌	법, 본보기, 수레바퀴	9	火	△
詭	속일, 책할, 꾸짖을	13	金	×
跪	꿇어앉을	13	土	×
麂	큰 노루	13	土	×

한자	뜻	원획	자원오행	사용적합
劂	새김칼	14	金	×
匱	다할, 없을, 상자	14	木	×
憒	심란할	16	火	×
撅	옷 걸을, 출, 칠	16	木	×
橛	나무 이름	16	木	×
潰	무너질, 흩어질	16	水	×
簋	제기 이름	17	木	×
櫃	함, 궤짝, 상자	18	木	△
繢	수놓을, 채색할	18	木	△
餽	보낼, 먹일	19	水	△
闠	성 바깥문, 길	20	木	△
饋	보낼, 먹일, 대접할	21	水	△

귀 (木)

한자	뜻	원획	자원오행	사용적합
句	구절	5	水	△
鬼	귀신, 도깨비	10	火	×
貴	귀할, 높을, 값비쌀	12	金	×
晷	그림자, 햇빛	12	火	×
鬹	삽, 두견새, 뻐꾸기	14	金	×
龜	거북	16	水	×
龜	거북	18	水	×
歸	돌아갈, 보낼, 돌아올	18	土	△

한자	뜻	원획	자원오행	사용적합	한자	뜻	원획	자원오행	사용적합
규 (木)					頋	머리 들, 머리 장식	13	火	△
叫	부르짖을, 부를, 울	5	水	×	夒	가는허리	14	土	×
圭	서옥, 홀, 양토	6	土	○	閨	안방, 계집, 규수	14	木	△
糺	끌어모을, 거둘, 얽힐	7	木	○	睽	사팔눈	14	木	×
糾	살필, 꼴, 얽힐, 드리울	8	木	△	逵	큰길, 길거리, 한길	15	土	△
刲	찌를, 죽일	8	金	×	槻	물푸레나무, 느티나무	15	木	△
虬	규룡	8	水	×	葵	해바라기, 아욱	15	木	△
赳	날랠, 헌걸찰, 용감할, 용맹할	9	土	○	嬀	물 이름, 고을 이름	15	土	△
奎	별 이름	9	土	○	樛	휠, 구불구불할	15	木	△
規	법, 규범, 바로잡을	11	火	○	潙	강 이름, 물 이름	16	水	△
硅	규소, 깨뜨릴, 흙	11	金	×	窺	엿볼	16	水	△
珪	서옥, 홀	11	金	△	竅	구멍, 통할	18	水	×
頄	광대뼈	11	水	×	闚	엿볼	19	木	×
茥	딸기	12	木	×	巋	가파를, 험준할	20	土	×
揆	헤아릴, 법	13	木	△	**균** (木)				
邽	고을 이름	13	土	△	匀	고를, 적을, 나눌	4	金	△
湀	물 솟아 흐를	13	水	○	勻	고를, 적을, 나눌	4	金	△
煃	불꽃	13	火	△	均	고를, 평평할, 두루, 평등할	7	土	○
睽	어길	13	火	×	囷	곳집, 꼬불거릴	8	土	×
楏	호미 자루	13	木	×	畇	밭 개간할, 따비	9	土	○
跬	반걸음	13	土	×	鈞	서른 근, 고를, 무거울, 무게 단위	12	金	○

한자	뜻	원획	자원오행	사용적합
筠	대나무	13	木	×
菌	버섯, 세균	14	木	×
覲	크게 볼	14	火	○
龜	터질, 틀	16	水	×
龜	터질, 틀	18	水	×
麏	노루	18	土	×

귤 (木)

한자	뜻	원획	자원오행	사용적합
橘	귤나무	16	木	×

극 (木)

한자	뜻	원획	자원오행	사용적합
克	이길, 능할	7	木	△
剋	이길, 제할, 능할	9	金	△
亟	빠를, 긴급할	9	火	△
尅	이길, 참고 견딜	10	金	△
屐	나막신	10	木	×
戟	창	12	金	×
棘	가시나무	12	木	×
極	다할, 끝, 지극할	13	木	×
郄	틈, 흠	13	土	×
劇	연극할, 심할, 바쁠	15	金	△
隙	틈	18	土	×

근 (木)

한자	뜻	원획	자원오행	사용적합
斤	도끼, 날, 벨	4	金	×
劤	강할, 힘셀	6	金	○
巹	술잔	9	土	×
觔	힘줄	9	木	×
根	뿌리, 밑, 별 이름	10	木	△
芹	미나리	10	木	×
近	가까울, 요사이	11	土	△
筋	힘줄	12	木	×
釿	도끼	12	金	×
僅	겨우	13	火	×
勤	부지런할, 근면할	13	土	○
跟	발꿈치	13	土	×
靳	가슴걸이	13	金	×
墐	매흙질할, 묻을, 진흙	14	土	×
菫	제비꽃, 씀바귀	14	木	×
嫤	고울, 예쁠, 여자 이름	14	土	○
廑	겨우, 조금	14	木	×
槿	무궁화	15	木	×
漌	물 맑을, 적실	15	水	△
瑾	아름다운 옥, 붉은 옥	16	金	△

한자	뜻	원획	자원오행	사용적합	한자	뜻	원획	자원오행	사용적합
懃	은근할, 일에 힘쓸, 친절할	17	火	○	錦	비단	16	金	△
謹	삼갈	18	金	○	噤	입 다물	16	水	×
覲	뵐, 볼, 보일	18	火	△	黅	누른빛	16	土	△
饉	흉년 들, 주릴	20	水	×	擒	사로잡을, 생포할	17	木	×

글 (木)

한자	뜻	원획	자원오행	사용적합
劼	뜻, 힘 있는	6	土	△
契	부족 이름, 나라 이름	9	木	△

| 檎 | 능금나무 | 17 | 木 | × |
| 襟 | 옷깃 | 19 | 木 | △ |

금 (木)

급 (木)

한자	뜻	원획	자원오행	사용적합
今	이제, 오늘, 바로	4	火	△
妗	외숙모	7	土	△
金	쇠, 돈, 화폐	8	金	△
昑	밝을	8	火	○
芩	풀 이름, 금풀	10	木	△
衿	옷깃	10	木	△
衾	이불	10	木	×
笒	첨대, 대 이름	10	木	×
唫	입 다물, 말 더듬을	11	水	×
禽	새, 날짐승	13	火	×
琴	거문고	13	金	△
禁	금할	13	木	×
嶔	높고 험할	15	土	×

及	미칠, 이름	4	水	△
伋	생각할, 속일	6	火	×
圾	위태로울	7	土	×
岌	높을, 위태로울	7	土	×
皀	고소할, 낟알	7	火	×
扱	거둘, 미칠, 취급할	8	木	△
汲	물 길을, 분주할	8	水	△
急	급할, 중요할	9	火	△
級	등급	10	木	△
笈	책 상자	10	木	△
芨	말오줌나무	10	木	×
給	줄, 넉넉할	12	木	△
磼	산 우뚝 솟을	18	金	×

한자	뜻	원획	자원오행	사용적합
긍 (木)				
亘	뻗칠, 건널, 극진할	6	火	○
亙	뻗칠, 연접할	6	火	○
矜	자랑할, 불쌍히 여길	9	金	△
肯	즐길, 들어줄	10	水	△
殑	까무러칠	11	水	×
兢	삼갈, 조심할, 떨릴	14	木	×
기 (木)				
己	몸, 신체, 자기	3	土	×
企	꾀할, 바랄, 도모할, 발돋움할	6	火	○
伎	재주, 재간	6	火	○
屺	민둥산	6	土	×
杞	구기자	7	木	×
圻	지경, 언덕	7	土	○
忌	꺼릴, 시기할	7	火	×
岐	갈림길, 높을, 나눌	7	土	×
妓	기생	7	土	×
庋	시렁, 선반	7	木	×
弃	버릴, 그만둘	7	木	×
肌	살, 근육	8	水	×
汽	김, 증기	8	水	×

한자	뜻	원획	자원오행	사용적합
沂	물 이름	8	水	△
其	그, 어조사	8	金	△
玘	패옥	8	金	△
技	재주, 재능, 묘기	8	木	△
奇	기이할, 기특할	8	土	△
祁	성할, 크게, 많을	8	木	○
怟	사랑할, 공경할	8	火	○
忮	해칠	8	火	×
歧	갈림길	8	土	×
炁	기운, 기백	8	火	○
祈	빌	9	木	△
祇	땅귀신, 토지의 신	9	土	△
紀	벼리, 실마리, 단서, 밑바탕, 규율	9	木	○
豈	어찌	10	水	△
記	기록할, 적을, 기억할	10	金	○
氣	기운, 기질	10	水	△
耆	늙은이, 늙을, 스승, 어른	10	土	×
起	일어날, 기둥 할, 설, 일으킬	10	火	△
剞	새김칼, 위협할	10	金	×
旂	기, 용 그림 기	10	水	×
胏	도마, 적대	10	水	×

한자	뜻	원획	자원오행	사용적합	한자	뜻	원획	자원오행	사용적합
芰	마름	10	木	×	畸	뙈기밭, 기이할, 불구	13	土	×
芪	단너삼	10	木	×	琪	옥, 옥구슬	13	金	△
基	터, 바탕, 근본, 웅거할	11	土	○	嗜	즐길, 좋아할	13	水	△
埼	해안, 갑, 곶, 험할, 낭떠러지	11	土	×	祺	길할, 복, 상서로울	13	木	○
寄	부탁할, 부칠, 의지할, 맡길	11	木	○	琦	옥 이름, 구슬	13	金	△
飢	주릴	11	水	×	碁	바둑, 장기	13	金	×
崎	산길 험할	11	土	×	頎	헌걸찰, 풍채 좋을	13	火	△
既	이미, 벌써, 다할	11	水	×	箕	키, 쓰레받기	14	木	×
跂	육발이	11	土	×	綺	비단, 고울, 아름다울	14	木	○
碁	돌, 1주년	12	火	△	旗	기, 표지	14	木	△
幾	몇, 기미, 거의, 조짐, 얼마	12	火	×	暣	볕 기운	14	火	○
期	기약할, 바랄	12	水	○	僛	취하여 춤출	14	火	×
棋	바둑, 말, 장기	12	木	×	墍	맥질할, 취할	14	土	×
欺	속일, 책할	12	金	×	愭	공손할, 두려울	14	火	△
淇	강 이름, 물 이름	12	水	△	橭	오리나무	14	木	×
棄	버릴	12	木	×	綦	연둣빛 비단	14	木	△
猉	강아지, 기린	12	土	×	縛	연둣빛, 들메끈	14	木	△
掎	끌, 끌어당길	12	木	△	蜞	방게	14	水	×
攲	기울, 높이 솟을	12	土	△	嶔	높을, 높고 험할	15	土	△
棊	바둑, 장기	12	木	×	畿	경기	15	土	△
稘	콩대, 일주년, 콩줄기	13	木	△	冀	바랄, 하고자 할	16	土	○

한자	뜻	원획	자원오행	사용적합
器	그릇, 재능	16	水	○
機	베틀, 때, 실마리	16	木	△
鎡	호미	16	金	×
錡	가마솥, 밥솥	16	金	×
璂	피변 꾸미개, 옥	16	金	○
曁	및, 함께	16	火	△
璣	구슬, 별 이름	17	金	△
磯	물가, 자갈밭	17	金	△
禨	조짐, 제사	17	木	△
覬	바랄	17	火	△
耭	밭 갈	18	木	△
騏	천리마, 준마, 털총이, 바둑무늬 말	18	火	△
騎	말 탈	18	火	△
蟣	서캐, 거머리	18	水	×
隑	사다리, 기댈	18	土	△
麒	기린	19	土	×
譏	나무랄, 비웃을	19	金	×
夔	조심할, 두려울	20	土	×
鬐	갈기	20	火	×
璣	모난 구슬	20	金	△
饑	굶주릴	21	水	×

한자	뜻	원획	자원오행	사용적합
鰭	지느러미	21	水	×
蘄	풀 이름	22	木	×
羈	굴레, 말고삐	23	火	×
羈	재갈, 굴레, 나그네	25	木	×
虁	조심할, 뛸	25	木	△
驥	천리마, 준마	27	火	△
긴 (木)				
緊	긴할, 긴요할, 굳을, 팽팽할	14	木	△
길 (木)				
吉	길할	6	水	△
佶	바를, 헌걸찰, 건장할	8	火	○
姞	삼갈	9	土	△
桔	도라지	10	木	×
拮	바쁘게 일할	10	木	△
蛣	장구벌레	12	水	×
김 (木)				
金	쇠	8	金	△
끽 (木)				
喫	마실, 먹을, 피울	12	水	×
나 (火)				
奈	나락, 어찌	8	火	×

한자	뜻	원획	자원오행	사용적합	한자	뜻	원획	자원오행	사용적합
拏	잡을	9	木	○	煖	더울, 따스할, 따뜻할	13	火	△
奈	어찌, 능금(나무)	9	木	△	暖	따뜻할	13	火	△
挐	붙잡을	10	木	△	愞	약할	13	火	×
娜	아리따움, 날씬할, 아름다울	10	土	△	餪	풀보기 잔치	18	水	△
拿	붙잡을	10	木	△	難	어려울, 재앙	19	火	×
夦	많을	10	水	△		날 (火)			
那	어찌	11	土	△	捏	꾸밀, 반죽할	11	木	△
挪	옮길, 비빌	11	木	△	捺	누를, 문지를	12	木	△
梛	나무 이름	11	木	△		남 (火)			
喇	나팔, 승려	12	水	×	男	사내	7	土	△
旒	깃발 날릴	12	木	△	枏	녹나무, 매화나무	8	木	△
朒	성길, 살찌고 연할	12	水	△	南	남녘	9	火	△
誽	붙잡을, 서로 당길	13	金	△	喃	재잘거릴	12	水	×
懦	나약할	18	火	×	楠	녹나무	13	木	△
糯	찰벼	20	木	△	湳	물 이름, 강 이름	13	水	△
儺	역귀 쫓을, 푸닥거리	21	火	×		납 (火)			
	낙 (火)				納	들일, 바칠	10	木	△
諾	허락할, 대답할	16	金	○	衲	기울, 옷 수선할	10	木	×
	난 (火)					낭 (火)			
偄	연약할, 속일, 공경할	11	火	△	娘	아가씨, 각시, 여자	10	土	△
赧	얼굴 붉힐, 무안해할	12	火	△	曩	접때, 앞서, 전에	21	火	×

한자	뜻	원획	자원오행	사용적합
囊	주머니, 불알	22	水	×

내 (火)				
乃	이에, 어조사	2	金	△
內	안, 속, 아내	4	木	×
奶	젖, 유모	5	土	×
奈	어찌	8	火	△
耐	견딜	9	水	△
柰	능금나무, 어찌	9	木	×
迺	이에, 곧, 너	13	土	△
鼐	가마솥	15	火	×
嬭	젖, 유모	17	土	×

녀 (火)				
女	계집, 여자, 딸	3	土	×

녁 (火)				
怒	허출할, 근심할	12	火	×

년 (火)				
年	해, 나이	6	木	△
秊	해, 나이	8	木	△
碾	맷돌, 돌절구	15	金	×
撚	비빌, 꼴, 비틀, 잡을	16	木	×

넘 (火)				
念	생각할	8	火	○
拈	집을, 집어 들	9	木	△
恬	편안할, 고요할	10	火	△
捻	비틀, 붙잡을, 집을	12	木	×

녑 (火)				
惗	사랑할, 생각할	12	火	△

녕 (火)				
佞	아첨할, 간사할	7	火	×
寍	차라리, 오히려	13	木	△
寧	편안할	14	木	○
儜	괴로워할, 약할	16	火	×
嚀	간곡할, 정중할	17	水	△
獰	모질, 흉악할	18	土	×
濘	진창	18	水	×

노 (火)				
奴	종	5	土	×
努	힘쓸	7	土	○
弩	쇠뇌, 큰활	8	金	△
呶	지껄일, 떠들썩할	8	水	×
孥	자식, 종	8	水	×

한자	뜻	원획	자원오행	사용적합
怒	성낼	9	火	×
猱	산 이름, 개	10	土	×
笯	새장	11	木	×
猱	원숭이	13	土	×
瑙	마노, 옥돌	14	金	△
語	기뻐할, 수수께끼	14	金	△
駑	둔한 말	15	火	×
臑	팔꿈치	20	水	×

농 (火)				
農	농사	13	土	△
儂	나, 저, 당신	15	火	×
噥	소곤거릴	16	水	×
濃	짙을, 두터울, 깊을	17	水	△
穠	꽃나무 무성할	18	木	△
膿	고름	19	水	×
醲	진한 술, 후할	20	金	△

뇌 (火)				
惱	괴로워할, 번뇌할	13	火	×
腦	뇌, 머리, 머릿골	15	水	×
餒	주릴, 굶주릴	16	水	×

뇨 (火)				
尿	오줌	7	水	×
淖	진흙, 진창	12	水	×
嫋	예쁠, 아리따울	13	土	△
鬧	시끄러울	15	金	×
撓	어지러울, 휘어질	16	木	×
嬲	희롱할	17	土	×
鐃	징, 떠들썩할	20	金	×

누 (火)				
呼	젖 먹을	11	水	△
耨	김맬, 없앨	16	金	△

눈 (火)				
嫩	어릴	14	土	△

눌 (火)				
呐	말 더듬을	7	水	×
肭	살찔, 물개	10	水	×
訥	말 더듬을, 과묵할	11	金	×

뉴 (火)				
杻	감탕나무, 박달나무	8	木	×
忸	익을, 익숙할	8	火	△
紐	맺을, 묶을	10	木	△

한자	뜻	원획	자원오행	사용적합
袽	부드러운 옷, 매듭	10	木	△
鈕	단추, 인꼭지	12	金	△

뉵 (火)				
衄	코피, 모욕	10	水	×

능 (火)				
能	능할, 재능	12	水	△

니 (火)				
尼	여승, 중, 비구니	5	水	×
呢	소곤거릴, 지저귈	8	水	×
柅	무성할	9	木	○
泥	진흙	9	水	△
怩	부끄러워할	9	火	×
祢	아버지의 사당	10	木	×
馜	진한 향기, 향기로울	14	木	△
懝	마음 좋을	16	火	△
瀰	많을, 치렁치렁할	18	水	△
膩	기름질, 미끄러울	18	水	△
禰	아버지의 사당	19	木	×

닉 (火)				
匿	숨길, 숨을	11	水	×
溺	빠질	14	水	×

닐 (火)				
昵	친할, 친근할	9	火	△
暱	친할, 친한 사람	15	火	△

다 (火)				
多	많을, 나을, 더할, 아름다울	6	水	△
夛	많을, 나을, 더할, 아름다울	6	水	○
爹	아비, 아버지	10	木	△
荖	마름, 남녘 오랑캐	12	木	×
茶	차	12	木	△
觰	깊을, 깊은 모양	12	木	△
槎	차나무	15	木	△
觰	뿔 밑동	16	木	△

단 (火)				
丹	붉을, 붉게 칠할, 정성스러울	4	火	○
旦	아침	5	火	△
但	다만	7	火	△
段	조각, 구분, 층계	9	金	×
彖	판단할, 결단할	9	火	○
晅	밝을	9	火	○
担	떨칠, 칠, 올릴	9	木	○
耑	끝, 한계	9	水	×

한자	뜻	원획	자원오행	사용적합	한자	뜻	원획	자원오행	사용적합
蛋	새알	11	水	×	簞	소쿠리, 밥그릇, 대광주리	18	木	×
袒	웃통 벗을	11	木	×	鄲	조나라 서울, 나라 이름	19	土	△
胆	어깨 벗을	11	水	×					

달 (火)

한자	뜻	원획	자원오행	사용적합
短	짧을	12	金	×
單	홀, 홀로, 다할	12	水	×
亶	믿음, 진실로, 믿을	13	土	○
煓	빛날, 불꽃 성할	13	火	○
湍	여울, 급류	13	水	△
椴	자작나무	13	木	×
蜑	오랑캐 이름	13	水	×
端	끝, 바를, 단정할	14	金	△
團	동글, 모일	14	水	○
緞	비단	15	木	△
慱	근심할	15	火	×
漙	이슬 많을	15	水	△
腶	약포, 육포	15	水	△
壇	제단, 제터, 뜰	16	土	△
檀	박달나무	17	木	△
鍛	단련할, 쇠 불릴	17	金	△
癉	앓을	17	水	×
斷	끊을, 결단할	18	金	×

달 (火)

한자	뜻	원획	자원오행	사용적합
妲	여자 이름	8	土	△
怛	슬플, 근심할	9	火	×
疸	황달	10	水	×
靻	다룸가죽, 부드러울	14	金	△
達	통달할, 통할, 이를, 깨달을	16	土	△
撻	때릴, 매질할, 매질당할, 빠를	17	木	×
澾	미끄러울	17	水	×
獺	수달	20	土	×
闥	문, 관청, 뜰	21	木	△
韃	매질할, 종족 이름	22	金	×

담 (火)

한자	뜻	원획	자원오행	사용적합
坍	무너질	7	土	×
炎	불꽃, 불탈	8	火	×
倓	편안할, 고요할	10	火	○
啖	씹을, 먹을, 탐할	11	水	×
聃	귓바퀴 없을	11	火	×
埮	평평한	11	土	△
啗	먹을, 먹일, 속일	11	水	×

한자	뜻	원획	자원오행	사용적합	한자	뜻	원획	자원오행	사용적합
淡	맑을, 엷을, 싱거울	12	水	△	壜	술 단지, 술병	19	土	×
覃	깊을, 미칠, 퍼질, 이를	12	金	○	薝	치자나무	19	木	×
啿	넉넉할, 많을	12	水	○	黕	검을, 검누른빛	21	水	×
毯	담요, 모포	12	火	×	罈	술병, 항아리	22	土	×
痰	가래, 천식	13	水	×	黵	문신할, 더러워질	25	水	×
湛	괼, 즐길, 빠질, 즐거울	13	水	×	**답** (火)				
儋	멜, 항아리, 독	15	火	×	沓	합할, 거듭, 유창할, 겹칠	8	水	○
噉	먹을, 먹일, 탐할	15	水	△	畓	논	9	土	△
墰	술 단지, 항아리	15	土	×	答	대답할, 맞출	12	木	△
郯	나라 이름	15	土	△	踏	밟을	15	土	△
談	말씀	15	金	○	遝	뒤섞일, 미칠	17	土	×
潭	연못, 못, 깊을, 물가	16	水	△	**당** (火)				
錟	창, 찌를	16	金	×	唐	당나라, 길, 제방	10	水	△
曇	흐릴, 구름 낄	16	火	×	倘	빼어날, 갑자기	10	火	×
擔	맬, 짐, 맡을	17	木	×	堂	집, 평평할	11	土	△
憺	편안할, 참담할	17	火	×	棠	팥배나무, 아가위	12	木	×
澹	맑을, 싱거울, 담박할, 물 모양	17	水	△	當	마땅할	13	土	○
襢	담제, 고요할, 편안할	17	木	△	塘	못, 방죽, 연못	13	土	△
蕈	지모풀, 마름	18	木	△	搪	뻗을, 찌를	14	木	×
譚	말씀, 클, 이야기할, 깊을	19	金	○	溏	진창, 수렁	14	水	×
膽	쓸개, 담력	19	水	×	瑭	옥 이름	15	金	△

한자	뜻	원획	자원오행	사용적합	한자	뜻	원획	자원오행	사용적합
幢	휘장, 기	15	木	△	昦	햇빛	7	火	○
瞠	볼, 똑바로 볼	16	木	△	汏	씻을, 일	7	水	△
糖	엿, 사탕	16	木	×	坮	대, 돈대	8	土	○
撞	칠, 두드릴	16	水	×	坔	집터, 터	8	土	○
檔	의자, 나무 침대	17	木	△	岱	산 이름, 대산, 클	8	土	○
螳	사마귀	17	水	×	待	기다릴, 대접할	9	火	○
瑭	귀고리 옥	18	水	△	抬	매질할, 볼기 칠	9	木	×
磄	밑바닥, 찰싹 소리	18	金	×	玳	대모	10	金	△
餹	엿	18	水	×	袋	자루	11	木	△
蟷	사마귀	19	水	×	帶	띠	11	木	△
襠	잠방이, 등거리	19	木	×	貸	빌릴	12	金	×
鏜	종소리, 북소리	19	金	△	曼	해가 돋을	13	火	○
餳	엿, 쌀강정	19	水	×	碓	방아, 디딜방아	13	金	△
黨	무리	20	水	△	對	대할, 대답할	14	木	△
鐺	쇠사슬	21	金	△	臺	돈대, 집, 누각, 정자	14	土	○
儻	뛰어날, 만일	22	火	△	儓	하인, 집사	16	火	△
讜	곧은 말, 직언	22	火	△	黛	눈썹먹, 여자 눈썹	17	水	×
戇	어리석을	28	火	×	隊	무리, 떼	17	土	△
대 (火)					戴	머리에 일, 받들	18	金	△
大	큰, 대강	3	木	△	擡	들, 들어 올릴	18	木	△
代	대신할, 번갈아	5	火	△	曃	무성할	18	火	△

한자	뜻	원획	자원오행	사용적합	한자	뜻	원획	자원오행	사용적합
懟	원망할, 고민할	18	火	×	洮	씻을	10	水	△
鐵	창고달, 쇠 방망이	20	金	△	涂	칠할, 길	11	水	△
댁 (火)					堵	담, 담장	12	土	△
宅	댁, 집, 대지	6	木	△	淘	씻을, 일, 물 흐를	12	水	△
덕 (火)					棹	노	12	木	○
悳	클, 여길, 베풀	12	火	○	屠	죽일, 잡을	12	水	×
徳	클, 여길, 베풀	14	火	○	悼	슬퍼할	12	火	×
德	클, 여길, 베풀	15	火	○	盜	훔칠, 도적, 도둑	12	金	×
도 (火)					掉	흔들	12	木	×
刀	칼	2	金	×	稌	찰벼, 메벼	12	木	×
夲	나아갈	5	木	○	掏	가릴, 꺼낼	12	木	△
叨	탐낼, 함부로 차지할	5	水	×	跳	뛸	13	土	△
忉	근심할, 걱정할	6	火	×	逃	달아날, 도망할	13	土	×
弢	활집, 정낭	8	木	×	渡	건널	13	水	△
到	이를, 다다를	8	金	○	塗	진흙, 칠할, 더러울	13	土	×
度	법도, 정도	9	木	○	禂	복, 신, 행복	13	木	○
徒	무리	10	火	△	滔	물 넘칠, 창일할	14	水	△
島	섬	10	土	△	萄	포도나무	14	木	×
倒	넘어질, 거꾸러질	10	火	×	圖	그림	14	水	△
挑	돋을, 서로 볼, 뛸	10	木	△	途	길, 도로	14	土	△
桃	복숭아	10	木	×	搗	찧을, 다듬을	14	木	△

한자	뜻	원획	자원오행	사용적합	한자	뜻	원획	자원오행	사용적합
嶋	섬	14	土	△	燾	비칠, 덮을	18	火	△
睹	볼	14	木	○	濤	물결, 큰물	18	水	△
慆	방자할, 기뻐할	14	火	△	擣	찧을, 찌를, 두드릴	18	木	△
搯	꺼낼, 퍼낼, 칠	14	木	△	檮	등걸, 산 이름	18	木	○
菟	호랑이, 고을 이름, 토끼	14	木	×	禱	빌, 기도할	19	木	△
酴	술밑, 누룩	14	金	△	韜	너그러울, 감출	19	金	△
鼗	노도, 소도 악기	14	金	△	鼕	땡땡이, 소고	19	金	×
稻	벼	15	木	×	饕	탐할, 과도할, 사나울	22	水	×
賭	내기	16	金	×	독 (火)				
覩	볼	16	火	○	禿	대머리	7	木	×
道	길, 이치, 순할, 쫓을	16	土	△	毒	독할, 해칠	8	土	×
都	도읍, 서울, 성할	16	土	△	督	살필, 독려할, 재촉할	13	木	△
導	이끌, 다스릴, 통할	16	木	○	篤	도타울, 굳을, 두터울	16	木	○
陶	질그릇, 만들	16	土	△	獨	홀로, 외로울	17	土	×
馟	향기 날	16	木	○	牘	서찰, 편지, 나뭇조각	19	木	△
錭	쇳덩이	16	金	○	犢	송아지	19	土	×
鍍	도금할	17	金	○	櫝	함, 궤	19	木	×
蹈	밟을	17	土	×	瀆	도랑, 더럽힐, 하수도	19	水	×
壔	성채, 언덕	17	土	○	讀	읽을	22	金	△
闍	망루, 성곽	17	木	○	纛	기, 둑, 소꼬리	25	木	×
櫂	노, 상앗대	18	木	○	黷	더럽힐, 욕을 당할	27	水	×

한자	뜻	원획	자원오행	사용적합	한자	뜻	원획	자원오행	사용적합
돈 (火)					冬	겨울	5	水	×
旽	밝을, 친밀할, 정이 도타울, 면동 틀	8	火	○	同	한가지, 같을, 화할, 모일	6	水	○
沌	엉길, 어두울	8	水	×	彤	붉을, 붉은 칠할	7	火	×
豚	돼지	11	水	×	東	동녘, 오른쪽, 봄	8	木	△
弴	활	11	金	×	侗	정성, 거짓 없을, 참될	8	火	○
焞	성할, 어스레할	12	火	○	哃	큰소리칠, 허풍 칠	9	水	×
敦	도타울, 인정 많을	12	金	○	峒	산 이름	9	土	△
惇	정성, 도타울, 두터울	12	火	○	垌	항아리, 못 막이	9	土	△
頓	조아릴, 졸	13	火	×	烔	불사를, 더운 기운, 뜨거운 모양	10	火	○
墩	돈대, 집	15	土	○	疼	아플, 욱신거릴	10	水	×
暾	해 돋을, 아침 해	16	火	○	凍	얼	10	水	×
燉	빛날, 불빛, 불성할	16	火	○	桐	오동나무	10	木	△
潡	큰물, 물 깊을	16	水	○	洞	고을, 골, 골짜기	10	水	△
蠆	거룻배, 작은 배	20	土	×	動	움직일, 일할	11	水	○
돌 (火)					苳	겨우살이	11	木	×
乭	이름, 돌	6	金	×	胴	큰창자, 몸통, 대장	12	水	×
咄	꾸짖을	8	水	×	童	아이, 어리석을	12	木	×
突	부딪힐, 갑자기	9	水	×	涷	소나기, 얼	12	水	×
堗	굴뚝, 부엌 창	12	土	×	茼	쑥갓	12	木	×
동 (火)					棟	들보, 마룻대, 용마루	12	木	○
仝	한가지, 같을	5	火	○	蝀	무지개	14	水	×

한자	뜻	원획	자원오행	사용적합	한자	뜻	원획	자원오행	사용적합
銅	구리	14	金	△	兜	투구, 쓰개	11	木	△
勤	자랄, 움직일, 어른	14	土	○	痘	천연두, 역질, 마마	12	水	×
僮	아이, 하인	14	火	×	阧	가파를, 치솟을	12	土	△
董	동독할, 굳을, 감독할, 거둘	15	木	△	荳	콩	13	木	△
曈	먼동 틀, 날 밝으려는 모양	16	火	○	脰	목, 목구멍	13	水	×
憧	그리워할, 동경할, 그리움	16	火	△	逗	머무를, 던질, 무덤	14	土	×
潼	물 이름, 강 이름	16	水	△	陡	험할, 높이 솟을	15	土	△
橦	나무 이름, 공격할	16	木	△	頭	머리, 우두머리, 시초	16	火	×
朣	달 뜰	16	水	△	斁	깰, 섞을	17	金	△
瞳	동이 틀	16	火	○	竇	구멍	20	水	×
瞳	눈동자	17	木	×	讀	구절, 구두, 토	22	金	△
艟	배, 병선	18	木	△	蠹	좀, 쐐기	24	水	×
蕫	동독할, 강아지풀	18	木	△	**둔** (火)				

두 (火)

한자	뜻	원획	자원오행	사용적합
斗	말, 별 이름	4	火	○
豆	콩, 팥, 제기, 제물	7	木	×
杜	막을, 향초 이름, 팥배나무	7	木	△
枓	기둥머리, 두공, 주두	8	木	△
抖	떨, 구할	8	木	△
肚	배, 복부, 마음	9	水	△
蚪	올챙이	10	水	×

둔 (火)

한자	뜻	원획	자원오행	사용적합
屯	진 칠, 모일	4	木	△
窀	광중, 무덤구덩이	9	水	×
芚	싹 나올, 채소 이름	10	木	△
迍	머뭇거릴, 망설일	11	土	△
鈍	둔할, 무딜	12	金	×
遁	피할, 숨을, 달아날	16	土	×
遯	달아날, 피할, 도망할	18	土	×
臀	볼기, 밑, 바닥	19	水	×

한자	뜻	원획	자원오행	사용적합
_둘 (火)				
乼	우리나라 한자	5	木	○
_득 (火)				
得	얻을, 만족할, 깨달을	11	火	○
_등 (火)				
登	오를, 나아갈, 이룰, 익을	12	火	○
等	무리, 같을, 가지런할, 등급	12	木	△
凳	걸상, 평상	14	木	×
滕	물 솟을, 물 끓을	14	水	△
嶝	고개, 비탈길	15	土	△
橙	귤, 등자나무, 걸상	16	木	△
燈	등잔, 등불	16	火	○
縢	봉할, 노끈	16	木	△
螣	등사, 풀무치	16	水	×
謄	베낄	17	金	×
磴	돌 비탈길	17	金	×
鄧	등나라, 나라 이름	19	土	△
騰	오를	20	火	○
鐙	등잔, 등불	20	金	△
藤	등나무	21	木	△
籐	등덩굴, 대기구	21	木	△

한자	뜻	원획	자원오행	사용적합
_라 (火)				
剆	가지 칠	9	金	×
砢	돌 쌓일, 서로 도울	10	金	△
倮	벗을, 알몸	10	火	×
喇	나팔, 승려	12	水	×
裸	벌거벗을	14	木	×
摞	다스릴, 정돈할	15	木	△
蓏	열매	16	木	×
瘰	연주창, 옴	16	水	×
螺	소라	17	水	△
覶	자세할, 즐겁게 볼	19	火	○
羅	그물, 벌릴	20	木	△
懶	게으를, 나른할	20	火	×
癩	문둥병	21	水	×
儸	간능 할, 재주 있을	21	火	△
騾	노새	21	火	×
囉	소리가 섞일	22	水	×
臝	벌거벗을	23	水	×
曪	햇빛 없을, 어두울	23	火	×
驘	노새	23	火	×
蘿	쑥, 담쟁이, 넝쿨, 무, 미나리	25	木	△

한자	뜻	원획	자원오행	사용적합	한자	뜻	원획	자원오행	사용적합
邏	순라, 순행할, 돌	26	土	△	爛	찬란할, 빛날, 익을, 문드러질	21	火	△
鑼	징, 동발	27	金	×	瀾	큰 물결	21	水	△
					攔	막을, 차단할	21	木	△
락 (火)					璘	옥 무늬	22	金	△
洛	물 이름, 강 이름	10	水	△	蘭	난초	23	木	×
烙	지질	10	火	×	欒	나무 이름, 가름대, 모감주나무	23	木	×
珞	구슬 목걸이	11	金	△	灤	새어 흐를, 적실	23	水	△
絡	이을, 얽을, 연락할, 맥	12	木	○	襴	내리닫이, 난삼	23	木	△
酪	타락, 쇠젖, 소젖	13	金	×	鑾	방울, 천자의 수레	27	金	△
酪	진한 유즙, 식초	13	水	×	鸞	난새, 방울	30	火	△
犖	얼룩소	14	土	×	랄 (火)				
落	떨어질	15	木	×	剌	어그러질, 발랄할	9	金	×
樂	즐길, 즐거울	15	木	○	埒	담, 울타리	10	土	△
駱	낙타	16	火	×	辣	매울, 몹시 매울	14	金	×
란 (火)					辢	매울, 지독할	14	金	×
丹	정성스러울, 붉을, 꽃 이름	4	火	○	람 (火)				
卵	알	7	水	×	婪	고울, 예쁠	11	土	○
亂	어지러울	13	火	×	婪	탐할	11	土	△
闌	가로막을, 방지할	17	木	×	嵐	아지랑이, 폭풍, 산 이름	12	土	×
嬾	게으를, 태만할	19	土	×	惏	탐할, 차가울	12	火	△
襴	내리닫이	20	木	×	擥	잡을, 당길	14	木	△
欄	난간, 테, 테두리, 울	21	木	△					

한자	뜻	원획	자원오행	사용적합	한자	뜻	원획	자원오행	사용적합
婪	과실 장아찌	15	水	×	狼	이리	11	土	×
濫	물 넘칠, 퍼질, 실없을	18	水	×	浪	물결, 방자할	11	水	×
擥	걷어잡을, 쥘	18	木	△	朗	밝을	11	水	○
爁	불 번질, 세력이 강한	18	土	△	烺	빛 밝을, 맑고 환할	11	火	○
瓓	옥 이름	19	金	○	琅	옥돌, 금옥 소리, 옥 이름	12	金	○
藍	쪽, 옷 해질	20	木	×	硠	돌소리, 우렛소리	12	金	△
襤	누더기	20	木	×	稂	강아지풀	12	木	×
籃	대바구니	20	木	△	廊	행랑, 곁채, 복도	13	木	△
覽	볼	21	火	△	蜋	사마귀	13	水	×
灆	물 맑을	22	水	○	莨	수크령, 조	13	木	×
蘫	오리 김치	23	木	△	郎	사내, 낭군	13	土	△
攬	잡을, 가려 뽑아 취할	25	木	△	郎	사내, 낭군	14	土	△
欖	감람나무	25	木	△	榔	나무 이름, 빈랑나무	14	木	×
纜	닻줄	27	木	△	瑯	옥 이름, 고을 이름	15	金	○
랍 (火)					閬	솟을대문, 고환	15	木	△
拉	끌, 끌고 갈, 꺾을	9	木	×	螂	사마귀	16	水	×
臘	섣달, 납향	21	水	△	駺	꼬리 흰말	17	火	△
蠟	밀랍	21	水	△	래 (火)				
鑞	땜납, 주석	23	金	△	来	올, 돌아올, 부를	7	木	○
랑 (火)					來	올, 돌아올, 부를	8	火	○
庲	높을, 그릇	10	木	△	徠	올, 위로할	11	火	○

한자	뜻	원획	자원오행	사용적합	한자	뜻	원획	자원오행	사용적합
崍	산 이름	11	土	△	涼	서늘할, 얇을, 쓸쓸할	12	水	×
淶	강 이름, 고을 이름	12	水	△	喨	소리 맑을	12	水	○
萊	쑥, 명아주, 김맬, 다스릴	14	木	△	粱	기장, 조	13	木	△
趚	올, 돌아올, 부를	15	土	○	糧	양식, 곡식	13	木	△
騋	큰 말	18	火	△	踉	높이 뛸	14	土	△
랭 (火)					輬	수레	15	火	○
冷	찰, 맑을	7	水	△	諒	믿을, 살펴 알, 살필	15	金	○
략 (火)					樑	들보	15	木	○
略	간략할, 약할, 대략, 다스릴	11	土	△	駺	꼬리 흰말	17	火	△
畧	다스릴, 둘러볼	11	土	△	糧	양식	18	木	△
掠	노략질할	12	木	×	魎	도깨비	18	火	×
량 (火)					**려** (火)				
良	어질, 좋을, 착할, 진실로	7	土	△	呂	등, 법칙, 땅 이름, 음률	7	水	○
兩	둘, 두, 짝, 양	8	土	△	戾	어그러질, 벗어날	8	金	×
亮	밝을, 참으로, 도울	9	火	○	侶	짝, 벗, 동반할	9	火	○
俍	어질, 좋을, 착할	9	火	○	旅	나그네, 함께, 군대	10	土	△
涼	서늘할, 슬퍼할	10	水	×	唳	울, 새가 울	11	水	×
倆	재주, 공교할	10	火	○	梠	평고대	11	木	△
梁	들보	11	木	○	慮	생각할, 근심할	15	火	×
悢	슬퍼할, 서러울	11	火	×	黎	검을, 무리	15	木	×
量	헤아릴, 도량, 기량, 용량	12	火	○	閭	마을, 이문	15	木	○

한자	뜻	원획	자원오행	사용적합
厲	갈, 괴로울, 힘쓸	15	水	×
膂	등골뼈	16	水	×
勵	힘쓸	17	土	△
儢	힘쓰지 않을	17	火	×
癘	창병, 역병	18	水	×
廬	오두막집, 농막집, 주막	19	木	×
櫚	종려나무	19	木	△
濾	거를, 씻을, 맑게 할	19	水	△
麗	고울, 빛날	19	土	○
曞	햇살이 퍼질	19	火	○
礪	거친 숫돌	20	金	△
儷	짝, 아우를, 나란히 할	21	火	△
藜	명아주, 나라 이름	21	木	△
蠣	굴조개	21	水	×
蠡	좀먹을	21	水	×
糲	현미	21	木	△
臚	살갗, 제사 이름	22	水	×
邌	천천히 갈	22	土	△
鑢	줄, 갈	23	金	△
驢	당나귀	26	火	×
驪	검은 말	29	火	×

한자	뜻	원획	자원오행	사용적합
력 (火)				
力	힘쓸	2	土	△
歷	지날, 두루, 분명할, 지낼	16	土	△
曆	책력	16	火	△
櫟	상수리나무	19	木	×
瀝	스밀, 물방울 떨어질, 거를	20	水	×
礫	조약돌, 자갈	20	金	△
攊	칠, 때릴	20	木	×
櫪	말구유	20	木	×
癧	연주창	21	水	×
轢	칠, 치일, 삐걱거릴, 수레바퀴	22	火	×
轣	갈, 삐걱거릴	23	火	×
靂	벼락, 천둥	24	水	×
酈	땅 이름	26	土	○
련 (火)				
煉	쇠 불릴, 달굴, 반죽할	13	火	○
楝	멀구슬나무	13	木	×
涷	익힐, 단련할	13	水	△
連	연할, 이을	14	土	△
漣	잔물결 칠, 물놀이	15	水	△
輦	가마, 손수레	15	火	△

한자	뜻	원획	자원오행	사용적합	한자	뜻	원획	자원오행	사용적합
練	익힐	15	木	△	裂	찢을, 찢어질	12	木	×
璉	호련	16	金	△	捩	비틀, 꺾을	12	木	×
憐	사랑할, 어여삐 여길, 불쌍히 여길	16	火	△	颲	사나운 바람	15	木	×
鍊	쇠 불릴, 단련할, 수련할	17	金	△		**렴** (火)			
蓮	연꽃, 연밥	17	木	×	廉	청렴할	13	木	○
聯	이을, 잇달, 잇닿을	17	火	○	磏	거친 숫돌, 애쓸	15	金	×
鏈	쇠사슬	19	金	△	濂	물 이름, 엷을	17	水	△
鰊	청어	20	水	×	斂	거둘, 모을, 저장할	17	金	○
孌	아름다울, 예쁠	22	土	○	殮	염할	17	水	×
鰱	연어	22	水	×	簾	발	19	木	△
戀	사모할, 그리워할	23	火	△	瀲	넘칠, 물가	21	水	△
攣	걸릴	23	木	△		**렵** (火)			
臠	고기 도막, 여윌	23	水	×	獵	사냥할	19	土	×
變	맬, 철할	26	火	△	躐	밟을, 뛰어넘을	22	土	×
	렬 (火)				鬣	갈기, 수염	25	火	×
列	벌릴, 줄, 베풀, 편, 벌어질	6	金	○		**령** (火)			
劣	못할, 용렬할	6	土	×	令	하여금, 법, 규칙	5	火	○
冽	찰, 차가운 바람, 맵게 추울	8	水	×	另	헤어질, 분리할	5	水	×
洌	맑을	10	水	△	伶	영리할, 지혜로울	7	火	○
烈	매울, 세찰, 빛날, 충직할	10	火	△	岺	재, 산 이름	8	土	○
挒	비틀, 내걸	10	木	×	囹	옥, 감옥	8	水	×

한자	뜻	원획	자원오행	사용적합	한자	뜻	원획	자원오행	사용적합
姶	여자 이름, 슬기로운	8	土	○	嶺	고개, 재	17	土	○
岭	고개, 산맥	8	土	○	澪	강 이름, 물 떨어질	17	水	△
呤	속삭일, 말할	8	水	○	齡	나이, 연령	20	金	×
泠	깨우칠, 서늘할	9	水	△	靈	신령, 영혼	24	水	×
怜	영리할	9	火	△	欞	격자창, 처마	28	木	△
昤	밝을, 빛 영롱할	9	火	○					

례 (火)

한자	뜻	원획	자원오행	사용적합
玲	옥소리, 옥, 투명할	10	金	△
秢	벼 처음 익을	10	木	△
苓	도꼬마리, 원추리, 작은 농	11	木	×
羚	영양, 큰 양	11	土	×
翎	깃, 날개	11	火	△
聆	들을, 좇을, 깨달을	11	火	△
苓	도꼬마리, 원추리	11	木	×
蛉	잠자리	11	水	×
輪	사냥 수레	12	火	△
零	떨어질, 영	13	水	×
鈴	방울	13	金	○
逞	쾌할, 왕성할, 굳셀	14	土	△
領	거느릴, 다스릴	14	火	○
鹷	소금, 소금밭	16	水	△
鴒	할미새	16	火	×

다음은 오른쪽 표 계속:

한자	뜻	원획	자원오행	사용적합
礼	예도, 예절	6	木	○
例	법식, 본보기, 견줄	8	火	○
隸	종, 붙을	16	水	×
澧	물 이름, 강 이름	17	水	△
隷	종, 죄인	17	水	×
禮	예도, 절, 인사	18	木	△
醴	단술	20	金	×
鱧	가물치	24	水	×

로 (火)

한자	뜻	원획	자원오행	사용적합
老	늙을, 익숙할	6	土	×
牢	우리, 감옥	9	水	×
鹵	소금, 염밭	11	金	×
旅	검을, 검은빛	11	水	△
勞	힘쓸, 일할, 공로	12	火	○
虜	사로잡을, 포로	12	木	×

한자	뜻	원획	자원 오행	사용 적합	한자	뜻	원획	자원 오행	사용 적합
虜	사로잡을, 포로	13	木	×	壚	비취옥	21	金	○
輅	수레	13	火	△	艪	노, 상앗대	21	木	△
路	길	13	土	△	鑢	아교 그릇, 칼자루	21	金	△
魯	나라 이름, 노둔할, 어리석을	15	水	×	蘆	갈대	22	木	×
滷	소금밭	15	水	×	艫	뱃머리, 고물	22	木	△
盧	밥그릇, 목로	16	水	△	鷺	백로, 해오라기	23	火	×
撈	잡을, 건질, 건져낼	16	木	△	轤	도르래, 고패	23	火	△
潦	큰비 적실, 장마	16	水	△	鑪	화로	24	金	△
澇	큰 물결, 장마	16	水	△	顱	머리뼈, 해골	25	火	×
潞	강 이름	17	水	○	髗	머리뼈, 해골	26	金	×
擄	노략질할	17	木	×	鸕	가마우지	27	火	×
癆	중독, 폐결핵	17	水	×	鱸	농어	27	水	×
璐	아름다운 옥	18	金	○	록 (火)				
蕗	감초, 머위	18	木	×	彔	나무 새길, 근본	8	火	△
嚧	웃을	19	水	○	鹿	사슴	11	土	△
櫓	방패, 노	19	木	○	淥	밭칠, 거를	12	水	△
壚	흙토	19	土	△	祿	복, 녹봉	13	木	○
瀘	물 이름, 강 이름	20	水	△	碌	푸른 돌, 돌 모양, 녹록할	13	金	△
露	이슬	20	水	×	綠	푸를, 초록빛	14	木	○
爐	화로	20	火	○	菉	조개풀, 녹수, 녹두	14	木	△
櫨	두공	20	木	△	漉	거를, 칠	15	水	△

한자	뜻	원획	자원오행	사용적합	한자	뜻	원획	자원오행	사용적합
錄	기록할, 나타낼	16	金	○	뢰 (火)				
籃	대상자	17	木	×	耒	가래, 쟁기	6	木	△
轆	도르래	18	火	△	牢	가축우리, 감옥	7	土	×
鷚	잡털박이새	19	火	×	雷	우레, 천둥	13	水	×
麓	산기슭, 산림	19	土	△	賂	뇌물, 선물	13	金	△
론 (火)					誄	애도할, 빌	13	金	△
論	의논할, 말할, 논의할	15	金	○	酹	부을, 제주, 강신할	14	金	△
롱 (火)					磊	돌무더기	15	金	×
弄	희롱할	7	金	×	賚	줄, 하사품	15	金	○
儱	미숙할, 걷지 못할	18	火	×	賴	힘입을, 의뢰할, 의지할	16	金	△
壟	밭두둑, 언덕, 밭이랑	19	土	△	賴	힘입을, 의뢰할, 의지할	16	金	△
瀧	비 올, 적실	20	水	△	儡	꼭두각시, 영락할, 피로할	17	火	×
朧	흐릿할	20	水	×	礌	바위, 돌무더기	18	金	△
攏	누를, 쓰다듬을	20	木	△	攂	갈, 문지를	19	木	△
曨	어스레할, 먼동이 틀	20	火	△	蕾	꽃봉오리	19	木	×
瓏	옥소리, 환할	21	金	△	瀨	여울, 급류	20	水	△
礱	갈, 숫돌	21	金	△	礧	바위	20	金	△
籠	대그릇, 얽을, 채롱	22	木	△	罍	술독, 대야	21	土	×
聾	귀머거리	22	火	×	纇	실 마디, 어그러질	21	木	×
蘢	개여뀌	22	木	×	籟	퉁소, 소리	22	木	×
隴	고개 이름, 땅 이름	24	土	△					

한자	뜻	원획	자원오행	사용적합	한자	뜻	원획	자원오행	사용적합
료 (火)					鐐	은, 족쇄	20	金	×
了	마칠, 깨달을, 밝을	2	金	×	飂	바람 소리, 서풍	20	木	△
料	헤아릴, 다스릴	10	火	△	飉	산들바람	21	木	△
聊	애오라지, 의지할, 기울, 원할	11	火	×	**룡** (火)				
僚	동료, 벗, 관리	14	火	△	竜	용, 임금	10	土	△
廖	공허할, 사람 이름	14	木	×	龍	용, 임금	16	土	△
寮	벼슬아치, 동료, 작은 창	15	木	△	龘	용, 임금	21	土	△
嘹	울, 맑은 소리	15	水	△	**루** (火)				
嫽	예쁠	15	土	○	婁	끌, 별 이름	11	土	○
燎	밝을, 햇불, 화톳불	16	火	○	累	더할, 여러, 자주, 거듭할, 얽힐, 묶을	11	木	△
撩	다스릴, 돋울	16	木	○	淚	눈물, 눈물 흘릴	12	水	×
瞭	밝을, 환할	16	火	○	僂	구부릴	13	火	×
潦	큰비, 장마	16	水	×	陋	좁을, 더러울	14	土	×
獠	밤 사냥	16	土	×	屢	여러, 자주, 창	14	水	○
膋	발기름	16	水	×	嶁	봉우리, 산꼭대기	14	土	○
瞭	눈 밝을, 아득할	17	木	△	嘍	시끄러울, 말 많은	14	水	×
蓼	여뀌	17	木	×	樓	다락	15	木	×
療	병 고칠, 극복할	17	水	△	慺	정성스러울, 공손할	15	火	○
繚	감길, 두를	18	木	△	漏	샐, 빠뜨릴	15	水	×
醪	막걸리	18	金	×	熡	불꽃	15	火	○
遼	멀, 늦출	19	土	×	瘻	부스럼	16	水	×

한자	뜻	원획	자원 오행	사용 적합	한자	뜻	원획	자원 오행	사용 적합
縷	실, 명주, 실마디	17	木	○	纍	포승, 오랏줄	17	木	×
褸	헌 누더기, 남루할, 옷 해질	17	木	×	遛	머무를, 정지할	17	土	×
蔞	산쑥, 물쑥	17	木	×	謬	어긋날, 그릇될	18	金	×
耬	파종기	17	土	△	瀏	맑을	19	水	△
螻	땅강아지	17	水	×	類	같을, 무리, 비슷할	19	火	△
壘	보루, 진, 쌓을, 집터, 토석	18	土	×	纍	맬, 얽힐	21	木	×
鏤	새길	19	金	○	鶹	올빼미	21	火	×
髏	해골	21	金	×	륙 (火)				
류 (火)					六	여섯	6	土	△
柳	버들	9	木	○	勠	합할, 같이 힘쓸	13	土	○
留	머무를, 기다릴	10	土	△	戮	죽일, 육시할	15	金	×
流	흐를, 펼, 구할	11	水	△	陸	뭍, 육지	16	土	△
硫	유황	12	金	×	륜 (火)				
琉	유리	12	金	△	侖	뭉치, 생각할, 둥글	8	火	○
旒	깃발	13	土	△	倫	인륜, 차례, 윤리	10	火	○
榴	석류나무	14	木	△	崙	뫼, 산 이름	11	土	○
溜	물방울, 낙숫물, 여울	14	水	△	崘	산 이름	11	土	○
劉	묘금도, 죽일, 도끼	15	金	×	圇	완전할, 둥글둥글	11	土	○
瑠	맑은 유리	15	金	△	淪	빠질, 물놀이	12	水	×
瘤	혹	15	水	×	掄	가릴, 분간할	12	木	△
橊	석류나무	16	木	×	綸	벼리, 낚싯줄	14	木	○

한자	뜻	원획	자원오행	사용적합	한자	뜻	원획	자원오행	사용적합
輪	바퀴, 우렁찰	15	火	○	凛	찰, 늠름할	15	水	△
錀	금	16	金	○	凜	찰, 늠름할	15	水	△
률 (火)					廩	곳집, 쌀광, 넉넉할	16	木	△
律	법, 풍류, 저울질할	9	火	○	澟	서늘할, 찰	17	水	△
栗	밤, 단단할, 공손할	10	木	△	릉 (火)				
率	거느릴, 비율, 헤아릴	11	火	○	凌	능가할, 업신여길	10	水	×
崒	가파를	12	土	×	倰	속일, 넘길	10	火	×
慄	두려워할, 떨릴	14	火	×	楞	모, 네모질	13	木	△
溧	강 이름, 모래섬	14	水	×	楞	모, 네모질	13	木	△
稞	볏가리	15	木	△	稜	모날, 모서리, 서슬	13	木	×
瑮	옥 무늬	15	金	○	綾	비단	14	木	○
륭 (火)					菱	마름	14	木	△
隆	높을, 성할, 두터울	17	土	○	陵	언덕, 무덤, 능할	16	土	×
癃	위독할, 늙을	17	水	×	薐	마름, 모가 날	17	木	△
窿	활꼴	17	水	×	리 (火)				
륵 (火)					吏	관리, 벼슬아치, 아전	6	水	△
肋	갈빗대	8	水	×	利	이로울, 편리할	7	金	○
泐	돌 갈라질	9	水	×	李	오얏나무	7	木	×
勒	정돈할, 굴레, 자갈	11	金	△	里	마을, 헤아릴, 근심할	7	土	△
름 (火)					俐	똑똑할, 영리할	9	火	○
菻	쑥, 나라 이름	14	木	△	俚	속될, 촌스러울	9	火	×

한자	뜻	원획	자원오행	사용적합	한자	뜻	원획	자원오행	사용적합
厘	다스릴, 정리할	9	土	○	摛	퍼질, 표현할	15	木	○
唎	가는 소리	10	水	×	履	밟을, 가죽신	15	木	×
哩	어조사, 거리 단위	10	水	△	漓	스며들, 엷을	15	水	×
浬	다다를, 물소리	11	水	△	璃	유리, 구슬 이름	16	金	△
梨	배나무	11	木	△	釐	바를, 지울	16	土	○
离	산신, 밝을, 떠날, 흩어질, 고울	11	火	×	罹	근심	17	木	×
狸	살쾡이, 너구리	11	土	×	螭	교룡	17	水	×
悧	영리할	11	火	△	釐	의리, 다스릴	18	土	○
浬	해리	11	水	△	鯉	잉어	18	水	×
犂	밭 갈, 얼룩소	11	土	×	羸	여월, 파리할	19	土	×
痢	설사	12	水	×	離	떠날, 떼놓을, 산신	19	火	×
理	다스릴, 이치, 도리, 깨달을	12	金	△	魑	도깨비	21	火	×
犁	밭 갈, 얼룩소	12	土	×	黐	끈끈이	23	木	×
裏	속	13	木	△	籬	울타리	25	木	○
莉	말리꽃	13	木	×	邐	이어질, 줄지어 갈	26	土	△
裡	속, 안쪽	13	木	△	린 (火)				
剺	벗길, 칼로 벨	13	金	×	吝	아낄, 탐할	7	水	△
莅	다다를, 지위	13	木	○	悋	아낄, 인색할	11	火	△
蜊	참조개	13	水	×	粦	도깨비불	12	木	×
嫠	과부, 홀어머니	14	土	×	潾	물 맑을	14	木	△
貍	살쾡이	14	水	×	嶙	가파를, 강직한	15	土	△

한자	뜻	원획	자원오행	사용적합	한자	뜻	원획	자원오행	사용적합
潾	물 맑을	16	水	△	**림** (火)				
燐	도깨비불, 반딧불	16	火	△	林	수풀	8	木	△
撛	붙들, 구원할	16	木	△	玪	옥, 옥돌	9	金	○
獜	튼튼할, 건장할	16	土	△	淋	물 뿌릴, 축일, 임질	12	水	×
橉	나무 이름, 문지방	16	木	△	棽	무성할, 뒤덮일	12	木	△
璘	옥빛, 옥 무늬	17	金	△	晽	알고자 할	12	火	△
麐	기린	17	土	×	碄	깊을	13	金	△
磷	물 흐르는 모양	17	金	△	琳	아름다운 옥	13	金	○
蟒	반딧불	18	水	×	痳	임질	13	水	×
繗	이을, 실 뽑을	18	木	△	霖	장마	16	水	×
鄰	이웃	19	土	△	臨	임할, 볼, 쓸	17	火	○
轔	수레 소리, 바퀴	19	火	△	**립** (火)				
隣	이웃	20	土	△	立	설	5	金	○
鏻	굳셀	20	金	○	岦	산 우뚝할	8	土	×
藺	골풀, 등심초	22	木	△	砬	돌소리	10	金	△
驎	얼룩말	22	火	×	笠	삿갓, 갓	11	木	△
麟	기린	23	土	×	粒	쌀알, 낟알	11	木	△
鱗	비늘, 물고기	23	水	×	**마** (水)				
躙	짓밟을, 수레 자국	23	土	×	馬	말	10	火	△
躪	짓밟을, 유린할	27	土	×	麻	삼, 참깨	11	木	×
					痲	저릴, 홍역	13	水	×

한자	뜻	원획	자원오행	사용적합
嬤	어미, 여종, 암말	13	土	×
麼	작을, 하찮을	14	木	×
摩	문지를, 연마할	15	木	△
瑪	옥돌, 마노	15	金	○
摩	문지를, 갈, 가까워질	15	木	△
碼	마노, 저울추	15	金	△
磨	갈	16	金	△
螞	말거머리	16	水	×
蟇	두꺼비	17	水	×
魔	마귀	21	火	×
劘	깎을, 벨, 연마할	21	金	△

막 (水)

한자	뜻	원획	자원오행	사용적합
莫	말, 없을, 아닐, 아득할	13	木	×
寞	쓸쓸할, 고요할, 적막할	14	木	×
幕	장막, 막	14	木	×
漠	사막, 아득할, 넓을, 조용할, 모래펄	15	水	×
瞙	흐릴, 눈이 어두울	16	木	×
膜	꺼풀, 어루만질	17	水	×
鏌	칼 이름	19	金	×
邈	멀	21	土	×

만 (水)

한자	뜻	원획	자원오행	사용적합
万	일만	3	木	△
卍	만자	6	火	×
娩	낳을, 해산할	10	土	×
曼	길게 끌, 멀, 아름다울	11	土	△
晚	늦을, 저물	11	火	×
挽	당길	11	木	△
輓	끌, 애도할, 수레 끌	14	火	×
墁	흙손, 바를	14	土	△
嫚	업신여길, 깔볼	14	土	×
幔	막, 장막	14	木	△
漫	부질없을, 흩어질, 질펀할	15	水	×
萬	일만, 많을	15	木	△
滿	찰, 가득할, 풍족할	15	水	×
慢	게으를, 거만할, 방자할	15	火	×
瞞	속일	16	木	×
蔓	덩굴, 퍼질	17	木	△
縵	무늬 없는 비단	17	木	×
謾	속일, 헐뜯을	18	金	×
蹣	넘을, 뛰어넘을	18	土	△
鏋	금, 금정기	19	金	○

한자	뜻	원획	자원오행	사용적합	한자	뜻	원획	자원오행	사용적합
鏝	흙손, 날 없는 창	19	金	△	忙	바쁠	7	火	×
饅	만두	20	水	×	忘	잊을	7	火	×
鬘	머리 장식	21	火	△	汒	황급할	7	水	×
鰻	뱀장어	22	水	×	芒	싹, 까끄라기, 털	9	木	△
巒	뫼, 산봉우리	22	土	○	罔	그물, 없을, 속일	9	木	×
彎	굽을	22	火	×	邙	산 이름	10	土	△
蠻	오랑캐	25	水	×	望	바랄	11	水	○
灣	물굽이	26	水	△	茫	아득할, 멀, 멍할	12	木	×
말 (水)					惘	멍할, 심심할	12	火	×
末	끝, 꼭대기, 가벼울	5	木	×	莽	우거질	12	木	×
帕	머리띠	8	木	△	朢	보름	14	水	△
抹	바를, 칠할, 문지를	9	木	△	莽	풀 우거질, 잡초, 풀	14	木	×
沫	물거품, 물방울	9	水	×	網	그물	14	木	△
唜	끝	10	水	×	輞	바퀴 테	15	火	×
秣	꼴, 말먹이	10	木	×	漭	넓을, 평평할	15	水	△
茉	말리꽃, 재스민꽃	11	木	×	魍	도깨비, 요괴	18	火	×
靺	말갈, 오랑캐 이름, 버선	14	金	×	**매** (水)				
襪	버선	21	木	△	每	매양, 늘, 마다, 탐낼	7	土	△
망 (水)					呆	어리석을, 미련할	7	木	×
亡	망할	3	水	×	妹	손아래 누이	8	土	△
妄	망령될, 허망할, 거짓	6	土	×	枚	낱, 줄기	8	木	△

한자	뜻	원획	자원오행	사용적합	한자	뜻	원획	자원오행	사용적합
昧	어두울, 새벽, 동틀 무렵	9	火	×	脈	맥, 줄기	12	水	△
沬	땅 이름, 별 이름	9	水	△	貊	오랑캐, 맥국	12	水	×
玫	붉은 옥, 아름다운 돌	9	金	○	貉	오랑캐, 북방민족	13	水	×
埋	묻을	10	土	×	陌	길, 밭둑, 두렁, 거리	14	土	△
眛	어두울, 밝지 않을	10	木	×	貘	짐승 이름	18	水	×
苺	딸기, 이끼	11	木	×	驀	말 탈, 달릴, 갑자기	21	火	△
梅	매화나무	11	木	×	맹 (水)				
媒	중매할	12	土	×	孟	맏, 첫, 힘쓸	8	水	△
買	살	12	金	×	氓	백성	8	火	○
寐	잠잘, 죽을	12	木	×	盲	소경, 눈멀, 어두울	8	木	×
煤	그을음	13	火	×	甿	백성	8	土	○
楳	매화나무	13	木	×	虻	등에, 패모	9	水	×
莓	나무딸기	13	木	×	猛	사나울, 날랠, 엄할	12	土	×
酶	술밑, 누룩	14	金	×	盟	맹세할	13	土	○
賣	팔	15	金	×	萌	싹, 움, 비롯할	14	木	△
魅	도깨비, 매혹할	15	火	×	甍	용마루	16	土	△
霉	매우, 곰팡이	15	水	×	멱 (水)				
罵	꾸짖을, 욕할	16	木	×	覓	찾을, 구할	11	火	○
邁	갈, 멀리 떠날	20	土	×	幎	덮을, 가릴	13	木	△
맥 (水)					冪	덮을, 막	16	土	△
麥	보리	11	木	△					

한자	뜻	원획	자원오행	사용적합	한자	뜻	원획	자원오행	사용적합
면 (水)					명 (水)				
免	면할, 벗을, 해직할	7	木	△	皿	그릇	5	土	×
沔	물 이름, 물 흐를, 씻을	8	水	○	名	이름, 이름날	6	水	○
勉	힘쓸, 권면할	9	金	○	命	목숨, 운명	8	水	×
面	낯, 얼굴, 향할, 보일	9	火	△	明	밝을, 나타날	8	火	×
眄	곁눈질할, 애꾸눈	9	木	×	眀	눈 밝을, 볼	9	木	○
俛	힘쓸, 부지런할	9	火	○	洺	강 이름	10	水	△
眠	잠잘, 졸음, 졸, 쉴	10	木	×	冥	어두울, 저승, 그윽할	10	木	×
冕	면류관	11	木	○	茗	차 싹	12	木	△
棉	목화, 솜	12	木	△	㮣	홈통	12	木	×
湎	빠질, 바뀔	13	水	×	酩	술 취할	13	金	×
綿	솜, 잇달을	14	木	△	慏	맘 너그러울	14	火	△
緬	가는 실, 멀, 아득할	15	木	×	鳴	울	14	火	×
麪	밀가루, 국수	15	木	×	暝	어두울, 저물, 저녁	14	火	×
緜	햇솜, 명주	15	木	△	溟	바다	14	水	△
麵	밀가루, 국수	20	木	×	銘	새길	14	金	○
멸 (水)					瞑	눈 감을	15	木	×
滅	멸할, 꺼질, 멸망할	14	水	×	蓂	명협, 약초 이름	16	木	△
蔑	업신여길, 버릴	17	木	×	螟	멸구, 마디충, 해충	16	水	×
篾	대껍질	17	木	×	鵬	초명새, 새 이름	19	火	×
衊	업신여길	21	水	×					

한자	뜻	원획	자원오행	사용적합	한자	뜻	원획	자원오행	사용적합
메 (水)					茅	띠	11	木	△
袂	소매	10	木	×	眸	눈동자, 자세히 볼	11	木	×
모 (水)					軞	병거, 군용수레	11	火	△
毛	털, 터럭	4	火	×	帽	모자	12	木	×
母	어미	5	土	×	媚	시샘할, 노려볼	12	土	×
矛	창	5	金	△	募	모을, 뽑을, 부를	13	土	○
牟	보리, 소 우는 소리	6	土	△	貌	얼굴, 모양	14	水	×
牡	수컷, 모란	7	土	△	瑁	옥홀, 서옥	14	金	○
皃	모양, 자태	7	金	○	嫫	추녀	14	土	×
姆	유모, 여 스승, 맏동서	8	土	×	髦	다팔머리	14	火	×
侔	가지런할, 힘쓸	8	火	○	慕	사모할, 생각할	15	火	△
冒	무릅쓸	9	水	△	模	법, 본보기, 모호할	15	木	○
侮	업신여길, 버릴	9	火	×	摸	본뜰, 찾을, 더듬을	15	木	△
某	아무개	9	木	×	摹	베낄, 본뜰, 규모	15	木	×
姥	할머니, 늙은 여자	9	土	×	暮	저물	15	火	×
眊	흐릴, 어두울, 실망할	9	木	×	慔	힘쓸	15	火	△
芼	풀 우거질, 나물	10	木	△	蟊	해충	15	水	×
耗	소모할, 벼, 쓸, 다할	10	火	×	謀	꾀할, 계책, 도모할	16	金	○
悙	탐낼	10	火	△	橅	법	16	木	○
旄	깃대 장식	10	土	△	蟊	해충	17	水	×
耄	늙은이, 훈몽할	10	土	×	謨	꾀할	18	金	○

한자	뜻	원획	자원오행	사용적합	한자	뜻	원획	자원오행	사용적합
목 (水)					矇	어두울, 어리석을	18	火	×
木	나무	4	木	△	濛	가랑비, 큰물	18	水	×
目	눈, 요점, 우두머리	5	木	×	矓	청맹과니	19	木	×
牧	기를, 칠, 다스릴	8	土	○	艨	싸움배	20	木	△
沐	목욕할, 머리 감을, 씻을	8	水	×	鸏	물새 새끼	25	火	×
苜	거여목	11	木	×	**묘** (水)				
睦	화목할, 친할	13	木	○	卯	토끼, 네 번째 지지	5	木	×
穆	화목할, 온화할, 공경할	16	木	○	妙	묘할	7	土	△
鶩	집오리	20	火	×	杳	아득할, 어두울, 너그러울	8	木	×
몰 (水)					昴	별자리 이름	9	火	○
沒	빠질, 가라앉을, 잠길, 다할	8	水	×	玅	땅 이름	9	金	○
歿	죽을, 끝날	8	水	×	眇	애꾸눈	9	木	×
몽 (水)					畝	이랑	10	土	△
雺	안개, 아지랑이	13	水	×	苗	싹, 묘, 핏줄, 백성	11	木	△
夢	꿈, 환상	14	木	△	淼	물 가득할, 넓은 물	12	水	△
濛	이슬비	14	水	×	猫	고양이	13	土	×
蒙	어릴, 어두울, 입을, 어리석을	16	木	×	渺	아득할, 물 질펀할	13	水	×
瞢	어두울	16	木	×	描	그릴	13	木	△
懞	덮을, 무성할	17	木	△	墓	무덤	14	土	×
朦	흐릴, 어두울	18	火	×	廟	사당	15	木	×
懜	어두울, 어리석을	18	火	×	貓	고양이, 살쾡이	16	土	×

한자	뜻	원획	자원오행	사용적합	한자	뜻	원획	자원오행	사용적합
錨	닻	17	金	○	憮	어루만질, 애무할, 예쁠	16	火	△
藐	멀, 작을, 희미할	20	木	×	橅	법	16	木	○

무 (水)					儛	춤출, 무용	16	火	△
毋	말, 없을, 아닐	4	土	×	懋	힘쓸	17	火	○
无	없을, 아닐	4	火	×	繆	얽을, 삼열단	17	木	×
戊	다섯 번째 천간, 별, 무성할	5	土	△	膴	포, 두터울	18	水	△
巫	무당, 의사	7	火	×	蕪	거칠, 거친 숲, 거칠어질	18	木	×
武	호반, 굳셀, 건장할, 위엄스러울	8	土	△	鵡	앵무새	19	火	×
拇	엄지손가락	9	木	△	霧	안개	19	水	×
畝	밭이랑	10	土	△	騖	달릴, 질주할, 힘쓸	19	火	△
茂	무성할, 힘쓸	11	木	△	묵 (水)				
務	힘쓸, 일	11	土	○	墨	먹물	15	土	×
貿	무역할, 바꿀, 장사할	12	金	△	嘿	고요할, 잠잠할	15	水	△
無	없을	12	火	×	默	잠잠할, 묵묵할, 조용할	16	水	△
斌	옥돌	13	金	△	문 (水)				
楙	무성할, 힘쓸, 아름다울, 모과나무	13	木	△	文	글월, 글, 글자	4	木	×
誣	속일, 꾸밀, 무고할, 거짓말할	14	金	×	刎	목 벨, 목 자를	6	金	×
舞	춤, 춤출	14	木	△	吻	입술	7	水	×
嘸	분명하지 않을	15	水	×	門	문	8	木	△
廡	집, 곁채	15	木	△	汶	물 이름, 내 이름, 더럽힐	8	水	×
撫	어루만질, 누를, 기댈	16	木	△	炆	따뜻할, 연기 날, 장시간 삶을	8	火	△

한자	뜻	원획	자원오행	사용적합	한자	뜻	원획	자원오행	사용적합
抆	닦을, 문지를	8	木	△	弥	두루, 널리, 오랠	8	金	△
紋	문채, 무늬	10	木	○	侎	어루만질	8	火	○
們	들, 무리	10	火	△	采	점점, 더욱	8	土	○
紊	어지러울, 문란할, 얽힐	10	木	×	美	아름다울, 맛날, 훌륭할	9	土	×
蚊	모기	10	水	×	眉	눈썹	9	木	×
問	물을	11	水	△	弭	활고자	9	土	×
悗	잊을, 흐릴	11	火	×	娓	장황할, 힘쓸, 예쁠	10	土	△
雯	구름무늬, 구름문채	12	水	△	洣	강 이름	10	水	△
捫	어루만질, 쓰다듬을	12	木	△	敉	어루만질, 편안할	10	金	○
聞	들을, 맡을, 알려질	14	火	○	梶	나무 끝	11	木	△
璊	붉은 옥	16	金	○	冞	깊이 들, 그물	11	木	×
懣	번민할, 화낼	18	火	×	茉	맛, 뜻, 빛깔	11	木	△
물 (水)					媄	아름다울, 빛고울	12	土	△
勿	말, 없을	4	金	×	媚	사랑할, 예쁠, 아첨할, 아름다울	12	土	△
物	만물, 물건, 일, 헤아릴	8	土	○	嵋	깊은 산	12	土	△
沕	잠길, 아득할	8	水	×	嵄	산 이름, 담미	12	土	△
미 (水)					渼	물결무늬, 물 이름	13	水	△
未	아닐, 양	5	木	×	迷	미혹할, 희미할, 헤맬	13	土	×
米	쌀	6	木	×	湄	물가	13	水	△
尾	꼬리	7	木	×	楣	문미, 인중방, 처마	13	木	△
味	맛, 뜻, 기분	8	水	△	媚	빛날, 불꽃	13	火	△

한자	뜻	원획	자원오행	사용적합
微	작을, 숨길, 희미할	13	火	×
嬍	착하고 아름다울	13	土	○
媺	착하고 아름다울	13	土	○
瑂	옥돌	14	金	○
躾	예절 가르칠	16	火	○
謎	수수께끼	17	金	×
彌	두루, 미륵, 많을, 오랠, 더할, 널리	17	金	△
溦	이슬비, 물가	17	水	×
麋	큰사슴, 고라니	17	土	×
糜	죽, 된죽	17	木	×
縻	고삐, 얽어맬	17	木	×
瀰	평평할, 치렁치렁할, 넘칠, 물 가득할, 많을	18	水	△
薇	장미꽃, 고비, 백일홍	19	木	△
靡	쓰러질, 복종할	19	水	×
瀰	물 넓을	21	水	△
獼	원숭이	21	土	×
亹	힘쓸, 부지런할	22	土	△
黴	곰팡이, 썩을	23	水	×
蘼	천궁, 풀이 거칠	23	木	×
蘼	장미, 천궁	25	木	×

한자	뜻	원획	자원오행	사용적합
민 (水)				
民	백성	5	火	○
旻	가을 하늘	8	火	△
旼	화할	8	火	○
忞	힘쓸, 강인할	8	火	○
岷	산 이름, 산봉우리, 봉우리	8	土	○
忟	힘쓸, 노력할	8	火	○
玟	옥돌, 돌 이름	9	金	○
泯	망할, 어두울, 멸할, 빠질, 꺼질	9	水	×
敃	굳셀, 강인할, 힘쓸	9	金	○
砇	옥돌	9	金	○
眠	볼, 당황할	9	木	△
珉	옥돌	10	金	△
敏	민첩할, 재빠를, 총명할, 통달할	11	金	△
罠	낚싯줄, 토끼그물	11	木	×
苠	속대	11	木	×
悶	번민할, 답답할	12	火	×
閔	위문할, 힘쓸	12	木	△
暋	굳셀, 강할	13	火	○
愍	근심할, 불쌍할	13	火	×
鈱	철판	13	金	○

한자	뜻	원획	자원오행	사용적합
胳	꼭 맞을, 입술	13	水	△
瑛	옥돌	13	金	○
瑉	옥돌	13	金	○
黽	힘쓸, 노력할	13	土	△
頣	강할	14	火	○
瑉	옥돌, 아름다운 옥	14	金	○
磻	옥돌, 아름다운 옥	14	金	○
閩	종족 이름	14	木	×
緍	낚싯줄	14	木	×
慜	총명할, 근심할	15	火	△
緡	낚싯줄, 돈꿰미, 입힐	15	木	×
澠	물 흘러내릴	16	水	△
憫	불쌍할, 딱할, 잠잠할	16	火	×
頭	강할	18	火	○
鰵	다금바리	22	水	×

밀 (水)

한자	뜻	원획	자원오행	사용적합
密	빽빽할	11	木	△
蜜	꿀	14	水	△
樒	침향	15	木	×
滵	물이 빨리 흐를	15	水	△
謐	고요할, 자제할, 편안할	17	金	○

박 (水)

한자	뜻	원획	자원오행	사용적합
朴	순박할	6	木	○
泊	배 댈, 머무를, 쉴, 조용할, 묵을	9	水	△
拍	손뼉 칠, 박자	9	木	△
珀	호박	10	金	△
剝	벗길, 괴롭힐, 두드릴	10	金	×
亳	땅 이름	10	土	△
舶	큰 배, 선박	11	木	△
粕	지게미, 깻묵	11	木	×
迫	닥칠, 핍박할, 궁할	12	土	×
博	넓을	12	水	○
鉑	금박	13	金	○
雹	우박, 누리	13	水	×
箔	금박, 발, 금속의 얇은 조각	14	木	○
駁	얼룩말, 짐승 이름, 논박할, 섞일	14	火	×
髆	박공	14	木	×
膊	팔뚝, 포, 들추어낼	16	水	×
撲	칠, 때릴, 두드릴	16	木	×
樸	순박할, 질박할, 통나무	16	木	○
縛	묶을, 얽을	16	木	△
駮	논박할, 짐승 이름	16	火	×

한자	뜻	원획	자원오행	사용적합	한자	뜻	원획	자원오행	사용적합
璞	옥돌	17	金	△	胖	클, 편안할	11	水	△
鎛	종, 호미	18	金	△	斑	아롱질, 얼룩, 얼룩진 무늬	12	木	×
薄	엷을, 등한히 할	19	木	×	飯	밥, 먹을	13	水	△
膊	팔뚝, 어깨뼈	20	火	×	頒	반포할, 나눌	13	火	△
欂	두공	21	木	×	媻	비틀거릴	13	土	×
	반 (水)				搬	옮길, 이사할, 나를	14	木	×
反	돌아올, 돌이킬, 배반할	4	水	×	槃	즐거울, 쟁반, 소반	14	木	△
半	반, 나눌, 가운데, 절반	5	土	×	攀	덜, 없앨, 옮길	14	木	×
伴	짝, 벗, 동반할, 모실, 의지할	7	火	△	頖	학교 이름	14	火	△
攽	나눌	8	金	×	磐	너럭바위, 반석, 넓을	15	金	○
扳	끌어당길	8	木	△	盤	소반, 바탕, 즐길	15	金	○
朌	나눌	8	水	×	瘢	흉터, 자국, 흔적	15	水	×
泮	학교, 물가, 얼음 풀릴, 반수	9	水	△	潘	뜨물, 강 이름	16	水	△
盼	눈 예쁠	9	木	△	蟠	가뢰 곤충	16	水	×
拌	내버릴	9	木	×	磻	강 이름, 반계	17	金	○
叛	배반할, 달아날	9	水	×	斒	얼룩	17	水	△
畔	밭두둑, 밭도랑	10	木	△	蟠	서릴, 두를	18	水	△
般	일반, 돌아올	10	木	○	攀	명반, 더위잡을	19	木	△
絆	얽어낼, 줄	11	木	×	礬	명반, 꽃 이름	20	金	○
班	나눌, 펼	11	金	×		발 (水)			
返	돌아올, 돌이킬, 갚을	11	土	×	勃	노할, 발끈, 갑자기, 활발할	9	土	△

한자	뜻	원획	자원오행	사용적합	한자	뜻	원획	자원오행	사용적합
拔	뺄, 뽑을, 빼어날	9	木	△	厐	십실개, 섞일, 클	7	土	×
炦	불기운	9	火	△	彷	방황할, 배회할, 헤맬, 거닐	7	火	×
哱	어지러울	10	水	×	昉	밝을, 때마침	8	火	○
浡	일어날, 성할	11	水	○	放	놓을	8	金	×
發	필, 쏠, 일으킬	12	火	○	枋	박달나무, 다목	8	木	△
跋	밟을, 비틀거릴	12	土	×	房	방	8	木	△
鉢	바리때	13	金	△	厖	두터울, 클	9	水	○
渤	바다 이름	13	水	△	芳	꽃다울, 이름 빛낼	10	木	○
脖	배꼽, 목덜미	13	水	×	倣	본뜰, 본받을	10	火	○
鈸	방울	13	金	×	紡	길쌈, 지을, 실	10	木	○
髮	터럭, 머리털, 머리카락	15	火	×	肪	기름, 살찔, 비계	10	水	×
魃	가뭄 귀신	15	火	×	蚌	방합, 민물조개	10	水	×
潑	물 뿌릴, 활발할	16	水	△	舫	방주, 배, 뗏목, 쌍배	10	木	△
撥	다스릴, 덜, 없앨	16	木	×	旁	곁, 두루, 널리	10	土	△
鵓	집비둘기	18	火	×	邦	나라	11	土	△
醱	술 괼, 빚을	19	金	×	訪	찾을, 꾀일	11	金	○
방 (水)					瓶	옹기장	11	木	×
方	모, 본뜰, 방위, 떳떳할	4	土	△	梆	목어	11	木	×
仿	본뜰, 헤맬	6	火	△	傍	의지할, 곁, 의할	12	火	△
坊	동네, 막을, 둑	7	土	△	防	막을, 둑	12	土	×
妨	방해할, 해로울	7	土	×	幇	도울	12	木	○

한자	뜻	원획	자원오행	사용적합	한자	뜻	원획	자원오행	사용적합
艕	배, 선박	12	木	△	杯	잔	8	木	×
徬	헤맬, 시중들	13	火	×	拜	절할, 뺄, 공경할	9	木	△
滂	비 퍼부을	14	水	×	盃	잔, 대접	9	木	×
榜	패, 방 붙일, 방목	14	木	×	倍	갑절, 곱, 더할, 증가할	10	火	○
搒	배 저을, 휴식할	14	木	△	配	짝, 나눌, 아내, 배필, 귀양 보낼	10	金	×
牓	패, 방목, 게시판	14	木	△	俳	배우, 광대	10	火	×
髣	비슷할, 닮을	14	火	△	背	등, 배반할	11	水	×
磅	돌소리	15	金	△	培	북돋울, 더할, 도울	11	土	○
魴	방어	15	水	×	徘	노닐, 어정거릴	11	火	×
膀	오줌통, 쌍배	16	水	×	胚	아이 밸	11	水	×
蒡	우엉, 인동덩굴	16	木	△	排	물리칠, 밀칠, 배회할	12	木	×
螃	방게	16	水	×	焙	불에 쬘	12	火	△
謗	헐뜯을, 비방할	17	金	×	湃	물결칠, 물결 이는 모양	13	水	△
幫	도울, 지원할	17	木	○	琲	구슬꿰미	13	金	△
鎊	깎을	18	金	△	裴	치렁치렁할, 성씨	14	木	×
龐	클, 어지러울	19	土	△	裵	치렁치렁할, 성씨	14	木	×
배 (水)					賠	물어줄, 배상할	15	金	×
北	패할, 달아날	5	水	×	褙	속적삼, 배자	15	木	×
扒	뺄, 뽑을	6	木	×	輩	무리, 동아리패, 견줄, 같을	15	火	×
坏	언덕	7	土	△	陪	도울, 모실	16	土	△
貝	조개, 보배	7	金	○	蓓	꽃봉오리	16	木	×

한자	뜻	원획	자원오행	사용적합	한자	뜻	원획	자원오행	사용적합
蓓	꽃봉오리	17	木	×	磻	강 이름, 수살돌추	17	金	○
백 (水)					蕃	우거질, 불을, 무성할, 쉴, 번성할	18	木	△
白	흰, 깨끗할, 밝을	5	金	○	翻	나부낄, 뒤집힐	18	火	×
百	일백, 많을	6	水	△	繙	되풀이할, 펴볼	18	木	△
伯	맏, 첫, 우두머리	7	火	△	膰	제사 고기	18	水	×
帛	비단	8	木	△	藩	울타리, 지킬	21	木	△
佰	일백, 백 사람	8	火	△	飜	번역할, 날, 뒤집을, 엎어질	21	火	×
柏	잣, 측백나무	9	木	×	蘩	산흰쑥	23	木	×
栢	잣, 측백나무	10	木	×	**벌** (水)				
珀	호박 보석	10	金	○	伐	칠	6	火	×
苩	성씨, 꽃	11	木	×	筏	뗏목, 떼	12	木	×
趙	넘칠, 급할	12	火	×	閥	문벌, 공훈	14	木	△
魄	넋, 혼, 재강	15	火	×	罰	죄, 벌줄	15	木	×
번 (水)					橃	뗏목, 큰 배	16	木	△
袢	속옷, 차려입을	11	木	△	罸	죄, 벌	16	木	×
番	차례	12	土	△	**범** (水)				
煩	번거로움, 괴로워할, 번민할	13	火	×	凡	무릇, 모두, 평범할	3	水	○.
樊	울타리, 에워쌀	15	木	△	犯	범할, 범죄	6	土	×
幡	기, 표기, 나부낄	15	木	×	帆	돛단배	6	木	△
燔	사를, 구울	16	火	△	氾	넘칠, 넓을, 퍼질	6	水	△
繁	성할, 많을, 번성할, 무성할	17	木	○	机	수부나무, 나무 이름	7	木	△

한자	뜻	원획	자원오행	사용적합
汎	뜰, 넓을	7	水	△
泛	뜰, 띄울, 넓을	9	水	△
訊	말 많을, 잔소리	10	金	×
釩	떨칠	11	金	○
范	풀 이름	11	木	△
梵	범어, 불명, 불경	11	木	△
笵	법, 틀	11	木	○
渢	물소리, 풍류 소리	13	水	×
範	모범, 법, 본보기	15	木	○
氾	뜰	15	水	×
飄	달릴, 돛	19	木	△

법 (水)

한자	뜻	원획	자원오행	사용적합
法	법, 본받을	9	水	△
琺	법랑, 법당	13	金	△

벽 (水)

한자	뜻	원획	자원오행	사용적합
辟	임금, 법, 허물	13	金	△
碧	푸를, 구슬	14	金	○
僻	후미질, 궁벽할, 치우칠	15	火	×
劈	쪼갤	15	金	×
壁	바람벽	16	土	△
檗	회양목, 황벽나무	17	木	×

한자	뜻	원획	자원오행	사용적합
擘	엄지손가락, 나눌	17	木	×
擗	가슴 칠, 열	17	木	△
璧	구슬, 둥근 옥, 별 이름	18	金	○
癖	버릇, 적취	18	水	×
甓	벽돌, 기와	18	土	×
襞	치맛주름	19	木	×
疈	가를, 나눌	20	土	×
闢	열, 물리칠	21	木	○
霹	벼락, 천둥	21	水	×
蘖	황경나무, 괴로울	23	木	×
鷿	논병아리	24	火	×
䶅	거북	26	土	×

변 (水)

한자	뜻	원획	자원오행	사용적합
卞	법, 조급할, 가장자리	4	土	×
弁	고깔, 관	5	木	△
釆	분별할	7	木	○
忭	기뻐할, 좋아할	8	火	○
抃	손뼉 칠	8	木	△
便	똥오줌, 문득, 편할	9	火	×
骈	더할, 늘어날	13	金	△
胼	살갗이 틀	14	水	×

한자	뜻	원획	자원오행	사용적합	한자	뜻	원획	자원오행	사용적합
辨	분별할, 나눌	16	金	△	鼈	자라	25	土	×
駢	나란히 할, 합칠	16	火	△	병 (水)				
鵬	매	16	火	×	丙	남녘, 남쪽, 셋째 천간	5	火	△
骿	통갈비, 굳은살	16	金	×	幷	아우를	6	木	△
辮	땋을, 엮을	20	木	×	兵	군사	7	金	△
辯	말 잘할, 말씀, 판별할	21	金	△	并	아우를	8	火	△
邊	갓, 변방	22	土	×	秉	잡을	8	木	○
變	변할	23	金	×	並	나란히, 모두	8	火	△
籩	제기 이름	25	木	×	炳	밝을, 빛날	9	火	○
별 (水)					柄	자루, 권세	9	木	○
別	다를, 나눌, 떠날	7	金	×	昞	밝을, 빛날	9	火	○
炦	불기운	9	火	△	昺	불꽃, 밝을	9	火	○
勳	클, 힘셀	12	土	○	抦	잡을, 붙잡을	9	木	△
莂	모종 낼	13	木	△	倂	아우를, 나란히 할	10	火	△
馠	향기 날 별	13	木	○	病	병들, 병	10	水	×
彆	활 뒤틀릴	15	金	×	竝	나란할, 아우를	10	金	○
瞥	언뜻 볼	17	木	×	屛	병풍	11	水	△
馩	짙지 않은 향기	17	木	△	棅	자루	12	木	○
襒	떨칠, 옷을 털	18	木	×	瓶	병, 항아리	13	土	△
鱉	자라	23	水	×	鈵	굳을, 단단한	13	金	○
鷩	금계, 붉은 꿩	23	火	×	迸	흩어져 달아날, 솟아날	13	土	×

한자	뜻	원획	자원오행	사용적합	한자	뜻	원획	자원오행	사용적합
鉼	두레박	14	土	△	睗	볼	12	火	△
鉼	판금	14	金	△	盙	제기 이름	12	金	×
絣	이을, 섞을	14	木	△	補	기울, 도울, 고칠	13	木	○
輧	가벼운 수레	15	火	△	湺	보	13	水	△
鉼	판금	16	金	△	菩	보살, 보리	14	木	△
餠	떡, 밀국수	17	水	△	輔	도울, 광대뼈	14	火	○
騈	나란히 할, 고을 이름	18	火	△	褓	포대기	15	木	×

보 (水)

한자	뜻	원획	자원오행	사용적합	한자	뜻	원획	자원오행	사용적합
甫	클, 겨우, 비로소	7	水	○	葆	풀이 더부룩할, 보전할	15	木	○
步	걸음	7	土	△	鴇	능에, 너새	15	火	×
宝	보배	8	金	○	潽	물 이름, 끓을, 물 넓을	16	水	△
步	걸음	8	土	△	簠	제기 이름	18	木	×
玨	옥그릇	8	金	△	譜	족보, 계보	19	金	△
保	보전할, 지킬	9	火	○	黼	수, 무늬, 광채	19	木	△
備	도울	9	火	○	寶	보배	20	金	△
洑	보, 나루, 스며 흐를	10	水	△	靌	보배, 국새, 불법승	27	金	△
珤	보배	11	金	○					

복 (水)

한자	뜻	원획	자원오행	사용적합
玭	보배, 국새	11	金	○
報	갚을, 알릴, 대답할	12	土	○
普	넓을	12	火	○
堡	작은 성, 둑, 막을	12	土	○

※ 복 (水) 표

한자	뜻	원획	자원오행	사용적합
卜	점, 무	2	火	×
伏	엎드릴, 숨을, 굴복할	6	火	×
扑	칠, 때릴, 두드릴	6	木	×
服	옷, 직책, 행할, 다스릴	8	水	△
宓	편안할, 비밀히	8	木	△

한자	뜻	원획	자원오행	사용적합	한자	뜻	원획	자원오행	사용적합
匐	엎드릴, 길, 기어갈	11	金	×	鰒	전복	20	水	×
復	돌아올, 회복할	12	火	○	**본** (水)				
茯	복령	12	木	△	本	근본, 뿌리, 밑, 옛	5	木	○
福	복, 착할	14	木	×	**볼** (水)				
僕	종, 마부	14	火	×	乶	음역자, 땅 이름	8	木	×
箙	전동, 화살통	14	木	×	**봉** (水)				
菔	무, 칼집	14	木	×	丰	어여쁠, 풍채 날	4	木	○
腹	배, 두터울	15	水	×	夆	이끌, 만날	7	水	○
複	겹옷, 겹칠, 거듭	15	木	×	奉	받들, 드릴	8	木	○
墣	흙덩이	15	土	△	封	봉할	9	土	×
幞	보자기, 두건	15	木	×	芃	풀이 무성할	9	木	△
蝠	박쥐	15	水	×	峯	산봉우리	10	土	△
蝮	살무사 뱀	15	水	×	俸	녹, 급료, 녹봉	10	火	△
輹	복토, 바큇살	16	火	×	峰	산봉우리	10	土	△
輻	바큇살	16	火	△	烽	봉화	11	火	○
蔔	무, 치자꽃	17	木	△	泽	강 이름	11	水	○
鍑	가마솥	17	金	△	捧	받들, 어울릴	12	木	△
馥	향기로울	18	木	○	棒	몽둥이, 막대, 칠	12	木	×
覆	뒤집힐, 다시, 넘어질	18	金	×	蜂	벌	13	水	×
濮	강 이름	18	水	△	琫	칼집 옥, 칼집 장식	13	金	△
鵩	수리부엉이	19	火	×	絳	꿰맬, 기울	13	木	×

한자	뜻	원획	자원오행	사용적합	한자	뜻	원획	자원오행	사용적합
逢	만날, 클	14	土	△	斧	도끼	8	金	×
鳳	봉황새	14	火	△	咐	분부할, 불, 숨을	8	水	×
菶	풀이 무성할	14	木	△	抔	움킬	8	木	×
熢	불기운, 연기 자욱할, 봉화	15	火	△	訃	부고	9	金	×
漨	강 이름, 답답한 모양	15	水	△	負	질	9	金	×
鋒	칼날, 봉망, 선봉	15	金	×	赴	다다를, 나아갈, 갈	9	火	○
鴌	봉새	15	火	×	俘	사로잡을	9	火	×
縫	꿰맬, 붙일	17	木	×	拊	어루만질, 사랑할	9	木	○
蓬	쑥, 더부룩할	17	木	×	玞	옥돌	9	金	○
篷	뜸, 거룻배	17	木	×	釜	가마, 발 없는 큰 솥	10	金	△

부 (水)

한자	뜻	원획	자원오행	사용적합	한자	뜻	원획	자원오행	사용적합
夫	지아비, 남편, 사나이	4	木	×	芙	연꽃, 부용	10	木	×
父	아비, 아버지	4	木	×	俯	구부릴, 숙일	10	火	×
不	아닐	4	水	×	剖	쪼갤, 가를	10	金	×
付	줄, 부칠, 붙일, 부탁	5	火	△	祔	합사할, 합장할	10	木	△
缶	장군	6	土	×	罘	그물	10	木	×
孚	믿을	7	水	○	芣	질경이	10	木	×
否	아닐, 아니	7	水	×	蚨	파랑강충이	10	水	×
阜	언덕, 클	8	土	○	趺	책상다리, 앉을	11	土	△
府	마을, 곳집	8	土	△	埠	선창, 부두	11	土	×
扶	도울, 불, 붙들	8	金	○	副	버금, 도울	11	金	△
					婦	며느리, 아내, 지어미	11	土	×

한자	뜻	원획	자원오행	사용적합	한자	뜻	원획	자원오행	사용적합
浮	뜰, 가벼울, 넘칠	11	水	×	裒	모을	13	木	△
符	부호, 부신, 부적, 명	11	木	△	溥	넓을, 클, 펼	14	水	△
桴	마룻대, 뗏목	11	木	△	腐	썩을	14	水	×
胕	장부, 발	11	水	×	孵	알 깔	14	水	×
苻	귀목 풀	11	木	×	腑	장부, 오장육부	14	水	×
袝	나들이옷	11	木	△	榑	부상, 뽕나무	14	木	×
傅	스승, 도울	12	火	○	駙	빠를, 곁마, 부마	15	火	△
富	부자, 넉넉할	12	木	△	敷	펼, 베풀	15	金	○
復	다시	12	火	△	賦	부세, 구실, 거둘	15	金	×
媍	며느리, 아내	12	土	×	部	나눌, 떼, 거느릴	15	土	×
掊	끌어모을, 수탈할	12	木	△	頫	구부릴, 숙일	15	火	×
涪	물거품	12	水	×	麩	밀기울	15	木	×
跗	발등, 받침	12	土	×	鮒	붕어	16	水	×
鈇	도끼, 작두	12	金	×	膚	살갗, 피부	17	水	×
鳧	물오리	13	火	×	賻	부의	17	金	×
艀	작은 배	13	木	△	蔀	빈지문, 가리개	17	木	×
莩	갈청, 풀 이름, 대청	13	木	△	簿	문서, 장부	19	木	×
附	붙일, 붙을, 기댈	13	土	△	북 (水)				
筟	대나무 청	13	木	×	北	북녘	5	水	×
罘	그물	13	木	×	분 (水)				
蜉	하루살이	13	水	×	分	나눌, 분명할, 분별할	4	金	×

한자	뜻	원획	자원오행	사용적합
吩	뿜을, 분부할	7	水	△
体	용렬할, 거칠	7	火	×
坌	먼지, 티끌	7	土	×
帉	걸레	7	木	×
扮	잡을, 꾸밀	8	木	△
汾	물 흐를, 물 이름, 많을	8	水	△
昐	햇빛	8	火	○
奔	달아날, 달릴, 분주할	8	木	×
忿	성낼	8	火	×
枌	흰느릅나무	8	木	×
氛	기운, 조짐	8	水	×
盆	동이, 화분	9	金	△
砏	큰 소리, 천둥소리	9	金	×
芬	향기로울, 향내 날	10	木	△
紛	어지러울, 번잡할	10	木	×
粉	가루	10	木	×
畚	삼태기	10	土	×
朌	머리 클	10	水	×
笨	거칠, 조잡할	11	木	×
賁	클, 결낼	12	金	○
雰	안개, 눈 날릴	12	水	×

한자	뜻	원획	자원오행	사용적합
焚	불사를	12	火	×
棻	마룻대	12	木	×
犇	달릴, 빠를	12	土	△
棻	향내 나는 나무	12	木	×
湓	용솟음할, 물소리	13	水	△
噴	뿜을, 꾸짖을	15	水	×
墳	무덤, 봉분	15	土	×
奮	떨칠, 힘쓸	16	木	△
憤	분할	16	火	×
濆	뿜을, 솟을	16	水	△
橎	수놓을	16	木	×
糞	똥, 비료	17	木	×
鼢	두더지	17	水	×
膹	고깃국	18	水	×
蕡	들깨	18	木	×
轒	병거, 전차	19	火	△

불 (水)

한자	뜻	원획	자원오행	사용적합
不	아닐, 아니	4	水	×
弗	아닐, 어길	5	木	×
佛	부처	7	火	×
彿	비슷할, 흡사할	8	火	×

한자	뜻	원획	자원오행	사용적합	한자	뜻	원획	자원오행	사용적합
萉	산길	8	土	△	比	견줄, 나란할	4	火	△
拂	떨칠, 떨어질	9	木	×	丕	클, 으뜸, 받들	5	水	○
祓	푸닥거리할	10	木	×	庀	다스릴, 갖출	5	木	△
紱	인끈, 제복	11	木	×	妃	왕비	6	土	○
魃	발끈할	11	土	×	仳	떠날, 추할	6	火	×
芾	우거질	11	木	×	圮	무너질	6	土	×
韍	폐슬, 인끈	14	金	×	庇	덮을	7	木	△
髴	비슷할, 방불할	15	火	△	伾	힘셀	7	火	○
黻	수, 폐슬	17	木	×	妣	죽은 어머니	7	土	×

붕 (水)

한자	뜻	원획	자원오행	사용적합	한자	뜻	원획	자원오행	사용적합
朋	벗	8	水	△	屁	방귀	7	水	×
崩	산 무너질, 죽을	11	土	×	批	비평할, 칠, 깎을	8	木	×
堋	묻을	11	土	×	枇	비파나무	8	木	△
棚	사다리, 시렁, 선반	12	木	△	非	아닐, 나무랄, 어길	8	木	×
硼	붕산, 돌 이름	13	金	△	卑	낮을, 천할	8	土	×
漰	물결치는 소리	15	水	×	沘	강 이름	8	水	△
繃	묶을, 감을	17	木	△	沸	끓을	9	水	×
髼	흐트러질, 더벅머리	18	火	×	毗	도울, 쇠퇴할	9	火	×
鵬	붕새	19	火	×	泌	샘물 흐를, 분비할	9	水	△

비 (水)

한자	뜻	원획	자원오행	사용적합
匕	비수, 숟가락, 살촉	2	金	×
飛	날, 빠를, 높을	9	火	△
毖	삼갈, 근신할, 멀	9	火	×
秕	쭉정이	9	木	×

한자	뜻	원획	자원오행	사용적합	한자	뜻	원획	자원오행	사용적합
砒	비상	9	金	×	費	쓸, 비용	12	金	△
毘	도울, 쇠퇴할	9	火	×	扉	문짝, 사립문	12	木	△
狒	원숭이	9	土	×	斐	문채 날, 오락가락할	12	木	×
狉	삵의 새끼	9	土	×	棐	도지개, 비파	12	木	×
肥	살찔	10	水	×	悱	표현 못 할	12	火	×
粃	더럽힐, 쭉정이	10	木	×	椑	술통, 술잔	12	木	×
匪	대상자, 비적, 아닐	10	木	×	淝	강 이름	12	水	△
祕	숨길, 귀신	10	木	×	淠	강 이름	12	水	△
秘	숨길, 심오할	10	木	×	痞	배 속 결릴	12	水	×
俾	더할, 시킬	10	火	△	邳	클, 땅 이름	12	土	△
剕	발 벨	10	金	×	碑	비석, 돌기둥	13	金	×
紕	가선, 해진 비단	10	木	×	琵	비파나무	13	金	△
芘	당아욱	10	木	×	痹	저릴, 왜소할, 새 이름	13	水	×
芾	작은 모양	10	木	×	痺	저릴, 각기병	13	水	×
蚍	왕개미	10	水	×	睥	흘겨볼	13	木	×
婢	여자 종, 계집종, 여종	11	土	×	閟	문 닫을	13	木	×
斐	클	11	木	△	榧	비자나무	14	木	△
埤	더할, 낮을	11	土	△	裨	도울, 보좌할, 기울	14	木	△
庳	집 낮을	11	木	△	脾	지라	14	水	×
悲	슬플	12	火	×	緋	비단, 붉은빛, 붉은 옥	14	木	△
備	갖출, 이룰, 족할	12	火	○	鼻	코	14	金	×

한자	뜻	원획	자원오행	사용적합	한자	뜻	원획	자원오행	사용적합
翡	물총새, 비취	14	火	×	譬	비유할, 깨우칠	20	金	○
菲	엷을, 보잘것없을, 향기	14	木	×	羆	큰 곰	20	木	△
蜚	바퀴, 곤충 이름	14	水	×	贔	힘쓸, 성낼	21	金	×
腓	장딴지	14	水	×	鼙	마상고, 작은북	21	金	×
萆	비해, 쓴 마	14	木	×	轡	고삐, 재갈	22	火	×
誹	헐뜯을, 비방할	15	金	×	**빈** (水)				
郫	고을 이름	15	土	△	份	빛날	6	火	△
憊	고단할, 고달플, 피곤할	16	火	×	牝	암컷	6	土	×
霏	눈 내릴	16	水	×	玭	구슬 이름, 소리 나는 진주	9	金	△
篦	빗치개, 참빗	16	木	×	浜	물가, 배를 대는 곳, 물가 이름	11	水	△
蓖	아주까리	16	木	×	貧	가난할, 구차할	11	金	×
陴	성가퀴, 도울	16	土	△	邠	나라 이름, 고을 이름	11	土	△
緋	향기로울	17	木	△	彬	빛날, 밝을	11	火	○
貔	비휴, 맹수, 너구리	17	水	×	斌	빛날, 밝을	12	木	○
髀	넓적다리	18	金	×	賓	손님, 공경할, 복종할	14	金	×
鄙	더러울, 인색할, 마을, 어리석을	18	土	×	儐	인도할, 베풀	16	火	○
濞	물소리	18	水	△	頻	자주	16	火	○
騑	곁마, 계속 달릴	18	火	△	嬪	아내, 궁녀 벼슬 이름, 복종할	17	土	△
臂	팔	19	水	×	豳	나라 이름	17	水	△
轡	말 채비할	19	金	△	檳	빈랑나무	18	木	△
騛	빠른 말, 준마	19	火	△	濱	물가, 가까울	18	水	△

한자	뜻	원획	자원 오행	사용 적합	한자	뜻	원획	자원 오행	사용 적합
殯	빈소, 초빈할, 염할	18	水	✕	憑	의지할, 기댈	16	火	△
擯	물리칠, 인도할	18	木	△	騁	달릴	17	火	△
贇	예쁠, 아름다울	19	金	○	사 (金)				
穦	향기	19	木	○	巳	뱀, 여섯째 지지	3	土	✕
霦	옥 광채	19	水	○	士	선비, 벼슬, 남자	3	木	△
顰	찡그릴	19	水	✕	四	넉, 넷	4	水	✕
璸	진주 이름	19	金	△	乍	잠깐, 갑자기	5	金	✕
矉	찡그릴	19	木	✕	司	맡을, 벼슬	5	水	△
瀕	물가, 가까울, 여울	20	水	△	史	역사, 사기	5	水	△
繽	어지러울	20	木	✕	仕	벼슬할, 살필, 섬길	5	火	○
臏	종지뼈	20	水	✕	死	죽을	6	水	✕
鑌	강철, 매운 쇠	22	金	○	糸	가는 실	6	木	✕
蘋	풀 이름	22	木	✕	寺	절, 모실	6	木	✕
馪	향내 날	23	木	△	些	적을, 조금	7	木	✕
矉	찡그릴	24	火	✕	伺	엿볼, 살필	7	火	△
鬢	살쩍, 귀밑털	24	火	✕	私	사사로울, 은혜, 베풀, 사랑할	7	木	✕
빙 (水)					似	같을, 닮을	7	火	△
氷	얼음	5	水	✕	汜	지류	7	水	△
凭	기댈, 의지할	8	木	○	沙	모래	8	水	✕
娉	장가들, 안부 물을	10	土	△	社	모일, 단체, 토지의 신	8	木	△
聘	부를, 방문할, 찾아갈	13	火	△	祀	제사	8	木	✕

한자	뜻	원획	자원오행	사용적합	한자	뜻	원획	자원오행	사용적합
舍	집, 버릴	8	火	×	斜	비낄, 비스듬할	11	火	×
使	하여금, 사귈	8	火	△	蛇	뱀	11	水	×
事	일, 섬길, 부릴	8	木	△	赦	용서할, 사면할	11	火	×
卸	풀, 부릴	8	木	△	梭	북	11	木	△
咋	잠깐	8	水	△	笥	상자	11	木	△
姒	손위 동서	8	土	×	斯	어조사, 쪼갤	12	金	△
砂	모래, 사막	9	金	×	奢	사치할, 넉넉할	12	木	×
査	조사할, 사실할	9	木	×	絲	실	12	木	×
思	생각, 원할	9	火	×	詞	말씀	12	金	○
泗	물 이름, 콧물	9	水	×	捨	버릴, 베풀, 놓을	12	木	×
柶	수저, 윷, 숟가락	9	木	×	詐	속일, 거짓	12	金	×
俟	기다릴, 클	9	火	○	傞	춤출, 취해서 춤출	12	火	×
射	쏠	10	土	×	竢	기다릴	12	金	△
師	스승, 전문가	10	木	△	痧	괴질, 곽란	12	水	×
唆	부추길, 대답할	10	水	△	覗	엿볼	12	火	×
紗	비단, 깁	10	木	△	裟	가사	13	木	×
娑	춤출, 사바 세상, 옷 너풀거릴	10	土	×	渣	물 이름, 강 이름	13	水	△
祠	사당, 제사	10	木	×	莎	사초, 향부자	13	木	△
剚	칼 꽂을	10	金	×	肆	방자할	13	火	×
邪	간사할	11	土	×	嗣	이을	13	水	○
徙	옮길	11	火	×	楂	뗏목	13	木	△

한자	뜻	원획	자원오행	사용적합	한자	뜻	원획	자원오행	사용적합
飼	기를, 먹일, 사료	14	水	×	索	노, 동아줄	10	木	△
獅	사자	14	土	×	朔	초하루	10	水	×
榭	정자, 사당	14	木	△	搠	바를, 찌를	14	木	×
皻	여드름	14	金	×	槊	창, 쌍륙	14	木	×
蜡	납향제	14	水	×	數	자주, 셀, 계산할	15	金	○
僿	잘게 부술, 성의 없을	15	火	×	蒴	삭조, 깍지	16	木	×
賜	줄, 베풀어줄	15	金	○	爍	빛날, 녹일	19	火	△
寫	베낄, 쓸	15	木	×	鑠	녹일, 태울	23	金	×
駟	사마, 네 필의 말	15	火	△					

산 (金)

한자	뜻	원획	자원오행	사용적합
駛	달릴, 빠를	15	火	△
魦	모래무지	15	水	×
蓑	도롱이	16	木	×
篩	체로 칠, 왕대	16	木	×
謝	사례할, 말씀, 거절할	17	金	△
鯊	모래무지	18	水	×
瀉	쏟을	19	水	×
辭	말씀, 사양할, 거절할	19	金	×
麝	사향노루	21	土	×
鰤	방어	21	水	×

이어서 산 표:

한자	뜻	원획	자원오행	사용적합
山	뫼	3	土	×
刪	깎을	7	金	×
汕	오구, 통발	7	水	×
疝	산증	8	水	×
姍	헐뜯을	8	土	×
珊	산호	10	金	△
祘	셈	10	木	△
訕	헐뜯을	10	金	×
産	낳을	11	木	△
產	낳을	11	木	△
狻	사자	11	土	×
傘	우산, 양산	12	火	×

삭 (金)

한자	뜻	원획	자원오행	사용적합
削	깎을, 빼앗을	9	金	×

한자	뜻	원획	자원오행	사용적합	한자	뜻	원획	자원오행	사용적합
散	흩어질	12	金	×	杉	삼나무	7	木	△
剷	깎을	13	金	×	衫	적삼, 윗도리, 내의	9	木	×
算	셈할, 계산, 셀	14	木	△	芟	풀 벨, 제거할	10	木	×
酸	식초, 아플, 슬플	14	金	×	叅	석, 셋	11	火	△
憪	온전한 덕, 많을	15	火	○	釤	낫, 벨	11	金	×
蒜	마늘, 달래	16	木	×	森	수풀, 나무 빽빽할	12	木	△
橵	산자, 사람 이름	16	木	△	滲	스밀, 샐, 거를	15	水	×
潸	눈물 흐를	16	水	×	蔘	인삼, 늘어질, 우뚝할	17	木	△
澘	눈물 흐를	16	水	×	糝	나물죽	17	木	×
繖	우산	18	木	×	鬖	헝클어질	21	火	×
鏾	대패	19	金	×					
霰	싸라기눈	20	水	×		삽 (金)			
孿	쌍둥이, 이어질	22	水	△	卅	서른	4	水	×
					唼	쪼아 먹을	11	水	×
	살 (金)				鈒	창, 새길	12	金	△
乷	살, 음역자	8	木	×	揷	꽂을, 끼울	13	木	△
殺	죽일	11	金	×	插	꽂을, 끼울	13	木	△
煞	죽일	13	火	×	歃	마실	13	金	△
撒	뿌릴	16	木	×	颯	바람 소리	14	木	×
薩	보살	20	木	△	翣	부삽	14	水	△
					霅	비 올	15	水	×
	삼 (金)				澁	껄끄러울, 말 더듬을	16	水	×
三	석, 셋	3	火	△					

한자	뜻	원획	자원오행	사용적합	한자	뜻	원획	자원오행	사용적합
霎	가랑비	16	水	×	象	코끼리, 형상	12	水	△
鍤	가래	17	金	×	傷	상할, 다칠, 상처	13	火	×
상 (金)					想	생각할	13	火	○
上	위, 첫째	3	木	△	詳	자세할	13	金	○
床	상, 평상	7	木	×	湘	강 이름, 물 이름	13	水	△
狀	형상, 모양, 편지	8	土	○	嘗	맛볼, 경험할	13	土	△
尙	오히려, 숭상할, 높일	8	金	○	嚐	맛볼, 일찍	14	水	×
牀	평상	8	木	△	像	모양, 형상	14	火	○
相	서로, 바탕, 도울, 정승	9	木	○	裳	치마	14	木	×
庠	학교	9	木	○	塽	시원한 땅, 높고 밝은 땅	14	土	○
峠	고개	9	土	△	箱	상자	15	木	△
桑	뽕나무	10	木	△	賞	상 줄, 칭찬할	15	金	△
晌	한낮, 정오	10	火	○	樣	상수리나무	15	木	△
祥	상서로울	11	金	○	慡	성품 밝을	15	火	○
常	항상, 떳떳할, 늘	11	木	○	殤	요절할	15	水	×
爽	시원할, 밝을, 굳셀	11	火	○	緗	담황색	15	木	×
商	장사할, 헤아릴	11	水	○	橡	상수리나무	16	木	△
徜	어정거릴, 배회할	11	火	×	潒	세찰, 떠돌	16	水	△
翔	빙빙 돌아 날, 날개	12	火	○	霜	서리	17	水	×
喪	죽을, 잃을, 초상	12	水	×	償	갚을	17	火	△
廂	행랑	12	木	×	觴	잔, 술잔	18	木	×

한자	뜻	원획	자원오행	사용적합	한자	뜻	원획	자원오행	사용적합
鐌	방울 소리	18	金	×	省	덜	9	木	△
顙	이마	19	火	×	眚	흐릴	10	木	×
孀	과부, 홀어미	20	土	×	笙	생황	11	木	×
饟	삶을, 익힐	21	水	△	甥	생질	12	木	×
					鉎	녹	13	金	×

새 (金)

한자	뜻	원획	자원오행	사용적합
塞	변방	13	土	×
賽	굿할	17	金	×
璽	옥새, 도장	19	金	△
鰓	아가미	20	水	×

서 (金)

한자	뜻	원획	자원오행	사용적합
西	서녁, 서쪽, 서양	6	金	×
序	차례, 학교, 실마리	7	木	○
恕	용서할	7	火	○
抒	풀, 펼	8	木	△
叙	베풀, 차례, 지을	9	水	○
栖	살, 깃들일, 쉴	10	木	○
徐	천천히, 설	10	火	△
恕	용서할, 어질, 헤아릴	10	火	○
書	글, 문장, 편지, 장부	10	木	○
紓	느슨할, 너그러울	10	木	○
芧	상수리나무	10	木	×
胥	서로, 다, 쌓을, 도울	11	水	○
惢	기쁠, 잊을, 근심할	11	火	×
庶	여러, 무리, 가까울	11	木	○
敍	베풀, 차례, 펼	11	金	○

색 (金)

한자	뜻	원획	자원오행	사용적합
色	빛, 색	6	土	×
索	찾을	10	木	○
嗇	아낄, 탐낼, 인색할	13	水	×
塞	막힐, 채울	13	土	×
槭	앙상할	15	木	×
濇	꺼칠할	17	水	×
穡	거둘	18	木	△
瀒	깔깔할	19	水	×

생 (金)

한자	뜻	원획	자원오행	사용적합
生	날, 낳을, 살	5	木	△
牲	희생	9	土	×

한자	뜻	원획	자원오행	사용적합	한자	뜻	원획	자원오행	사용적합
敍	베풀, 차례, 펼	11	金	○	誓	맹세할	14	金	○
偦	재주 있을	11	火	○	瑞	상서로울	14	金	△
舒	펼	12	火	○	稰	거두어들일, 추수할	14	木	○
棲	깃들일, 살, 쉴, 집	12	木	○	緒	실마리, 일, 사업	15	木	○
捿	깃들일, 살	12	木	△	鋤	호미	15	金	△
犀	무소, 무소뿔	12	土	×	署	마을, 관청	15	木	△
絮	솜	12	木	×	縃	서로, 함께	15	木	○
壻	사위, 사나이	12	土	×	諝	슬기로울	15	金	○
婿	사위	12	土	×	諞	슬기로울	16	金	○
黍	기장	12	木	△	噬	씹을, 깨물	16	水	△
晳	밝을	12	火	○	撕	훈계할	16	木	△
揟	고기 잡을, 살	13	木	×	嶼	작은 섬	17	土	△
惰	지혜로울	13	火	△	嵼	작은 섬	17	土	△
鼠	쥐	13	木	×	湑	물가	17	水	△
暑	더울, 더위	13	火	×	曙	새벽, 밝을	18	火	○
筮	점을 칠, 점대	13	木	×	藇	아름다울	20	木	△
湑	거를, 거른 술	13	水	×	薯	감자, 마, 참마, 산약	20	木	△
耡	호미	13	土	×	邌	미칠, 닿을	20	土	△
鉏	호미, 김맬	13	金	×	석 (金)				
墅	농막, 들	14	土	△	夕	저녁	3	水	×
逝	갈, 떠날	14	土	×	石	돌, 단단할	5	金	×

한자	뜻	원획	자원오행	사용적합
汐	조수, 썰물	7	水	×
昔	옛, 오랠, 어제	8	火	×
析	쪼갤, 가를, 나눌	8	木	×
矽	규소	8	金	×
秎	섬, 백이십 근	10	木	○
席	자리, 베풀	10	木	○
淅	쌀 일	12	水	△
晳	밝을, 분석할	12	火	○
惜	아낄, 가엾을	12	火	×
舄	신, 빛날, 아름찰	12	土	×
晰	밝을	12	火	○
鉐	놋쇠	13	金	○
碩	클	14	金	○
腊	건육, 포	14	水	×
蜥	도마뱀	14	水	×
奭	클, 성할	15	火	○
潟	개펄	16	水	×
錫	주석, 줄, 지팡이	16	金	△
蓆	자리, 넓고 많을, 클	16	木	△
褯	자리	16	木	△
鼫	석서, 날다람쥐	18	水	×

한자	뜻	원획	자원오행	사용적합
釋	풀, 놓을, 용서할	20	火	○
선 (金)				
仙	신선	5	火	×
仚	신선	5	土	×
先	먼저, 앞, 이끌	6	木	△
亘	뻗칠, 연접할	6	火	○
宣	베풀, 펼, 밝힐	9	火	○
洒	엄숙할, 물 깊을	10	水	△
扇	부채, 사립문	10	木	△
洗	씻을, 깨끗할	10	水	○
珗	옥돌	11	木	△
旋	돌이킬, 돌릴	11	木	○
船	배	11	木	△
善	착할, 길할, 좋을	12	水	○
琁	옥돌, 아름다운 옥	12	金	△
筅	솔, 부엌 솔	12	木	×
詵	많을, 말 전할	13	金	○
渲	물 적실	13	水	△
愃	쾌할	13	火	△
僊	춤출, 신선	13	火	△
羨	부러워할, 넘칠	13	土	○

한자	뜻	원획	자원오행	사용적합	한자	뜻	원획	자원오행	사용적합
跣	맨발, 발 벗을	13	土	×	選	가릴, 뽑을	19	土	△
尟	적을, 드물	13	水	△	璿	구슬, 아름다운 옥	19	金	○
銑	무쇠, 끌, 무늬	14	金	○	譔	가르칠	19	金	○
嫙	예쁠	14	土	○	鏇	갈이틀, 선반	19	金	×
煽	부채질할, 부추길, 성할	14	火	△	鐥	복자, 좋은 쇠	20	金	○
瑄	도리옥, 크고 둥근 옥	14	金	△	譱	착할, 좋을	20	金	○
綫	줄, 선, 실	14	木	△	騸	거세할	20	火	×
線	줄, 선, 실	15	木	△	饍	반찬, 선물	21	水	×
墡	백토	15	土	○	癬	옴, 종기	22	水	×
腺	샘	15	水	△	蘚	이끼	23	木	×
嬋	고울, 아름다울	15	土	○	鱓	악어	23	水	×
敾	글 잘 쓸, 다스릴	16	金	○	鱻	고울, 선명할, 생선	33	水	△
璇	옥 이름, 별 이름	16	金	△					
暶	아름다울	16	木	○					

설 (金)

한자	뜻	원획	자원오행	사용적합
歚	고울, 다스릴	16	火	○
禪	고요할, 선, 선위할	17	木	○
鮮	고울, 아름다울, 빛날	17	水	○
繕	기울, 다스릴	18	木	○
膳	반찬, 선물, 드릴	18	水	△
蟬	매미	18	水	×
瑢	아름다운 옥	18	金	○

설 (金) 부분 오른쪽 칸 표:

한자	뜻	원획	자원오행	사용적합
舌	혀, 말	6	火	×
泄	샐, 흘러나올	9	水	×
契	사람 이름	9	木	○
洩	샐, 흘러나올	10	水	×
屑	가루, 달갑게 여길	10	水	×
設	베풀, 세울, 지을, 갖출	11	金	○
卨	사람 이름, 높을	11	土	○
雪	눈, 씻을	11	水	×

한자	뜻	원획	자원오행	사용적합	한자	뜻	원획	자원오행	사용적합
俣	맑을, 사람 이름	11	火	○	睒	언뜻 볼, 엿볼	13	木	×
緤	고삐	11	木	×	銛	쟁기, 작살	14	金	×
皛	높을	11	土	○	陝	고을 이름, 땅 이름	15	土	△
禼	높을, 은나라 시조 이름	12	火	○	掺	가늘, 부드러울	15	木	△
媟	친압할, 깔볼	12	土	×	暹	해 돋을, 햇살 오를	16	火	△
楔	문설주	13	木	○	憸	간사할	17	火	×
渫	칠, 파낼, 샐	13	水	×	韱	부추, 섬세할	17	木	×
揲	셀, 짚을	13	木	△	蟾	두꺼비, 달그림자	19	水	×
說	말씀, 설명할, 고할	14	金	○	贍	넉넉할, 구휼할, 도울	20	金	○
鞢	가죽 다룰	14	金	×	孅	가늘, 세밀할	20	土	×
稧	볏짚	14	木	×	譫	헛소리	20	金	×
撶	없앨, 찢어질	15	木	×	殲	다 죽일, 멸할, 다할	21	水	×
褻	설 만할, 버릇없을	15	火	×	纖	가늘, 자세할, 고운 비단	23	木	△
褻	더러울, 친할	17	木	×					
馸	향내 날, 향풀	17	木	△					

섬 (金)

한자	뜻	원획	자원오행	사용적합
薛	맑은대쑥, 나라 이름	19	木	△
爇	불사를	19	火	×
齧	물어뜯을	21	金	×

섬 (金)

한자	뜻	원획	자원오행	사용적합
閃	번쩍일, 깜박일	10	木	×
剡	땅 이름, 날카로울	10	金	△

섭 (金)

한자	뜻	원획	자원오행	사용적합
涉	건널, 통할	11	水	△
紗	명주, 비단	14	木	△
葉	잎, 땅 이름	15	木	△
燮	불꽃, 화할	17	火	○
聶	소곤거릴	18	火	×
欇	첩섭, 삿자리	21	木	△
囁	소곤거릴	21	水	×

한자	뜻	원획	자원오행	사용적합	한자	뜻	원획	자원오행	사용적합
攝	잡을, 당길, 다스릴	22	木	△	晠	밝을, 빛날, 찬미할	11	火	○
懾	두려워할	22	火	×	賮	재물, 넉넉할	12	金	○
灄	강 이름	22	水	△	珹	옥 이름	12	金	△
躞	걸을	24	土	△	盛	성할, 많을, 담을	12	火	○
躡	밟을	25	土	×	盛	성할, 많을	12	火	○
鑷	족집게	26	金	×	聖	성인, 거룩할, 뛰어날	13	火	△
顳	관자놀이	27	土	×	聖	성인, 거룩할	13	火	△

성 (金)

한자	뜻	원획	자원오행	사용적합	한자	뜻	원획	자원오행	사용적합
成	이룰, 편안할, 화목할	7	火	○	猩	성성이	13	土	×
成	이룰, 편안할	7	火	○	惺	깨달을, 영리할, 똑똑할	13	火	△
姓	성	8	土	×	筬	베틀, 바디	13	木	△
性	성품, 바탕	9	火	△	誠	정성, 참, 진실로	14	金	○
星	별, 세월	9	火	×	誠	정성, 참, 진실로	14	金	○
省	살필	9	木	○	瑆	옥빛	14	金	△
娍	아름다울	10	土	○	腥	비릴	15	水	×
宬	서고	10	木	○	瞕	귀 밝을, 잘 들릴	15	火	△
城	재, 성	10	土	○	醒	깰	16	金	×
城	재, 성	10	土	○	聲	소리, 기릴, 명예, 풍류	17	火	○
腥	비릴, 날고기	11	水	×	騂	붉은 말	17	火	×
晟	밝을, 성할, 햇살 퍼질	11	火	○					

세 (金)

한자	뜻	원획	자원오행	사용적합
世	인간, 세대, 세상, 때	5	火	△
忕	익힐	7	火	△

(표 하단) 晟 밝을, 성할 11 火 ○

한자	뜻	원획	자원오행	사용적합	한자	뜻	원획	자원오행	사용적합
姻	여자 이름	9	土	△	劭	힘쓸, 권면할	7	木	○
洒	씻을, 설치할	10	水	△	佋	소목, 도울	7	火	△
洗	씻을, 깨끗할, 결백할	10	水	△	所	바	8	木	△
帨	수건	10	木	×	昭	밝을, 소명할, 태평세월	9	火	○
笹	조릿대	11	木	×	沼	늪, 못	9	水	×
細	가늘, 세밀할	11	木	×	炤	밝을, 비출	9	火	○
涗	잿물	11	水	△	招	나무 흔들릴	9	木	△
彗	혜성	11	火	×	泝	거슬러 올라갈	9	水	△
稅	세금, 거둘, 부세, 구실	12	木	×	唡	웃음	9	水	△
貰	세낼, 세놓을	12	金	×	珆	아름다운 옥	10	金	△
勢	형세, 기세, 세력	13	金	○	笑	웃을, 웃음	10	木	×
歲	해 돋을	13	土	○	素	흴, 본디, 바탕	10	木	○
蛻	허물, 껍질	13	水	×	宵	밤, 야간	10	木	×
說	달랠	14	金	△	消	사라질, 다할, 꺼릴	11	水	×
鋭	구리 녹날	15	金	×	紹	이을, 소개할, 계승할	11	木	○
繐	베, 삼베	18	木	△	梳	빗, 얼레빗	11	木	×
소 (金)					巢	새집	11	水	×
小	작을, 짧을	3	水	×	疏	소통할, 트일	11	水	△
少	적을, 젊을	4	水	△	堨	쓸, 칠할	11	土	△
召	부를	5	水	○	捎	딜, 벨	11	木	×
邵	높을, 뛰어날, 훌륭할	7	火	○	疎	성길, 트일	12	土	△

한자	뜻	원획	자원오행	사용적합	한자	뜻	원획	자원오행	사용적합
邵	땅 이름, 높을	12	土	△	霄	하늘, 진눈깨비	15	水	×
甦	깨어날, 쉴, 소생할	12	水	△	樔	풀막, 움막	15	木	×
訴	하소연할, 송사할	12	金	×	嘯	휘파람 불, 읊조릴	16	水	△
掃	쓸	12	木	×	穌	쉴, 기쁠, 깨어날	16	火	○
傃	향할, 분수 지킬	12	火	○	燒	불사를	16	火	×
酥	연유	12	金	×	篠	조릿대, 가는 대	16	木	×
塑	토우, 인형, 흙 빚을	13	土	×	衞	멈출, 깨끗할	16	火	△
嗉	모이주머니	13	水	×	膆	멀떠구니, 살찔	16	水	×
塐	토우, 흙 빚을	13	土	×	艘	배	16	木	△
筱	가는 대, 조릿대	13	木	×	璅	옥돌	16	金	○
蛸	갈거미	13	水	×	蔬	나물, 채소, 풋나물	17	木	×
傝	날개 찢어질	13	火	×	遡	거스를, 거슬러 올라갈	17	土	×
搔	긁을	14	木	×	繅	고치 켤	17	木	×
逍	거닐, 노닐	14	土	△	魈	도깨비	17	火	×
溯	거슬러 올라갈	14	水	△	鮹	문어, 낙지	18	水	×
愫	정성스러울, 참뜻	14	火	△	鮹	소금	18	水	△
韶	풍류 이름, 아름다울	14	金	○	簫	퉁소	19	木	×
愬	하소연할, 비방할	14	火	×	蕭	맑은대쑥, 쓸쓸할	19	木	×
箾	퉁소	15	木	×	霘	하늘, 주름, 진눈깨비	19	水	△
銷	녹을, 흩어질, 다할	15	金	×	騷	떠들, 소동	20	火	×
瘙	종기, 부스럼	15	水	×	瀟	물 맑을, 강 이름	21	水	△

한자	뜻	원획	자원오행	사용적합
蘇	차조기, 되살아날	22	木	△

속 (金)

한자	뜻	원획	자원오행	사용적합
束	묶을, 약속할	7	木	△
俗	풍속	9	火	△
涑	비 올	10	水	×
涑	헹굴, 강 이름	11	水	×
粟	조, 좁쌀	12	木	×
速	빠를, 부를	14	土	△
謖	일어날, 일어설	17	金	○
漱	빠를, 변할	18	土	△
續	이을, 소개할	21	木	○
屬	무리, 붙일, 이을	21	木	×
贖	속죄할, 속바칠, 살	22	金	×

손 (金)

한자	뜻	원획	자원오행	사용적합
孫	손자, 따를, 겸손할	10	水	△
飡	저녁밥, 먹을	11	水	△
巽	부드러울, 손괘, 사랑할, 공손할	12	木	○
飧	저녁밥, 먹을	12	水	△
損	덜, 감소할	14	木	×
蓀	향풀 이름 난초	16	木	△
遜	겸손할, 사양할, 순종할	17	土	△

솔 (金)

한자	뜻	원획	자원오행	사용적합
帥	거느릴	9	木	○
乺	솔	9	水	×
率	거느릴, 앞장설, 좇을	11	火	○
窣	갑자기 나올	13	水	△
衛	거느릴	17	火	○
蟀	귀뚜라미	17	水	×
達	거느릴	18	木	○

송 (金)

한자	뜻	원획	자원오행	사용적합
宋	송나라	7	木	△
松	소나무, 더벅머리, 솔	8	木	△
訟	송사할, 재물을 다툴	11	金	×
悚	두려울, 두려워할, 당황할	11	火	×
淞	강 이름	12	水	△
竦	두려워할, 공경할	12	金	△
送	보낼, 가질	13	土	×
頌	칭송할, 기릴	13	火	○
誦	욀, 여쭐	14	金	△
憁	똑똑할	17	火	○
鬆	소나무, 더벅머리	18	火	×

한자	뜻	원획	자원오행	사용적합	한자	뜻	원획	자원오행	사용적합
쇄 (金)					寿	목숨	7	土	△
刷	인쇄할, 닦을, 쓸	8	金	△	汙	헤엄칠	7	水	△
殺	빠를	11	金	×	垂	드리울	8	土	△
碎	부술, 깨뜨릴	13	金	×	受	받을, 이을, 담을, 입을, 용납할	8	水	○
瑣	자질구레할	15	金	×	峀	산굴, 바위 구멍	8	土	△
鎖	쇠사슬, 잠글	18	金	×	岫	산굴, 암혈, 바위 구멍	8	土	△
鏁	쇠사슬, 자물쇠, 잠글	18	金	×	首	머리, 우두머리, 처음	9	水	△
灑	뿌릴, 끼얹을	23	水	×	帥	장수, 주장할	9	木	○
曬	볕에 쬘	23	火	△	洶	헤엄칠	9	水	△
쇠 (金)					狩	사냥할, 겨울 사냥	10	土	×
釗	쇠, 힘쓸	10	金	△	修	닦을	10	火	○
衰	쇠할	10	木	×	殊	다를, 죽일	10	水	×
수 (金)					洙	물가, 강 이름	10	水	△
水	물	4	水	×	叟	늙은이	10	水	×
手	손	4	木	△	崇	빌미	10	木	×
殳	몽둥이	4	金	×	羞	부끄러울, 나갈, 바칠	11	土	×
囚	가둘, 죄수	5	水	×	袖	소매	11	木	×
守	지킬, 보살필, 기다릴	6	木	○	宿	별자리	11	木	△
戍	수자리, 지킬, 막을	6	金	△	售	팔, 살, 실현할	11	水	△
收	거둘	6	金	○	須	모름지기, 반드시	12	火	○
秀	빼어날, 성할, 이삭	7	木	△	授	줄, 가르칠	12	木	△

한자	뜻	원획	자원오행	사용적합	한자	뜻	원획	자원오행	사용적합
茱	수유나무	12	木	△	腁	윤택할	14	水	○
瑈	옥돌	12	金	△	誰	누구, 무엇, 물을	15	金	△
晬	돌, 일주년	12	火	△	數	셈, 셀, 헤아릴, 수	15	金	△
睡	잘, 졸음	13	木	×	漱	양치질할, 씻을	15	水	×
綏	편안할	13	木	○	瘦	파리할, 여윌, 마를	15	水	×
竪	세울, 설, 더벅머리	13	金	△	銹	녹슬	15	金	×
酬	갚을, 잔 돌릴, 보낼	13	金	×	賥	재물, 재화	15	金	○
嫂	형수	13	土	×	豎	세울	15	木	△
愁	근심	13	金	×	穂	이삭	15	木	×
脩	포, 건육, 닦을	13	水	△	瞍	소경	15	木	×
睢	물 이름	13	木	△	輸	나를, 옮길, 보낼	16	火	△
睟	바로 볼	13	木	△	遂	이룰, 드디어, 따를	16	土	△
廀	숨길, 찾을	13	木	×	樹	나무, 심을, 세울	16	木	△
搜	찾을	14	木	△	蓨	수산, 기쁠	16	木	×
需	구할, 쓸, 머뭇거릴	14	水	○	蒐	모을, 꼭두서니, 사냥할	16	木	×
綬	끈, 이을	14	木	○	膄	여윌, 마를	16	水	×
壽	목숨, 오래 살, 축복할	14	水	×	陲	변방	16	土	×
銖	저울, 무게 단위	14	金	○	穗	이삭	17	木	△
粹	순수할, 정밀할	14	木	○	隨	수나라	17	土	△
嗽	기침할, 양치질할	14	水	×	雖	비록	17	火	△
溲	반죽할	14	水	×	燧	부싯돌, 봉화, 횃불	17	火	○

한자	뜻	원획	자원오행	사용적합	한자	뜻	원획	자원오행	사용적합
濰	물 이름, 강 이름	17	水	△	叔	아저씨	8	水	△
璹	옥 이름	18	金	○	倏	갑자기, 문득	10	火	△
璿	패옥, 서옥	18	金	△	俶	비롯할, 비로소	10	火	△
繡	수놓을	19	木	○	宿	잘, 묵을, 지킬, 오랠	11	木	×
獸	짐승	19	土	×	孰	누구, 어느	11	水	△
鷫	새매, 솔개, 갈까마귀	19	火	×	婌	궁녀 벼슬 이름	11	土	×
颶	바람 소리	19	木	×	淑	맑을, 화할, 착할	12	水	△
膸	골수	19	水	×	琡	옥 이름, 구슬	13	金	△
饈	드릴, 반찬	20	水	△	肅	엄숙할, 공경할, 나아갈	13	火	○
隧	길, 도로	21	土	△	菽	콩, 대두	14	木	△
隨	따를	21	土	△	塾	글방, 사랑방	14	土	○
邃	깊을	21	土	△	熟	익을, 익숙할	15	火	○
藪	늪, 덤불	21	木	×	潚	빠를	17	水	△
瓃	구슬, 진주조개	21	金	△	橚	나무 줄지어 설	17	木	○
籔	조리, 휘	21	木	×	璹	옥그릇	19	金	△
鬚	수염, 모름지기	22	火	×	儵	빠를	19	火	△
讐	원수, 갚을, 당할	23	金	×	驌	말 이름	23	火	×
髓	골수, 뼛골, 마음속	23	金	×	鷫	새 이름	24	火	×
讎	원수	23	金	×	순 (金)				
숙 (金)					旬	열흘, 열 번, 두루 미칠	6	火	△
夙	이를, 일찍, 삼갈	6	木	△	巡	돌, 순행할	7	水	△

한자	뜻	원획	자원오행	사용적합	한자	뜻	원획	자원오행	사용적합
帥	사귈	8	土	△	荀	풀 이름	12	木	△
侚	재빠를, 외칠	8	火	△	焞	밝을	12	火	○
徇	돌, 주창할, 호령할	9	火	○	楯	난간, 방패, 빼낼	13	木	×
盾	방패	9	木	△	詢	꾀할, 물을, 자문할	13	金	○
峋	깊숙할	9	土	△	馴	길들일, 따를, 순종할, 착할	13	火	○
姰	미칠, 적합할	9	土	△	脣	입술, 가장자리	13	水	×
眒	졸, 눈 감을	9	木	×	諄	타이를, 도울, 정성스러울, 가르칠	15	金	○
紃	끈, 법	9	木	△	醇	진한 술, 순수할, 도타울	15	金	△
恂	정성, 믿을, 진실할	10	火	△	錞	악기 이름, 사발 종, 쇠북 악기	16	金	○
洵	참으로, 받을, 고를, 믿을	10	水	△	橓	무궁화나무	16	木	×
純	순수할, 순진할, 부드러울	10	木	△	駒	말이 달릴	16	火	△
栒	가름대나무, 나무 이름, 경쇠 걸이	10	木	△	蓴	순채, 부들꽃	17	木	×
殉	죽을, 따라 죽을, 목숨 바칠	10	水	×	瞬	잠깐, 눈 깜짝할	17	木	×
肫	광대뼈	10	水	×	蕣	무궁화나무	18	木	×
珣	옥 이름, 옥그릇	11	金	△	鬊	헝클어진 머리	19	火	×
眴	눈짓할	11	木	×	鶉	메추라기, 별 이름	19	火	×
淳	순박할, 맑을	12	水	△	술 (金)				
順	순할, 순조로울	12	火	△	戌	개, 열한 번째 괘	6	土	×
循	좇을, 돌	12	火	△	垏	높을	8	土	△
舜	순임금, 무궁화	12	木	○	術	꾀, 재주, 기술	11	火	○
筍	죽순, 풀	12	木	△	絉	끈, 줄	11	木	△

한자	뜻	원획	자원오행	사용적합	한자	뜻	원획	자원오행	사용적합
述	지을, 펼, 말할	12	土	△	習	익힐	11	火	○
銶	돗바늘, 인도할, 긴바늘	13	金	×	慴	두려워할	15	火	×
숭 (金)					榫	쐐기, 들보	15	木	△
崧	우뚝 솟을, 산 이름	11	土	○	褶	주름, 겹옷	17	木	×
崇	높을, 높일	11	土	○	濕	젖을, 축축할	18	水	×
嵩	높은 산, 숭산, 높을	13	土	○	襲	엄습할, 물려받을	22	木	×
菘	배추	14	木	×	隰	진펄, 물가	22	土	×
쉬 (金)					**승** (金)				
倅	버금, 다음	10	火	△	升	되, 오를, 나아갈, 성할	4	木	○
淬	담금질할	12	水	×	丞	받들, 이을	5	水	○
焠	담금질할, 지질	12	火	×	丞	정승, 도울, 이을	6	木	○
슬 (金)					承	이을, 받들	8	木	○
虱	이, 참깨	8	水	×	昇	오를, 해 돋을	8	火	○
瑟	거문고, 비파	14	金	△	丞	정승, 도울	8	土	○
蝨	이, 참깨, 이슬	15	水	×	乘	탈, 오를	10	火	△
瑟	푸른 구슬	16	金	△	勝	이길, 나을	12	土	△
膝	무릎	17	水	×	阩	오를, 승진	12	土	○
璱	푸른 구슬, 푸른 진주	18	金	△	塍	밭두둑, 큰 들	13	土	△
瑟	적청색	21	木	×	僧	중, 승려	14	火	×
습 (金)					滕	바디, 잉아	14	木	×
拾	주울	10	木	△	陞	오를, 나아갈, 전진할	15	土	○

한자	뜻	원획	자원오행	사용적합	한자	뜻	원획	자원오행	사용적합
階	오를	16	土	○	眂	볼, 맡을	9	木	○
繩	노끈, 줄, 새끼	19	木	×	泲	시내 물가	9	水	△
蠅	파리	19	水	×	枲	모시풀	9	木	×
鬌	머리 헝클어질	22	火	×	恃	믿을, 의지할	10	火	△

시 _(金)

한자	뜻	원획	자원오행	사용적합	한자	뜻	원획	자원오행	사용적합
尸	주검, 시체	3	水	×	豺	승냥이	10	水	×
市	저자, 시장	5	木	×	翅	날개, 나는 모양	10	水	△
矢	화살, 살	5	金	×	時	때	10	火	×
示	보일	5	木	×	偲	굳셀, 재주 많을	11	火	○
豕	돼지	7	水	×	匙	숟가락, 열쇠	11	金	×
侍	모실, 받들	8	火	△	絁	깁, 가늘	11	木	×
始	처음, 비로소, 비롯할	8	土	△	豉	메주, 된장	11	水	×
兕	외뿔소	8	木	×	猜	시기할, 원망할	12	土	×
柴	섶나무, 시제사	9	木	×	視	볼, 견줄, 본받을, 살필	12	火	○
柿	감나무	9	木	×	媤	시집	12	土	×
杮	감나무	9	木	×	媞	아름다운 모양, 편안할	12	土	○
枾	감나무	9	木	×	啻	뿐, 다만	12	水	×
是	이, 옳을, 바를	9	火	○	弑	죽일, 윗사람 죽일	13	金	×
施	베풀, 펼, 줄	9	土	○	詩	시, 귀글	13	金	△
屎	똥	9	水	×	試	시험할, 쓸	13	金	△
屍	주검, 시체	9	水	×	偲	날개 펼, 날개 벌릴	13	火	△
					偲	책선할	13	火	○

한자	뜻	원획	자원오행	사용적합	한자	뜻	원획	자원오행	사용적합
塒	홰, 깃	13	土	×	栻	점치는 기구, 나무판, 점판	10	木	×
廝	하인, 노예	14	水	×	拭	닦을, 씻을, 다듬을	10	木	△
禔	복, 행복	14	木	○	埴	찰흙, 진흙	11	土	△
翅	날개, 마칠	14	火	△	殖	번성할, 불릴, 낳	12	水	○
嘶	울, 흐느낄, 말이 울	15	水	×	寔	이, 진실로, 참	12	木	○
厮	하인, 노예	15	木	×	植	심을, 세울, 둘, 초목	12	木	△
緦	삼베	15	木	×	軾	수레 난간, 수레 댄 나무	13	火	△
澌	흐를, 거품	15	水	×	湜	물 맑을	13	水	△
蓍	시초, 톱풀, 비수리	16	木	△	媳	며느리	13	土	×
蒔	모종 낼, 옮겨 심을	16	木	×	飾	꾸밀	14	水	×
諟	이, 살필	16	金	○	熄	꺼질, 없어질, 그칠	14	火	×
諡	시호	16	金	×	篒	대밥통	15	木	×
諰	두려워할, 생각할	16	金	△	蝕	좀먹을, 갉아 먹을	15	水	×
澌	다할, 없어질	16	水	×	識	알, 식견	19	金	○
鍉	숟가락, 열쇠	17	金	×	신 (金)				
顋	뺨, 볼	18	火	×	申	납, 펼, 아홉째 지지	5	金	×
釃	술 거를	26	金	×	臣	신하	6	火	×
식 (金)					囟	정수리	6	水	×
式	법, 제도, 형식	6	金	△	伸	펼, 늘일	7	火	○
食	밥, 먹을, 양식, 기를	9	水	×	辰	때, 날, 일월성신, 별 이름	7	土	×
息	숨 쉴, 휴식	10	火	×	身	몸	7	火	×

한자	뜻	원획	자원오행	사용적합	한자	뜻	원획	자원오행	사용적합
辛	매울	7	金	×	頤	눈 크게 뜨고 볼	15	火	×
汛	뿌릴, 넘칠	7	水	×	駪	말이 많을	16	火	△
侁	걷는 모양, 떼 지어 갈	8	火	×	燼	깜부기불, 불탄 끝	18	火	×
呻	끙끙거릴, 읊조릴, 읊을	8	水	×	薪	섶나무, 잡초	19	木	×
信	믿을, 진실로	9	火	○	璶	옥돌	19	金	△
哂	비웃을, 조롱할	9	水	×	藎	조개풀, 나아갈	20	木	△
姺	걸을	9	土	△	贐	전별할	21	金	△
矧	하물며, 잇몸	9	金	×	실 (金)				
神	귀신, 정신, 신령할	10	金	×	失	잃을, 그릇될	5	木	×
迅	빠를, 신속할	10	土	△	実	열매	8	木	△
訊	물을, 다스릴	10	金	△	室	집	9	木	×
宸	집, 대궐	10	木	○	悉	다할, 알, 갖출, 모두	11	火	○
娠	아이 밸, 잉태할	10	土	×	實	열매, 참될	14	木	×
紳	큰 띠, 벼슬아치	11	木	○	蟋	귀뚜라미	17	水	×
晨	새벽, 샛별	11	火	○	심 (金)				
莘	긴 모양, 족두리풀	13	木	△	心	마음, 가운데, 근본	4	火	△
蜃	대합조개	13	水	×	沈	잠길, 가라앉을	8	水	×
新	새로울	13	金	×	沁	물 적실, 스며들	8	水	△
脤	제육, 제사용 고기	13	水	×	甚	심할, 더욱, 깊을	9	土	△
腎	콩팥	14	水	×	芯	골풀, 등심초	10	木	×
愼	삼갈	14	火	△	深	깊을	12	水	△

한자	뜻	원획	자원오행	사용적합	한자	뜻	원획	자원오행	사용적합
尋	찾을	12	金	○	我	나, 우리	7	金	○
審	살필	15	木	△	亞	버금, 아세아	7	火	△
葚	오디, 뽕나무 열매	15	木	×	児	아이, 연약할	7	水	×
諶	믿을, 진실	16	金	○	婀	고울, 여자 이름	8	土	○
潯	물가, 연못	16	水	△	兒	아이, 연약할	8	水	×
燖	삶을, 데칠	16	火	△	亞	버금	8	火	△
潘	즙 낼, 강 이름	19	水	△	娿	여자 스승	8	土	×
鐔	날밑, 칼	20	金	×	枒	야자나무	8	木	×
鱘	철갑상어	23	水	×	俄	아까, 갑자기, 기울	9	火	×
십 (金)					研	갈, 광택 낼	9	金	△
什	열 사람	4	火	△	娥	예쁠, 아름다울	10	土	○
十	열, 열 번, 완전할	10	水	×	峨	산 이름, 산 높을	10	土	○
拾	열	10	木	△	芽	싹틀, 대순	10	木	△
쌍 (金)					哦	읊조릴	10	水	×
双	쌍, 두	4	水	△	峉	높을	10	土	○
雙	쌍, 두, 견줄	18	火	△	疴	질병	10	水	×
씨 (金)					笌	대순, 죽순	10	木	×
氏	성씨	4	火	×	婀	아리따울, 아름다울	11	土	○
아 (土)					訝	의심할, 맞을, 놀랄	11	金	×
丫	가닥, 총각	3	火	×	啞	벙어리	11	水	×
牙	어금니, 무기	4	金	×	婭	아리따울	11	土	○

한자	뜻	원획	자원오행	사용적합	한자	뜻	원획	자원오행	사용적합
婭	동서, 일가	11	土	×	偓	악착할, 거리낄	11	火	×
啊	사랑할	11	水	○	鄂	위턱	11	木	×
迓	마중할	11	土	○	惡	악할	12	火	×
雅	맑을, 우아할	12	火	○	幄	휘장, 천막, 장막	12	木	△
硪	바위, 산이 높을	12	金	○	喔	닭이 울	12	水	×
皒	흰빛	12	金	×	愕	놀랄	13	火	×
椏	가장귀	12	木	×	握	쥘, 주먹	13	水	×
猗	거세할, 부드러울	12	土	×	渥	두터울, 젖을	13	水	△
衙	마을, 관청, 병영	13	火	○	樂	풍류, 노래	15	木	△
莪	쑥, 약초 이름	13	木	△	腭	잇몸	15	水	×
蛾	나방, 눈썹, 초승달	13	水	×	蕚	꽃받침	15	木	×
阿	언덕, 아름다울	13	土	△	鄂	나라 이름, 땅 이름, 언덕	16	土	△
鴉	갈까마귀, 검을	15	火	×	噩	놀랄, 엄숙할	16	水	△
餓	굶주릴	16	水	×	覨	오래 볼, 응시할	16	火	△
錏	경개	16	金	×	諤	직언할	16	金	○
鵝	거위	18	火	×	嶽	큰 산, 큰 뫼	17	土	○
鵞	거위	18	火	×	鍔	칼날, 칼등	17	金	×
					顎	턱, 근엄할	18	火	×
악 (土)					鰐	악어	20	水	×
岳	큰 산, 뫼	8	土	○	鶚	물수리	20	火	×
咢	시끄럽게 다툴	9	水	×	齷	악착할	24	金	×
堊	백토, 흰 흙, 석회	11	土	△					

한자	뜻	원획	자원오행	사용적합	한자	뜻	원획	자원오행	사용적합
齗	잇몸	24	金	×	**알** (土)				
안 (土)					空	구멍	6	水	×
安	편안할, 안정할	6	木	○	軋	삐걱거릴, 다툴	8	火	×
犴	들개	7	土	×	訐	들추어낼, 비방할	10	金	×
岸	언덕, 기슭	8	土	○	揠	뽑을	13	木	×
矸	깨끗한, 주사	8	金	△	斡	돌볼, 관리할	14	火	△
侒	편안할, 잔치할	8	火	△	嘎	새소리, 웃을	14	水	×
姲	종용할	9	土	△	頞	콧마루, 콧대	15	火	×
案	책상, 생각할, 인도할	10	木	△	謁	아뢸, 보일, 뵈올	16	金	△
晏	편안할, 하늘 맑을	10	火	○	閼	가로막을	16	木	×
按	누를, 어루만질	10	木	△	遏	막을, 저지할	16	土	×
桉	안석, 책상	10	木	△	鴶	뻐꾸기	17	火	×
眼	눈, 분별할, 볼	11	木	×	**암** (土)				
婩	고울, 거만할	11	土	△	岩	바위	8	土	△
雁	기러기	12	火	×	庵	암자, 암	11	木	×
鴈	기러기	15	火	×	唵	머금을, 움켜먹을	11	水	×
鞍	안장	15	金	×	啽	코골이, 잠꼬대	12	水	×
鴈	불빛	16	火	○	媕	머뭇거릴	12	土	×
鮟	아귀	17	水	×	嵓	바위	12	土	△
顔	얼굴, 낯	18	火	×	晻	어두울	12	火	×
饐	은안, 배부를	19	水	△	暗	어두울	13	火	×

한자	뜻	원획	자원오행	사용적합	한자	뜻	원획	자원오행	사용적합
菴	암자, 우거질, 풀 이름	14	木	×	昂	밝을, 높을	8	火	○
腤	고기 삶을, 끓일	15	水	×	昻	밝을, 높이 오를	9	火	○
葊	암자, 초막	15	木	×	怏	원망할, 불만할	9	火	×
諳	외울	16	金	△	殃	재앙, 해칠	9	水	×
頷	끄덕일, 턱	16	火	×	泱	깊을, 넓을	9	水	△
闇	숨을, 닫힌 문, 망루	17	木	×	秧	모, 재배할	10	木	△
癌	암	17	水	×	盎	동이, 넘칠	10	金	△
蓭	암자, 초막	17	木	×	鞅	가슴걸이, 원망할	14	金	×
馣	향기로울	17	木	△	鴦	원앙새	16	火	×
黯	검을, 슬플	21	水	×	**애** (土)				
巖	바위	23	土	△	厓	언덕	8	木	△
압 (土)					艾	쑥, 늙은이	8	木	×
狎	진압할, 업신여길	9	土	×	哀	슬플	9	水	×
押	누를, 도장 찍을	9	木	×	埃	티끌, 먼지, 세속	10	土	×
鴨	오리	16	火	×	唉	물을, 대답할	10	水	△
壓	누를, 억압할	17	土	×	娭	희롱할, 몸종	10	土	×
앙 (土)					崖	언덕, 벼랑, 낭떠러지	11	土	×
卬	나, 자신, 우러러볼	4	火	△	焌	빛날, 더울	11	火	△
央	가운데, 구할, 넓을	5	土	△	唯	마실, 으르렁거릴	11	水	×
仰	우러러볼, 믿을	6	火	○	崕	언덕, 벼랑	11	土	×
坱	먼지, 티끌	8	土	×	挨	밀칠, 등칠	11	木	×

한자	뜻	원획	자원오행	사용적합
欸	한숨 쉴	11	金	×
涯	물가, 물(강) 이름	12	水	△
掗	막을	12	木	×
愛	사랑	13	火	△
碍	막을, 거리낄	13	金	×
睚	눈초리, 노려볼	13	木	×
獃	어리석을, 못생길	14	土	×
賹	넉넉할, 사람 이름	15	金	○
僾	어렴풋할, 흐느낄	15	火	×
漄	물가, 끝	15	水	×
皚	흴	15	金	×
磑	맷돌, 견고할	15	金	△
噯	숨, 트림	16	水	×
曖	가릴, 희미할, 흐릴	17	火	×
騃	어리석을	17	火	×
隘	좁을, 곤궁할	18	土	×
曖	가릴	18	木	×
礙	거리낄, 방해될	19	金	×
薆	우거질, 숨을	19	木	×
藹	우거질, 윤택할	22	木	○
靄	아지랑이	24	水	×

한자	뜻	원획	자원오행	사용적합
靉	구름 낄, 모호할	25	水	×
액 (土)				
厄	재앙, 액	4	水	×
戹	좁을, 협소할	5	木	×
扼	잡을, 누를, 멍에	8	木	×
呝	닭 소리, 탄식 소리	8	水	×
液	진액	12	水	×
掖	겨드랑이, 낄, 부축할	12	木	×
阨	막힐, 좁고 험할	12	土	×
腋	겨드랑이	14	水	×
搤	잡을, 조를	14	木	×
縊	목맬	16	木	×
額	이마, 현판	18	火	×
앵 (土)				
嫈	새색시	13	土	×
罃	물동이, 술 단지	16	土	×
嚶	새소리	20	水	×
甖	양병, 물독	20	土	×
櫻	앵두나무	21	木	×
鶯	꾀꼬리	21	土	×
鸚	앵무새	28	火	×

한자	뜻	원획	자원오행	사용적합	한자	뜻	원획	자원오행	사용적합
야 (土)					籥	피리	17	火	×
也	이끼, 어조사, 또, 또한	3	水	×	躍	뛸, 뛰어오를	21	土	△
冶	풀무, 대장간, 단련할	7	水	△	藥	약, 약초	21	木	△
夜	밤, 어두울	8	水	×	爚	빛, 번개	21	火	△
耶	어조사	9	火	×	鷜	댓닭	21	火	×
埜	들	11	土	○	禴	봄 제사	22	木	×
若	반야, 같을, 어릴	11	木	△	籲	피리, 열쇠	23	木	×
野	들, 질박할	11	土	△	鑰	자물쇠, 열쇠	25	金	×
倻	가야, 땅 이름, 나라 이름	11	土	○	**양** (土)				
揶	아유할	11	木	×	羊	양	6	土	×
惹	이끌, 끌어당길	13	火	△	佯	거짓	8	火	×
椰	야자나무	13	木	×	昜	빛날, 볕, 양지, 밝을	9	火	○
爺	아비, 아버지	13	木	×	徉	노닐, 어정거릴	9	火	×
㖇	아유할, 희롱할	13	木	×	洋	큰 바다, 물, 넓을, 성할	10	水	△
약 (土)					恙	병, 근심할, 걱정할	10	火	×
約	맺을, 약속할, 검소할	9	木	○	烊	구울, 녹일	10	火	×
弱	약할	10	金	×	痒	앓을, 종기, 걱정할	11	水	×
若	같을, 만일, 너, 만약	11	木	△	眻	눈 아름다울, 미간	11	木	△
葯	꽃밥, 어수리잎	15	木	×	椋	푸조나무	12	木	△
蒻	구약나물, 부들	16	木	×	暘	해돋이, 해가 뜰, 밝을	13	火	○
篛	대 이름	16	木	×	揚	날릴, 오를, 칭찬할	13	木	△

한자	뜻	원획	자원오행	사용적합	한자	뜻	원획	자원오행	사용적합
煬	녹을, 화할, 쬘, 말릴	13	火	○	讓	사양할, 겸손할	24	金	○
楊	버들	13	木	△	鑲	거푸집 속	25	金	×
敭	밝을, 오를	13	金	○	驤	머리 들, 뛸, 빠를	27	火	△
瘍	종기, 헐, 상처	14	水	×	**어** (土)				
漾	출렁거릴, 뜰	15	水	×	於	어조사, 늘	8	土	△
養	기를, 가르칠, 받들	15	水	○	圄	감옥, 가둘	10	水	×
樣	모양	15	木	○	魚	물고기	11	水	×
暢	수레, 상여	16	火	×	唹	고요히 웃을	11	水	△
陽	볕, 양기, 맑을, 밝을	17	土	△	御	거느릴, 모실	11	火	○
襄	도울, 오를	17	木	○	圉	마부, 변방, 감옥	11	水	×
颺	날릴	18	木	△	敔	막을, 악기 이름	11	金	×
瀁	내 이름, 물 넘칠	19	水	△	馭	말 부릴, 말을 몰	12	火	×
壤	고운 흙, 풍족할	20	土	○	淤	진흙, 싫증	12	水	×
孃	아가씨, 어미	20	土	×	瘀	병, 어혈질	13	水	×
癢	가려울	20	水	×	飫	물릴, 배부를	13	水	×
攘	물리칠, 물러날	21	木	×	語	말씀	14	金	○
瀼	이슬 많을, 강 이름	21	水	△	漁	고기 잡을	15	水	×
穰	짚, 대, 볏대, 수숫대	22	木	×	禦	막을, 감당할, 그칠	16	木	△
禳	제사 이름, 푸닥거리할	22	木	×	衛	멈출, 그칠, 깨끗할	16	火	△
蘘	양하, 개맨드라미	23	木	×	齬	어긋날	22	土	×
釀	술 빚을	24	金	×					

한자	뜻	원획	자원오행	사용적합
	억 (土)			
抑	누를, 문득, 굽힐	8	木	×
億	억, 헤아릴	15	火	△
憶	기억할, 생각할, 추억	17	火	△
檍	감탕나무, 참죽나무	17	木	△
臆	가슴, 생각, 가득할	19	水	△
繶	끈, 줄	19	木	×
	언 (土)			
言	말씀	7	金	○
彦	선비, 뛰어날	9	火	○
彥	선비, 뛰어날	9	火	○
匽	눕힐, 휴식	9	水	△
焉	어조사, 어찌	11	火	△
偃	쓰러질, 누를	11	金	×
堰	방죽, 둑	12	土	△
傿	고을 이름, 신선 이름	13	火	△
嫣	아름다울, 생긋 웃을	14	土	○
諺	속담, 언문, 상말	16	金	×
鄢	고을 이름, 신선 이름	18	土	△
鼴	두더지	22	火	×
鼹	두더지	23	火	×

한자	뜻	원획	자원오행	사용적합
讞	평의할	27	金	△
	얼 (土)			
㘭	땅 이름	9	土	△
臬	말뚝, 기둥, 과녁	10	木	△
孼	서자, 치장할	19	水	×
糱	누룩	22	木	×
蘖	누룩	23	木	×
蘖	그루터기	23	木	△
	엄 (土)			
广	집, 넓을	3	木	△
奄	문득, 가릴, 갑자기, 덮을, 고자	8	木	×
俺	클, 어리석을, 자신	10	火	△
崦	산 이름	11	土	△
淹	담글, 오래될, 물가	12	水	△
掩	가릴, 닫을, 덮을	12	木	×
罨	그물	14	木	×
醃	절일, 절인 채소	15	金	×
閹	내시, 고자	16	木	×
厳	엄할, 혹독할	17	水	△
嚴	엄할, 혹독할	20	水	△
儼	고명할, 높고 밝을	20	土	△

한자	뜻	원획	자원오행	사용적합	한자	뜻	원획	자원오행	사용적합
儼	공경할, 근엄할	22	火	○	艅	배 이름, 나룻배	13	木	△
曮	해 다닐	24	火	△	與	줄, 더불어	14	土	○
업 (土)					餘	남을, 넉넉할, 나머지	16	水	○
業	일, 업무, 이미	13	木	○	輿	수레, 가마	17	水	×
嶪	산 높을, 험준할	16	土	△	歟	어조사, 아름답다 할	18	火	○
嶫	산 높을, 험준할	16	土	△	璵	옥, 보배	19	金	△
鄴	땅 이름, 위나라 서울	20	土	△	礖	돌 이름	19	金	△
에 (土)					轝	수레, 가마	21	火	△
恚	성낼	10	火	×	**역** (土)				
曀	음산할	16	火	×	亦	또, 모두	6	水	×
엔 (土)					役	부릴, 일, 소임	7	火	×
円	화폐 단위	4	土	×	易	바꿀, 주역	8	火	×
여 (土)					疫	염병, 전염병	9	水	×
予	줄, 나	4	金	△	域	지경	11	土	△
如	같을, 따를, 그러할	6	土	○	晹	볕 날, 해 밝을	12	火	○
妤	아름다울, 계집 벼슬	7	土	○	淢	빨리 흐를, 도랑	12	水	×
余	나, 자신	7	火	○	逆	거스를	13	土	×
汝	너, 물 이름	7	水	△	嶧	산 이름	16	土	△
舁	마주 들	10	土	△	閾	문지방, 한정할	16	木	×
悆	잊을, 근심할	11	火	×	懌	기뻐할, 순종할	17	火	○
茹	먹을, 기를	12	木	×	繹	풀, 당길, 찾을, 다스릴	19	木	○

한자	뜻	원획	자원오행	사용적합	한자	뜻	원획	자원오행	사용적합
譯	통변할, 번역할	20	金	△	涓	시내, 물방울, 선택할	11	水	△
驛	역마, 역, 역참	23	火	△	挻	늘일, 늦출, 뺄, 당길	11	木	×
연 (土)					捐	비길, 없앨	11	木	×
延	끌, 맞을, 늘일, 드릴	7	土	○	涎	침, 점액, 연할	11	水	×
姸	고울, 예쁠	7	土	○	悁	성낼	11	火	×
均	고를, 따를	7	土	○	硎	벼루	11	金	△
囦	못	7	水	△	堧	빈터	12	土	×
沇	물 이름	8	水	△	然	그럴	12	火	△
兗	바를, 단정할	8	土	○	硯	벼루	12	金	△
兖	연주, 믿을, 바를	9	木	△	淵	못, 깊을	12	水	△
衍	넓을, 넘칠, 퍼질	9	火	○	淵	못, 깊을	13	水	△
姸	고울, 예쁠, 총명할	9	土	○	莚	뻗을, 만연할, 덩굴	13	木	△
沿	물 따라갈, 쫓을	9	水	△	鉛	납	13	金	×
姢	예쁠, 고울	9	土	○	煙	연기	13	火	×
娫	빛날, 예쁠	10	土	○	椽	서까래, 사닥다리	13	木	△
娟	예쁠, 고울	10	土	○	筵	대자리	13	木	△
宴	잔치, 편안할, 즐길	10	木	○	煉	쇠 불릴, 달굴, 반죽할	13	火	△
烟	연기, 안개, 담배	10	火	×	掾	아전, 인연	13	木	△
埏	땅끝	10	土	×	渷	물 이름	13	水	△
研	갈, 연구할	11	金	△	鳶	솔개, 연	14	火	×
軟	연할, 부드러울	11	火	○	瑌	옥돌	14	金	△

한자	뜻	원획	자원오행	사용적합	한자	뜻	원획	자원오행	사용적합
嬿	아름다울, 얌전할	15	土	○	說	기쁠, 기뻐할	14	金	△
緣	인연, 연분, 좇을	15	木	○	閱	검열할, 볼, 셀, 읽을	15	金	△
演	펼, 넓을, 익힐, 넓힐	15	水	△	熱	더울, 바쁠, 정성	15	火	△
戭	창, 장창	15	金	×	噎	목멜, 근심	15	水	×
蝡	장구벌레	15	水	×	澠	물 흐를	16	水	△
燕	제비, 연나라, 잔치	16	火	△		염 (土)			
燃	불사를, 불탈	16	火	△	冉	나아갈, 연약할	5	土	△
輭	연할, 부드러울	16	火	△	炎	불꽃, 더위	8	火	×
縯	길, 당길	17	木	○	念	생각할	8	火	○
瑌	옥돌	19	金	△	染	물들	9	木	△
嚥	삼킬, 마실	19	水	×	苒	풀 우거질	11	木	×
嬿	아름다울	19	土	○	焰	불꽃, 불 당길, 불빛	12	火	○
櫞	구연나무, 레몬	19	木	×	扊	문빗장, 아내	12	木	×
曣	청명할, 따뜻할	20	火	○	琰	비취, 옥을 갈	13	金	△
蠕	꿈틀거릴	20	水	×	厭	싫을, 싫어할	14	水	×
臙	연지	22	水	△	髥	구레나룻	14	木	×
醼	잔치	23	金	△	閻	마을, 이문, 큰길	16	木	○
讌	이야기, 잔치	23	金	△	懕	편안할, 넉넉할	18	火	○
	열 (土)				檿	산뽕나무	18	木	×
咽	목멜, 삼킬, 막힐	9	水	×	艶	고울, 탐스러울, 예쁠	19	土	○
悅	기쁠, 즐거울, 기뻐할	11	火	△	饜	포식할	23	水	△

한자	뜻	원획	자원오행	사용적합	한자	뜻	원획	자원오행	사용적합
魘	잠꼬대할, 가위눌릴	24	火	×	英	꽃부리, 아름다울	11	木	△
鹽	소금	24	水	△	浧	거침없이 흐를	11	水	△
艶	고울, 탐스러울, 예쁠	24	土	○	迎	맞을, 맞이할	11	土	△
灩	출렁거릴	32	水	△	詠	읊을, 노래할	12	金	○

엽 (土)

한자	뜻	원획	자원오행	사용적합
熀	불빛 이글거릴	14	火	○
葉	잎, 잎새	15	木	△
曄	빛날, 밝을	16	火	○
燁	빛날, 번쩍번쩍할	16	火	○
暈	빛날	16	火	○
爗	빛날	20	火	○
靨	보조개	23	火	×

영 (土)

한자	뜻	원획	자원오행	사용적합
永	길, 오랠, 멀	5	水	○
咏	읊을, 노래할	8	水	△
泳	헤엄칠	9	水	△
盈	찰, 가득할, 풍족할	9	水	○
映	비칠, 비출, 빛날	9	火	○
栐	나무 이름	9	木	△
栄	영화, 영예, 영광	9	木	△
荣	영화, 성할	9	木	△

오른쪽 표 계속:

한자	뜻	원획	자원오행	사용적합
睅	똑바로 볼, 어두울	12	木	×
渶	물 맑을, 물 이름	13	水	△
煐	빛날, 비칠, 사람 이름	13	火	○
暎	비칠, 비출, 빛날	13	火	○
楹	기둥	13	木	○
塋	무덤	13	土	×
膄	달빛	13	水	△
榮	영화, 꽃, 성할	14	木	△
瑛	옥 광채, 옥빛, 수정	14	金	○
碤	물속 돌, 화반석	14	金	△
郢	땅 이름, 초나라 서울	14	土	△
瑩	옥돌, 밝을	15	金	○
影	그림자	15	火	×
潁	빼어날, 강 이름	15	水	○
嬴	가득할, 찰	16	土	○
穎	이삭	16	木	○
嬰	어릴, 어린아이	17	土	×

한자	뜻	원획	자원오행	사용적합	한자	뜻	원획	자원오행	사용적합
營	경영할, 지을, 헤아릴	17	火	○	兒	다시 난 이, 연약할	8	水	×
鋏	방울	17	金	○	柄	장부, 자루	8	木	×
霙	진눈깨비, 눈꽃	17	水	×	羿	사람 이름, 날아오를	8	木	△
嶸	산 높을, 가파를, 험할	17	土	△	帠	법, 법칙	9	木	△
濙	물 돌, 물소리	18	水	△	芮	물가, 방패 끈	10	木	△
䪐	풍류 이름	18	金	△	倪	어린이, 가장자리	10	火	×
濴	물 졸졸 흐를	18	水	△	珆	옥돌	10	金	△
瀛	바다, 늪, 못	20	水	×	拽	끌	10	木	×
蠑	영원	20	水	×	蚋	파리매, 모기	10	水	×
贏	남을, 성할	20	金	○	芸	재주, 심을	10	木	△
瀯	물소리	21	水	△	埍	성가퀴	11	土	×
嬰	호위할, 지킬	21	火	○	埶	심을	11	土	○
瓔	옥돌	22	金	○	猊	사자	12	土	×
癭	혹, 군더더기	22	水	×	淣	물가	12	水	×
纓	갓끈	23	木	△	捛	비길, 견줄	12	木	△
예 (土)					睿	밝을, 총명할	12	水	○
乂	칼로 벨, 징계할	2	金	×	預	미리, 먼저, 맡길	13	火	○
刈	벨, 자를	4	金	×	裔	후손, 옷자락	13	木	△
曳	끌, 당길, 고달플	6	火	×	詣	이를, 나아갈	13	金	○
汭	물굽이	8	水	△	睨	곁눈질할	13	木	×
艾	다스릴, 양육	8	木	△	嬻	유순할	14	土	△

한자	뜻	원획	자원오행	사용적합	한자	뜻	원획	자원오행	사용적합
嫛	유순할, 갓난아이	14	土	△	薉	거칠, 더러울	19	木	×
蜺	애매미	14	水	×	鯢	도롱뇽	19	水	×
睿	슬기로울, 총명할	14	火	○	麑	사슴 새끼	19	土	×
銳	날카로울, 뾰족할	15	金	×	嫛	아름다울	19	金	△
嬖	다스릴, 편안할	15	金	△	譽	명예, 기릴, 칭찬할	21	金	○
蓺	재주, 기예	15	土	△	藝	재주, 글, 심을	21	木	△
郳	나라 이름	15	土	△	醴	꽃술	22	木	△
叡	밝을, 오를, 어질	16	火	○	囈	잠꼬대	22	水	×
豫	미리, 기뻐할, 즐길	16	水	○	鷖	갈매기	22	火	×
霓	무지개	16	水	△	**오** (土)				
橤	꽃술, 드리울	16	木	△	午	낮, 말	4	火	△
瘱	고요할, 편안할	16	水	△	五	다섯	5	土	△
瞖	눈이 흐릴	16	木	×	伍	다섯 사람, 대오	6	火	△
澦	물 깊을, 종족 이름	17	水	△	仵	짝, 검시인	6	火	×
蓻	심을	17	木	△	圬	흙손, 칠할	6	土	△
獩	민족 이름	17	土	△	吾	나	7	水	△
檕	창전대, 탄식 소리	17	木	×	吳	나라 이름, 오나라	7	水	△
翳	깃 일산, 그늘	17	火	×	汚	더러울, 거칠	7	水	×
蕊	꽃술	18	木	△	汙	더러울, 씻을	7	水	×
穢	더러울, 거칠	18	木	×	旿	밝을, 한낮	8	火	○
睿	밝을, 어질, 총명	19	土	○	忤	거스를, 미워할	8	火	×

한자	뜻	원획	자원오행	사용적합	한자	뜻	원획	자원오행	사용적합
俁	갈래지을	9	火	△	蓂	풀 이름, 들깨	13	木	×
俉	맞이할	9	火	○	誤	그르칠	14	金	×
娛	즐길, 즐거워할	10	土	×	寤	잠 깰, 깨달을	14	木	△
烏	까마귀	10	火	×	嗷	시끄러울	14	水	×
唔	글 읽는 소리	10	水	○	慠	교만할, 깔볼	14	土	×
迃	굽을, 멀	10	土	×	熬	볶을	15	火	×
悟	깨달을, 슬기로울	11	火	△	獒	개	15	土	×
敖	거만할, 놀, 시끄러울	11	金	×	憎	미워할, 성낼	15	水	×
晤	밝을, 총명할	11	火	○	慠	오만할	15	火	×
梧	오동나무, 책상	11	木	△	墺	물가, 육지	16	土	△
浯	강 이름	11	水	△	竈	부엌	16	水	△
捂	거스를, 어긋날	11	木	×	澳	깊을, 강 이름	17	水	△
迕	만날, 거스를	11	土	×	懊	한할, 괴로워할	17	火	×
珸	옥돌, 옥빛	12	金	△	燠	따뜻할	17	火	△
惡	미워할	12	火	×	謷	말 듣지 않을	17	火	×
塢	둑, 성채, 마을	13	土	○	謷	헐뜯을	18	金	×
蜈	지네	13	水	×	遨	즐겁게 놀	18	土	△
嗚	슬플, 탄식 소리	13	水	×	襖	웃옷	19	木	△
傲	거만할	13	火	×	鏊	번철, 산 이름	19	金	△
奧	깊을, 속, 안	13	木	△	鏖	오살할, 격렬할	19	金	×
筽	버들고리	13	木	×	顊	높고 클, 굵을	20	火	△

한자	뜻	원획	자원오행	사용적합	한자	뜻	원획	자원오행	사용적합
鼯	날다람쥐	20	水	×	穩	평온할, 편안할	14	木	○
隩	물굽이, 숨길	21	土	×	瑥	사람 이름	15	金	○
驁	준마, 오만할	21	火	×	瘟	염병, 전염병	15	水	×
鰲	자라	22	水	×	穩	번성할	15	木	○
鼇	자라, 큰 바다거북	24	土	×	縕	헌 솜	16	木	△
					轀	수레	17	火	△
옥 (土)					醞	술 빚을	17	金	△
玉	구슬, 아름다울	5	金	△	穩	편안할, 평온할, 모을	19	木	○
沃	기름질, 물 댈	8	水	△	馧	향기로울	19	木	○
屋	집	9	木	△	饇	보리를 먹을, 밥이 쉴	19	木	×
鈺	보배, 보물, 금	13	金	○	韞	감출	19	金	×
獄	옥, 감옥	14	土	×	蒕	붕어마름, 쌓일	19	木	△
					蘊	쌓을, 저축할, 간직할	22	木	△
온 (土)									
昷	어질, 온화할	9	火	○	**올 (土)**				
盈	어질, 온화할	10	水	○					
媪	할머니, 노모	12	土	×	兀	우뚝할	3	土	×
媼	할머니, 노모	13	土	×	杌	나무 그루터기	7	木	×
溫	따뜻할	14	水	△	嗢	목멜	13	水	×
榅	기둥	14	木	△	膃	살찔	16	水	△
慍	성낼, 원망할	14	火	×					
氳	기운 어릴	14	水	△	**옹 (土)**				
熅	숯불	14	火	△	瓮	독, 항아리	9	土	×
					禺	땅 이름	9	土	△

한자	뜻	원획	자원오행	사용적합	한자	뜻	원획	자원오행	사용적합
翁	늙은이, 늙을	10	火	×	哇	토할, 뱉을	9	水	×
邕	막힐, 화락할	10	土	△	洼	웅덩이	10	水	×
喁	숨 쉴, 벌름거릴	12	木	×	窊	우묵할, 웅덩이	10	水	×
雍	화할, 화락할	13	火	○	訛	그릇될, 속일	11	金	×
滃	구름 일, 용솟음칠	14	水	△	婐	날씬할, 아름다울	11	土	○
壅	막을, 막힐	16	土	×	蛙	개구리	12	水	×
蓊	장다리, 우거질	16	木	△	渦	물 솟을, 소용돌이	13	水	△
擁	안을	17	木	△	猧	발바리, 개	13	土	×
甕	항아리, 독, 단지	18	土	△	窩	움집, 굴	14	水	×
癰	악창, 종기	18	水	×	窪	웅덩이	14	水	×
雝	화락할, 누그러질	18	火	△	蝸	달팽이	15	水	×
顒	엄숙할	18	火	△	萵	상추	15	木	×
罋	독, 항아리	19	土	×	譌	잘못될, 거짓될	19	金	×
廱	학교, 화락할	21	木	△	**완** (土)				
饔	아침밥, 조반	22	水	×	刓	깎을, 닳을	6	金	×
癱	악창, 등창	23	水	×	完	완전할, 끝날, 지킬	7	木	△
와 (土)					妧	좋을, 고울	7	土	○
瓦	기와, 질그릇	5	土	△	岏	산 뾰족할, 가파를	7	土	△
呙	후림새	7	土	×	宛	굽을, 완연할	8	土	△
臥	누울, 쉴	8	土	△	抏	꺾을, 모자랄	8	木	×
枙	옹이, 멍에	8	木	×	杬	어루만질, 나무 이름	8	木	△

한자	뜻	원획	자원오행	사용적합	한자	뜻	원획	자원오행	사용적합
忨	희롱할	8	火	×	緩	느릴, 늦을, 너그러울	15	木	△
玩	희롱할, 장난할	9	金	×	鋺	주발, 저울판	16	金	△
垸	바를	10	土	△	**왈** (土)				
盌	주발	10	金	×	曰	가로되, 이를	4	火	△
浣	씻을, 빨래할	11	水	×	**왕** (土)				
婉	예쁠, 아름다울	11	土	○	王	임금	5	金	△
梡	도마, 나무	11	木	△	往	갈	8	火	△
婠	몸이 예쁠, 품성 좋을	11	土	○	旺	왕성할	8	火	○
阮	나라 이름, 성	12	土	△	汪	깊고 넓을	8	水	△
琓	서옥, 옥 이름	12	金	△	枉	굽을, 굽힐	8	木	×
椀	주발	12	木	×	迬	갈, 보낼, 향할	12	土	△
惋	탄식할	12	火	×	瀇	깊을	19	水	△
涴	물 굽이쳐 흐를	12	水	△	**왜** (土)				
莞	웃을, 왕골	13	木	△	娃	예쁠, 미인	9	土	○
琬	아름다울 옥, 홀	13	金	△	歪	기울, 비뚤	9	土	×
頑	완고할	13	火	△	倭	왜나라	10	火	×
碗	사발, 그릇	13	金	×	媧	사람 이름, 여신	12	土	○
脘	밥통	13	水	×	矮	난쟁이, 키가 작을	13	金	×
腕	팔, 팔뚝	14	水	×	**외** (土)				
豌	완두	15	火	×	外	바깥, 범위 밖, 겉	5	火	×
甂	장난할, 희롱할	15	火	×	畏	두려울, 꺼릴	9	土	×

한자	뜻	원획	자원오행	사용적합	한자	뜻	원획	자원오행	사용적합
偎	가까이할	11	火	△	拗	꺾을, 부러뜨릴	9	木	×
嵬	꾸불꾸불할	12	土	×	祆	재앙, 괴이할	9	木	×
崴	산 높을	12	土	△	突	깊을	9	水	△
猥	뒤섞일, 외람할	13	土	×	窈	그윽할, 고요할	10	水	△
嵬	산 높을	13	土	△	窅	움펑눈	10	水	×
溾	빠질	13	水	×	偠	날씬할	11	火	△
煨	묻은 불, 불씨	13	火	×	堯	요임금, 높을	12	土	△
磈	돌 우둘투둘할	14	金	×	喓	벌레 소리	12	水	×
磑	돌	15	金	△	徭	부역, 노역	13	火	×
聵	귀머거리	18	火	×	僥	요행, 바랄	14	火	△
隗	높을	18	土	△	搖	흔들릴, 움직일	14	木	×
巍	높고 클, 높을	21	土	○	暚	밝을, 햇빛	14	火	○
	요 (土)				窯	기와 가마	15	水	×
幺	작을, 어릴	3	水	×	嶢	산 높을	15	土	△
夭	일찍 죽을, 어릴	4	水	×	瑤	아름다운 옥, 옥돌	15	金	○
凹	오목할	5	火	×	樂	좋아할, 즐거울	15	木	○
妖	요사할, 요염할	7	土	×	腰	허리	15	水	×
坳	우묵할	8	土	×	墝	메마른	15	土	×
殀	일찍 죽을	8	水	×	嬈	번거로울, 아리따울	15	土	△
要	중요할, 요긴할	9	金	○	橈	굽힐, 꺾을, 굽을	16	木	×
姚	예쁠, 아름다울	9	土	○	徼	순찰할, 구할	16	火	△

한자	뜻	원획	자원오행	사용적합	한자	뜻	원획	자원오행	사용적합
澆	물 댈, 경박할	16	水	×	縟	꾸밀, 채색	16	木	△
繇	역사, 부역	17	木	×	褥	요, 침구	16	木	×
遙	멀	17	土	×	蓐	깔개	16	木	×
謠	노래	17	金	△	용 (土)				
燿	빛날	18	火	○	冗	쓸데없을	4	木	×
繞	얽힐, 두를, 둘러쌀	18	木	△	宂	한가로울, 쓸데없을	5	木	×
蟯	요충, 기생충	18	水	×	用	쓸, 쓰일, 부릴	5	水	△
曜	빛날, 요일	18	火	○	甬	길, 물 솟을	7	水	○
蕘	땔나무	18	木	△	俑	목우, 허수아비	9	火	×
擾	흐려질, 시끄러울	19	木	×	勇	날랠, 용감할	9	土	○
遶	두를, 에워쌀	19	土	△	容	얼굴, 놓을, 용서할	10	木	△
耀	빛날, 빛낼	20	火	○	埇	길 돋울, 골목길	10	土	△
邀	맞을, 맞이할	20	土	△	戜	사나울	10	金	×
饒	배부를, 넉넉할, 많을	21	水	○	庸	쓸, 떳떳할, 항상	11	木	○
鷂	새매	21	火	×	涌	물 솟을, 샘솟을	11	水	△
욕 (土)					舂	찧을, 절구질할	11	金	×
辱	욕될, 굽힐	10	土	×	茸	녹용, 무성할	12	木	△
欲	탐낼, 하고자 할	11	金	×	傛	불안할, 익숙할	12	火	×
浴	목욕할	11	水	×	硧	숫돌, 갈	12	金	△
溽	젖을, 기름질	14	水	×	傭	품팔이	13	火	×
慾	욕심낼	15	火	×	湧	샘솟을, 날뛸	13	水	△

한자	뜻	원획	자원오행	사용적합	한자	뜻	원획	자원오행	사용적합
傭	품 팔	13	火	×	友	벗	4	水	○
嵱	산 이름, 봉우리	13	土	△	尤	더욱, 특히, 허물	4	土	×
榕	용나무	14	木	△	右	오른쪽, 도울	5	水	○
墉	담	14	土	△	羽	깃, 날개	6	火	○
踊	뛸, 춤출	14	土	△	圩	언덕, 오목할	6	土	×
慂	권할, 억지로 권유할	14	火	×	宇	집, 세계, 하늘	6	木	○
溶	녹을, 질펀히 흐를	14	水	×	吁	탄식할	6	水	×
熔	쇠 녹일, 거푸집	14	火	△	佑	도울	7	火	○
槦	나무 이름, 사대나무	15	木	△	扜	지휘할, 당길, 가질	7	木	△
瑢	옥소리	15	金	△	旴	클, 해 돋을, 새벽	7	火	○
慵	게으를	15	火	×	杅	사발	7	木	×
慂	천치, 우매할	15	火	×	宋	비	7	水	×
蓉	연꽃	16	木	△	雨	비	8	水	×
踴	뛸, 춤출	16	土	△	玗	옥돌	8	金	△
聳	솟을	17	火	○	盂	사발, 바리	8	水	×
鎔	쇠 녹일, 주조할	18	金	△	盱	쳐다볼	8	木	△
鏞	큰 쇠북, 큰 종	19	金	△	紆	굽을, 얽힐	9	木	×
우 (土)					禹	하우씨, 펼	9	土	△
又	또, 다시, 용서할	2	水	○	芋	토란	9	木	×
于	어조사, 행할, 갈	3	水	△	俁	얼굴이 클	9	火	×
牛	소	4	土	×	疣	사마귀, 군살	9	水	×

한자	뜻	원획	자원오행	사용적합	한자	뜻	원획	자원오행	사용적합
竽	피리	9	木	×	憂	근심, 걱정할	15	火	×
迂	멀, 굽을	10	土	×	郵	우편, 역참	15	土	△
祐	도울, 복	10	金	○	愚	공경할, 삼갈	15	火	△
邘	땅 이름	10	土	△	耦	나란히 갈, 짝	15	金	△
雩	기우제	11	水	×	遇	만날, 대접할	16	土	△
偶	짝, 허수아비	11	火	△	踽	홀로 갈, 외로울	16	土	×
釪	악기 이름, 바리때	11	金	△	燠	따뜻할, 불안할	17	火	×
湡	물 소용돌이칠	11	水	△	優	넉넉할, 뛰어날	17	火	○
偊	혼자 걸을	11	火	×	隅	모퉁이	17	土	△
寓	부칠, 맡길	12	木	△	鍝	톱	17	金	×
堣	땅 이름, 모퉁이	12	土	△	謣	망령될, 망언	18	金	×
嵎	산굽이	12	土	△	麌	수사슴	18	土	×
庽	부칠, 맡길	12	木	△	藕	연뿌리	21	木	△
禹	날, 날아갈	13	火	△	耰	곰방메	21	金	×
愚	기쁠, 반가울	13	火	△	齲	충치	24	金	×
虞	염려할, 근심할	13	木	×	욱 (土)				
愚	어리석을	13	火	×	旭	빛날, 밝을, 해 돋을	6	火	○
麀	암사슴	13	土	×	昱	햇빛 밝을, 빛날	9	火	○
禑	복	14	木	○	彧	문채 빛날, 무성할	10	火	○
瑀	옥돌, 패옥	14	金	△	栯	산앵두, 나무 이름	10	木	△
霚	물소리, 깃	14	水	△	勖	힘쓸, 노력	11	土	○

한자	뜻	원획	자원오행	사용적합	한자	뜻	원획	자원오행	사용적합
煜	빛날, 비칠	13	火	○	贇	떨어질, 추락할	15	水	×
頊	삼갈, 사람 이름	13	金	△	贇	넉넉할, 많을	16	金	○
郁	성할, 문채 날	13	土	△	篔	왕대	16	木	×
稢	서직, 무성할	13	木	△	澐	큰 물결	16	水	△
穟	서직, 우거질	15	木	△	橒	나무 무늬	16	木	△
馘	빛날, 빠를	16	火	△	運	옮길, 움직일	16	土	△
燠	따뜻할, 더울	17	火	△	鄆	나라 이름	17	土	△
운 (土)					篔	왕대	18	木	×
云	이를, 어조사	4	水	○	隕	떨어질	18	土	×
会	높을	7	木	○	蕓	평지, 겨자풀	18	木	△
沄	끓을, 돌아 흐를	8	水	×	霣	떨어질	18	水	×
芸	향풀, 평지	10	木	△	韻	음운, 운, 화할	19	金	△
耘	김맬	10	木	△	顝	둥글, 훈훈할	19	火	△
員	더할, 늘릴	10	水	△	울 (土)				
紜	어지러울	10	木	×	乬	땅 이름	4	木	△
雲	구름, 이를, 하늘	12	水	×	菀	무성할	14	木	△
暈	해와 달무리	13	火	×	蔚	고을 이름, 우거질	17	木	△
惲	혼후할, 도타울	13	火	○	鬱	울창할, 답답할, 막힐	29	木	×
韵	운취, 정취	13	金	△	웅 (土)				
殞	죽을	14	水	×	雄	수컷, 굳셀, 뛰어날	12	火	△
熉	노란 모양, 푸른빛	14	火	△	熊	곰, 빛날	14	火	△

한자	뜻	원획	자원오행	사용적합	한자	뜻	원획	자원오행	사용적합
원 (土)					媛	예쁠, 아름다울	12	土	○
元	으뜸, 맏, 근본	4	木	△	園	동산	13	水	○
杬	나무 이름, 주무를	8	木	△	圓	둥글	13	水	○
沅	강 이름	8	水	△	援	도울, 끌어당길	13	木	△
朊	달빛 희미할	8	水	×	嫄	여자 이름	13	土	○
垣	낮은 담	9	土	△	湲	물 흐를	13	水	△
怨	원망할	9	火	×	楥	느티나무	13	木	×
爰	이에, 여기에, 이끌	9	木	△	猨	원숭이	13	土	×
貟	수효, 둥글	9	金	△	源	근원	14	水	△
原	언덕, 근원	10	土	○	猿	원숭이	14	土	×
袁	옷 치렁거릴	10	木	×	瑗	도리옥, 구슬	14	金	△
洹	흐를, 물 이름	10	水	△	愿	정성, 성실할	14	火	○
員	관원, 인원	10	水	△	蜿	꿈틀거릴	14	水	×
笎	대 무늬	10	木	△	院	집	15	土	△
倇	즐거워할	10	火	△	褑	패옥 띠	15	木	△
芫	팥꽃나무	10	木	×	鋺	저울판	16	金	△
冤	원통할	10	水	×	鴛	원앙새	16	火	×
寃	원통할	11	水	×	轅	수레, 끌채	17	火	△
婉	예쁠, 순할	11	土	○	遠	멀	17	土	×
苑	동산	11	木	△	謜	천천히 말할	17	金	△
阮	나라 이름, 관문 이름	12	土	△	黿	자라, 바다거북	17	土	×

한자	뜻	원획	자원오행	사용적합	한자	뜻	원획	자원오행	사용적합
願	원할, 바랄	19	火	○	爲	위할, 생각할, 만들	12	金	△
薗	동산, 뜰	19	木	△	喟	한숨	12	水	×
鵷	원추새	19	火	×	幃	휘장, 향낭	12	木	△
騵	절따말	20	火	×	暐	햇빛, 밝을, 빛날	13	火	○
邍	넓은 들판	23	土	△	渭	강 이름	13	水	△

월 (土)

한자	뜻	원획	자원오행	사용적합	한자	뜻	원획	자원오행	사용적합
月	달	4	水	×	痿	저릴	13	水	×
刖	벨	6	金	×	骫	굽을	13	金	×
越	넘을, 떨칠, 건널	12	火	△	萎	시들, 마를, 병들	14	木	×
粤	어조사	12	木	△	瑋	옥, 보배	14	金	△
鉞	도끼, 방울 소리	13	金	×	僞	거짓	14	火	×

위 (土)

한자	뜻	원획	자원오행	사용적합	한자	뜻	원획	자원오행	사용적합
危	위태할, 두려울	6	水	×	葦	갈대	15	木	×
位	자리, 벼슬, 위치	7	火	○	緯	씨줄, 경위	15	木	△
委	맡길, 버릴	8	土	×	慰	위로할	15	火	△
韋	가죽, 다룸가죽	9	金	×	褘	아름다울, 휘장	15	木	△
威	위엄, 세력	9	土	△	蝟	고슴도치	15	水	×
偉	위대할, 클, 훌륭할	11	火	○	熨	찜질할, 덥게 할	15	火	×
胃	밥통	11	水	×	葳	둥굴레, 능소화	15	木	×
尉	벼슬 이름, 위로할	11	土	○	諉	번거롭게 할	15	金	×
圍	둘러쌀, 둘레	12	水	△	逶	구불구불 갈	15	土	×
					衛	지킬	15	火	△
					謂	이를, 고할, 일컬을	16	金	○

한자	뜻	원획	자원오행	사용적합	한자	뜻	원획	자원오행	사용적합
違	어길	16	土	×	宥	너그러울, 도울	9	木	○
衛	지킬, 호위할	16	火	△	囿	동산, 고루할, 논밭	9	土	○
闈	문, 대궐, 안방	17	木	△	兪	그럴, 대답할	9	木	○
餧	먹일, 기를	17	水	△	油	기름	9	水	×
魏	위나라, 높을	18	火	△	幽	그윽할, 숨을, 깊을	9	火	×
蔿	애기풀	18	木	×	柚	유자나무	9	木	○
韙	옳을, 바를	18	金	○	柳	버들	9	木	○
韡	활짝 필, 성할	21	金	○	俞	대답할	9	土	○

유 (土)

한자	뜻	원획	자원오행	사용적합	한자	뜻	원획	자원오행	사용적합
尤	망설일, 게으를	4	木	×	姷	짝	9	土	△
由	말미암을, 인할	5	木	△	泑	물빛 검을, 잿물	9	水	×
幼	어릴	5	火	△	洧	물 이름	10	水	△
有	있을, 가질, 얻을	6	水	○	秞	무성할	10	木	○
酉	닭	7	金	×	悠	멀, 한가할, 근심할	11	火	×
攸	바, 곳, 태연한 모양	7	金	△	婑	아리따울	11	土	○
乳	젖	8	水	×	唯	오직, 대답, 허락할	11	水	○
侑	도울, 짝, 권할	8	火	○	蚰	그리마	11	水	×
杻	감탕나무	8	木	○	狖	교요할, 짐승 길들일	11	火	×
呦	울, 목이 멜	8	水	×	帷	휘장	11	木	△
臾	잠깐, 착할	8	土	△	蚴	꿈틀거릴	11	水	×
柔	부드러울, 편안할	9	木	○	蕤	꽃, 꽃술, 장식	12	水	△
					釉	광택, 잿물	12	木	△

한자	뜻	원획	자원오행	사용적합	한자	뜻	원획	자원오행	사용적합
惟	생각할, 오직	12	火	△	瑈	옥 이름	14	金	○
庾	곳집, 노적가리	12	木	△	需	부드러울, 나약할	14	水	×
喩	깨우칠, 알려줄	12	水	△	瘉	병 나을	14	水	△
莠	강아지풀	13	木	×	痩	병들	14	水	×
揄	야유할, 끌	13	木	×	窬	협문, 뒷간	14	水	×
愈	나을, 어질, 더할	13	火	○	綏	갓끈	14	木	×
裕	넉넉할, 너그러울	13	木	△	萸	수유나무, 풀 이름	15	木	△
楡	느릅나무	13	木	△	牖	들창, 밝을, 깨우칠	15	木	○
猶	원숭이, 오히려	13	土	×	窳	이지러질	15	水	×
猷	꾀할	13	土	○	糅	섞을	15	木	△
愉	기쁠, 즐거울	13	火	△	腴	살찔, 비옥할	15	水	△
瑜	옥돌, 새 이름	13	金	△	蝤	하루살이	15	水	×
楢	졸참나무, 느릅나무	13	木	△	褕	고울	15	木	△
游	헤엄칠	13	水	△	儒	선비	16	火	○
渘	깊을	13	水	△	遊	놀	16	土	×
渶	물 이름	13	水	△	諛	아첨할	16	金	×
揉	주무를	13	木	△	踰	넘을, 지나갈	16	土	×
逌	빙그레할, 웃을	14	土	△	蹂	짓밟을	16	土	×
誘	꾈, 유혹할, 가르칠	14	金	×	遙	멀, 넘을	16	土	×
維	이을, 벼리, 맬, 묶을	14	木	○	諭	타이를, 깨우칠	16	金	○
瑈	아름다운 옥, 옥빛	14	金	○	鍮	놋쇠	17	金	△

한자	뜻	원획	자원오행	사용적합
孺	젖먹이, 사모할	17	水	×
黝	검푸른	17	水	×
鮪	참다랑어	17	水	×
癒	병이 나을	18	水	×
曘	햇빛, 날이 어두울	18	火	△
濡	적실, 젖을	18	水	△
鼬	족제비	18	水	×
鞣	가죽	18	金	×
蕕	누린내풀	18	木	×
蕤	꽃, 꽃술, 장식	18	木	△
遺	끼칠, 남길	19	土	△
壝	제단의 담	19	土	△
讉	성낼, 꾸짖을	23	金	×
纇	부를	26	火	△
籲	부를	32	木	△

육 (土)				
肉	고기	6	水	×
育	기를, 자랄	10	水	△
堉	기름진 땅	11	土	○
毓	기를	14	土	△
儥	팔	17	火	△

윤 (土)				
尹	다스릴, 믿을	4	水	○
允	진실로	4	土	○
昀	햇빛	8	火	○
沇	물 이름	8	水	○
玧	귀막이 구슬, 옥빛	9	金	△
胤	이을, 맏아들, 자손	11	水	△
䄠	자손	11	火	△
閏	윤달	12	火	×
阭	높을	12	土	△
鈗	창, 병기	12	金	△
閠	윤달	13	火	×
荺	연뿌리, 대순	13	木	△
瀹	물 깊고 넓을	15	水	△
䦞	윤달	15	木	×
鋆	금, 쇠	15	金	△
潤	윤택할	16	水	○
橍	나무 이름	16	木	△
贇	예쁠, 아름다울	19	金	△

율 (土)				
聿	붓, 스스로	6	火	○

한자	뜻	원획	자원오행	사용적합	한자	뜻	원획	자원오행	사용적합
洍	물 흐를, 밝을	8	水	△	坕	앙금, 찌꺼기	10	土	×
矞	송곳질할	12	金	×	豈	언쟁할	10	金	×
建	나누어줄	13	土	△	珢	옥돌	11	金	△
颭	큰바람	13	木	△	訢	기쁠, 공손할	11	金	○
燏	빛날	16	火	○	狺	으르렁거릴	11	土	×
潏	샘솟을, 물 흐를	16	水	△	溵	물소리, 강 이름	14	水	△
獝	빨리 날	16	火	△	銀	은, 은빛	14	金	△

융 (土)

한자	뜻	원획	자원오행	사용적합
戎	오랑캐, 병장기	6	金	×
狨	원숭이 이름	10	土	×
絨	가는 베	12	木	×
融	화할, 녹을	16	水	○
瀜	물 깊을	20	水	△

慇	괴로워할, 은근할	14	火	×
憖	물 이름	14	水	△
誾	화평할, 향기	15	金	○
璁	옥, 사람 이름	15	金	△
億	의지할, 기댈	16	火	△
蒑	풀빛 푸른	16	木	△
蒽	풀 이름	16	木	△
憗	억지로	16	火	×

은 (土)

한자	뜻	원획	자원오행	사용적합
听	웃을, 웃는 모양	7	水	△
圻	언덕, 끝, 경계	7	土	△
垠	언덕, 지경, 끝	9	土	△
殷	은나라, 성할	10	金	△
恩	은혜, 덕택, 신세	10	火	○
泿	물가	10	水	△
圁	물 이름	10	水	△

檃	집 마룻대, 도지개	17	木	△
嶾	산 높을	17	土	△
檼	마룻대, 대마루	18	木	○
濦	물소리, 강 이름	18	水	△
嚚	어리석을, 벙어리	18	水	×
鄞	고을 이름	18	土	△

한자	뜻	원획	자원오행	사용적합	한자	뜻	원획	자원오행	사용적합
誾	온화할	19	金	○	霪	장마	19	水	×
斷	잇몸	19	金	×	馨	화할	20	金	○
隱	숨을, 숨길	22	土	×		**읍** (土)			
癮	두드러기	22	水	×	邑	고을	7	土	△
蘟	나물 이름	23	木	×	泣	울	9	水	×
齦	웃을, 이 가지런할	27	金	△	悒	근심할	11	火	×
	을 (土)				挹	뜰	11	木	×
乙	새, 둘째 천간	1	木	△	浥	젖을, 축축할	11	水	△
圪	흙더미 우뚝할	6	土	△	揖	읍할, 사양할	13	木	△
鳦	제비	12	火	×		**응** (土)			
	음 (土)				凝	엉길, 모을, 추울	16	水	×
吟	읊을, 입 다물	7	水	△	應	응할	17	火	○
音	소리	9	金	○	膺	가슴	19	水	×
崟	험준할, 높을	11	土	△	矚	물끄러미 볼	22	木	△
淫	음란할, 음탕할	12	水	×	鷹	매	24	火	×
喑	벙어리	12	水	×		**의** (土)			
愔	조용할, 고요할	13	火	△	衣	옷, 입을, 행할	6	木	△
飮	마실	13	水	×	矣	어조사	7	金	△
廕	덮을, 그늘	14	木	×	依	의지할, 따를	8	火	△
陰	그늘, 음기, 어둠	16	土	×	宜	마땅할, 옳을	8	木	○
蔭	그늘, 덮을	17	木	×	姷	여자의 자	9	土	△

한자	뜻	원획	자원오행	사용적합	한자	뜻	원획	자원오행	사용적합
倚	의지할, 치우칠	10	火	×	艤	배 댈	19	木	△
椅	의자, 의나무	12	木	×	議	의논할, 말할, 꾀할	20	金	○
猗	아름다울, 더할, 불간 개	12	土	△	饐	쉴, 상할	21	水	×
欹	감탄 소리	12	金	×	懿	아름다울, 클	22	火	○
凒	눈서리 쌓일	12	水	×		이 (土)			
義	옳을, 뜻	13	土	△	二	두, 둘	2	木	△
意	뜻, 생각	13	火	○	已	이미, 그칠, 그만둘	3	火	×
疑	의심할	14	火	×	以	써, 까닭, 생각할	5	火	△
儀	거동, 예의, 법도	15	火	○	尔	너, 그, 어조사	5	水	△
毅	굳셀	15	金	○	耳	귀	6	火	×
誼	옳을	15	金	○	而	어조사, 너, 말 이을	6	水	△
漪	물가, 물놀이	15	水	×	弛	늦출, 놓을, 없앨	6	金	×
儗	참람할, 망설일	16	火	×	夷	오랑캐, 평평할	6	木	×
螘	개미	16	水	×	伊	저, 어조사	6	火	×
劓	코 벨	16	金	×	杝	피나무, 나무 이름	7	木	×
嶷	산 이름	17	土	△	易	쉬울, 다스릴, 편할	8	火	△
醫	의원	18	金	△	佴	버금	8	火	△
擬	헤아릴, 흉내 낼	18	木	△	隶	근본	8	水	△
礒	바위, 돌 모양	18	金	△	姨	이모	9	土	×
薏	율무, 연밥	19	木	△	怡	기쁠, 화할, 기뻐할	9	火	△
蟻	개미	19	水	×	姛	여자 이름	9	土	△

한자	뜻	원획	자원오행	사용적합
酏	아름다울, 성장할	9	土	○
咿	선웃음 칠	9	水	△
珆	옥돌	10	金	○
栮	목이버섯	10	木	×
洟	콧물	10	水	×
訑	으쓱거릴	10	金	×
苡	질경이, 율무	11	木	△
移	옮길, 움직일	11	木	×
珥	귀고리	11	金	△
痍	상처, 다칠	11	水	×
異	다를, 이상할	11	土	×
貽	끼칠, 남길, 전할	12	金	△
媐	기쁠	12	土	○
貳	둘, 두, 거듭할	12	金	△
萸	벨, 깎을, 삘기	12	木	×
胹	힘줄 강할	12	水	×
羡	땅 이름	12	土	△
迤	비스듬할	12	土	×
肄	익힐, 노력할, 살펴볼	13	火	○
爾	너, 같이, 가까울	14	火	○
飴	엿, 음식, 먹일	14	水	△

한자	뜻	원획	자원오행	사용적합
廙	공경할	14	木	○
頤	턱	15	火	×
彛	떳떳할	16	火	○
鷈	제비	17	火	×
彝	떳떳할	18	火	○
邇	가까울	21	土	△
익 (土)				
弋	주살	3	金	×
益	더할, 유익할	10	水	○
翊	도울	11	火	○
翌	다음 날, 도울	11	火	△
熤	사람 이름, 빛날	15	火	○
謚	웃을, 웃는 모양	17	金	○
翼	날개, 삼갈	17	火	×
瀷	스며 흐를, 강 이름	21	水	△
鷁	익조	21	火	×
인 (土)				
人	사람, 인품, 인격	2	火	△
儿	어진 사람	2	木	△
刃	칼날, 벨	3	金	×
引	끌, 인도할, 이끌	4	火	○

한자	뜻	원획	자원오행	사용적합	한자	뜻	원획	자원오행	사용적합
仁	어질, 착할	4	火	△	堙	막을, 묻힐	12	土	×
仞	길, 잴	5	火	△	婣	혼인, 장인	12	土	×
因	인할, 말미암을	6	水	△	裀	요, 자리	12	木	×
印	도장	6	木	×	靷	가슴걸이	13	金	×
忎	어질, 사랑	6	火	○	湮	잠길, 묻힐	13	水	×
忎	어질, 사랑	7	火	○	認	인정할, 알, 허락할	14	金	○
沏	젖어 맞붙을	7	水	×	牏	작은 북 칠	14	金	×
牣	가득할, 막힐	7	土	×	䩄	작은 북	14	金	×
忍	참을	7	火	×	禋	제사 지낼	14	木	×
姻	혼인할	9	土	×	夤	조심할, 공경할	14	木	○
咽	목구멍	9	水	×	戭	창	15	金	×
蚓	지렁이	10	水	×	璌	사람 이름	16	金	○
茵	씨, 풀 이름	10	木	×	諲	공경할, 삼갈	16	金	○
氤	기운 성할	10	水	△	臏	등심, 등뼈 부위	17	水	×
洇	묻힐	10	水	×	濥	물줄기	18	水	△
寅	범, 동방, 세 번째 지지	11	木	×	**일** (土)				
秵	벼꽃	11	木	×	一	한, 모두, 첫째	1	木	△
茵	자리, 풀 이름, 사철쑥	12	木	×	日	날	4	火	×
靪	질길	12	金	×	佚	편안할, 숨을	7	火	△
絪	기운, 깔개	12	木	△	劮	기쁠, 외람	7	土	△
靭	질길	12	金	×	佾	춤, 춤출	8	火	△

한자	뜻	원획	자원오행	사용적합	한자	뜻	원획	자원오행	사용적합
泆	넘칠, 음탕할	9	水	×	飪	익힐	13	水	△
壹	한, 하나, 오로지	12	木	△	鉦	젖을, 구부러질	14	金	×
軼	지나칠, 뛰어날	12	火	△	**입** (土)				
溢	넘칠, 찰, 가득할	14	水	△	入	들	2	木	△
馹	역마, 역, 역참	14	火	△	廿	스물, 이십	3	水	×
逸	편안할, 달아날, 숨을	14	土	△	廿	스물, 이십	4	水	×
逸	편안할, 달아날, 숨을	15	土	△	**잉** (土)				
鎰	중량, 무게 단위	18	金	△	仍	인할, 거듭할	4	火	○
임 (土)					孕	아이 밸	5	水	×
壬	북방, 클, 아홉째 천간	4	水	△	芿	풀싹, 잡초	10	木	×
任	맡길, 맡을, 일	6	火	△	剩	남을, 넉넉할	12	金	△
妊	아이 밸	7	土	×	媵	보낼, 몸종	13	土	×
姙	아이 밸	9	土	×	**자** (金)				
恁	생각할, 믿을	10	火	○	子	아들, 첫째 지지	3	水	×
衽	옷깃, 소매	10	木	△	仔	자세할, 견딜	5	火	○
訨	생각할	11	金	○	字	글자	6	水	△
荏	부드러울, 들깨	12	木	△	自	스스로	6	木	○
絍	짤, 길쌈	12	木	△	孖	쌍둥이	6	水	×
稔	풍년 들, 곡식 익을	13	木	○	孜	힘쓸, 부지런할	7	水	○
賃	빌, 품삯, 품팔이	13	金	×	姉	윗누이	8	土	×
誋	믿을, 생각할	13	金	○	秄	북돋을	8	木	○

한자	뜻	원획	자원오행	사용적합	한자	뜻	원획	자원오행	사용적합
姉	손위 누이	8	土	×	茨	지붕 이을, 가시나무	12	木	×
刺	찌를	8	金	×	胾	고깃점	12	水	×
炙	고기 구울	8	火	×	訾	헐뜯을	12	金	×
呰	꾸짖을, 재앙	8	水	×	觜	별 이름, 털 뿔	12	木	×
姿	맵시, 모양	9	土	○	貲	재물, 자본	12	金	△
咨	탄식할, 물을	9	水	×	粢	기장, 떡	12	木	×
柘	산뽕나무	9	木	×	孳	부지런할	13	水	△
耔	북돋을	9	水	△	資	재물, 바탕	13	金	○
蚱	며루	9	水	×	煮	삶을	13	火	×
泚	강 이름	9	水	△	雌	암컷	13	火	△
玆	이, 검을, 흐릴, 이에	10	火	△	滋	붙을, 번식	13	水	○
恣	빙자할, 마음대로	10	火	×	慈	사랑, 동정, 어머니	14	火	△
疵	허물, 흠, 결점, 병	10	水	×	磁	자석	14	金	△
眥	흘길, 노려볼	10	木	×	莿	까끄라기, 가시	14	木	×
牸	암소	10	土	×	髭	콧수염	15	火	×
眦	흘길, 노려볼	10	木	×	諮	물을, 자문할	16	金	△
茈	지치	11	木	×	襁	포대기, 자리	16	木	×
瓷	사기그릇, 오지그릇	11	土	×	鮓	생선젓	16	水	×
紫	붉을, 자줏빛	11	木	△	赭	붉은 흙	16	火	△
者	놈, 것, 사람	11	土	×	孅	너그럽고 순할	17	土	○
🔲	검을, 이에	12	木	△	蔗	사탕수수, 맛좋을	17	木	△

한자	뜻	원획	자원오행	사용적합	한자	뜻	원획	자원오행	사용적합
顳	윗수염	17	火	×	焯	밝을	12	火	△
鎡	호미	18	金	×	斮	벨, 때릴	13	金	×
藉	깔, 깔개, 핑계할	20	木	×	碏	사람 이름, 삼갈	13	金	△
鸑	가마우지	21	火	×	綽	너그러울, 여유 있을	14	木	○
鷓	자고	22	火	×	爵	벼슬, 작위	18	金	△
\multicolumn{5}{c}{작 (金)}					鵲	까치	19	火	×
勺	구기, 잔	3	金	×	嚼	씹을	21	水	×
作	지을, 일할	7	火	○	\multicolumn{5}{c}{잔 (金)}				
灼	불사를, 밝을	7	火	△	剗	깎을, 벨	10	金	×
汋	샘솟을, 퍼낼	7	水	△	殘	남을, 쇠잔할	12	水	×
豹	표범	7	土	×	棧	사다리, 잔도	12	木	△
岝	산 높을	8	土	△	孱	잔약할, 나약할	12	水	×
昨	어제	9	火	×	盞	등잔, 술잔	13	金	×
炸	터질, 폭발할	9	火	×	潺	물 흐르는 소리	16	水	△
芍	작약, 함박꽃	9	木	×	驏	안장 없는 말	22	火	×
斫	벨, 자를	9	金	×	\multicolumn{5}{c}{잠 (金)}				
怍	부끄러워할	9	火	×	岑	산봉우리, 높을	7	土	△
柞	떡갈나무	9	木	×	涔	괸 물	11	水	×
酌	술 부을, 취할	10	金	×	暫	잠깐	15	火	×
雀	참새	11	火	×	箴	바늘, 돌침	15	木	×
舄	까치	12	土	×	潛	잠길	16	水	×

한자	뜻	원획	자원오행	사용적합	한자	뜻	원획	자원오행	사용적합
潛	잠길	16	水	×	長	길, 긴, 맏, 나을	8	木	△
簪	비녀, 찌를	18	木	×	牂	암양	10	木	×
蠶	누에	24	水	×	奘	클, 든든할	10	木	○
잡 (金)					牂	숫양	10	土	×
卡	지킬	5	金	△	将	장수, 장차	10	土	○
眨	눈깜짝일, 애꾸눈	10	木	×	帳	휘장, 장부	11	木	△
磼	높을	17	金	△	章	글, 문장, 문체	11	金	○
雜	섞일	18	火	×	將	장수	11	土	○
襍	섞일	18	木	×	張	베풀, 향할, 나갈	11	金	○
囃	메기는소리	21	水	×	粧	단장할	12	木	○
장 (金)					掌	손바닥	12	木	△
丈	어른, 지팡이	3	木	△	場	마당	12	土	△
仗	의장, 무기	5	火	×	莊	단정할, 씩씩할	13	木	△
匠	장인, 기술자	6	土	△	裝	꾸밀	13	木	×
庄	전장, 씩씩할	6	土	△	偉	놀랄, 시숙	13	火	×
壮	장할, 굳셀	6	木	○	臧	착할, 숨을	14	火	×
壯	장할, 씩씩할, 굳셀	7	木	○	嶂	산봉우리	14	土	△
杖	지팡이, 몽둥이	7	木	×	萇	양도	14	木	×
妝	단장할, 꾸밀	7	土	△	奬	장려할, 권면할	14	木	○
戕	죽일	8	金	×	獎	장려할, 권면할	15	木	○
狀	모양, 형상	8	土	○	腸	창자	15	水	×

한자	뜻	원획	자원오행	사용적합	한자	뜻	원획	자원오행	사용적합
暲	밝을, 해 돋을	15	火	○	藏	감출	20	木	×
葬	장사 지낼	15	木	×	贓	장물, 숨길	21	金	×
獐	노루	15	土	×	欌	장롱, 의장	22	木	×
漿	미음, 즙	15	水	×	麞	노루	22	土	×
漳	강 이름	15	水	△	臟	오장, 내장	24	水	×
樟	녹나무, 예장나무	15	木	×		재 (金)			
璋	구슬, 반쪽 홀	16	金	△	才	재주	4	木	△
墻	담장	16	土	△	在	있을, 살필	6	土	△
瘴	장기	16	水	×	再	두, 다시	6	木	△
嬙	궁녀	16	土	×	災	재앙	7	火	×
廧	담, 신하, 오랑캐	16	木	×	材	재목, 재주	7	木	○
蔣	나라 이름, 줄	17	木	△	扗	있을	7	木	○
檣	돛대	17	木	△	灾	재앙	7	火	×
牆	담장	17	木	△	哉	비로소, 어조사	9	水	×
糚	꾸밀, 단장할	17	木	△	亝	재계, 공손할	9	水	○
餦	산자, 엿	17	水	×	宰	재상, 주관할, 으뜸	10	木	○
醬	장, 젓갈	18	金	×	財	재물	10	金	○
鄣	나라 이름, 막을	18	土	△	栽	심을	10	木	△
障	막을	19	土	×	梓	가래나무, 책판	11	木	△
薔	장미	19	木	△	捚	손으로 받을	11	木	△
鏘	금옥 소리	19	金	△	裁	판결할, 마름질할	12	木	△

한자	뜻	원획	자원오행	사용적합
崽	자식, 저것	12	土	△
載	실을, 가득할, 일	13	火	○
渽	맑을	13	水	△
滓	찌끼, 앙금, 때	14	水	×
溨	물 이름	14	水	△
梓	가래나무	14	木	△
縡	일할, 실을	16	木	○
賊	재물, 재화	16	金	△
齋	재계할, 엄숙할	17	土	×
齎	가져올, 보낼	21	土	△
纔	재주, 재능	23	木	△

쟁 (金)

한자	뜻	원획	자원오행	사용적합
爭	다툴	8	火	×
崢	가파를	11	土	×
猙	흉악할	12	土	×
琤	옥소리	13	金	△
箏	쟁, 풍경	14	木	△
諍	간할, 다툴	15	金	×
錚	쇳소리, 징	16	金	△
鎗	종소리, 술그릇	18	金	△

한자	뜻	원획	자원오행	사용적합
저 (金)				
宁	뜰, 멈추어 설	5	木	△
氐	근본	5	火	△
低	낮을, 숙일	7	火	×
佇	설, 기다릴	7	火	×
杵	공이, 방망이	8	木	×
姐	누이	8	土	×
咀	씹을	8	水	×
底	밑, 바닥	8	木	×
岨	돌산, 울퉁불퉁할	8	土	×
杼	북, 매자기	8	木	×
抵	막을, 거스를	9	木	×
狙	원숭이, 건져낼	9	土	×
沮	막을, 그칠, 축축할	9	水	×
柢	뿌리, 근본	9	木	△
牴	부딪힐, 만날	9	土	△
疽	등창, 종기	10	水	×
紵	모시풀	11	木	×
苧	모시풀	11	木	×
罝	그물	11	木	×
羝	숫양	11	土	×

한자	뜻	원획	자원오행	사용적합	한자	뜻	원획	자원오행	사용적합
苴	깔, 속창, 마른풀	11	木	×	齟	어긋날	20	金	×
蛆	구더기, 지네	11	水	×	躇	머뭇거릴	20	土	×
袛	속적삼	11	木	×	潴	웅덩이	20	水	×
邸	집, 저택, 바탕	12	土	○	藷	마, 사탕수수, 감자	22	木	△
貯	쌓을, 저축할, 둘	12	金	○	적 (金)				
詛	저주할	12	金	×	吊	이를, 조상할	6	水	×
舐	닿을, 도달할	12	木	△	赤	붉을	7	火	△
詆	꾸짖을	12	金	×	狄	오랑캐	8	土	×
猪	돼지	13	土	×	的	과녁, 표준	8	火	△
楮	닥나무	13	木	△	炙	고기 구울	8	火	×
雎	물수리, 징경이	13	火	△	寂	고요할, 쓸쓸할	11	木	×
渚	물가, 모래섬	13	水	△	笛	피리	11	木	×
這	맞이할, 이	14	土	△	迪	나아갈	12	土	△
菹	김치, 채소 절임	14	木	×	賊	도적	13	金	×
樗	가죽나무	15	木	△	跡	발자취, 밟을, 흔적	13	土	△
箸	젓가락	15	木	×	荻	물억새, 갈대	13	木	×
著	지을, 나타날, 뚜렷할	15	木	△	勣	공적, 업적	13	土	○
褚	솜옷	15	木	△	迹	자취, 행적, 공적	13	土	△
潴	웅덩이	16	水	×	馰	별박이, 준마	13	火	△
陼	물가	17	土	△	嫡	정실, 본처	14	土	×
儲	쌓을, 저축할, 버금	18	火	○	翟	꿩	14	火	×

한자	뜻	원획	자원오행	사용적합	한자	뜻	원획	자원오행	사용적합
芍	연밥	14	木	△	吮	빨	7	水	×
逖	멀, 멀리할	14	土	×	典	법	8	金	○
滴	물방울	15	水	△	佺	신선 이름	8	火	○
敵	원수, 대적할	15	金	×	届	구멍	8	水	×
摘	딸, 추릴, 들추어낼	15	木	△	前	앞, 먼저	9	金	△
樀	추녀	15	木	×	畑	화전	9	土	△
積	쌓을, 모을	16	木	○	畋	밭 갈	9	土	△
磧	서덜, 사막	16	金	×	展	펼	10	水	○
績	길쌈, 지을, 공	17	木	○	栓	나무못, 빗장, 마개	10	木	×
謫	귀양 갈	18	金	×	旃	기, 장막	10	土	△
適	맞을, 마침, 갈	18	土	△	栴	단향목	10	木	△
蹟	자취, 사적, 좇을	18	土	○	專	오로지	11	土	○
鏑	살촉, 우는 살	19	金	×	剪	가위, 자를	11	金	×
籍	호적, 문서	20	木	○	悛	고칠, 깨달을	11	火	△
覿	볼, 만날	22	火	△	痊	병 나을	11	水	△
糴	쌀 살	22	木	△	荃	향초, 겨자	12	木	△

전 (金)

한자	뜻	원획	자원오행	사용적합	한자	뜻	원획	자원오행	사용적합
					筌	통발	12	木	△
田	밭	5	土	△	奠	정할, 제사 지낼	12	木	△
全	온전할, 온통	6	土	○	牋	장계, 종이	12	木	△
甸	경기, 경계	7	土	△	飦	죽	12	水	×
佃	밭 갈	7	火	△	鈿	비녀	13	金	△

한자	뜻	원획	자원오행	사용적합	한자	뜻	원획	자원오행	사용적합
詮	갖출, 설명할	13	金	○	鐩	새길, 깎을	15	金	×
電	번개, 전기	13	水	△	戰	싸울, 두려워 떨	16	金	×
傳	전할, 말할	13	火	△	錢	돈, 동전	16	金	△
瑔	옥 이름, 귀막이	13	金	△	甎	벽돌	16	土	△
塡	채울, 가득 찰	13	土	○	磚	벽돌	16	金	△
煎	달일, 지질	13	火	×	錪	가마	16	金	△
殿	대궐	13	金	△	靛	청대	16	木	△
雋	새가 살찔	13	火	△	靦	뻔뻔할	16	火	×
揃	자를	13	木	△	氈	양탄자, 모전	17	木	△
湔	씻을	13	水	△	輾	반전할, 구를	17	火	△
輇	상여	13	火	×	餞	전송할, 보낼	17	水	△
箋	기록할, 부전	14	木	×	澱	앙금, 찌꺼기	17	水	×
銓	헤아릴, 저울질할	14	金	○	澶	물 흐를	17	水	△
塼	벽돌	14	土	○	膞	저민 고기	17	水	×
嫥	오로지	14	土	○	轉	구를	18	火	△
戩	다할, 멸할	14	金	△	癜	어루러기	18	水	×
腆	두터울	14	水	△	顓	오로지	18	火	△
廛	가게, 집터	15	木	×	饘	된죽	18	水	×
箭	화살	15	木	△	顚	엎드러질, 이마	19	火	×
篆	전자, 도장	15	木	△	羶	누린내	19	土	×
翦	자를, 끊을	15	火	×	鬋	늘어질	19	火	×

한자	뜻	원획	자원오행	사용적합
邅	머뭇거릴	20	土	×
鐫	새길, 쪼을	21	金	△
纏	얽을, 얽힐, 묶을	21	木	×
囀	지저귈	21	水	△
顫	떨릴	22	火	×
巓	산꼭대기	22	土	△
韀	언치	22	木	△
躔	궤도, 자취	22	土	△
鄽	가게	22	土	△
癲	미칠, 지랄병	24	水	×
鱣	잉어, 철갑상어	24	水	×
鸇	송골매	24	火	×

절 (金)

한자	뜻	원획	자원오행	사용적합
切	끊을, 저밀, 벨	4	金	×
呫	산굽이	7	土	△
折	꺾을, 결단할	8	木	×
哲	밝을, 비칠, 총명할	11	火	○
浙	강 이름	11	水	△
絶	끊을, 으뜸, 뛰어날	12	木	×
絕	끊을	12	木	×
截	끊을	14	金	×

한자	뜻	원획	자원오행	사용적합
節	마디, 절개	15	木	△
癤	부스럼	20	水	×
竊	훔칠	22	水	×

점 (金)

한자	뜻	원획	자원오행	사용적합
占	점칠, 점령할	5	火	×
佔	엿볼	7	火	×
店	가게, 점포	8	木	△
岾	땅 이름, 재, 고개	8	土	○
点	점 찍을, 얼룩	8	木	×
点	점, 얼룩	9	火	×
玷	이지러질	10	金	×
粘	붙을, 끈끈할	11	木	△
笘	회초리	11	木	×
苫	이엉	11	木	×
蛅	쐐기	11	水	×
覘	엿볼	12	火	×
墊	빠질	14	土	×
颭	물결 일	14	木	△
漸	점점, 적실	15	水	△
鮎	메기	16	水	×
霑	젖을	16	水	×

한자	뜻	원획	자원오행	사용적합	한자	뜻	원획	자원오행	사용적합
點	점	17	水	△	打	칠, 때릴	6	木	×
蔪	우거질	17	木	△	廷	조정, 관청	7	木	○
黏	차질, 붙을	17	木	△	姃	엄전할	7	土	○
簟	대자리	18	木	△	玎	옥소리	7	金	△

접 _(金)

한자	뜻	원획	자원오행	사용적합	한자	뜻	원획	자원오행	사용적합
接	접할, 모일	12	木	△	町	밭두둑, 밭 지경	7	土	△
椄	접붙일, 형틀	12	木	×	呈	드러낼, 보일	7	水	△
踮	밟을, 서행	12	土	△	征	황급할, 허둥댈	7	火	×
椄	평상, 마루	13	木	△	疔	정, 종기	7	水	×
蜨	나비	14	水	×	定	정할, 바를, 편안할	8	木	○
蝶	나비	15	水	×	姃	단정할	8	土	○
摺	접을	15	木	×	征	칠	8	火	×
蹀	밟을, 장식	16	土	△	政	정사, 바를, 자세	9	金	△
鰈	가자미	20	水	×	貞	곧을	9	金	○

정 _(金)

한자	뜻	원획	자원오행	사용적합	한자	뜻	원획	자원오행	사용적합
丁	고무래, 장정	2	火	△	炡	빛날	9	火	○
井	우물	4	水	○	柾	나무 바를, 사람 이름	9	木	○
正	바를, 떳떳할	5	土	○	穽	함정, 허벙다리	9	水	×
叮	신신당부할	5	水	△	亭	정자, 집, 곧을	9	火	○
汀	물가, 물 이름	6	水	△	訂	바로잡을, 고칠	9	金	○
灯	등잔	6	火	△	酊	술 취할	9	金	×
					娗	평평할, 꼿꼿할	9	火	△
					怔	황겁할, 두려워할	9	火	×

한자	뜻	원획	자원오행	사용적합	한자	뜻	원획	자원오행	사용적합
庭	뜰, 집안, 조정	10	木	○	珵	패옥, 옥 이름	12	金	△
釘	못	10	金	△	幀	책 꾸밀, 화분	12	木	△
眐	바라볼	10	木	△	晸	해 뜰, 햇빛 들	12	火	△
埩	밭 갈	11	土	△	淨	깨끗할, 맑을	12	水	△
梃	막대기, 몽둥이	11	木	×	掟	벌릴, 규정	12	木	△
挺	빼어날, 뺄, 곧을	11	木	△	棖	문설주	12	木	△
旌	기, 표할	11	木	○	証	간할, 충고할	12	金	△
桯	탁자, 기둥	11	木	○	綎	띠술, 인끈	13	木	○
停	머무를, 멎을	11	火	×	靖	편안할, 꾀할	13	木	○
偵	염탐할, 엿볼	11	火	×	碇	닻, 배를 멈출	13	金	△
頂	이마, 정수리	11	火	△	睛	눈동자	13	木	×
涏	샘물, 곧을, 아름다울	11	水	△	鼎	솥	13	火	△
彭	조촐하게 꾸밀	11	木	○	渟	물 고일, 멈출	13	水	×
胜	비릴, 날고기	11	水	×	艇	거룻배	13	木	△
婧	날씬할, 단정할	11	土	○	楨	광나무, 쥐똥나무	13	木	×
晶	수정, 맑을	12	火	△	鉦	징	13	金	×
淀	얕은 물	12	水	×	湞	물 이름, 강 이름	13	水	△
珽	옥 이름, 옥돌	12	金	△	筳	가는 대	13	木	×
情	뜻, 사랑, 정성	12	火	△	莛	풀줄기, 들보	13	木	×
程	법, 한도, 길, 법도	12	木	○	禎	상서, 길조	14	木	○
婷	예쁠	12	土	○	精	깨끗할, 세밀할	14	木	○

한자	뜻	원획	자원 오행	사용 적합
静	고요할	14	木	△
靘	검푸른 빛	14	木	△
醒	숙취	14	金	×
靚	단장할	15	木	○
霆	천둥	15	水	×
鋌	쇳덩이, 살촉	15	金	△
鋥	칼을 갈, 칼날 세울	15	金	△
靜	고요할, 조용할	16	木	△
諪	고를, 조정할	16	金	○
整	정돈할, 가지런할	16	金	○
錠	쇳덩이, 신선로	16	金	△
頲	곧을	16	火	○
遉	엿볼	16	土	×
檉	능수버들	17	木	△
頩	아름다울	17	火	△
鄭	나라 이름	19	土	△
瀞	맑을, 깨끗할	20	水	△
제 (金)				
弟	아우	7	水	×
制	제도, 절제할	8	金	○
帝	임금	9	木	△

한자	뜻	원획	자원 오행	사용 적합
姼	예쁠, 아름다울	9	土	○
娣	누이, 여동생	10	土	×
第	차례	11	木	△
祭	제사	11	土	△
悌	공경할, 공손할	11	火	△
梯	사다리, 기댈	11	木	△
偙	준걸, 고달플	11	火	△
晢	밝을	11	火	△
媞	편안할	12	土	○
啼	울	12	水	×
堤	방죽, 언덕	12	土	△
猘	미친개	12	土	×
睇	흘깃 볼	12	木	×
稊	돌피	12	木	×
済	건널, 도울	12	水	△
提	끌, 들, 당길	13	木	△
瑅	제당, 옥 이름	14	金	△
齊	가지런할, 다스릴	14	土	○
製	지을, 만들	14	木	○
禔	복, 기쁨	14	木	○
除	덜, 제할	15	土	×

한자	뜻	원획	자원오행	사용적합	한자	뜻	원획	자원오행	사용적합
緹	붉을	15	木	△	조 (金)				
儕	무리, 함께	16	火	△	刁	조두, 바라	2	金	×
諸	모두, 모든, 여러	16	金	○	弔	조상할	4	土	×
劑	약 지을	16	金	△	爪	손톱, 메뚜기	4	木	×
醍	맑은 술	16	金	×	兆	조짐, 억조	6	火	×
蹄	발굽	16	土	×	早	이를, 일찍	6	火	△
踶	밟을	16	土	×	助	도울	7	土	△
蹏	발굽	17	土	×	皁	하인	7	水	×
鍗	큰 가마	17	金	△	枣	대추나무	8	木	×
隄	둑, 제방	17	土	△	佻	경박할	8	火	×
鯷	메기	17	水	×	徂	갈, 떠날	8	火	×
擠	밀칠, 해칠	18	木	×	找	채울	8	木	△
題	제목, 표제	18	火	○	俎	도마	9	火	×
濟	건널, 구제할	18	水	△	昭	나타낼, 빛날, 밝을	9	火	○
齏	회	19	木	×	殂	죽을	9	水	×
際	만날, 즈음	19	土	△	晁	아침	10	火	○
鯷	메기	20	水	×	祚	복	10	金	○
薺	냉이	20	木	×	蚤	벼룩	10	水	×
臍	배꼽	20	水	×	曺	무리, 마을	10	火	△
躋	오를, 진보할	21	土	○	凋	시들	10	水	×
霽	비 갤, 날씨 갤	22	水	△	祖	할아버지, 조상	10	金	×

한자	뜻	원획	자원오행	사용적합	한자	뜻	원획	자원오행	사용적합
租	구실, 조세	10	木	×	稠	빽빽할	13	木	△
厝	둘, 방치할	10	金	×	照	비칠, 빛날	13	火	○
笊	조리	10	木	×	傮	마칠	13	火	△
曹	무리, 마을	11	土	△	琱	아로새길	13	金	△
窕	고요할	11	水	○	絛	끈	13	木	△
組	짤, 인끈	11	木	△	誂	꾈, 희롱할	13	金	×
彫	새길	11	火	△	造	지을, 세울, 이룰	14	土	△
鳥	새	11	火	×	肇	비로소, 비롯할	14	火	△
粗	거칠, 간략할	11	木	×	趙	나라 이름	14	火	△
釣	낚시, 구할	11	金	△	嶆	산 깊을	14	土	△
條	나뭇가지, 곁가지	11	木	×	嘈	시끄러울	14	水	×
眺	바라볼, 살필	11	木	○	蜩	쓰르라미	14	水	×
祧	천묘, 사당	11	土	×	銚	가래, 쟁기	14	金	×
胙	제육	11	水	×	槽	구유, 나무통	15	木	×
朝	아침	12	水	○	漕	배로 실어 나를	15	水	△
詔	조서, 고할, 알릴	12	金	△	嘲	비웃을, 조롱할	15	水	×
措	둘, 놓을, 베풀	12	木	△	調	고를, 균형 잡힐, 맞을	15	金	○
棗	대추나무	12	木	×	雕	독수리, 새길	16	火	×
絩	실 수효	12	木	×	潮	조수, 밀물, 썰물	16	水	△
鈟	낚을	12	金	×	噪	떠들썩할	16	水	×
阻	막힐, 험할	13	土	×	銚	불리지 않은 쇠	16	金	×

한자	뜻	원획	자원오행	사용적합	한자	뜻	원획	자원오행	사용적합
操	잡을, 부릴, 지조	17	木	△	족 (金)				
糟	지게미, 전국	17	木	×	足	발, 족발, 뿌리	7	土	×
燥	마를, 불에 말릴	17	火	△	族	겨레, 모일	11	木	×
嬥	날씬할	17	土	○	瘯	옴, 피부병	16	水	×
懆	근심할	17	火	×	簇	가는 대, 조릿대	17	木	△
澡	씻을	17	水	○	鏃	살촉	19	金	×
糙	매조미쌀	17	木	×	존 (金)				
艚	거룻배	17	木	△	存	있을, 보존할	6	水	○
藋	담쟁이	17	木	×	拵	의거할	10	木	△
遭	만날, 마주칠, 상봉할	18	土	△	尊	높을, 공경할	12	木	△
璪	면류관 옥	18	金	○	졸 (金)				
鼂	아침	18	土	△	卒	군사, 마칠	8	金	×
繰	아청빛 비단	19	木	△	拙	옹졸할, 못생길	9	木	×
臊	누린내 날	19	水	×	猝	갑자기, 빨리	12	土	×
鯛	도미	19	水	×	종 (金)				
鵰	독수리	19	火	×	忪	두려워할, 당황할	6	火	×
躁	조급할	20	土	×	宗	마루, 높을, 근본	8	木	△
譟	떠들, 기뻐할	20	金	△	柊	방망이	9	木	△
竈	부엌	21	水	×	倧	상고 신인	10	火	△
藻	바닷말, 마름	22	木	△	終	마칠, 끝날, 마지막	11	木	×
糶	쌀 팔	25	木	×	從	좇을, 따를	11	火	△

한자	뜻	원획	자원오행	사용적합	한자	뜻	원획	자원오행	사용적합
淙	물소리	12	水	△	좌 (金)				
棕	종려나무	12	木	△	左	왼쪽, 도울	5	火	△
悰	즐거울, 즐길	12	火	△	坐	앉을, 자리, 지위	7	土	△
椶	종려나무	13	木	△	佐	도울	7	火	○
琮	옥, 패옥 소리	13	金	○	剉	꺾을, 쪼갤	9	金	×
綜	모을, 잉아	14	木	○	座	자리, 지위	10	木	○
種	씨, 종자, 근본, 심을	14	木	○	挫	꺾을, 묶을	11	木	×
瘇	수중다리	14	水	×	痤	부스럼	12	水	×
踪	자취, 발자취	15	土	△	莝	여물	13	木	×
慫	권할, 놀랄	15	火	×	髽	북상투	17	火	×
腫	부스럼, 종기, 혹	15	水	×	죄 (金)				
憁	생각할, 꾀할	15	火	△	罪	허물, 형벌, 재앙	14	木	×
樅	전나무, 무성할	15	木	△	주 (金)				
璁	패옥 소리	16	金	△	主	주인, 임금, 주체	5	木	△
踵	발꿈치, 쫓을	16	土	×	州	고을	6	水	○
縱	세로, 늘어질	17	木	×	朱	붉을	6	木	△
鍾	술잔, 쇠북	17	金	△	舟	배	6	木	△
螽	메뚜기	17	水	×	丟	아주 갈	6	水	×
蹤	발자취	18	土	△	走	달릴, 달아날	7	火	×
鐘	쇠북, 종	20	金	○	住	머무를, 살	7	火	○
					宙	집, 하늘	8	木	○

한자	뜻	원획	자원오행	사용적합	한자	뜻	원획	자원오행	사용적합
周	두루, 둘레	8	水	○	絑	댈, 서로 닿을	11	木	△
姝	예쁠, 좋은 모양	8	土	○	硃	주사	11	金	×
侏	난쟁이, 광대	8	火	×	肘	팔꿈치	11	水	×
呪	빌, 저주할	8	水	×	蛀	나무 좀먹을	11	水	×
俯	가릴, 속일	8	火	×	珘	구슬	11	金	○
柱	기둥, 버틸	9	木	○	註	기록할, 주낼	12	金	○
姝	예쁠, 아름다울	9	土	○	蛛	거미	12	水	×
炷	심지	9	火	△	絑	붉을	12	木	△
注	물 댈, 부을, 흐를	9	水	△	貯	재물	12	金	△
奏	아뢸, 연주할	9	木	△	晭	밝을	12	火	○
紂	껑거리끈, 말고삐	9	木	×	晭	햇빛	12	火	○
拄	버틸, 떠받칠	9	木	△	尌	하인	12	木	×
冑	투구	9	水	×	詋	저주할	12	金	×
洲	물가, 섬	10	水	△	椆	영수목	12	木	△
株	그루, 뿌리	10	木	△	鉒	쇳돌, 함돌	13	金	△
酒	술	10	金	×	湊	물 모일, 나아갈	13	水	△
酎	전국술, 진한 술	10	金	×	誅	벨, 죄인을 죽일	13	金	×
晝	낮	11	火	△	裯	밝을, 흰 비단	13	金	△
做	지을, 만들	11	火	○	邾	나라 이름	13	土	○
珠	구슬, 진주	11	金	△	趎	사람 이름	13	火	○
紬	명주	11	木	△	輈	끌채, 굳셀	13	火	△

한자	뜻	원획	자원오행	사용적합	한자	뜻	원획	자원오행	사용적합
喺	부추길	14	水	×	鼀	거미	19	水	×
綢	빽빽할, 얽을	14	木	×	籌	투호살, 산가지, 셀	20	木	△
逎	닥칠, 다할	14	土	△	躊	머뭇거릴	21	土	×
聛	귀, 귀 밝을	14	火	×	籒	주문, 주전	21	木	△
裯	홑이불	14	木	×	鑄	쇠 불릴	22	金	○
廚	부엌, 요리사	15	木	×	**죽** (金)				
週	돌, 주일	15	土	△	竹	대나무	6	木	×
駐	머무를, 낙타	15	火	×	粥	미음, 죽	12	木	×
調	아침	15	金	○	**준** (金)				
腠	살결	15	水	×	俊	준걸, 뛰어날	9	火	○
賙	진휼할, 보탤	15	金	○	埈	높을, 높이 솟을	10	土	○
遒	굳셀, 닥칠	16	土	△	純	가장자리	10	木	○
澍	단비, 젖을	16	水	△	峻	높을, 높고 클	10	土	○
儔	무리, 필적할	16	火	△	准	승인할, 견줄	10	火	○
霌	구름과 비	16	水	×	隼	송골매, 새매	10	火	×
霔	장마	16	水	×	逡	따를, 물러날	10	火	△
幬	휘장	17	木	×	浚	깊을, 취할	11	水	△
薽	대주, 정월	17	木	△	晙	밝을, 이를	11	火	○
輳	모일, 몰려들	16	火	○	焌	불 땔, 구울	11	火	△
燽	밝을, 드러날	18	火	○	埻	과녁, 법, 밝을	11	土	△
疇	밭두둑, 이랑	19	土	△	竣	마칠, 끝날	12	金	×

한자	뜻	원획	자원오행	사용적합	한자	뜻	원획	자원오행	사용적합
畯	농부	12	土	△	憔	똑똑할, 슬기로울	17	火	○
睃	흘겨볼	12	木	×	僔	기쁠	17	金	○
準	준할	12	水	△	駿	준마	17	火	△
容	준설할	12	水	○	儁	뛰어날, 우수할	18	木	○
皴	살이 틀, 주름	12	金	×	濬	깊을	18	水	△
雋	뛰어날, 높을	13	火	○	罇	술 단지	18	土	×
逡	앞설	13	土	○	鵔	금계, 적치	18	火	△
蠢	흐트러질, 어수선할	13	火	×	遵	좇을, 순종할	19	土	△
逡	뒷걸음질 칠	14	土	×	蹲	웅크릴	19	土	×
準	법, 준할, 고를	14	水	△	鐏	창고달	20	金	×
僔	모을, 많을	14	火	○	蠢	꿈틀거릴	21	水	×
綧	어지러울	14	木	×	鱒	송어	23	水	×
踆	마칠	14	土	×	**줄** (金)				
薳	클, 고을 이름	15	木	△	崒	줄	9	木	△
儁	뛰어날, 영특할	15	火	○	苗	풀싹, 성할	11	木	△
墫	술 그릇	15	土	×	**중** (金)				
陖	가파를, 높을	15	土	×	中	가운데	4	土	△
雟	뛰어날, 모일, 재주	16	木	○	仲	버금, 둘째	6	火	△
樽	술통, 그칠	16	木	×	重	무거울, 두터울	9	土	△
餕	대궁	16	水	×	眾	무리, 백성	11	木	△
撙	누를, 꺾일	16	木	×	衆	무리, 백성	12	水	△

한자	뜻	원획	자원오행	사용적합	한자	뜻	원획	자원오행	사용적합
즉 (金)					蒸	찔, 섶나무	16	木	×
即	곧	7	水	△	甑	시루	17	土	×
卽	곧, 이제, 가까울	9	水	△	矰	주살	17	金	×
喞	두런거릴	12	水	×	繒	비단, 명주	18	木	△
즐 (金)					罾	그물, 어망	18	木	△
櫛	빗	19	木	×	贈	줄, 더할, 보낼	19	金	△
騭	수말	20	火	×	證	증거, 증명할	19	金	△
즙 (金)					**지** (金)				
汁	즙, 국물, 진액	6	水	×	之	갈	4	土	×
楫	노, 돛대	13	木	△	止	그칠	4	土	×
葺	기울, 지붕을 이을	15	木	×	支	지탱할, 버틸	4	土	×
檝	노, 배	17	木	△	只	다만	5	水	△
蕺	삼백초	19	木	×	至	이를, 지극할	6	土	○
증 (金)					旨	뜻, 맛	6	火	△
症	병, 증세	10	水	×	地	땅	6	土	△
拯	건질, 구원할	10	木	△	劤	굳건할	6	土	○
烝	찔, 김 오를	10	火	×	址	터, 토대	7	土	○
曾	일찍, 거듭, 더할	12	火	○	池	못	7	水	△
增	더할, 높을	15	土	○	厎	숫돌, 이를	7	金	×
嶒	산 높을	15	土	△	志	뜻, 마음	7	火	△
憎	미워할	16	火	×	吱	가는 소리	7	水	×

한자	뜻	원획	자원오행	사용적합	한자	뜻	원획	자원오행	사용적합
坻	머무를	7	土	△	秖	다만, 곡식 여물	10	木	△
枝	가지	8	木	△	舐	핥을	10	火	×
泜	균일할, 가지런할	8	水	△	矧	알, 슬기	10	金	○
知	알, 깨달을	8	金	○	趾	발꿈치, 발자국	11	土	×
沚	물가	8	水	△	觝	만날, 합할	11	木	○
恉	기댈	8	火	○	智	지혜, 슬기	12	火	○
坻	모래톱	8	土	×	痣	사마귀	12	水	×
抵	손뼉 칠	8	木	×	軹	굴대 끝	12	火	×
咫	여덟 치, 짧을	9	水	×	阯	터, 기슭	12	土	△
枳	탱자나무	9	木	×	脂	기름	12	水	×
祉	복	9	木	○	誌	기록할	14	金	△
泜	물 이름	9	水	△	蜘	거미	14	水	×
洔	물가, 섬	10	水	△	榰	주춧돌	14	木	△
祇	공경할, 존경할, 삼갈	10	金	△	馳	굳셀	14	火	△
紙	종이	10	木	△	搘	버틸, 괼	14	木	△
芝	지초, 버섯, 영지	10	木	△	禔	복, 행복	14	木	○
持	가질, 지닐	10	木	△	鋕	새길	15	金	△
指	손가락, 가리킬	10	木	×	摯	잡을, 극진할	15	木	△
芷	구릿대, 어수리	10	木	×	漬	담글, 적실	15	水	△
砥	숫돌, 평평할	10	金	△	墀	지대뜰, 마룻바닥	15	土	△
肢	사지, 팔다리	10	水	×	踟	머뭇거릴	15	土	×

한자	뜻	원획	자원오행	사용적합	한자	뜻	원획	자원오행	사용적합
慧	슬기, 재능	16	金	○	昣	밝을, 빛날	9	火	○
篪	피리	16	木	×	侲	어린이	9	火	×
鮨	다랑어	17	水	×	眞	참	10	木	△
贄	폐백	18	金	×	真	참	10	木	△
遲	더딜, 늦을, 기다릴	19	土	×	珍	보배	10	金	△
識	적을, 표할, 기록할	19	金	△	秦	진나라, 나라 이름	10	木	△
躓	넘어질, 실패	22	土	×	晉	진나라, 나아갈	10	火	△
鷙	맹금	22	火	×	晋	진나라, 나아갈	10	火	△
	직 (金)				津	나루, 넘칠	10	水	△
直	곧을	8	木	○	疹	홍역, 마마	10	水	×
稙	일찍 심은 벼	13	木	×	唇	놀랄	10	水	×
稷	피, 기장	15	木	×	畛	두둑, 두렁길	10	土	△
禝	사람 이름	15	木	○	袗	홑옷	11	木	×
職	벼슬, 직업	18	火	△	振	떨칠, 구원할	11	木	△
織	짤, 만들	18	木	△	桭	평고대, 대청	11	木	△
	진 (金)				畛	밝을, 환할, 명랑할	11	火	○
尽	다할, 완수할	6	金	△	眹	눈동자	11	木	×
辰	별, 다섯째 지지	7	土	△	珒	옥 이름	11	金	○
枃	바디, 사침대	8	木	×	傚	다스릴	11	金	△
殄	다할, 죽을, 끊을	9	水	×	軫	수레, 슬퍼할	12	火	×
抮	잡을, 되돌릴	9	木	△	診	볼, 진찰할	12	金	△

한자	뜻	원획	자원오행	사용적합	한자	뜻	원획	자원오행	사용적합
趁	좇을, 따를	12	火	△	蓁	숲, 우거질	16	木	△
鉁	보배	13	金	○	縝	고울, 맺을	16	木	○
嗔	성낼	13	水	×	縉	붉은 비단, 분홍빛	16	木	○
塡	누를, 오랠	13	土	△	臻	이를, 미칠, 모일	16	土	○
疹	바를	13	木	○	陳	베풀, 묵을	16	土	△
搢	꽂을, 흔들	14	木	×	儘	다할, 완수할	16	火	△
塵	티끌, 먼지	14	土	×	蔯	더위지기, 사철쑥	17	木	×
盡	다할, 마칠, 모두	14	金	△	璡	옥돌	17	金	△
溱	성할, 많을	14	水	△	蟄	설렐	17	水	×
榛	개암나무, 우거질	14	木	△	鎭	진정할, 누를	18	金	△
賑	넉넉할, 구휼할	14	金	○	鬒	숱 많을	20	火	×
槇	나무 끝	14	木	△	질 (金)				
進	나아갈, 오를, 더할	15	土	△	叱	꾸짖을	5	水	×
禛	복 받을	15	木	○	侄	어리석을, 굳을	8	火	×
瑨	옥돌	15	金	○	帙	책권 차례	8	木	△
瑨	옥돌	15	金	○	姪	조카	9	土	×
陣	진칠	15	土	△	垤	개밋둑	9	土	×
瑱	옥 이름, 귀막이옥	15	金	○	秩	차례	10	木	△
瞋	눈을 부릅뜰	15	木	×	疾	병	10	水	×
震	진동할, 우레	15	水	△	桎	막힐, 차꼬, 족쇄	10	木	×
稹	빽빽할, 치밀할	15	木	△	窒	막힐, 막을	11	水	×

한자	뜻	원획	자원오행	사용적합	한자	뜻	원획	자원오행	사용적합
迭	번갈아들, 지나칠	12	土	×	戢	거둘, 보관할	13	金	△
蛭	거머리	12	水	×	緝	모을, 낳을	15	木	○
跌	거꾸러질, 넘어질	12	土	×	濈	샘솟을, 세찰	16	水	△
絰	질	12	木	×	潗	샘솟을, 세찰	16	水	△
嫉	미워할, 시기할	13	土	×	輯	모을	16	火	○
郅	고을 이름, 성할	13	土	○	鏶	쇳조각, 판금	20	金	△
質	바탕, 모양	15	金	△	**징** (金)				
蒺	남가새	16	木	×	徵	부를, 거둘	15	火	△
膣	음문	17	水	×	澄	맑을	16	水	○
瓆	사람 이름	20	金	△	瀓	맑을	16	水	○
鑕	도끼	23	金	×	瞪	바로 볼	17	木	△
짐 (金)					懲	징계할	19	火	×
朕	나, 조짐	10	水	△	澂	맑을	19	水	○
斟	술 따를, 짐작할	13	火	×	癥	적취	20	水	×
鴆	짐새	15	火	×	**차** (金)				
집 (金)					叉	깍지 낄	3	水	×
什	세간, 가구	4	火	×	且	또, 우선	5	木	△
咠	소곤거릴	9	水	×	此	이, 이에, 이것	6	土	△
執	잡을, 가질, 집행할	11	火	△	次	버금, 다음	6	金	△
集	모을, 이룰	12	火	○	車	수레	7	火	△
楫	돛대, 배의 노	13	木	△	岔	갈림길	7	土	×

한자	뜻	원획	자원오행	사용적합	한자	뜻	원획	자원오행	사용적합
侘	뽐낼, 낙망할	8	火	×	着	붙을, 입을, 이를	12	土	△
佽	잴, 도울	8	火	○	搾	짤, 압박할, 짜낼	14	木	×
姹	아리따울, 아름다울	9	土	○	斲	깎을, 벨	14	金	×
借	빌, 빌어 올	10	火	×	錯	어긋날, 섞일	16	金	×
差	어긋날, 다를	10	火	×	擉	작살	17	木	×
偨	빌릴, 꾸밀	11	火	△	戳	찌를	18	金	×
硨	옥돌, 조개 이름	12	金	○	齪	악착할, 촉박할	22	金	×
茶	차, 씀바귀	12	木	×	鑿	뚫을, 끊을	28	金	×
嗟	탄식할, 발어사	13	水	×		찬 (金)			
嵯	우뚝 솟을	13	土	○	粲	선명할, 정미, 밝을	13	木	○
箚	찌를, 기록할	14	木	×	贊	도울	15	金	○
槎	나무 벨	14	木	△	餐	밥, 음식물	16	水	×
磋	갈	15	金	△	撰	지을, 갖출, 가릴	16	木	○
瑳	고울, 깨끗할, 웃을	15	金	△	篡	빼앗을	16	木	×
蹉	넘어질, 미끄러질	17	土	×	燦	빛날	17	火	○
遮	막을, 가릴	18	土	×	澯	물 맑을	17	水	○
醝	소금	21	水	×	纂	빼앗을	17	木	×
鑴	너그러울, 관대할	24	木	○	儹	모을	17	火	○
	착 (金)				璨	옥빛, 빛날	18	金	○
窄	좁을, 닥칠	10	水	×	竄	숨을, 달아날	18	水	×
捉	잡을	11	木	△	贊	도울, 찬성할	19	金	○

한자	뜻	원획	자원오행	사용적합	한자	뜻	원획	자원오행	사용적합
纂	모을, 편찬할	20	木	○	擦	문지를, 비빌	18	木	×
饌	반찬, 지을	21	水	×	**참** (金)				
儹	모을, 공론할	21	火	○	站	일어설, 역마을	10	金	△
劗	깎을	21	金	×	參	참여할, 뵐	11	火	△
巑	산 높을	22	土	△	斬	벨, 끊어질	11	金	×
讚	기릴, 도울	22	金	○	僭	참람할, 주제넘을	14	火	×
嬻	회고 환할	22	土	△	塹	구덩이 팔	14	土	×
攢	모일, 뚫을	23	木	△	嶄	높을, 가파를	14	土	×
欑	모을	23	木	△	慘	참혹할, 슬플	15	火	×
瓚	옥그릇, 옥잔	24	金	△	慙	부끄러울	15	火	×
纘	이을	25	木	○	慚	부끄러울	15	火	×
讃	도울, 칭찬할	26	金	○	槧	판목, 편지	15	木	△
趲	놀라 흩어질	26	火	×	憯	비통할	16	火	×
鑽	뚫을, 송곳	27	金	△	毚	약은 토끼	17	木	×
爨	부뚜막	29	火	×	儳	어긋날, 경솔할	19	火	×
찰 (金)					譖	헐뜯을, 참소할	19	金	×
札	편지, 패, 조각	5	木	△	塹	새길	19	金	△
扎	편지, 패, 조각	5	木	△	巉	산이 가파를	20	土	△
刹	절, 사원, 탑	8	金	×	懺	뉘우칠	21	火	×
紮	감을, 맬, 묶을,	11	木	×	欃	혜성, 나무 이름	21	木	△
察	살필, 자세할	14	木	△	攙	찌를, 섞을	21	木	×

한자	뜻	원획	자원오행	사용적합	한자	뜻	원획	자원오행	사용적합
驦	곁마	21	火	×	曙	사람 이름	12	火	○
驂	검푸를	23	水	×	淌	큰 물결	12	水	△
讒	참소할, 해칠	24	金	×	傖	천할	12	火	×
讖	예언, 참서	24	金	×	滄	찰, 냉랭할	12	水	×
鑱	침, 보습	25	金	×	悵	원망할	12	火	×
饞	탐할	26	水	×	惝	망연자실할	12	火	×
	창 (金)				窓	창, 창문	12	水	△
昌	창성할, 기쁨	8	火	△	彰	드러날, 밝을, 빛날	14	火	○
刱	비롯할	8	金	△	滄	서늘할, 큰 바다	14	水	△
昶	밝을, 해 길, 통할	9	火	○	暢	화창할, 펼	14	火	○
倡	광대, 기생, 번창할	10	火	×	脹	창자, 대장, 배부를	14	水	×
倉	창고, 곳집, 성	10	火	△	菖	창포	14	木	×
倀	갈팡질팡할	10	火	×	愴	슬플, 슬퍼할	14	火	×
鬯	울창주	10	木	×	槍	창, 무기	14	木	△
娼	창녀	11	土	×	戧	비롯할, 시작할	14	金	△
唱	부를, 노래할	11	水	△	搶	부딪칠, 모일	14	木	×
窓	창문	11	水	△	漲	넘칠, 물 불	15	水	△
猖	미쳐 날뛸	12	土	×	瘡	부스럼, 종기	15	水	×
創	비롯할, 비로소	12	金	○	廠	헛간, 공장	15	木	×
敞	넓을, 높을, 시원할	12	金	○	瑲	옥 소리	15	金	○
淐	물 이름	12	水	○	艙	선창, 부두	16	木	△

한자	뜻	원획	자원오행	사용적합	한자	뜻	원획	자원오행	사용적합
蒼	푸를, 우거질	16	木	△	菜	나물, 푸성귀	14	木	×
氅	새털	16	火	×	綵	비단, 문채, 채색	14	木	○
鋹	날카로울	16	金	×	寨	울타리, 울짱, 목책	14	木	△
閶	문	16	木	△	蔡	거북, 나라 이름	17	木	△
蹌	추창할, 비틀거릴	17	土	×		**책** (金)			
鶬	재두루미	21	火	×	冊	책, 문서	5	木	△
	채 (金)				册	책, 문서	5	木	△
采	캘, 풍채, 채색	8	木	○	栅	울타리, 목책	9	木	△
砦	울타리, 작은 성채	10	金	△	責	꾸짖을, 책임	11	金	×
責	꾸짖을, 책망, 빚	11	金	×	笧	책, 칙서	11	木	△
彩	채색, 무늬, 문채	11	火	×	蚱	메뚜기	11	水	×
埰	영지, 무덤	11	土	×	策	꾀, 대책, 채찍	12	木	△
寀	녹봉, 동관	11	木	△	嘖	들렐, 언쟁할	14	水	×
釵	비녀, 인동덩굴	11	金	×	幘	머리쓰개	14	木	×
婇	여자 이름	11	土	○	磔	찢을	15	金	×
棌	참나무, 떡갈나무	12	木	×	簀	살평상, 대자리	17	木	△
採	캘, 딸, 풍채	12	木	△		**처** (金)			
茝	어수리	12	木	×	妻	아내	8	土	×
債	빚, 부채	13	火	×	凄	쓸쓸할, 추울	10	水	×
琗	옥빛, 옥 무늬	13	金	○	處	곳, 머무를	11	土	△
睬	주목할, 참견할	13	木	△	悽	슬퍼할, 슬플	12	火	×

한자	뜻	원획	자원오행	사용적합	한자	뜻	원획	자원오행	사용적합
淒	쓸쓸할	12	水	×	陟	오를, 올릴	15	土	△
萋	우거질, 공손할	14	木	○	滌	씻을, 헹굴, 빨	15	水	△
郪	고을 이름	15	土	△	瘠	여윌, 파리할	15	水	×
覷	엿볼	19	火	×	慽	근심할, 슬플	15	火	×
<center>**척** (金)</center>					慼	근심할, 슬플	15	火	×
尺	자	4	木	△	摭	주울	15	木	△
斥	물리칠, 내칠	5	金	×	蹠	밟을, 나아갈, 이를	18	土	△
坧	터, 기지	8	土	△	擲	던질, 버릴, 노름할	19	木	×
刺	찌를, 가시	8	金	×	躑	머뭇거릴	22	土	×
拓	열, 개척할	9	木	△	<center>**천** (金)</center>				
剔	뼈 바를, 깎을	10	金	×	千	일천, 많을	3	水	×
隻	새 한 마리, 외짝	10	火	×	川	내	3	水	×
倜	대범할, 뛰어날	10	火	○	天	하늘, 하느님	4	火	×
戚	겨레, 친척, 슬플	11	金	×	仟	일천, 무성할	5	火	△
掷	칠, 때릴	11	木	×	舛	어그러질, 어수선할	6	木	×
脊	등마루, 등뼈	12	水	×	玔	옥고리	8	金	△
惕	두려워할	12	火	×	穿	뚫을, 구멍	9	水	×
跖	밟을	12	土	×	泉	샘	9	水	○
堉	메마른 땅	13	土	×	祆	하늘	9	木	×
墌	터, 기지	14	土	△	芊	우거질, 무성할	9	木	○
蜴	도마뱀	14	水	×	俴	얕을	10	火	×

한자	뜻	원획	자원오행	사용적합	한자	뜻	원획	자원오행	사용적합
倩	예쁠	10	火	○	闡	열, 밝힐, 넓힐	20	木	○
洊	이를, 자주	10	水	△	韆	그네	24	金	×
迁	천천히 걸을	10	土	△		철 (金)			
釧	팔찌	11	金	×	凸	볼록할	5	水	×
阡	밭둑, 언덕, 길	11	土	△	哲	밝을, 슬기로울	10	水	○
喘	숨찰, 헐떡거릴	12	水	×	剟	깎을	10	金	×
荐	천거할, 드릴	12	木	△	埑	밝을, 슬기로울	10	土	○
淺	얕을	12	水	×	悊	밝을, 공경할	11	火	○
茜	꼭두서니	12	木	×	啜	먹을	11	木	×
玔	거듭	12	土	△	喆	밝을, 쌍길, 총명할	12	水	△
僢	등질	14	火	×	惙	근심할	12	火	×
賤	천할	15	金	×	掇	주울, 가릴	12	木	×
踐	밟을, 오를	15	土	○	銕	쇠, 무기	13	金	△
儃	머뭇거릴	15	火	×	綴	맺을, 엮을, 꿰맬	14	木	△
蒨	꼭두서니, 선명할	16	木	△	銕	쇠, 무기	14	金	△
擅	멋대로 할	17	水	×	餮	탐할	14	水	×
薦	갖출, 경계할	18	木	△	徹	통할, 뚫을, 관철할	15	火	○
韉	하늘, 천체	18	木	×	輟	그칠, 꿰맬, 버릴	15	火	×
薦	천거할, 드릴	19	木	△	澈	물 맑을	16	水	△
遷	옮길	19	土	×	撤	거둘, 치울	16	木	×
濺	흩뿌릴	19	水	×	錣	바늘, 물미	16	金	×

한자	뜻	원획	자원오행	사용적합	한자	뜻	원획	자원오행	사용적합
瞻	눈 밝을	17	木	○	襜	행주치마	19	木	×
饕	탐식할	18	水	×	櫼	쐐기	21	木	×
轍	바큇자국, 흔적	19	火	×	瀸	적실, 망할	21	水	×
歠	마실	19	金	×	籤	제비, 시험할	23	木	×
鐵	쇠, 무기	21	金	△					

첨 _(金)

한자	뜻	원획	자원오행	사용적합

첨 _(金)

한자	뜻	원획	자원오행	사용적합	한자	뜻	원획	자원오행	사용적합
尖	뾰족할, 날카로울	6	金	×	帖	문서, 표제	8	木	△
忝	더럽힐	8	火	×	妾	첩	8	土	×
沾	더할, 첨가할	9	水	△	呫	소곤거릴	8	水	×
甜	달, 곤히 잘	11	土	△	怗	고요할, 복종할	9	火	△
甛	달, 곤히 잘	11	土	△	倢	빠를	10	火	△
添	더할, 덧붙일	12	水	△	捷	빠를, 이길	12	木	△
惉	가락 어지러울	12	火	×	貼	붙일, 붙을	12	金	△
僉	다, 여럿, 모두	13	火	○	堞	성가퀴	12	土	×
詹	이를, 도달할, 살필	13	金	○	喋	재잘거릴	12	水	×
諂	아첨할, 알랑거릴	15	金	×	睫	속눈썹	13	木	×
幨	수레 휘장	16	木	×	牒	편지, 계보	13	木	△
檐	처마	17	木	×	輒	문득, 갑자기	14	火	×
瞻	우러러볼	18	木	○	諜	염탐할	16	金	×
簽	죽롱, 쪽지	19	木	×	褺	겹옷, 고을 이름	17	木	△
簷	처마	19	木	×	疊	거듭, 포갤	22	土	△

한자	뜻	원획	자원오행	사용적합	한자	뜻	원획	자원오행	사용적합
청 (金)					砌	섬돌	9	金	×
靑	푸를	8	木	○	玼	옥빛 깨끗할	10	金	△
青	푸를	8	木	○	涕	눈물	11	水	×
凊	서늘할, 추울	10	水	△	替	바꿀, 대신할, 베풀	12	火	△
圊	뒷간	11	木	×	棣	산앵두나무	12	木	×
婧	날씬할, 정결할	11	土	○	彘	돼지	12	水	×
淸	맑을, 깨끗할	12	水	○	締	맺을	15	木	○
清	맑을, 깨끗할	12	水	○	滯	막힐, 빠질	15	水	×
晴	갤, 맑을	12	火	○	逮	잡을, 미칠, 이를	15	土	△
晴	갤, 맑을	12	火	○	殢	나른할	15	水	×
菁	우거질, 화려할	14	木	△	蒂	꼭지	15	木	×
蜻	귀뚜라미, 잠자리	14	水	×	髰	머리 깎을	15	火	×
請	청할, 물을	15	金	△	諦	살필, 이치	16	金	△
請	청할, 물을	15	金	△	諟	살필, 다스릴	16	金	○
鯖	청어	19	水	×	遞	갈마들, 갈릴	17	土	△
鶄	해오라기	19	火	×	蔕	꼭지	17	木	×
聽	들을, 기다릴	22	火	△	體	몸, 근본	23	金	△
廳	관청, 마을	25	木	△	靆	구름 낄	24	水	×
체 (金)					**초** (金)				
切	온통, 모두, 일체	4	金	×	艸	풀	6	木	×
剃	머리 깎을	9	金	×	初	처음	7	金	△

한자	뜻	원획	자원오행	사용적합	한자	뜻	원획	자원오행	사용적합
岧	높을, 산 우뚝할	8	土	△	草	풀, 시작할	12	木	△
抄	베낄, 뽑을, 빼앗을	8	木	×	焦	그을릴, 탈	12	火	×
炒	볶을, 떠들	8	火	×	超	뛰어넘을, 뛰어날	12	火	○
杪	나무 끝	8	木	×	酢	초, 식초	12	金	×
秒	분초, 까끄라기	9	木	×	迢	멀, 높을	12	土	△
招	부를	9	木	△	鈔	노략질할	12	金	×
肖	닮을, 같을	9	水	△	軺	수레	12	火	△
俏	닮을, 예쁠	9	火	○	楚	초나라	13	木	△
怊	슬퍼할	9	火	×	剿	겁탈할, 노곤할	13	金	×
哨	망볼, 작을	10	水	×	勦	노곤할, 괴로워할	13	土	×
峭	가파를, 엄할	10	土	×	愀	근심할	13	火	×
耖	써레	10	金	×	綃	생사, 생초	13	木	×
梢	나뭇가지 끝	11	木	×	僬	밝게 볼	14	火	△
苕	완두, 능초풀	11	木	×	誚	꾸짖을, 책망할	14	金	×
釥	좋은 쇠	11	金	○	醋	초, 식초	15	金	×
愀	인정 없을, 걱정할	11	火	×	嘈	씹을, 지저귈	15	水	△
悄	근심할	11	火	×	嫶	수척할	15	土	×
硝	초석, 화약	12	金	△	嶕	산 높을	15	土	△
椒	산초	12	木	×	趠	넘을, 뛸	15	火	△
貂	담비	12	水	×	髫	다박머리	15	火	×
稍	점점, 작을	12	木	×	樵	땔나무할	16	木	△

한자	뜻	원획	자원오행	사용적합	한자	뜻	원획	자원오행	사용적합
憔	애태울, 파리할	16	火	×	髑	해골	23	金	×
燋	그을릴, 횃불	16	火	×	囑	부탁할, 맡길	24	水	△
鞘	칼집	16	金	×	矗	우거질, 곧을	24	木	○
礁	암초	17	金	×	曯	비출	25	火	△
鍫	가래, 삽	17	金	×	爥	촛불, 비출	25	火	△
鍬	가래, 괭이	17	金	×	矚	볼, 주목할	26	木	△
礎	주춧돌, 기초	18	金	△	**촌** (金)				
蕉	파초	18	木	×	寸	마디	3	土	×
醮	제사 지낼, 초례	19	金	×	村	마을	7	木	△
譙	꾸짖을, 책망할	19	金	×	吋	마디	6	水	×
齠	이 갈	20	金	×	忖	헤아릴	7	火	△
顦	야윌, 파리할	21	火	×	邨	마을, 시골	11	土	△
鷦	뱁새	23	火	×	**총** (金)				
鱎	오색 선명할	23	木	△	冢	무덤	10	土	
촉 (金)					怱	바쁠, 급할	11	火	×
促	재촉할, 촉박할	9	火	×	塚	무덤	13	土	×
蜀	나라 이름, 땅 이름	13	水	△	総	거느릴, 모을	14	木	○
燭	촛불	17	火	△	銃	총	14	金	×
蜀	접시꽃	19	木	×	聡	귀밝을, 총명	14	火	○
觸	닿을, 부딪힐	20	木	×	悤	분주할, 바쁠	15	火	×
躅	머뭇거릴	20	土	×	摠	거느릴, 모두	15	木	△

한자	뜻	원획	자원오행	사용적합	한자	뜻	원획	자원오행	사용적합
蔥	파, 부들	15	木	×	確	산 높을	16	金	△
聰	귀밝을, 총명할	17	火	○	繀	상복 이름	16	木	×
蔥	푸를, 파, 부들	17	木	△	**추** (金)				
總	합할, 다, 거느릴	17	木	○	帚	빗자루, 깨끗할	8	木	△
蓯	우거질	17	木	△	隹	새, 뻐꾸기	8	火	×
叢	모을, 떨기, 모을	18	水	○	秋	가을	9	木	×
寵	사랑할, 은혜	19	木	○	抽	뽑을	9	木	×
鏦	창, 지를	19	金	×	酋	우두머리	9	金	△
驄	총이말	21	火	×	芻	꼴, 말린 풀	10	木	×
찰 (金)					娵	별 이름, 미녀	11	土	△
撮	사진 찍을, 모을	16	木	△	推	밀, 읊을	12	木	△
최 (金)					椎	뭉치, 방망이	12	木	△
崔	높을	11	土	△	啾	작은 소리, 읊조릴	12	水	△
最	가장, 제일, 최상	12	水	△	惆	낙심할, 슬퍼할	12	火	×
催	재촉할, 열, 베풀	13	火	△	捶	종아리 칠	12	木	×
朘	불알, 고환	13	水	×	追	쫓을, 뒤따를	13	土	×
榱	서까래	14	木	△	楸	가래나무	13	木	×
嘬	깨물	15	水	×	湫	다할, 바닥날	13	水	×
摧	꺾을	15	木	×	揫	모을, 묶을	13	木	△
漼	깊을, 선명	15	水	○	傁	품삯, 세낼	14	火	×
璀	빛날, 옥 광채	16	金	○	搥	칠	14	木	×

한자	뜻	원획	자원오행	사용적합	한자	뜻	원획	자원오행	사용적합
甃	벽돌	14	土	×	騅	오주마	18	火	×
箠	채찍	14	木	×	魋	몽치머리	18	火	×
墜	떨어질	15	土	×	雛	비둘기, 메추라기	19	火	×
皺	주름	15	金	×	騶	마부	20	火	△
萩	사철쑥	15	木	×	鰍	미꾸라지	20	水	×
諏	물을	15	金	△	鰌	미꾸라지	20	水	×
樞	지도리, 근원	15	木	△	鷲	무수리	20	火	×
錐	송곳	16	金	×	鶵	난새	21	火	×
錘	저울추	16	金	△	穐	가을	21	木	△
瘳	병이 나을	16	水	△	麤	거칠	33	土	△
縋	매달, 줄	16	木	△	**축** (金)				
縐	주름질	16	木	×	丑	소, 둘째 지지	4	土	×
蒭	꼴, 풀	16	木	×	竺	나라 이름, 대나무	8	木	△
陬	모퉁이, 구석	16	土	△	妯	동서	8	土	×
醜	추할, 못생길	17	金	×	豕	돼지 걸음	8	水	×
鄒	추나라	17	土	△	祝	빌, 축원할	10	金	△
趨	달아날, 쫓을	17	火	×	畜	짐승, 기를	10	土	×
簉	버금 자리, 부거	17	木	△	舳	고물	11	木	×
鎚	쇠망치, 저울	18	金	△	筑	악기 이름, 비파	12	木	×
雛	병아리	18	火	×	軸	굴대, 굴레	12	火	△
鞦	그네, 밀치	18	金	×	逐	쫓을, 다툴	14	土	×

한자	뜻	원획	자원오행	사용적합	한자	뜻	원획	자원오행	사용적합
蓄	쌓을, 둘	16	木	△	忠	충성	8	火	△
築	쌓을, 집 지을	16	木	△	沖	화할, 부딪힐	8	水	×
縮	오그라들, 줄어들	17	木	×	忡	근심할	8	火	×
麆	닥칠, 대어들	18	土	×	衷	속마음, 정성	10	木	△
踱	종종걸음 칠	18	土	×	珫	귀고리 옥	11	金	△
鼀	두꺼비	18	土	×	衝	찌를, 충돌할	15	火	×
蹙	찰, 밟을	19	土	×	蟲	벌레	18	水	×
춘 (金)					**췌** (金)				
春	봄	9	火	×	悴	파리할, 근심할	12	火	×
椿	참죽나무	13	木	×	惴	두려워할	13	火	×
瑃	옥 이름	14	金	○	揣	헤아릴	13	木	○
賰	넉넉할	16	金	○	瘁	병들, 여월	13	水	×
출 (金)					萃	모을, 모일	14	木	△
出	날, 낳을, 뛰어날, 나아갈	5	土	○	額	야윌	17	火	×
朮	차조	5	木	×	膵	췌장	18	水	×
秫	차조	10	木	×	贅	군더더기	18	金	×
黜	물리칠, 내칠	17	水	×	**취** (金)				
충 (金)					吹	불, 숨 쉴	7	水	×
充	가득 찰, 채울	6	木	△	取	취할, 가질	8	水	△
虫	벌레	6	水	×	炊	불 땔, 밥 지을	8	火	△
冲	빌, 공허할	6	水	×	臭	냄새, 썩을	10	水	×

한자	뜻	원획	자원오행	사용적합
冣	모을, 쌓을	10	土	○
娶	장가들	11	土	×
脆	약할, 무를	12	水	×
就	나아갈, 이룰	12	土	○
毳	솜털	12	火	×
翠	물총새, 푸를	14	火	×
聚	모을, 무리	14	火	△
趣	뜻, 달릴, 재미	15	火	○
醉	취할	15	金	×
嘴	주둥이	15	水	×
橇	썰매	16	木	×
鷲	독수리	23	火	×
驟	달릴, 빠를	24	火	○

측 (金)				
仄	기울, 우뚝 솟을	4	火	×
昃	기울	8	火	×
側	곁, 옆	11	火	×
厠	뒷간	11	木	×
廁	뒷간	12	木	×
測	측량할, 잴	13	水	△
惻	슬퍼할	13	火	×

층 (金)				
層	층, 계단	15	木	×

치 (金)				
卮	술잔	5	水	×
豸	벌레	7	水	×
侈	사치할	8	火	×
治	다스릴, 익힐	9	水	○
峙	언덕, 산 우뚝할	9	土	○
哆	입 벌릴, 많을	9	水	△
蚩	어리석을	10	水	×
値	값, 만날	10	火	○
恥	부끄러울	10	火	×
致	이를, 빽빽할	10	土	△
梔	치자나무	11	木	×
痔	치질	11	水	×
峙	제사 터	11	土	×
痓	악할, 풍병	11	水	×
阤	비탈	11	土	×
淄	물 이름, 검은빛	12	水	×
嗤	비웃을	13	水	×
稚	어릴, 어린 벼	13	火	×

한자	뜻	원획	자원오행	사용적합
雉	꿩	13	火	×
馳	달릴	13	火	△
痴	어리석을	13	水	×
寘	둘, 다할	13	木	△
絺	칡베	13	木	×
踟	머뭇거릴	13	土	×
置	둘, 베풀, 버릴	14	木	△
緇	검을, 승복	14	木	×
菑	묵정밭	14	木	×
緻	빽빽할, 이를	15	木	△
幟	기, 표지	15	木	△
齒	이, 나이	15	金	×
輜	짐수레	15	火	△
熾	성할, 맹렬할	16	火	○
褫	빼앗을	16	木	×
錙	저울눈	16	金	×
鴟	올빼미	16	火	×
鵄	꿩	16	火	×
稺	어릴	17	木	×
鵄	솔개	17	火	×
癡	어리석을	19	水	×

한자	뜻	원획	자원오행	사용적합
薙	목련	19	木	×
鯔	숭어	19	水	×

칙 (金)

한자	뜻	원획	자원오행	사용적합
則	법칙, 본받을	9	金	○
勅	칙서, 타이를	9	土	△
敕	칙서, 조서	11	金	△
飭	신칙할, 삼갈	13	水	△

친 (金)

한자	뜻	원획	자원오행	사용적합
親	친할, 부지런할	16	火	○
櫬	무궁화나무	20	木	×
襯	속옷	22	木	×

칠 (金)

한자	뜻	원획	자원오행	사용적합
七	일곱	7	金	△
柒	옻칠할, 일곱	9	木	×
漆	옻칠할	15	水	×

침 (金)

한자	뜻	원획	자원오행	사용적합
沈	잠길, 빠질	8	水	×
忱	정성, 참마음	8	火	○
枕	베개	8	木	×
侵	침노할, 침범할	9	火	×
針	바늘	10	金	×

한자	뜻	원획	자원오행	사용적합	한자	뜻	원획	자원오행	사용적합
砧	다듬잇돌	10	金	×	**타** (火)				
浸	젖을, 담글, 잠길	11	水	×	他	다를, 남	5	火	×
棽	나뭇가지 무성할	12	木	△	打	칠	6	木	×
琛	보배, 옥	13	金	△	朶	꽃떨기, 늘어질	6	木	×
寑	잠길	13	木	×	妥	온당할, 편안할	7	土	○
椹	모탕	13	木	×	佗	다를	7	火	×
寢	잠잘, 쉴	14	木	△	坨	비탈길	8	土	×
郴	고을 이름	15	土	○	拖	끌어당길	9	木	△
鋟	새길	15	金	×	咤	꾸짖을, 슬퍼할	9	水	×
鍼	침	17	金	×	拕	끌, 당길	9	木	△
駸	달릴, 빠를	17	火	△	柂	키, 선박 키	9	木	△
칩 (金)					沱	물갈래	9	水	×
蟄	잠잘, 숨을	17	水	×	舵	선박 키	11	木	△
칭 (金)					唾	침 뱉을	11	水	×
秤	저울	10	木	△	詑	속일	12	金	×
稱	일컬을, 부를	14	木	△	跎	헛디딜	12	土	×
쾌 (木)					詫	속일, 자랑할	13	金	×
夬	쾌 이름, 터놓을	4	木	△	躱	감출	13	土	×
快	쾌할, 빠를	8	火	△	楕	길고 둥글	13	木	△
噲	목구멍, 상쾌할	16	水	△	惰	게으를, 불경스러울	13	火	×
					陀	비탈길, 험할	13	土	×

한자	뜻	원획	자원오행	사용적합	한자	뜻	원획	자원오행	사용적합
馱	실을, 태울	13	火	△	晫	밝을, 환할	12	火	○
墮	떨어질, 무너질	15	土	×	涿	칠, 갈	12	水	×
駝	낙타, 타조	15	火	×	琸	사람 이름	13	金	△
馳	낙타	15	火	×	琢	옥 다듬을, 닦을	13	金	△
橢	길쭉할	16	木	△	橐	전대, 풀무	14	木	×
鮀	문절망둑	16	水	×	踔	멀, 아득할	15	土	△
鴕	타조	16	火	×	逴	멀, 아득할	15	土	△
鼉	악어	25	土	×	橐	전대, 풀무	16	木	×

탁 (火)

한자	뜻	원획	자원오행	사용적합	한자	뜻	원획	자원오행	사용적합
托	맡길, 의지할	7	木	△	濁	물 흐릴	17	水	×
坼	터질, 갈라질	8	土	×	濯	씻을, 클, 빛날	18	水	○
卓	높을, 뛰어날	8	木	○	擢	뽑을	18	木	×
矺	나무 이름	8	金	△	鐸	방울, 요령	21	金	△
度	헤아릴, 꾀할	9	木	○	籜	대껍질	22	木	×
柝	쪼갤	9	木	×	蘀	갈댓잎	22	木	×
拓	물리칠, 박을	9	木	×					

탄 (火)

한자	뜻	원획	자원오행	사용적합
拆	터질, 부술	9	木	×
沰	떨어뜨릴	9	水	×
託	부탁할, 의탁할	10	金	○
倬	클, 밝을	10	火	○
啄	쪼을	11	水	×

추가 탄 표:

한자	뜻	원획	자원오행	사용적합
呑	삼킬	7	水	×
坦	평평할, 넓을	8	土	○
炭	숯, 석탄	9	火	△
誕	태어날, 거짓	14	金	×
嘆	탄식할	14	水	×
綻	옷이 터질	14	木	×

한자	뜻	원획	자원오행	사용적합	한자	뜻	원획	자원오행	사용적합
歎	탄식할, 읊을	15	金	×	噏	여럿이 먹는 소리	14	水	×
彈	탄알	15	金	×	**탑** (火)				
憚	꺼질, 화날, 삼갈	16	火	×	傝	나쁠, 경솔	12	火	×
暺	밝을	16	火	○	塔	탑	13	土	△
殫	다할, 쓰러질	16	水	×	塌	애벌 갈, 무너질	13	土	×
憻	평평할, 너그러울	17	火	○	榻	걸상	14	木	×
驒	연전총	22	火	×	搨	베낄, 박을	14	木	×
灘	여울	23	水	△	**탕** (火)				
攤	펼, 헤칠	23	木	△	帑	금고, 처자	8	木	△
癱	중풍	24	水	×	宕	방탕할	8	木	×
탈 (火)					湯	끓일, 끓는 물	13	水	×
侻	가벼울	9	火	△	碭	무늬 있는 돌	14	金	△
脫	벗을, 벗어날	13	水	×	糖	엿, 사탕	16	木	×
奪	빼앗을, 잃을	14	木	×	燙	데울	16	火	△
탐 (火)					盪	씻을, 밀	17	水	△
忐	마음 허할	7	火	×	蕩	방탕할, 쓸어버릴	18	水	×
眈	노려볼	9	木	×	薚	쓸어 없앨	23	木	×
耽	즐길, 기쁨을 누릴	10	火	△	**태** (火)				
貪	탐할, 욕심낼	11	金	×	太	클, 밝을	4	木	△
酖	즐길, 술에 빠질	11	金	×	台	별 이름, 기를	5	水	○
探	찾을, 정탐할	12	木	△	兌	기쁠, 팔괘의 하나	7	金	△

한자	뜻	원획	자원오행	사용적합	한자	뜻	원획	자원오행	사용적합
汰	씻길, 일, 사치할	8	水	×	**택** (火)				
孡	아이 밸	8	水	×	宅	집	6	木	○
怠	게으를, 불경스러울	9	火	×	垞	언덕, 성 이름	9	土	○
泰	클, 너그러울	9	水	△	澤	못, 윤택할	17	水	△
殆	위태할, 거의	9	水	×	擇	가릴, 고를	17	木	△
珆	용무늬 있는 옥홀	10	金	○	**탱** (火)				
娧	아름다울	10	土	○	掌	버틸, 버팀목	12	木	△
胎	아이 밸	11	水	×	撑	버틸, 버팀목	16	木	△
苔	이끼	11	木	×	撐	버틸	16	木	△
笞	볼기 칠, 태형	11	木	×	**터** (火)				
埭	둑, 보	11	土	△	攄	펼, 나타낼	19	木	△
邰	나라 이름, 태나라	12	土	△	**토** (火)				
跆	밟을, 유린할	12	木	×	土	흙	3	土	×
鈦	티타늄	12	金	△	吐	토할	6	水	×
迨	미칠, 이를, 원할	12	土	○	兎	토끼, 달	7	木	×
脫	기뻐할	13	水	△	兔	토끼, 달	8	木	×
態	모습, 태도, 뜻	14	火	○	討	칠, 다스릴	10	金	△
颱	태풍	14	木	×	**톤** (火)				
駘	둔마	15	火	×	噋	느릿할	15	水	△
鮐	복어, 늙을	16	水	×	**통** (火)				
					洞	밝을, 꿰뚫을	10	水	△

한자	뜻	원획	자원오행	사용적합
恫	상심할, 두려워할	10	火	×
桶	통, 용기	11	木	△
筒	대통, 대롱	12	木	△
統	거느릴, 통솔할	12	木	○
痛	아플, 슬퍼할	12	水	×
箵	대통	13	木	△
通	통할, 형통할	14	土	△
慟	서러워할, 애통할	15	火	×
樋	나무 이름	15	木	△

퇴 (火)

한자	뜻	원획	자원오행	사용적합
堆	언덕, 쌓을	11	土	○
退	물러날, 겸양할	13	土	×
槌	망치, 칠	14	木	×
腿	넓적다리, 정강이	16	水	×
褪	바랠, 빛이 엷어질	16	木	×
頹	무너질, 기울	16	火	×
隤	무너질, 실패할	20	土	×

투 (火)

한자	뜻	원획	자원오행	사용적합
妒	시샘할, 투기할	7	土	×
投	던질, 줄, 의탁할	8	木	×
妬	샘낼, 질투, 시샘할	8	土	×

한자	뜻	원획	자원오행	사용적합
套	덮개, 씌울, 한 벌	10	木	×
偸	훔칠, 구차할	11	火	×
渝	변할	13	水	△
透	통할, 사무칠	14	土	△
骰	주사위	14	金	×
鬪	싸울, 다툴, 싸움	20	木	×

퉁 (火)

한자	뜻	원획	자원오행	사용적합
佟	강 이름	7	火	△

특 (火)

한자	뜻	원획	자원오행	사용적합
忒	틀릴, 의심할	7	火	×
特	특별할, 수컷	10	土	△
慝	사특할, 간사할	15	火	×

틈 (火)

한자	뜻	원획	자원오행	사용적합
闖	엿볼	18	木	×

파 (水)

한자	뜻	원획	자원오행	사용적합
巴	땅 이름, 꼬리	4	土	△
叵	어려울	5	水	×
妑	새앙머리	7	土	×
坡	고개, 언덕	8	土	△
把	잡을	8	木	△
爬	긁을	8	木	×

한자	뜻	원획	자원오행	사용적합	한자	뜻	원획	자원오행	사용적합
杷	비파나무	8	木	×	簸	까부를	19	木	×
岥	비탈, 고개	8	土	△	鄱	고을 이름	19	土	△
爸	아버지	8	木	×	灞	물 이름	25	水	△
波	물결, 움직일	9	水	△	판 (水)				
怕	두려워할	9	火	×	判	판단할, 쪼갤	7	金	△
派	물결, 보낼	10	水	△	坂	고개, 언덕	7	土	△
芭	파초, 풀 이름	10	木	×	版	조각, 관목	8	木	×
破	깨뜨릴, 깨질	10	金	×	板	널	8	木	×
笆	가시대	10	木	×	販	팔	11	金	×
玻	유리	10	金	×	阪	비탈, 언덕, 둑	12	土	△
耙	써레, 쟁기	10	金	×	鈑	금박	12	金	○
婆	할미	11	土	×	辦	힘쓸, 갖출	16	金	△
跛	절뚝발이, 기대설	12	土	×	瓣	오이씨, 꽃잎	19	木	×
琶	비파나무	13	金	×	팔 (水)				
頗	자못, 부정할	14	火	×	叭	입 벌릴, 나팔	5	水	×
菠	시금치	14	木	×	朳	고무래	6	木	×
葩	꽃	15	木	×	汃	물결치는 소리	6	水	△
播	씨뿌릴, 심을	16	木	△	八	여덟	8	金	△
罷	마칠, 파할, 내칠	16	木	×	捌	깨뜨릴, 쳐부술	11	木	×
皤	흴, 볼록할	17	木	△	패 (水)				
擺	열, 헤칠	19	木	×	貝	조개	7	金	×

한자	뜻	원획	자원오행	사용적합	한자	뜻	원획	자원오행	사용적합
孛	살별, 혜성	7	水	△	膨	부풀, 불을	18	水	△
佩	찰, 노리개	8	火	×	蟚	방게	18	水	×
沛	늪, 습지	8	水	×	蟛	방게	18	水	×
唄	염불 소리, 찬불	10	水	×	**팍** (水)				
斾	기, 선구	10	木	△	愎	강팍할, 괴팍할	13	火	×
狽	이리	11	土	×	**편** (水)				
浿	강 이름, 물가	11	水	△	片	조각	4	木	×
敗	패할	11	金	×	扁	작을, 좁을	9	木	×
悖	거스를, 어그러질	11	火	×	便	편할, 소식, 휴식	9	火	△
珮	찰, 지닐	11	金	△	偏	치우칠, 기울	11	火	×
牌	패, 호패	12	木	△	匾	납작할	11	金	△
稗	피	13	火	×	徧	두루 미칠	12	火	○
霈	비 쏟아질	15	水	△	惼	편협할	13	火	×
覇	으뜸, 두목	19	金	△	篇	책	15	木	△
霸	으뜸, 두목	21	水	△	編	엮을	15	木	○
팽 (水)					翩	나부낄, 펄럭일	15	火	△
祊	제사	9	木	×	緶	꿰맬	15	木	×
砰	돌 구르는 소리	10	金	△	艑	거룻배, 큰 배	15	木	△
烹	삶을, 삶아 죽일	11	火	×	蝙	마디풀	15	木	×
彭	땅 이름	12	火	△	蝙	박쥐	15	水	×
澎	물소리	16	水	△	褊	좁을, 성급할	15	木	×

한자	뜻	원획	자원오행	사용적합	한자	뜻	원획	자원오행	사용적합
遍	두루, 모든	16	土	○	폐 (水)				
諞	말 잘할	16	金	△	吠	짖을	7	水	×
鞭	채찍	18	金	×	肺	허파	10	水	×
騙	속일, 기만할	19	火	×	閉	닫을	11	木	×
폄 (水)					狴	감옥, 들개	11	土	×
砭	돌침	10	金	×	敝	해질, 깨질	12	金	×
窆	하관할	10	水	×	陛	섬돌, 층계	15	土	△
貶	낮출, 떨어뜨릴	12	金	×	廢	폐할, 버릴	15	木	×
평 (水)					幣	화폐, 돈	15	木	×
平	평평할, 화목할	5	木	○	弊	폐단, 해질	15	水	×
坪	들, 평평할	8	土	○	嬖	사랑할, 친압할	16	土	△
枰	바둑판	9	木	△	獘	넘어질	16	土	×
泙	물소리	9	水	△	癈	폐질, 고질	17	水	×
怦	곧을, 조급할	9	火	×	蔽	덮을, 숨길	18	木	×
抨	탄핵할	9	木	×	斃	죽을, 넘어질	18	金	×
苹	개구리밥	11	木	×	포 (水)				
評	평론할, 의논할	12	金	○	布	베, 펼, 베풀	5	木	○
萍	부평초, 개구리밥	14	木	×	包	감쌀, 용납할	5	金	○
鮃	넙치	16	水	×	佈	펼, 알릴	7	火	△
蓱	부평초	17	木	×	咆	고함지를, 성낼	8	水	×
					庖	부엌, 음식	8	木	△

한자	뜻	원획	자원오행	사용적합	한자	뜻	원획	자원오행	사용적합
抛	내던질, 버릴	8	木	×	飽	배부를	14	水	△
抛	던질, 버릴	9	木	×	逋	달아날, 체납할	14	土	×
怖	두려워할, 떨	9	火	×	誧	도울, 간할	14	金	△
抱	안을, 가질	9	木	△	鞄	혁공	14	金	×
泡	물거품, 성할	9	水	×	葡	포도	15	木	×
匍	길쭉할	9	木	△	褒	기릴, 칭찬할	15	木	△
炮	통째로 구울	9	火	×	鋪	펼, 베풀, 가게	15	金	○
炰	통째로 구울	9	火	×	暴	사나울	15	火	×
哺	먹일, 씹어 먹을	10	水	×	蒲	창포, 부들, 향포	16	木	×
疱	천연두, 마마	10	水	×	鮑	절인 물고기	16	水	×
砲	대포	10	金	△	餔	저녁밥	16	水	△
圃	밭, 들일, 넓을, 클	10	水	○	儤	번 설, 도임할	17	火	△
袍	도포, 웃옷	11	木	△	曓	사나울, 해칠	17	火	×
匏	박, 악기	11	木	△	鰤	돌고래	18	水	×
胞	태풍	11	水	×		폭 (水)			
苞	쌀	11	木	△	幅	폭, 너비	12	木	△
浦	물가, 바닷가	11	水	△	暴	나타날, 사나울	15	火	×
捕	사로잡을	11	木	△	輻	바퀴살	16	火	△
晡	신시, 저녁나절	11	火	△	爆	터질, 폭발할	19	火	×
脯	포	13	水	×	曝	햇볕 쬘, 사나울	19	火	△
鉋	대패	13	金	×	瀑	폭포, 소나기	19	水	×

한자	뜻	원획	자원오행	사용적합
杓	자루, 별 이름	7	木	○
表	겉, 나타날, 뛰어날	9	木	△
俵	나누어 줄, 흩을	10	火	×
豹	표범	10	水	×
髟	머리 늘어질	10	水	×
票	표, 쪽지	11	火	△
彪	범	11	火	×
殍	굶어 죽을	11	水	×
剽	표독할, 빠를	13	金	×
僄	날랠, 가벼울	13	火	△
勡	겁박할	13	土	×
嘌	빠를, 어지러울	14	水	×
嫖	날랠, 음란할	14	土	×
裱	목도리	14	木	×
慓	급할, 날랠	15	火	×
標	표할, 기록할	15	木	△
漂	뜰, 떠다닐	15	水	×
熛	불똥, 섬광	15	火	×
摽	칠, 떨어질	15	木	×
瓢	바가지, 표주박	16	木	×

한자	뜻	원획	자원오행	사용적합
瞟	들을	17	火	○
縹	휘날릴, 옥색	17	木	△
鏢	칼집	19	金	×
飄	나부낄, 회오리바람	20	木	×
驃	날쌜, 황부루	21	火	○
飚	폭풍, 회오리바람	21	木	×
飙	폭풍, 회오리바람	21	木	×
鰾	부레	22	水	×
鑣	재갈	23	金	×

품 (水)

한자	뜻	원획	자원오행	사용적합
品	물건, 품	9	水	△
稟	여쭐, 줄, 밝을	13	木	○

풍 (水)

한자	뜻	원획	자원오행	사용적합
風	바람, 모습, 경치	9	木	×
馮	성씨	12	火	△
楓	단풍나무	13	木	△
豊	풍년	13	木	△
瘋	두풍	14	水	×
諷	욀, 풍자할	16	金	△
豐	풍년	18	木	△

한자	뜻	원획	자원오행	사용적합	한자	뜻	원획	자원오행	사용적합
	피 (水)				畢	마칠, 다할	11	土	△
皮	가죽	5	金	×	苾	향기로울	11	木	△
彼	저것	8	火	×	筆	붓	12	木	△
披	나눌, 쪼갤	9	木	×	弼	도울, 거듭	12	金	○
疲	피곤할, 지칠	10	水	×	滭	샘솟을	12	水	○
被	이불, 덮을	11	木	△	鉍	창 자루	13	金	△
詖	치우칠	12	金	×	馝	향기 날	14	木	○
陂	방죽, 연못	13	土	△	斁	다할, 불 모양	15	金	△
鞁	가슴걸이, 고삐	14	金	×	滭	용솟음칠	15	水	△
髲	다리, 가발	15	火	×	駜	살찔	15	火	△
避	피할, 숨을	20	土	×	觱	피리, 쌀쌀할	16	水	×
	픽 (水)				篳	사립문, 피리	17	木	×
腷	답답할, 울적할	15	水	×	罼	족대, 토끼그물	17	木	×
	필 (水)				蓽	콩	17	木	×
匹	짝, 혼자, 하나	4	水	×	蹕	벽제할	18	土	×
疋	필, 발, 짝	5	土	△	鷝	직박구리	19	火	×
必	반드시, 꼭	5	火	○	韠	슬갑	20	金	×
佖	점잖을, 가득 찰	7	火	○	鞸	슬갑	20	金	×
咇	향내 날	8	水	△		핍 (水)			
泌	샘물 흐를, 스밀	9	水	△	乏	가난할	5	金	×
珌	칼집 장식	10	金	△	偪	핍박할	11	火	×

한자	뜻	원획	자원오행	사용적합	한자	뜻	원획	자원오행	사용적합
逼	핍박할, 닥칠	16	土	×	蝦	새우, 두꺼비	15	水	×
하 (土)					遐	멀, 멀리할	16	土	×
下	아래	3	水	×	赮	붉을, 노을	16	火	△
何	어찌	7	火	×	嘏	웃을	16	水	△
呀	입 벌릴	7	水	×	霞	노을, 멀	17	水	×
岈	산골 휑할	7	土	×	嚇	웃음소리	17	水	△
河	물, 강 이름	9	水	○	罅	틈, 구멍, 실수	17	土	×
欱	껄껄 웃을	9	金	○	鍜	경개	17	金	×
昰	여름, 클	9	火	△	懗	속일	18	火	×
抲	지휘할, 멜	9	木	△	蕸	연잎, 갈대	19	木	×
夏	여름, 나라 이름	10	火	×	讚	대답할	19	金	△
賀	하례할, 경사	12	金	○	鰕	새우, 도롱뇽	20	水	×
厦	큰 집, 문간방	12	木	△	학 (土)				
廈	큰 집, 문간방	13	木	△	学	배울, 학교	8	水	○
荷	연꽃, 멜	13	木	△	虐	사나울, 모질	9	木	×
閜	크게 열릴	13	木	△	狢	오소리	10	土	×
煆	데울, 마를	13	火	×	确	자갈땅	12	金	×
嘏	클, 복, 굳을	14	水	○	嗃	엄숙할	13	水	△
碬	숫돌	14	金	×	郝	땅 이름	14	土	△
瑕	허물, 티	14	金	×	瘧	학질	14	水	×
瘕	기생충병	14	水	×	學	배울, 글방	16	水	○

한자	뜻	원획	자원오행	사용적합	한자	뜻	원획	자원오행	사용적합
謔	희롱할, 해학	16	金	×	漢	한수, 강 이름	15	水	△
壑	도랑, 산골짜기	17	土	△	嫻	우아할, 조용할	15	土	○
鶴	학, 두루미	21	火	×	嫺	우아할, 조용할	15	土	○
皬	희고 깨끗할	21	金	△	暵	말릴	15	火	△
鷽	비둘기, 메까치	24	火	×	澖	넓을	16	水	△
	한 (土)				翰	편지, 날개, 글	16	火	△
汗	땀	7	水	×	橌	큰 나무	16	木	△
旱	가물	7	水	×	閑	익힐, 법	16	木	△
扞	막을, 저항할	7	木	×	澣	빨래할, 열흘	17	水	×
忓	방해할	7	火	×	韓	나라 이름	17	金	△
罕	드물, 그물	9	木	×	嶑	산 높은 모양	17	土	△
恨	한할	10	火	×	駻	사나운 말	17	火	×
邗	땅 이름	10	土	△	鼾	코 고는 소리	17	金	×
悍	사나울, 성급할	11	火	×	瀚	넓고 클, 사막	20	水	△
捍	막을, 방어할	11	木	△	鷳	백한, 솔개	23	火	×
閈	이문, 마을	11	土	△		**할** (土)			
閒	한가할, 틈	12	土	△	割	나눌, 벨, 쪼갤	12	金	×
閑	한가할	12	水	△	瞎	애꾸눈	15	木	×
寒	찰	12	水	×	轄	다스릴	17	火	○
限	한계, 한정	14	土	△		**함** (土)			
僩	굳셀	14	火	△	含	머금을, 용납할	7	水	△

한자	뜻	원획	자원오행	사용적합
函	상자, 함	8	木	△
咸	다, 모두	9	水	○
啣	재갈	11	水	×
涵	젖을	12	水	×
喊	소리칠, 고함지를	12	水	×
菡	꽃술, 연꽃	13	木	×
銜	재갈	14	金	×
蔊	연꽃	14	木	×
緘	봉할	15	木	×
陷	빠질, 함정	16	土	×
諴	화동할	16	金	△
檻	난간, 감옥	18	木	×
艦	싸움배	20	木	△
鹹	다, 짠맛	20	水	×
闞	범 소리	20	木	×
轞	함거	21	火	×

합 (土)

한자	뜻	원획	자원오행	사용적합
合	합할, 맞을	6	水	△
佮	돌, 만날	8	金	△
哈	웃는 소리	9	水	△
柙	짐승 우리, 궤	9	木	×

한자	뜻	원획	자원오행	사용적합
盍	덮을, 합할	10	金	△
盒	찬합	11	金	×
蛤	대합조개	12	水	×
嗑	입 다물	13	水	×
郃	고을 이름	13	土	△
閤	쪽문, 규방	14	木	×
榼	통, 뚜껑	14	木	×
溘	갑자기, 문득	14	水	×
陜	좁을, 땅 이름	15	土	×
闔	문짝	18	木	×

항 (土)

한자	뜻	원획	자원오행	사용적합
亢	높을, 목, 올라갈	4	水	△
夯	멜, 힘주어 들	5	木	△
行	항렬, 굳셀	6	火	△
伉	짝, 굳셀, 맞설	6	火	△
沆	큰물, 흐를	8	水	△
杭	건널, 나룻배	8	木	○
抗	막을, 겨룰	8	木	×
炕	마를, 구울	8	火	×
肛	항문	9	水	×
姮	항아, 계집 이름	9	土	○

한자	뜻	원획	자원오행	사용적합	한자	뜻	원획	자원오행	사용적합
巷	거리	9	土	×	晐	갖출, 햇빛 비칠	10	火	○
缸	항아리	9	土	△	欬	기침	10	金	×
航	배, 건널	10	木	△	海	바다	10	水	×
桁	차꼬, 도리	10	木	×	海	바다	11	水	×
恒	항상, 늘, 옛	10	火	△	偕	함께할, 굳셀	11	火	○
恆	항상	10	火	△	痎	학질	11	水	×
項	조목, 목덜미	12	火	△	該	마땅, 갖출, 그	13	金	○
缿	투서함, 저금통	12	土	△	楷	본보기, 나무 이름	13	木	△
港	항구	13	水	△	解	풀, 가를	13	木	△
頏	날아내릴, 목구멍	13	火	×	瑎	검은 옥돌	14	金	△
降	항복할	14	土	×	頦	아래턱	15	火	×
嫦	항아, 계집 이름	14	土	○	諧	화할, 고를	16	金	○
해 (土)					駭	놀랄	16	火	×
亥	돼지	6	水	×	骸	뼈, 해골	16	金	×
呀	비웃을	8	水	×	嶰	산골짜기	16	土	△
咳	기침, 어린아이 웃을	9	水	×	廨	공관, 공해	16	木	△
垓	지경, 경계, 끝	9	土	△	懈	게으를	17	火	×
孩	어린아이	9	水	×	澥	바다 이름	17	水	△
祄	도울	9	木	△	獬	해태	17	土	×
害	해할, 해칠	10	木	×	醢	젓갈	17	金	×
奚	어찌, 여자 종	10	水	×	鮭	어채	17	水	×

한자	뜻	원획	자원오행	사용적합
蟹	게, 가물치	19	水	×
薤	염교	19	木	×
邂	만날	20	土	△
瀣	찬 이슬	20	水	×

<table>
<tr><td colspan="5" align="center">핵 (土)</td></tr>
</table>

한자	뜻	원획	자원오행	사용적합
劾	캐물을, 꾸짖을	8	水	×
核	씨	10	木	○
翮	깃촉	16	火	×
覈	핵실할	19	金	×

<table>
<tr><td colspan="5" align="center">행 (土)</td></tr>
</table>

한자	뜻	원획	자원오행	사용적합
行	다닐, 행할, 갈	6	火	○
杏	살구나무	7	木	×
幸	다행, 행복, 바랄	8	木	○
倖	요행, 간사할	10	火	×
涬	기운, 끌	12	水	△
荇	마름풀	12	木	×
悻	성낼	12	火	×

<table>
<tr><td colspan="5" align="center">향 (土)</td></tr>
</table>

한자	뜻	원획	자원오행	사용적합
向	향할, 나아갈	6	水	○
享	누릴, 드릴	8	土	○
香	향기로울	9	木	△

한자	뜻	원획	자원오행	사용적합
昋	밝을	10	火	○
珦	옥 이름, 구슬	11	金	○
餉	건량, 군량, 도시락	15	水	×
鄕	시골, 마을, 고향	17	土	△
嚮	향할, 권할, 누릴	19	水	○
薌	곡식 향내	19	木	×
麝	사향 사슴	20	土	×
響	울릴, 소리, 울림	22	金	△
饗	잔치할	22	水	△

<table>
<tr><td colspan="5" align="center">허 (土)</td></tr>
</table>

한자	뜻	원획	자원오행	사용적합
許	허락할, 바랄	11	金	△
虛	빌, 약할, 헛될	12	木	×
噓	불, 울	15	水	×
墟	언덕, 빈터	15	土	△
歔	흐느낄	16	金	×

<table>
<tr><td colspan="5" align="center">헌 (土)</td></tr>
</table>

한자	뜻	원획	자원오행	사용적합
旵	밝을	8	火	△
軒	추녀, 집, 초헌	10	火	○
輶	초헌, 수레	16	火	△
憲	법, 표준 될	16	火	○
櫶	수레 휘장	19	木	△

한자	뜻	원획	자원오행	사용적합	한자	뜻	원획	자원오행	사용적합
櫶	나무 이름	20	木	△	赫	빛날, 붉을	14	火	○
獻	드릴, 바칠	20	土	○	嚇	성낼	17	水	×
憲	총명할	20	火	○	爀	붉은빛, 빛날	18	火	○
攇	조일, 맬	20	木	△	鬩	다툴	18	金	×
巚	봉우리, 낭떠러지	23	土	△	繧	진한 붉은색	21	火	×

<table>
헐 (土)
</table>

| 歇 | 쉴, 없을, 그칠 | 13 | 金 | × |

<table>
현 (土)
</table>

| 玄 | 검을, 하늘, 깊을 | 5 | 火 | ○ |

험 (土)

嶮	험할, 깨뜨릴	16	土	×	見	나타날	7	火	△
獫	오랑캐 이름	17	土	×	弦	활시위, 악기 줄	8	木	△
險	험할, 위태로울	21	土	×	呟	소리	8	水	△
驗	시험할, 증거	23	火	△	姃	여자의 자	8	土	△
玁	오랑캐 이름	24	土	×	俔	팔	9	火	△

혁 (土)

侐	고요할	8	火	△	俔	염탐할	9	火	×
革	가죽, 고칠	9	金	△	眩	햇빛, 당혹할	9	火	△
奕	클, 아름다울	9	木	○	泫	물 깊을, 이슬 빛날	9	水	△
弈	바둑, 도박	9	火	×	炫	밝을, 눈부실, 빛날	9	火	○
洫	봇도랑, 해자	10	水	△	峴	고개, 재, 산 이름	10	土	△
焃	붉을, 밝을, 빛날	11	火	○	眩	어지러울, 아찔할	10	火	×
焱	불꽃, 불탈	12	火	×	玹	옥돌, 옥빛	10	金	○
					娊	허리 가늘	10	土	△
					痃	현벽	10	水	×

한자	뜻	원획	자원오행	사용적합	한자	뜻	원획	자원오행	사용적합
晛	햇살, 밝을, 환할	11	火	○	繯	맬, 졸라맬	19	木	△
舷	뱃전	11	木	△	翾	날, 빠를	19	火	△
絃	악기 줄	11	木	○	譞	슬기로운, 영리할	20	金	○
衒	자랑할	11	火	△	懸	매달릴, 걸	20	火	△
弦	활	11	金	△	顯	나타날, 드러날	23	火	○
絢	무늬, 문채	12	木	○	灦	물 깊고 맑을	27	水	○
現	나타날, 보일	12	金	△	**혈** (土)				
睍	불거진 눈	12	火	×	孑	외로울, 남을	3	水	×
琄	옥 모양, 패옥	12	金	○	穴	구멍, 굴	5	水	×
梘	땅 이름	12	木	○	血	피	6	水	×
鉉	솥귀	13	金	△	頁	머리, 목	9	火	×
蜆	바지락	13	水	×	絜	헤아릴, 잴	12	木	△
誢	말다툼할	14	金	×	趐	나아갈	13	火	△
賢	어질, 나을, 좋을	15	金	○	**혐** (土)				
儇	총명할, 영리할	15	火	○	嫌	싫어할	13	土	×
院	한정할, 한계	15	土	△	**협** (土)				
鋗	노구솥, 냄비	15	金	△	叶	맞을, 화합할	5	水	○
縣	고을, 매달릴	16	木	△	夾	낄, 좁을	7	木	×
嬛	산뜻할	16	土	○	協	화합할, 화할	8	水	○
駽	철총이	17	火	×	洽	화할, 젖을	8	水	△
顕	나타날	18	火	○	俠	호협할	9	火	○

한자	뜻	원획	자원오행	사용적합	한자	뜻	원획	자원오행	사용적합
夾	상자	9	木	×	洄	찰, 차가울, 멀	9	水	×
峽	골짜기, 산골	10	土	△	炯	빛날, 밝을	9	火	○
埉	물가	10	土	△	型	거푸집, 모형	9	土	△
恊	화합할, 으를	10	火	△	娙	여관, 여자 종	10	土	×
挾	끼일, 가질, 품을	11	木	△	珩	노리개, 구슬, 패옥	11	金	△
浹	젖을, 두루 미칠	11	水	△	邢	나라 이름	11	土	△
狹	좁을	11	土	×	荊	가시, 곤장	12	木	×
悏	쾌할, 만족할	13	火	○	詗	염탐할	12	金	×
脅	옆구리	12	水	×	逈	멀	12	土	△
脇	옆구리	12	水	×	逈	통달할, 멀	13	土	△
莢	꼬투리	13	木	×	熒	반짝일, 밝을	14	火	△
悏	쾌할, 만족할	13	火	○	滎	실개천	14	水	△
鋏	집게, 가위	15	金	×	敻	멀, 아득할	14	金	△
篋	상자	15	木	×	瑩	의혹할, 밝을	15	金	△
頰	뺨	16	火	×	陘	지레목	15	土	×
형 (土)					衡	저울, 평평할	16	火	○
兄	맏이, 형	5	木	×	螢	반디, 개똥벌레	16	水	×
刑	형벌, 본받을	6	金	×	鎣	꾸밀, 줄	18	金	△
亨	형통할, 드릴	7	土	○	瀅	물 맑을	19	水	△
形	형상, 모양	7	火	○	馨	향기로울, 꽃다울	20	木	△
侀	거푸집, 모양 이룰	8	火	△	瀅	물 이름	22	水	△

한자	뜻	원획	자원오행	사용적합	한자	뜻	원획	자원오행	사용적합
혜 (土)					醯	식혜, 식초	19	金	×
匸	감출, 덮을	2	水	×	鏸	세모창, 날카로울	20	金	×
兮	어조사	4	金	△	譓	슬기로울	22	金	○
盻	흘겨볼	9	木	×	**호 (土)**				
恵	은혜	10	火	○	戶	집	4	木	△
彗	별 이름, 꼬리별, 쓸다	11	火	△	互	서로, 함께	4	水	△
訡	진실한 말	11	金	○	乎	어조사	5	金	△
惠	은혜, 베풀, 어질	12	火	○	号	이름, 부를	5	木	△
傒	가둘	12	火	×	好	좋을, 아름다울	6	土	×
徯	기다릴, 샛길	13	火	△	冱	얼	6	水	×
嘒	작은 소리	14	水	×	岵	산	8	土	○
暳	반짝일	15	火	○	呼	부를, 숨을 내쉴	8	水	△
慧	지혜, 영리할	15	火	○	虎	범	8	木	×
鞋	가죽신	15	金	×	昊	여름 하늘	8	火	△
憲	밝을, 깨달을, 살필	15	木	○	弧	활	8	木	△
槥	널, 관	15	木	×	沍	얼, 찰	8	水	×
憓	사랑할, 순할	16	火	○	狐	여우	9	土	×
蹊	지름길, 좁은 길	17	土	△	怙	믿을, 의지할	9	火	△
譓	꾸짖을	17	金	×	苄	지황	9	木	×
蕙	난초, 아름다울	18	木	△	祜	복	10	金	○
譓	슬기로울, 순할	19	金	○	芦	지황	10	木	×

한자	뜻	원획	자원 오행	사용 적합
瓳	반호	10	土	△
浩	넓을, 클	11	水	△
扈	뒤따를, 막을	11	木	×
晧	해 돋을, 밝을	11	火	○
毫	터럭, 가는 털	11	火	×
瓠	표주박	11	木	△
胡	오랑캐	11	水	×
婋	재치 있을	11	土	△
皓	흴, 밝을	12	金	○
淏	맑을	12	水	○
壺	병, 단지	12	木	△
湖	호수, 물	13	水	○
號	이름, 부를	13	木	△
琥	호박, 서옥	13	金	○
猢	원숭이	13	土	×
聕	들릴	13	火	△
豪	호걸, 호협할	14	水	○
瑚	산호	14	金	△
犒	호궤할	14	土	△
嫭	아름다울	14	土	△
嫮	아름다울	14	土	△
滈	장마	14	水	×
暤	밝을, 흴	15	火	○
滸	물가	15	水	△
葫	마늘	15	木	×
糊	풀칠할	15	木	×
蝴	나비	15	水	×
熩	빛날	15	火	○
嘷	울부짖을	15	水	×
滬	물 이름	15	水	△
皜	흴, 깨끗할	15	金	○
澔	넓을, 클	16	水	○
縞	명주	16	木	△
蒿	쑥	16	木	×
儫	호걸, 귀인	16	火	○
醐	우락 더껑이	16	金	×
壕	해자, 도랑	17	土	△
鄗	땅 이름	17	土	△
蔰	빛	17	木	○
鎬	호경, 밝은 모양	18	金	○
濠	물 이름, 해자	18	水	△
濩	퍼질	18	水	△

한자	뜻	원획	자원오행	사용적합	한자	뜻	원획	자원오행	사용적합
餬	죽, 풀칠할	18	水	×	魂	넋, 혼	14	火	×
鬍	되, 수염	19	火	×	溷	어지러울	14	水	×
顥	클, 하늘, 풍류	21	火	○	閽	문지기	16	木	×
護	보호할, 도울	21	金	○	頭	둥글	19	火	△
護	구할, 지킬	23	金	○					

홀 (土)

한자	뜻	원획	자원오행	사용적합
灝	넓을	25	水	△

혹 (土)

한자	뜻	원획	자원오행	사용적합
或	혹, 혹시	8	金	×
惑	미혹할, 의심할	12	火	×
酷	향기 짙을, 독할	14	金	×
熇	뜨거울	14	火	×

(계속) 홀 (土)

한자	뜻	원획	자원오행	사용적합
囫	온전할	7	土	△
忽	갑자기, 문득	8	火	×
笏	홀	10	木	△
惚	황홀할, 흐릿할	12	火	×

홍 (土)

한자	뜻	원획	자원오행	사용적합
弘	클, 넓을	5	火	○
汞	수은	7	水	×
紅	붉을	9	木	×
虹	무지개	9	水	×
泓	물 깊을, 물 맑을	9	水	△
哄	떠들썩할	9	水	×
洪	큰물, 넓을	10	水	△
烘	횃불, 불 땔, 말릴	10	火	△
訌	어지러울, 무너질	10	金	×
哄	날 밝을, 먼동이 틀	10	火	△
鍧	쇠뇌 고동	14	金	×

혼 (土)

한자	뜻	원획	자원오행	사용적합
昏	어두울, 날 저물	8	火	×
俒	완전할, 끝날	9	火	△
圂	뒷간	10	木	×
婚	혼인할	11	土	×
混	섞을, 흐릴	12	水	×
焜	빛날, 초목이 시들	12	火	△
渾	흐릴	13	水	×
溷	어지러울	13	水	×
琿	아름다운 옥	14	金	○

한자	뜻	원획	자원오행	사용적합	한자	뜻	원획	자원오행	사용적합
簸	통발	15	木	×	澕	물 깊을	16	水	△
澒	수은	16	水	×	譁	시끄러울	19	金	×
鬨	싸울	16	金	×	驊	준마 이름	22	火	△
鴻	큰기러기	17	火	×	龢	화할	22	火	△
화 (土)					**확** (土)				
化	화할, 될	4	火	△	廓	클	14	木	○
火	불	4	火	×	確	확실할, 굳을	15	金	○
禾	벼	5	木	×	碻	확실할, 굳을	15	金	○
和	화할, 화평할	8	水	○	穫	곡식 거둘, 벼 벨	19	木	○
花	꽃, 아름다울	10	木	×	擴	넓힐, 늘릴	19	木	○
俰	화할	10	火	○	矍	두리번거릴	20	木	×
貨	재화, 재물	11	金	△	確	회초리	21	金	×
畵	그림	12	土	△	鑊	가마솥	22	金	△
畫	그림	13	土	△	攫	움킬, 붙잡을	24	木	△
靴	가죽신	13	金	×	矡	창, 송곳	25	金	×
話	말씀, 말할	13	金	○	**환** (土)				
禍	재앙, 재난	14	木	×	丸	둥글, 알	3	土	△
華	빛날, 번성할	14	木	△	幻	허깨비, 헛보일	4	火	×
嬅	고울, 탐스러울	15	土	○	紈	흰 비단, 맺을	9	木	○
嘩	떠들썩	15	水	×	宦	벼슬, 관직	9	木	△
樺	자작나무, 벗나무	16	木	×	奐	빛날, 클	9	木	○

한자	뜻	원획	자원오행	사용적합	한자	뜻	원획	자원오행	사용적합
桓	굳셀, 나무	10	木	○	歡	기쁠, 기뻐할	22	金	○
洹	세차게 흐를	10	水	△	懽	기뻐할	22	火	○
晥	환할, 깨끗할	11	火	○	鬟	쪽찐머리	23	火	×
患	근심	11	火	×	瓛	옥홀	25	金	△
喚	부를, 외칠	12	水	△	驩	기뻐할	28	火	○
皖	환할	12	火	○	활 (土)					
睆	가득 찰	12	木	△	活	살, 생기 있을	10	水	△
絚	끈	12	木	△	蛞	올챙이	12	水	×
換	바꿀, 고칠	13	木	△	滑	미끄러울, 부드러울	14	水	×
渙	흩어질, 찬란할	13	水	×	猾	교활할, 어지럽힐	14	土	×
煥	빛날, 밝을	13	火	○	闊	넓을, 트일	17	木	○
豢	기를, 가축	13	水	×	豁	소통할, 열릴	17	水	○
圜	두를	16	木	△	濶	넓을, 거칠	18	水	△
寰	천하, 인간 세상	16	木	×	황 (土)					
擐	입을, 꿸	17	木	△	皇	임금, 클, 성할	9	金	△
鍰	무게 단위	17	金	×	況	상황, 형편, 하물며	9	水	△
環	고리	18	金	△	怳	어슴푸레할	9	火	×
還	돌아올, 갚을	20	土	△	肓	명치끝	9	水	×
轘	형벌	20	土	×	晃	밝을	10	火	○
鐶	고리	21	金	△	恍	황홀할	10	火	△
鰥	홀아비, 환어	21	水	×	晄	밝을	10	火	○

한자	뜻	원획	자원오행	사용적합	한자	뜻	원획	자원오행	사용적합
凰	봉황새	11	木	×	潢	은하수, 웅덩이	16	水	△
荒	거칠	12	木	×	遑	급할, 허둥거릴	16	土	×
徨	헤맬, 거닐	12	火	×	隍	해자	17	土	△
媓	여자 이름, 어미	12	土	△	璜	패옥, 반달 옥	17	金	△
堭	전각	12	土	△	簧	혀, 피리	18	木	×
黃	누루, 누를	12	土	△	鐄	종소리, 방울	18	金	△
喤	울음소리	12	水	×		회 (土)			
貺	줄, 하사할	12	金	△	灰	재	6	火	×
惶	두려워할, 당황할	13	火	×	回	돌아올	6	水	△
湟	성지, 빠질, 해자	13	水	×	会	모일, 기회	6	木	○
幌	휘장, 포장	13	木	×	佪	어정거릴, 노닐	8	火	×
煌	빛날, 성할	13	火	○	徊	머뭇거릴, 노닐	9	火	×
楻	깃대	13	木	△	廻	돌이킬, 돌아올	9	水	△
滉	물 깊고 넓을	14	水	△	恢	넓을, 클	10	火	△
榥	책상	14	木	○	洄	역류할	10	水	×
熀	밝을, 영리할	14	火	○	晦	그믐, 어두울	11	火	×
慌	어리둥절할	14	火	×	悔	뉘우칠, 후회할	11	火	×
愰	마음 밝을	14	火	△	盔	주발, 바리	11	金	×
瑝	옥 소리	14	金	△	蛔	회충, 거위	12	水	×
篁	대숲	15	木	△	茴	회향풀	12	木	×
蝗	누리, 황충	15	水	×	淮	강 이름, 물 이름	12	水	△

한자	뜻	원획	자원오행	사용적합
繪	그림, 채색	12	木	△
賄	재물, 뇌물	13	金	×
會	모일, 모을	13	木	○
匯	물 돌아 나갈, 물들	13	水	△
詼	조롱할	13	金	×
迴	돌아올	13	土	△
誨	가르칠	14	金	○
頮	세수할	16	火	△
檜	전나무, 노송나무	17	木	×
澮	봇도랑	17	水	△
獪	교활할, 간교할	17	土	×
膾	회, 잘게 저민 날고기	19	水	×
繪	그림	19	木	△
懷	품을, 생각할	20	火	△
鱠	회, 뱅어	24	水	×

획 (土)

한자	뜻	원획	자원오행	사용적합
画	그을, 분할	8	木	△
劃	그을, 나눌, 새길	14	金	△
嚄	외칠	17	水	×
獲	얻을, 계집종	18	土	×

횡 (土)

한자	뜻	원획	자원오행	사용적합
宖	클, 집 울릴	8	木	△
鈜	쇳소리	12	金	△
橫	가로지를, 동서	16	木	△
澋	물 돌아 나갈	16	水	△
鐄	종, 쇠북	20	金	○
黌	학교	25	土	○

효 (土)

한자	뜻	원획	자원오행	사용적합
爻	형상, 점괘, 사귈	4	火	×
孝	효도	7	水	×
効	본받을, 공	8	土	○
哮	성낼, 큰 소리 낼	10	水	×
肴	술안주	10	水	×
效	본받을, 힘쓸	10	金	○
涍	강 이름	10	水	○
庨	높을, 깊을	10	木	○
虓	범이 울	10	木	×
烋	거들먹거릴	10	火	×
涍	물가, 강 이름	11	水	△
梟	올빼미	11	木	×
婋	재치 있을	11	土	△

한자	뜻	원획	자원오행	사용적합
崤	산 이름	11	土	△
淆	뒤섞일, 흐릴	12	水	×
寏	넓을, 높을	12	水	○
傚	본받을	12	火	○
殽	섞일	12	金	×
歊	김 오를, 더운 김	14	金	×
酵	삭힐, 술이 괼	14	金	×
熇	불김, 엄할	14	火	×
暠	나타날, 밝을	15	金	○
曉	새벽, 밝을, 깨달을	16	火	○
嚆	부르짖을, 울릴	17	水	△
餚	섞일	17	水	×
謼	부르짖을	18	金	×
斅	가르칠, 교육할	20	金	○
囂	시끄러울, 공허할	21	水	×
驍	날랠, 굳셀	22	火	○

후 (土)

한자	뜻	원획	자원오행	사용적합
朽	썩을, 부패할	6	木	×
后	왕후, 임금, 왕비	6	水	△
吼	울, 부르짖을	7	水	×
吽	짖을	7	水	×

한자	뜻	원획	자원오행	사용적합
姁	아름다울, 할미	8	土	△
後	뒤, 늦을	9	火	×
厚	두터울	9	土	○
垕	두터울	9	土	○
侯	제후, 임금	9	火	△
垕	두터울	9	土	○
芋	클	9	木	△
候	기후, 날씨	10	火	△
欪	즐거워할	10	火	○
珝	옥 이름, 구슬	11	金	○
酗	주정할	11	金	×
喉	목구멍	12	水	×
帿	과녁, 제후	12	木	△
堠	봉화대	12	土	△
煦	불, 내쉴	12	水	△
嗅	냄새 맡을	13	水	×
逅	우연히 만날	13	土	△
煦	베풀, 따뜻하게 할	13	火	○
猴	원숭이	13	土	×
詡	자랑할, 클	13	金	△
篌	공후	15	木	×

한자	뜻	원획	자원오행	사용적합	한자	뜻	원획	자원오행	사용적합
餱	건량	18	水	×	蘍	향풀, 향기	21	木	△
譃	거짓말	19	金	×	鑂	금빛 투색할	22	金	△
훈 (土)					훌 (土)				
訓	가르칠, 새길	10	金	○	欻	문득, 재빠를	12	金	△
君	향내, 김 쐴	11	火	△	훙 (土)				
勛	공, 공로	12	火	○	薨	훙서, 죽을	19	木	×
塤	질나발	13	土	×	훤 (土)				
暈	무리	13	火	×	旳	밝을	8	火	△
煇	태울	13	火	△	烜	마를, 따뜻할	10	火	○
熏	연기, 태울	13	火	△	喧	지껄일	12	水	×
熏	연기, 태울	14	火	△	暄	따뜻할, 온난할	13	火	○
勳	공, 공훈	15	火	○	煊	마를, 따뜻할	13	火	○
葷	매운 채소	15	木	×	愃	너그러울	13	火	△
勲	공훈, 거느릴	16	火	○	萱	원추리, 망우초	15	木	×
壎	질나발, 흙	17	土	△	諠	잊을, 속일	16	金	×
爋	연기 낄	18	火	×	諼	속일, 잊을	16	金	×
曛	어스레할, 석양	18	火	△	훼 (土)				
獯	오랑캐	18	土	×	卉	풀, 초목	5	木	×
薰	향풀, 향기	19	木	△	芔	풀, 초목	6	木	×
纁	분홍빛	20	木	×	虺	풀, 초목	9	木	×
蘍	향풀, 향기	20	木	△	虺	살무사	9	水	×

한자	뜻	원획	자원오행	사용적합
喙	부리, 주둥이	12	水	×
毀	헐, 부술	13	金	×
毁	헐, 부술	13	金	×
燬	불, 화재	17	火	×
휘 (土)				
暉	빛, 광채, 빛날	13	火	○
輝	빛날	13	火	○
揮	휘두를, 지휘할	13	木	△
彙	무리	13	火	△
煒	빛날	13	火	△
輝	빛날, 빛	15	火	△
麾	지휘할, 기	15	木	△
翬	훨훨 날	15	火	△
諱	꺼릴, 숨길, 싫어할	16	金	×
撝	찢을	16	木	×
徽	아름다울, 표기	17	火	○
휴 (土)				
休	쉴, 아름다울	6	火	○
庥	그늘, 좋을	9	木	△
咻	신음 소리, 떠들	9	水	×
烋	아름다울, 화할	10	火	○

한자	뜻	원획	자원오행	사용적합
畦	밭두둑	11	土	△
攜	가질, 이끌, 끌	14	木	△
髹	검붉은 빛	16	火	×
虧	이지러질, 줄	17	木	×
鵂	수리부엉이	17	火	×
隳	무너뜨릴	23	土	×
휼 (土)				
卹	진휼할	8	火	×
恤	불쌍할, 구휼할	10	火	×
譎	속일	19	金	×
鷸	도요새, 물총새	23	火	×
흉 (土)				
凶	흉할	4	水	×
兇	흉악할, 나쁜 사람	6	木	×
匈	오랑캐	6	金	×
洶	용솟음칠, 물결	10	水	△
恟	두려워할	10	火	×
胸	가슴, 마음	12	水	×
胷	가슴	12	水	×
흑 (土)				
黑	검을, 어두울	12	水	×

한자	뜻	원획	자원오행	사용적합
흔 (土)				
忻	기뻐할	8	火	○
欣	기뻐할	8	火	○
昕	해 돋을, 새벽	8	火	○
炘	화끈거릴	8	火	△
很	패려궂을	9	火	×
痕	흔적, 흉터	11	水	×
掀	치켜들	12	木	△
焮	구울	12	火	△
釁	틈	25	金	×
흘 (土)				
仡	날랠, 높을	5	火	△
屹	산 우뚝 솟을	6	土	○
吃	말 더듬을, 먹을	6	水	×
汔	거의, 마를	7	水	×
疙	쥐부스럼	8	水	×
紇	묶을	9	木	×
訖	이를, 마칠, 끝날	10	金	△
迄	이를, 마칠	10	土	△
齕	깨물	18	金	×

한자	뜻	원획	자원오행	사용적합
흠 (土)				
欠	하품할	4	金	×
欽	공경할, 공손할	12	金	○
歆	누릴, 흠향할	13	金	○
廞	벌여 놓을	15	木	△
鑫	기쁠	24	金	○
흡 (土)				
吸	마실, 숨 들이쉴	7	水	△
洽	젖을, 화할	10	水	△
恰	흡사할, 마치	10	火	△
翕	합할, 거둘	12	火	○
翖	합할, 일	12	火	○
噏	숨 들이쉴, 거둘	15	水	△
歙	들이쉴, 거둘	16	金	△
潝	물소리, 빠질	16	水	×
흥 (土)				
興	일어날, 기뻐할	15	土	○
희 (土)				
希	바랄, 희망할	7	木	△
俙	비슷할	9	火	△
姬	계집, 아가씨	9	土	×

한자	뜻	원획	자원 오행	사용 적합
姫	계집, 아가씨	9	土	×
咥	웃을	9	水	△
唏	슬퍼할	10	水	×
晞	마를, 햇볕에 쬘	11	火	△
烯	불빛	11	火	○
悕	원할, 슬퍼할	11	火	×
欷	한숨 쉴, 흐느낄	11	金	×
稀	드물, 성길	12	木	△
喜	기쁠, 즐거울	12	水	△
煕	빛날	13	火	△
熈	빛날	13	火	△
熙	빛날, 기뻐할	14	火	△
僖	즐길, 기쁠	14	火	○
豨	돼지	14	水	×
凞	화할	15	水	△
嬉	즐거울	15	土	△
嘻	화락할	15	水	△
暿	빛날, 성할	16	火	△
噫	탄식할, 한숨 쉴	16	水	×
憘	기뻐할, 기쁠	16	火	△
熺	밝을, 성할	16	火	△
熹	성할, 밝을	16	火	△

한자	뜻	원획	자원 오행	사용 적합
憙	기쁠, 좋을	16	火	△
羲	복희씨, 화할	16	土	△
橲	나무 이름	16	木	△
戯	희롱할, 탄식할	16	金	×
禧	복, 경사스러울	17	木	△
戲	놀이, 산 이름	17	金	×
[illegible]	기쁠, 여자 이름	17	土	△
燹	야화, 봉화	18	火	△
譆	감탄할, 탄식할	19	金	×
餼	보낼, 쌀	19	水	△
犧	희생할	20	土	×
曦	햇빛	20	火	○
爔	불, 햇빛	20	火	○
囍	쌍희, 기쁠	22	水	△

힐 (土)

한자	뜻	원획	자원 오행	사용 적합
犵	오랑캐	7	土	×
詰	물을, 꾸짖을	13	金	×
頡	곧은 목	15	火	×
黠	약을, 교활할	18	水	×
纈	홀치기염색	21	木	×
襭	옷자락 걷을	21	木	×

부록 2

성씨별 길한 수리배열

◆ 보기 ◆

· 다음은 성씨별로 길한 수리사격이 구성되는 성명의 한자 획수이다.

· 성씨의 한자 획수, 상명자의 한자 획수, 하명자의 한자 획수를 차례로 표기하였
다.

· 성과 이름자 두 글자로 구성된 세 글자 성명을 기준으로 한다.

· 성과 이름자 한 글자로 구성된 두 글자 성명의 경우 상명자, 하명자 획수 중 하
나를 선택하여 구성하면 된다.

· 한자 획수의 음양 배열도 고려하여 음양이 고루 배치된 경우를 표기하였고, 음
양 배열이 좋지 않은 경우는 표기하지 않았다.

1획 성씨 : 을(乙)

성	명	명	성	명	명	성	명	명	성	명	명	성	명	명
1	2	4	1	5	12	1	10	22	1	15	16	1	20	12
1	2	5	1	6	10	1	12	4	1	15	22	1	20	17
1	2	14	1	6	17	1	12	5	1	16	7	1	22	2
1	2	15	1	7	10	1	12	12	1	16	15	1	22	10
1	2	22	1	7	16	1	12	20	1	16	16	1	22	15
1	4	2	1	7	24	1	14	2	1	16	22	1	22	16
1	4	12	1	10	5	1	14	10	1	17	6	1	23	14
1	4	20	1	10	6	1	14	17	1	17	14	1	23	24
1	5	2	1	10	7	1	14	23	1	17	20	1	24	7
1	5	10	1	10	14	1	15	2	1	20	4	1	24	23

2획 성씨 : 내(乃) 복(卜) 우(又) 예(乂) 정(丁)

성	명	명	성	명	명	성	명	명	성	명	명	성	명	명
2	1	4	2	5	1	2	9	22	2	14	21	2	19	14
2	1	5	2	5	6	2	11	4	2	15	1	2	19	16
2	1	14	2	5	11	2	11	5	2	15	6	2	21	14
2	1	15	2	5	16	2	11	22	2	15	14	2	22	1
2	1	22	2	6	5	2	13	3	2	15	16	2	22	9
2	3	3	2	6	9	2	13	16	2	16	5	2	22	11
2	3	13	2	6	15	2	13	22	2	16	13	2	22	13
2	4	1	2	6	23	2	14	1	2	16	15	2	23	6
2	4	9	2	9	4	2	14	9	2	16	19	2	23	16
2	4	11	2	9	6	2	14	15	2	16	23			
2	4	19	2	9	14	2	14	19	2	19	4			

3획 성씨 : 간(干) 궁(弓) 대(大) 범(凡) 산(山) 야(也) 우(于) 자(子) 천(千)

성	명	명	성	명	명	성	명	명	성	명	명	성	명	명
3	2	3	3	5	8	3	10	8	3	14	18	3	20	15
3	2	13	3	5	10	3	10	22	3	14	21	3	20	18
3	3	2	3	8	5	3	12	3	3	15	14	3	21	8
3	3	10	3	8	10	3	12	20	3	15	20	3	21	14
3	3	12	3	8	13	3	13	2	3	18	3	3	22	13
3	3	18	3	8	21	3	13	8	3	18	14			
3	4	4	3	10	3	3	14	4	3	18	20			
3	4	14	3	10	5	3	14	15	3	20	12			

4획 성씨 : 개(介) 금(今) 공(孔) 공(公) 구(仇) 근(斤) 모(毛) 목(木) 문(文) 방(方) 변(卞) 부(夫) 수(水) 원(元) 오(午) 우(牛) 윤(尹) 윤(允) 인(仁) 일(日) 정(井) 재(才) 천(天) 태(太) 파(巴) 편(片) 화(化)

성	명	명	성	명	명	성	명	명	성	명	명	성	명	명
4	1	2	4	4	21	4	12	9	4	14	17	4	20	9
4	1	12	4	7	4	4	12	13	4	14	19	4	20	11
4	2	1	4	7	14	4	12	17	4	14	21	4	20	13
4	2	11	4	9	2	4	12	19	4	17	4	4	20	17
4	3	4	4	9	4	4	12	21	4	17	12	4	20	21
4	3	14	4	9	12	4	13	4	4	17	14	4	21	4
4	4	3	4	9	20	4	13	12	4	17	20	4	21	12
4	4	7	4	11	2	4	13	20	4	19	2	4	21	14
4	4	9	4	11	14	4	14	3	4	19	12			
4	4	13	4	11	20	4	14	7	4	19	14			
4	4	17	4	12	1	4	14	11	4	20	1			

5획 성씨 : 감(甘) 공(功) 구(丘) 과(瓜) 동(仝) 백(白) 북(北) 비(丕) 빙(氷) 사(史) 석(石) 소(召)
신(申) 옥(玉) 왕(王) 영(永) 전(田) 점(占) 좌(左) 책(冊) 평(平) 피(皮) 현(玄) 홍(弘)
태(台) 포(包) 을지(乙支)

성	명	명	성	명	명	성	명	명	성	명	명	성	명	명
5	1	2	5	3	10	5	8	10	5	11	2	5	16	8
5	1	10	5	6	2	5	8	16	5	12	1	5	16	16
5	1	12	5	6	10	5	8	24	5	12	6	5	18	6
5	2	6	5	6	12	5	10	1	5	12	12	5	20	12
5	2	11	5	6	18	5	10	3	5	12	20	5	20	13
5	2	16	5	8	3	5	10	6	5	13	20	5	24	8
5	3	8	5	8	8	5	10	8	5	16	2			

6획 성씨 : 곡(曲) 규(圭) 광(光) 길(吉) 노(老) 모(牟) 미(米) 박(朴) 백(百) 서(西) 선(先) 수(守)
안(安) 앙(仰) 오(伍) 우(羽) 유(有) 육(六) 이(伊) 인(印) 임(任) 전(全) 주(朱) 재(在)
즙(汁) 충(充) 택(宅) 형(刑) 호(好) 후(后) 합(合)

성	명	명	성	명	명	성	명	명	성	명	명	성	명	명
6	1	10	6	7	10	6	10	15	6	12	23	6	18	15
6	1	17	6	7	11	6	10	19	6	15	2	6	18	17
6	2	5	6	7	18	6	10	23	6	15	10	6	19	10
6	2	9	6	7	25	6	10	25	6	15	17	6	19	12
6	2	15	6	9	2	6	11	7	6	15	18	6	23	2
6	2	23	6	9	9	6	11	12	6	17	12	6	23	9
6	5	2	6	9	23	6	11	18	6	17	15	6	23	10
6	5	10	6	9	26	6	12	5	6	17	18	6	23	12
6	5	12	6	10	1	6	12	11	6	18	5	6	25	10
6	5	18	6	10	5	6	12	17	6	18	7	6	26	5
6	5	26	6	10	7	6	12	19	6	18	11			

7획 성씨 : 강(江) 군(君) 곡(谷) 극(克) 두(杜) 보(甫) 별(別) 성(成) 송(宋) 신(辛) 양(良) 여(呂) 여(余) 여(汝) 연(延) 오(吳) 오(吾) 이(李) 위(位) 정(廷) 지(池) 좌(佐) 차(車) 초(初) 탄(呑) 판(判) 하(何) 효(孝)

성	명	명	성	명	명	성	명	명	성	명	명	성	명	명
7	1	10	7	8	9	7	10	6	7	14	17	7	17	24
7	1	16	7	8	10	7	10	8	7	14	18	7	18	6
7	1	24	7	8	16	7	10	14	7	16	1	7	18	14
7	4	4	7	8	17	7	10	22	7	16	8	7	22	9
7	4	14	7	8	24	7	11	6	7	16	9	7	22	10
7	6	10	7	9	8	7	11	14	7	16	16	7	22	16
7	6	11	7	9	16	7	14	4	7	16	22	7	24	1
7	6	18	7	9	22	7	14	10	7	17	8	7	24	8
7	8	8	7	10	1	7	14	11	7	17	14	7	24	17

8획 성씨 : 경(京) 경(庚) 결(決) 계(季) 고(固) 공(空) 구(具) 관(官) 기(奇) 김(金) 내(奈) 내(來) 동(東) 명(明) 맹(孟) 문(門) 물(物) 방(房) 봉(奉) 부(斧) 사(舍) 상(尙) 석(昔) 심(沈) 송(松) 승(昇) 승(承) 악(岳) 야(夜) 어(於) 애(艾) 임(林) 장(長) 적(狄) 주(周) 종(宗) 창(昌) 척(拓) 채(采) 탁(卓) 판(板) 표(表) 화(和) 행(幸) 흔(昕)

성	명	명	성	명	명	성	명	명	성	명	명	성	명	명
8	3	5	8	7	16	8	9	15	8	13	16	8	17	7
8	3	10	8	7	17	8	9	16	8	15	8	8	17	8
8	3	13	8	7	24	8	10	3	8	15	9	8	17	16
8	3	21	8	8	5	8	10	5	8	15	10	8	21	3
8	5	3	8	8	7	8	10	7	8	15	16	8	21	8
8	5	8	8	8	9	8	10	13	8	16	5	8	21	10
8	5	10	8	8	13	8	10	15	8	16	7	8	21	16
8	5	16	8	8	15	8	10	21	8	16	9	8	23	10
8	5	24	8	8	17	8	10	23	8	16	13	8	24	5
8	7	8	8	8	21	8	13	3	8	16	15	8	24	7
8	7	9	8	9	7	8	13	8	8	16	17	8	27	10
8	7	10	8	9	8	8	13	10	8	16	21			

9획 성씨 : 간(竿) 강(姜) 기(祈) 남(南) 단(段) 류(柳) 백(柏) 범(泛) 사(思) 상(相) 선(宣)
성(星) 시(施) 시(柴) 신(信) 십(辻) 언(彦) 요(姚) 요(要) 우(禹) 유(俞) 율(律)
위(韋) 자(柘) 준(俊) 정(貞) 추(秋) 초(肖) 탄(炭) 태(泰) 편(扁) 하(河) 함(咸)
향(香) 협(俠) 호(胡) 후(後)

성	명	명	성	명	명	성	명	명	성	명	명	성	명	명
9	2	4	9	6	23	9	9	14	9	15	14	9	22	2
9	2	6	9	7	8	9	9	20	9	15	24	9	22	7
9	2	14	9	7	16	9	12	4	9	16	7	9	22	16
9	4	2	9	7	22	9	12	12	9	16	8	9	23	6
9	4	4	9	8	7	9	12	20	9	16	16	9	24	15
9	4	12	9	8	8	9	14	2	9	16	22			
9	4	20	9	8	15	9	14	9	9	20	4			
9	6	2	9	8	16	9	14	15	9	20	9			
9	6	9	9	9	6	9	15	8	9	20	12			

10획 성씨 : 강(剛) 경(耿) 고(高) 골(骨) 공(貢) 구(俱) 궁(宮) 기(起) 계(桂) 당(唐) 마(馬)
방(芳) 상(桑) 색(索) 서(徐) 서(書) 석(席) 소(素) 손(孫) 수(洙) 승(乘) 시(時)
안(晏) 옹(邕) 옹(翁) 우(祐) 운(芸) 원(員) 원(原) 원(袁) 은(殷) 익(益) 예(芮)
예(倪) 조(曹) 진(眞) 진(晉) 진(秦) 창(倉) 하(夏) 화(花) 환(桓) 홍(洪) 후(候)

성	명	명	성	명	명	성	명	명	성	명	명	성	명	명
10	1	5	10	5	8	10	8	3	10	14	11	10	22	1
10	1	6	10	6	1	10	8	5	10	14	15	10	22	3
10	1	7	10	6	5	10	8	7	10	14	21	10	22	7
10	1	14	10	6	7	10	8	13	10	15	6	10	22	13
10	1	22	10	6	15	10	8	15	10	15	8	10	22	15
10	3	3	10	6	19	10	8	21	10	15	14	10	23	6
10	3	5	10	6	23	10	8	23	10	15	22	10	23	8
10	3	8	10	7	1	10	11	14	10	15	23	10	23	15
10	3	22	10	7	6	10	13	8	10	19	6			
10	5	1	10	7	8	10	13	22	10	19	19			
10	5	3	10	7	14	10	14	1	10	21	8			
10	5	6	10	7	22	10	14	7	10	21	14			

11획 성씨 : 강(康) 건(乾) 견(堅) 겹(袷) 계(啓) 국(國) 나(那) 낭(浪) 돈(豚) 마(麻) 매(梅)
묘(苗) 반(班) 방(邦) 범(范) 빈(彬) 상(常) 설(卨) 양(梁) 어(魚) 어(御) 위(尉)
이(異) 익(翌) 장(章) 장(張) 장(將) 주(珠) 최(崔) 표(票) 필(畢) 히(許) 형(邢)
해(海) 호(胡) 호(扈)

성	명	명	성	명	명	성	명	명	성	명	명	성	명	명
11	2	4	11	5	2	11	10	14	11	14	10	11	22	2
11	2	5	11	6	7	11	12	6	11	18	6	11	24	13
11	2	22	11	6	12	11	12	12	11	20	4	11	27	20
11	4	2	11	6	18	11	13	24	11	20	21			
11	4	14	11	7	6	11	14	4	11	20	27			
11	4	20	11	7	14	11	14	7	11	21	20			

12획 성씨 : 강(强) 경(景) 구(邱) 능(能) 단(單) 동(童) 돈(敦) 등(登) 민(閔) 부(傅) 삼(森)
상(象) 선(善) 소(邵) 순(淳) 순(舜) 순(筍) 순(順) 승(勝) 심(尋) 안(雁) 요(堯)
운(雲) 유(庾) 일(壹) 저(邸) 정(程) 제(堤) 증(曾) 지(智) 팽(彭) 풍(馮) 필(弼)
하(賀) 황(黃) 형(荊) 희(喜) 동방(東方) 이선(以先)

성	명	명	성	명	명	성	명	명	성	명	명	성	명	명
12	1	4	12	4	21	12	9	12	12	12	21	12	20	3
12	1	5	12	5	1	12	9	20	12	12	23	12	20	5
12	1	12	12	5	6	12	9	26	12	13	4	12	20	9
12	1	20	12	5	12	12	11	6	12	13	12	12	20	13
12	3	3	12	5	20	12	11	12	12	13	20	12	21	4
12	3	20	12	6	5	12	12	1	12	17	4	12	21	12
12	4	1	12	6	11	12	12	5	12	17	6	12	23	6
12	4	9	12	6	17	12	12	9	12	17	12	12	23	12
12	4	13	12	6	19	12	12	11	12	19	4	12	26	9
12	4	17	12	6	23	12	12	13	12	19	6			
12	4	19	12	9	4	12	12	17	12	20	1			

13획 성씨 : 가(賈) 경(敬) 구(裘) 금(琴) 노(路) 뇌(雷) 돈(頓) 목(睦) 부(附) 설(楔) 신(新)
아(阿) 양(楊) 염(廉) 영(甯) 옹(雍) 욱(郁) 육(陸) 자(慈) 장(莊) 초(楚) 추(追)
춘(椿) 해(解) 강전(岡田) 사공(司空) 소봉(小峰) 영고(令孤)

성	명	명	성	명	명	성	명	명	성	명	명	성	명	명
13	2	3	13	4	12	13	8	24	13	16	8	13	20	12
13	2	16	13	4	20	13	10	8	13	16	16	13	22	2
13	2	22	13	5	20	13	10	22	13	16	19	13	22	3
13	3	2	13	8	3	13	12	4	13	19	16	13	22	10
13	3	8	13	8	8	13	12	12	13	19	20	13	22	26
13	3	22	13	8	10	13	12	20	13	20	4	13	26	22
13	4	4	13	8	16	13	16	2	13	20	5			

14획 성씨 : 견(甄) 갈(碣) 계(溪) 괴(槐) 국(菊) 기(箕) 녹(綠) 단(端) 대(對) 배(裵) 봉(鳳)
빈(賓) 상(嘗) 석(碩) 소(逍) 수(壽) 승(僧) 신(愼) 실(實) 영(榮) 연(連) 온(溫)
조(趙) 종(種) 제(齊) 채(菜) 학(郝) 화(華) 혁(赫) 공손(公孫) 서문(西門)

성	명	명	성	명	명	성	명	명	성	명	명	성	명	명
14	1	2	14	3	21	14	9	2	14	15	2	14	21	2
14	1	10	14	4	3	14	9	9	14	15	3	14	21	3
14	1	17	14	4	7	14	9	15	14	15	9	14	21	4
14	1	23	14	4	11	14	9	24	14	15	10	14	21	10
14	2	1	14	4	17	14	10	1	14	15	18	14	21	17
14	2	9	14	4	19	14	10	7	14	17	1	14	23	1
14	2	15	14	4	21	14	10	11	14	17	4	14	23	2
14	2	19	14	7	4	14	10	15	14	17	7	14	23	10
14	2	21	14	7	10	14	10	21	14	18	3	14	24	7
14	2	23	14	7	11	14	10	23	14	18	7	14	24	9
14	3	4	14	7	17	14	11	4	14	18	15			
14	3	15	14	7	18	14	11	7	14	19	2			
14	3	18	14	7	24	14	11	10	14	19	4			

15획 성씨 : 가(價) 갈(葛) 경(慶) 곽(郭) 관(寬) 광(廣) 궉(鴌) 구(歐) 노(魯) 누(樓) 덕(德)
동(董) 만(滿) 만(萬) 묵(墨) 부(部) 섭(葉) 양(樑) 영(影) 엽(葉) 유(劉) 증(增)
탄(彈) 표(標) 한(漢) 흥(興) 사마(司馬) 장곡(長谷) 중실(仲室)

성	명	명	성	명	명	성	명	명	성	명	명	성	명	명
15	1	2	15	6	2	15	9	14	15	14	18	15	18	6
15	1	16	15	6	10	15	10	6	15	14	23	15	18	14
15	1	22	15	6	17	15	10	8	15	16	1	15	20	3
15	2	1	15	6	18	15	10	14	15	16	2	15	20	17
15	2	6	15	8	8	15	10	22	15	16	8	15	22	1
15	2	14	15	8	9	15	10	23	15	16	16	15	22	2
15	2	16	15	8	10	15	14	2	15	16	17	15	22	10
15	2	22	15	8	16	15	14	3	15	17	6	15	23	10
15	3	14	15	8	24	15	14	9	15	17	16	15	23	14
15	3	20	15	9	8	15	14	10	15	17	20	15	24	8

16획 성씨 : 강(彊) 개(蓋) 교(橋) 곽(霍) 노(盧) 뇌(賴) 담(潭) 도(道) 도(陶) 도(都) 두(頭)
몽(蒙) 반(潘) 빙(憑) 수(輸) 연(燕) 예(豫) 용(龍) 육(陸) 음(陰) 진(陳) 전(錢)
제(諸) 황보(皇甫)

성	명	명	성	명	명	성	명	명	성	명	명	성	명	명
16	1	7	16	5	16	16	8	21	16	15	2	16	19	2
16	1	15	16	7	1	16	8	23	16	15	8	16	19	13
16	1	16	16	7	8	16	9	7	16	15	16	16	19	22
16	1	22	16	7	9	16	9	8	16	15	17	16	21	2
16	2	5	16	7	16	16	9	16	16	16	1	16	21	8
16	2	13	16	7	22	16	9	22	16	16	5	16	22	1
16	2	15	16	8	5	16	9	23	16	16	7	16	22	7
16	2	19	16	8	7	16	13	2	16	16	9	16	22	9
16	2	21	16	8	9	16	13	8	16	16	13	16	22	19
16	2	23	16	8	13	16	13	16	16	16	15	16	23	2
16	5	2	16	8	15	16	13	19	16	17	8	16	23	9
16	5	8	16	8	17	16	15	1	16	17	15			

17획 성씨 : 국(鞠) 독(獨) 미(彌) 사(謝) 선(鮮) 손(遜) 양(襄) 양(陽) 연(蓮) 위(魏) 장(蔣)
종(鍾) 채(蔡) 촉(燭) 추(鄒) 택(澤) 한(韓) 향(鄕)

성	명	명	성	명	명	성	명	명	성	명	명	성	명	명
17	1	6	17	6	1	17	8	7	17	14	4	17	16	15
17	1	14	17	6	12	17	8	8	17	14	7	17	18	6
17	1	20	17	6	15	17	8	16	17	14	21	17	20	1
17	4	4	17	6	18	17	12	4	17	15	6	17	20	4
17	4	12	17	7	8	17	12	6	17	15	16	17	20	15
17	4	14	17	7	14	17	12	12	17	15	20	17	21	14
17	4	20	17	7	24	17	14	1	17	16	8	17	24	7

18획 성씨 : 간(簡) 구(瞿) 귀(歸) 대(戴) 안(顔) 위(魏) 쌍(雙) 탁(濯) 추(鞦) 호(鎬) 망절(網切)

성	명	명	성	명	명	성	명	명	성	명	명	성	명	명
18	3	3	18	6	5	18	6	17	18	14	3	18	15	14
18	3	14	18	6	7	18	7	6	18	14	7	18	17	6
18	3	20	18	6	11	18	7	14	18	14	15	18	20	3
18	5	6	18	6	15	18	11	6	18	15	6			

19획 성씨 : 감(鑑) 관(關) 담(譚) 방(龐) 설(薛) 온(蘊) 정(鄭) 천(遷) 남궁(南宮) 재회(再會)

성	명	명	성	명	명	성	명	명	성	명	명	성	명	명
19	2	4	19	6	10	19	13	16	19	16	13	19	20	13
19	2	14	19	6	12	19	13	20	19	16	22	19	20	18
19	2	16	19	10	6	19	14	2	19	18	20	19	20	19
19	4	2	19	10	19	19	14	4	19	19	10	19	22	16
19	4	12	19	12	4	19	14	19	19	19	14			
19	4	14	19	12	6	19	16	2	19	19	20			

20획 성씨 : 나(羅) 석(釋) 선우(鮮于) 엄(嚴)

성	명	명	성	명	명	성	명	명	성	명	명	성	명	명
20	1	4	20	4	11	20	9	12	20	13	4	20	17	15
20	1	12	20	4	13	20	11	4	20	13	5	20	17	21
20	1	17	20	4	17	20	11	21	20	13	12	20	18	3
20	3	12	20	4	21	20	12	1	20	13	19	20	19	13
20	3	15	20	5	12	20	12	3	20	15	3	20	19	19
20	3	18	20	5	13	20	12	5	20	15	17	20	21	4
20	4	1	20	9	4	20	12	9	20	17	1	20	21	11
20	4	9	20	9	9	20	12	13	20	17	4	20	21	17

21획 성씨 : 고(顧) 등(藤) 수(隨) 학(鶴) 부정(負鼎)

성	명	명	성	명	명	성	명	명	성	명	명	성	명	명
21	2	6	21	4	14	21	10	8	21	14	3	21	17	14
21	2	14	21	4	20	21	10	14	21	14	4	21	20	4
21	3	8	21	8	3	21	11	20	21	14	10	21	20	11
21	3	14	21	8	8	21	12	4	21	14	17	21	20	17
21	4	4	21	8	10	21	12	12	21	16	2			
21	4	12	21	8	16	21	14	2	21	16	8			

22획 성씨 : 곽(藿) 권(權) 변(邊) 섭(攝) 소(蘇) 습(襲) 은(隱)

성	명	명	성	명	명	성	명	명	성	명	명	성	명	명
22	1	2	22	2	13	22	9	2	22	10	15	22	15	10
22	1	10	22	2	15	22	9	7	22	11	2	22	16	1
22	1	15	22	3	10	22	9	16	22	13	2	22	16	7
22	1	16	22	3	13	22	10	1	22	13	3	22	16	9
22	2	1	22	7	9	22	10	3	22	13	10	22	16	19
22	2	9	22	7	10	22	10	7	22	15	1	22	19	16
22	2	11	22	7	16	22	10	13	22	15	2	22	23	2

23획 성씨 : 난(欒)

성	명	명	성	명	명	성	명	명	성	명	명	성	명	명
23	1	14	23	2	22	23	8	16	23	14	1	23	22	2
23	1	24	23	6	2	23	9	6	23	14	2	23	24	1
23	2	6	23	6	9	23	9	16	23	16	2			
23	2	14	23	6	10	23	10	6	23	16	8			
23	2	16	23	8	10	23	10	8	23	16	9			

24획 성씨 : 영(靈)

성	명	명	성	명	명	성	명	명	성	명	명	성	명	명
24	1	7	24	7	14	24	8	15	24	13	11	24	17	7
24	1	23	24	7	17	24	9	14	24	14	7	24	23	1
24	5	8	24	8	5	24	9	15	24	14	9			
24	7	1	24	8	7	24	11	13	24	15	8			
24	7	8	24	8	13	24	13	8	24	15	9			

25획 성씨 : 독고(獨孤) 명임(明臨)

성	명	명	성	명	명	성	명	명	성	명	명	성	명	명
25	4	4	25	7	16	25	10	13	25	13	10	25	20	12
25	4	12	25	7	16	25	10	22	25	13	20	25	20	13
25	6	7	25	8	8	25	12	4	25	16	7	25	22	10
25	6	10	25	10	6	25	12	20	25	16	16			

31획 성씨 : 제갈(諸葛)

성	명	명	성	명	명	성	명	명	성	명	명	성	명	명
31	1	6	31	4	2	31	6	10	31	10	7	31	16	21
31	1	16	31	4	4	31	7	10	31	14	2	31	17	4
31	2	4	31	4	17	31	7	14	31	14	7	31	21	16
31	2	6	31	6	1	31	8	8	31	16	1			
31	2	14	31	6	2	31	10	6	31	16	16			

서소옥(徐小玉)

성균관대학교 심리학과 학사
원광대학교 동양학대학원 동양철학 석사
원광대학교 대학원 한국문화학 동양문화 박사
원광디지털대학교 동양학과 교수

『자평진전』(원전현토완역, 공역, 이담북스, 2011)
『이허중명서』(사고전서완역, 공역, 이담북스, 2012)
『적천수천미 上』(통신론, 공역, 이담북스, 2013)
『적천수천미 下』(육친론, 공역, 이담북스, 2014)
『궁통보감』(원전완역, 공역, 이담북스, 2015)
『명리약언』(원전완역, 공역, 이담북스, 2016)
『정통 성명학−자원오행사전』(이담북스, 2017)

正統 姓名學

字源五行事典

초판인쇄 2023년 1월 20일
초판발행 2023년 1월 20일

지은이 서소옥
펴낸이 채종준
펴낸곳 한국학술정보㈜
주소 경기도 파주시 회동길 230(문발동)
전화 031) 908-3181(대표)
팩스 031) 908-3189
홈페이지 http://ebook.kstudy.com
전자우편 출판사업부 publish@kstudy.com
등록 제일산-115호(2000. 6. 19)

ISBN 979-11-6983-092-8 93150

—